# COMMENTAIRE

SUR

# LA LOI DES SUCCESSIONS.

IMPRIMERIE DE M^me JEUNEHOMME-CRÉMIÈRE,
RUE HAUTEFEUILLE, N^o 20.

# COMMENTAIRE

SUR

## LA LOI DES SUCCESSIONS,

### FORMANT LE TITRE PREMIER

DU LIVRE TROISIÈME DU CODE CIVIL.

Par M. CHABOT de l'Allier,

Commandeur de l'ordre royal de la Légion d'Honneur, conseiller à la Cour de cassation, inspecteur-général des Ecoles de droit.

CINQUIÈME ÉDITION.

~~~~~~~~~~~~~~~~~~~~~~~~~~~~~~~~~

## TOME SECOND.

~~~~~~~~~~~~~~~~~~~~~~~~~~~~~~~~~

# A PARIS,

Chez NÈVE, libraire de la cour de cassation, salle neuve du palais de justice, n° 9.

—

1818.

# COMMENTAIRE

## SUR

# LA LOI DES SUCCESSIONS.

## CHAPITRE IV.

*Des successions irrégulières.*

### SECTION PREMIÈRE.

*Des Droits des enfans naturels sur les biens de leurs père ou mère, et de la succession aux enfans naturels décédés sans postérité.*

#### OBSERVATION GÉNÉRALE.

La Code civil a établi une législation toute nouvelle sur l'état et sur les droits des enfans naturels mais il n'a pas suffisamment développé son sys-; tême; il n'a pas prévu une foule de cas qui peuvent se présenter, et chaque jour voit éclore des questions qui ne se trouvent pas décidées par le texte de la loi.

Il faut donc, pour les résoudre, recourir à des interprétations.

Mais les interprétations sur un système nouveau, et dans une matière qui ne peut pas être réglée par les principes ordinaires, doivent nécessairement varier beaucoup.

Aussi les jurisconsultes ne sont pas d'accord dans leurs décisions ; et presque tous interprètent, suivant que leurs opinions personnelles sont plus ou moins favorables au sort des enfans naturels.

Les uns se laissent entraîner par cette idée, que les enfans naturels sont innocens des fautes de leurs père et mère, et qu'il serait injuste de les en punir, sont portés à leur accorder le plus possible, quoiqu'ils conviennent tous cependant qu'on ne doit point traiter ces enfans comme des enfans légitimes.

Les autres sont plus sévères, parce qu'ils pensent, avec grande raison, que les intérêts de la morale publique, que les droits des familles légitimes, ne permettent pas que les enfans naturels soient traités avec faveur.

Il existe donc entre les jurisconsultes, et même dans les tribunaux, une très-forte controverse sur un grand nombre de questions.

Je donnerai mon opinion sur chacune d'elles,

parce qu'elles tiennent toutes à la matière *des successions*, que j'ai entrepris de traiter; mais je n'ai pas la prétention de parvenir à résoudre les difficultés. Personne plus que moi ne peut être convaincu qu'au défaut d'une disposition précise, on est souvent exposé à se tromper, en cherchant à deviner l'intention du législateur.

Mon principal objet sera de répandre quelques lumières sur les questions, en présentant avec impartialité les opinions diverses qu'elles ont fait naître, et en les discutant avec soin.

Lorsqu'après un mûr examen, je ne me trouverai pas d'accord, soit avec des arrêts, soit avec des auteurs, je le dirai franchement : c'est un droit qu'on ne peut pas me contester; mais je n'en userai toujours qu'avec une grande réserve, et jamais je ne sortirai des bornes d'une critique honnête et décente.

Souvent, je ne ferai qu'exprimer des doutes que je soumettrai à la méditation des jurisconsultes, aux lumières des magistrats; et mes erreurs mêmes, si l'on veut prendre la peine de les réfuter, pourront servir à mieux constater la vérité, parce qu'elles auront amené une discussion plus approfondie.

Au reste, pour qu'on sache bien dans quel esprit je traiterai cette matière, je déclare à l'avance que, d'après mes principes, le Code civil a fait assez en faveur des enfans naturels, et qu'en conséquence je ne suis pas disposé à l'interpréter de manière à élargir encore ses dispositions ; mais aussi que je ne dirai rien dans l'intention de resqreindre les droits qui me paraîtront avoir été *réellement* accordés par le Code aux enfans naturels. Le commentateur d'une loi doit l'expliquer telle qu'elle est, et il ne peut lui être permis de chercher à faire prévaloir ses opinions personnelles sur la volonté du législateur.

## ARTICLE 756.

Les enfans naturels ne sont point héritiers ; la loi ne leur accorde de droits sur les biens de leur père ou mère décédés, que lorsqu'ils ont été légalement reconnus. Elle ne leur accorde aucun droit sur les biens des parens de leur père ou mère.

1. Les bonnes mœurs et l'ordre social ne permettaient pas de confondre les enfans issus de mariages légitimes, avec ceux qui sont le fruit d'unions illicites.

La loi les a distingués avec soin, et en désignant diversement les uns et les autres, et en réglant de manières très-différentes leur état et leurs droits.

1° Ceux qui sont nés dans le mariage, sont

appelés enfans *légitimes*, parce qu'ils tiennent à leurs père et mère, non-seulement par les liens de la nature, mais encore par des liens que la loi civile a formés et consacrés.

Les enfans nés hors mariage, sont appelés enfans *naturels*, parce qu'ils ne tiennent à leurs père et mère, que par des liens purement naturels.

Les enfans naturels se divisent en trois classes :

*Les enfans naturels proprement dits*, c'est-à-dire, ceux issus de deux personnes qui, au moment de la conception de ces enfans, étaient libres et pouvaient se marier ensemble, mais qui n'étaient pas alors unies par le mariage, ou dont le mariage préexistant ne peut produire d'effets civils, parce qu'il a été déclaré nul et qu'il n'avait été contracté de bonne foi ni par l'un ni par l'autre des époux ;

*Les enfans adultérins*, c'est-à dire, ceux issus de personnes dont l'une était libre et l'autre mariée, au moment de la conception, ou qui, dans ce moment, étaient mariés l'une et l'autre, mais non pas l'une avec l'autre.

*Les enfans incestueux*, c'est-à-dire, ceux issus de personnes qui étaient libres, mais entre qui le mariage était prohibé, au moment de la conception.

2° L'état des enfans légitimes et l'état des enfans naturels, sont réglés bien différemment.

L'enfant légitime a l'état *de famille*, avec toutes

ses prérogatives, et cet état lui est assuré par le fait seul de sa conception pendant le mariage, sauf les exceptions établies par le chapitre I<sup>er</sup> du titre *de la Paternité et de la Filiation*; il est même admis à rechercher sa filiation et à prouver son état, conformément au chapitre II du même titre.

L'enfant naturel n'a jamais l'état de famille, à moins qu'il ne soit valablement légitimé par le mariage subséquent de ses père et mère.

Il n'est pas même admis à rechercher la paternité, si ce n'est dans le cas prévu par l'art. 340, et la recherche de la maternité ne lui est permise que dans le cas où il a déjà un commencement de preuve par écrit.

Hors ces deux cas, les auteurs de sa naissance ne sont reconnus par la loi, comme ses père et mère, que lorsqu'eux-mêmes ils en ont fait librement la déclaration formelle dans un acte authentique, et cette déclaration, faite par l'un d'eux seulement, ne peut servir à l'égard de l'autre.

Il n'y a même que l'enfant issu de personnes libres au moment de sa conception, qui puisse être valablement reconnu, soit par son père, soit par sa mère. Les enfans adultérins ou incestueux ne peuvent être ni reconnus, ni légitimés.

Enfin la reconnaissance, lors même qu'elle est valable, ne fait pas entrer l'enfant naturel dans la famille civile; elle n'établit de rapports, en faveur de cet enfant, qu'avec ses père et mère qui l'ont reconnu, mais non pas avec les autres membres de la famille, à l'égard desquels il est toujours considéré comme un étranger.

3º Il existe aussi une très grande différence entre les droits des enfans légitimes et les droits des enfans naturels.

On a vu que les enfans légitimes sont les héritiers appelés par la loi, qu'ils sont habiles à succéder, non-seulement à leurs père et mère, mais encore à tous les parens de leurs père et mère, et que la loi leur donne la saisine.

Mais les enfans naturels, lors même qu'ils ont été également reconnus, n'ont jamais la qualité et les droits d'*héritier*, à moins qu'ils n'aient été valablement légitimés,

La loi ne leur accorde sur les successions de leurs père et mère qui les ont reconnus, que de simples droits, qui ne sont pas des droits héréditaires ; ils sont en conséquence privés de la saisine légale, et ne peuvent obtenir que des héritiers légitimes, ou de la justice, la délivrance des droits qui leur sont accordés.

Dans aucun cas, ils ne sont appelés aux successions des parens de leurs père et mère, pas même des ascendans, et ils n'ont aucun droit sur ces successions.

2. Le chapitre IV du titre *des Successions*, ne traite que des *droits* des enfans naturels, c'est au

chapitre III du titre *de la Paternité et de la Filiation*, que se trouvent les dispositions relatives à *l'état* de ces enfans.

Mais en examinant quels sont les droits, par qui et comment ils peuvent être réclamés, j'aurai nécessairement à examiner aussi plusieurs questions relatives à l'état, puisque c'est toujours de l'état légalement constaté que dépendent les droits.

3. L'art. 756 n'accorde aux enfans naturels des droits sur les biens de leurs père et mère décédés, que lorsqu'ils ont été reconnus.

Ainsi les enfans naturels non reconnus, ne peuvent rien réclamer sur les successions de leurs père et mère, parce qu'à défaut de reconnaissance, leurs père et mère sont incertains et inconnus aux yeux de la loi.

Telle est la règle générale.

Cependant il y a deux exceptions :

1° L'art. 340 du Code civil, après avoir dit que la recherche de la paternité est interdite, ajoute que, dans le cas d'enlèvement, lorsque l'époque de cet enlèvement se rapporte à celle de la conception, le ravisseur pourra être, sur la demande des parties intéressées, déclaré père de l'enfant.

Or, quel doit être l'effet de cette déclaration de paternité, lorsqu'elle a été prononcée par le juge ? Ne donnera-t-elle aucun droit à l'enfant sur les biens du père ? Pourra-t-on opposer à

l'enfant , que la disposition de l'art. 756 du Code
ne lui est pas applicable , puisqu'il ne se trouve
pas librement reconnu par le père ?

Dans ce cas, la seconde disposition de l'art. 340
serait absolument inutile ; le bienfait qu'a voulu
accorder le législateur par cette disposition , deviendrait illusoire.

Dira-t-on que l'enfant ne doit avoir que de
simples alimens? Mais ce serait le confondre avec
les enfans adultérins ou incestueux, quoiqu'on le
suppose issu de personnes libres , et ni l'équité ,
ni la loi n'autorisent une semblable confusion.

Il me paraît donc incontestable que le jugement, qui a déclaré que le ravisseur est père de
l'enfant issu de la personne ravie , doit produire
en faveur de cet enfant, les mêmes effets que la
reconnaissance et lui assure les mêmes droits.

2º Les mêmes motifs doivent s'appliquer au
cas où l'enfant naturel a recherché et établi la
maternité , de la manière prescrite par l'art. 341.

Inutilement, le législateur aurait accordé à
l'enfant naturel la faculté de rechercher la maternité, si, après que la maternité aurait été déclarée avec toutes les précautions indiquées par
l'art. 341, l'enfant ne pouvait exercer aucun
droit sur les biens de sa mère décédée. Comme
on ne peut le confondre avec les enfans adultérins ou incestueux , puisque la faculté de rechercher la maternité n'est accordee qu'aux enfans

naturels issus de personnes libres, la disposition de l'art. 756 doit lui être appliquée. Ainsi l'a jugé la cour royale de Paris, en audience solennelle, le 27 juin 1812, en faveur de la fille naturelle Bourgeois.

4. Pour qu'un enfant naturel puisse réclamer les droits conférés par l'art. 756, il ne suffit pas qu'il ait été reconnu ; il faut encore qu'il ait été reconnu légalement, c'est-à-dire, que la reconnaissance ait été faite, ainsi que le prescrit l'article 334, par un acte authentique, lorsqu'elle ne l'a pas été dans l'acte même de naissance de l'enfant.

Ainsi un enfant naturel, qui n'a été reconnu que par un acte sous seing privé, ne peut réclamer les droits conférés par l'art. 756.

Le motif qui a déterminé le législateur à ordonner que la reconnaissance fût faite par un acte authentique, et non par un acte privé, est bien évident ; c'est qu'un acte sous seing privé ne pourrait pas donner une garantie suffisante d'un consentement libre et réfléchi de la part de l'individu qui souscrirait la reconnaissance, parce qu'il serait en effet trop facile d'arracher ou de surprendre par séduction, par menaces, par violence ou par dol, une reconnaissance privée. Le législateur a voulu que la présence de deux notaires, ou d'un notaire et de deux témoins, constatât, d'une manière plus cer-

taine , le consentement libre et la reconnaissance
volontaire.

5. La reconnaissance sous seing privé ne serait-elle pas suffisante, si l'écriture et la signature
de celui qui l'a souscrite , étaient tenues pour reconnues en justice, soit lorsqu'elles ne seraient
contestées , ni par l'auteur de la reconnaissance,
ni par ses héritiers , soit lorsqu'elles auraient été
vérifiées par des experts ?

Pour l'affirmative, on dit d'abord que l'art 334
n'exige pas , à peine de nullité, que la reconnaissance soit faite par acte authentique , et que d'ailleurs sa disposition n'est pas prohibitive.

Mais la disposition n'est-elle pas rédigée en
termes impératifs ? « La reconnaissance d'un enfant naturel , dit l'article , *sera faite par un acte
authentique* , lorsqu'elle ne l'aura pas été dans
son acte de naissance. » Le législateur aurait-il
ainsi *prescrit* la forme de la reconnaissance , s'il
eût voulu qu'elle pût être faite par un acte sous
seing privé, comme par un acte authentique ?
Ne résulte-t-il pas, au contraire, évidemment des
termes dont il s'est servi, qu'il a voulu que la reconnaissance ne pût être faite que par l'acte de
naissance de l'enfant naturel , ou par un autre
acte authentique ?

D'ailleurs l'objection irait beaucoup trop loin ,
même dans le sens de ceux qui la proposent,
puisqu'il faudrait en conclure , si elle était fon-

dée, que toute reconnaissance sous seing privé serait suffisante, lors même qu'elle n'aurait pas été reconnue en justice.

On objecte en second lieu, que; suivant l'article 1320, l'acte, soit authentique, soit privé, fait également foi entre les parties, et que l'article 1322 ajoute que l'acte sous seing privé, reconnu par celui auquel on l'oppose, ou légalement tenu pour reconnu, a, entre ceux qui l'ont souscrit et leurs héritiers, *la même foi que l'acte authentique.*

Mais, quoique cet acte privé ait la même foi qu'un acte authentique, toujours est-il certain qu'il n'est pas un acte authentique, et cela résulte nécessairement, soit des derniers termes de l'article 1322, soit des termes de l'art. 1317 qui ne reconnaît, pour acte authentique, que celui qui a été *reçu par officiers publics :* or l'article 334 exige formellement que la reconnaissance soit faite par un acte authentique et non pas seulement par un acte privé qui puisse acquérir par la suite, la même foi que l'acte authentique.

Et d'ailleurs, à compter de quelle époque l'acte privé, légalement tenu pour reconnu, acquiert-il la même foi qu'un acte authentique? Ce n'est qu'à compter du jugement qui le tient pour reconnu; il n'avait donc pas, antérieurement à ce jugement, il n'avait donc pas au moment où il a été fait, la même foi qu'un acte authentique, et cela suffit pour qu'il ne puisse pas valoir comme reconnaissance d'enfant naturel, soit dans les termes, soit dans l'esprit de l'art. 334. Car, nous l'avons déjà dit, si le législateur a exigé une reconnaissance par acte authentique, s'il ne s'est pas contenté d'une reconnaissance par acte sous seing privé, c'est qu'il a voulu qu'il y eût une garantie, par la présence de deux notaires, ou d'un notaire et de deux témoins, que la reconnaissance a été libre et volontaire : or, cette garantie peut-elle résulter de ce que l'écriture et la signature de l'individu qui a souscrit la reconnaissance privée, ne sont contestées, ni par lui, ni par ses héritiers, ou sont légalement tenues pour reconnues? De ce qu'il a signé ou même entièrement écrit la reconnaissance, peut-on conclure qu'il l'a faite librement, volontairement, et qu'elle ne lui a pas été arrachée par surprise, par séduction, par violence, ou par dol?

L'intérêt social exige qu'on tienne fortement à la garantie qu'à voulue le législateur, et il ne faut pas chercher à l'affaiblir.

Cependant, si une personne qui aurait fait une reconnaissance par acte privé, avouait elle-même cet acte en justice, *sans en demander la nullité*, la reconnaissance deviendrait suffisante, parce qu'en ce cas elle ne se trouverait plus seulement dans un acte privé, mais qu'elle aurait été confirmée devant la justice, et que la déclaration faite devant des magistrats est authentique, et présente d'ailleurs la même garantie du consentement libre et volontaire, que si la reconnaissance avait été faite devant notaires.

La décision devrait être la même, si l'auteur de la reconnaissance sous seing privé, la déposait lui-même chez un notaire, et faisait faire en son nom l'acte de dépôt; cet acte de dépôt serait une confirmation, un renouvellement de la reconnaissance.

6. Tout ce qui a été dit dans les deux numéros précédens, s'applique à la reconnaissance faite par la mère, comme à celle faite par le père. L'art. 334 dispose d'une manière générale; il ne distingue pas entre la reconnoissance à faire par la mère, et celle à faire par le père; il dit, sans exception, que la reconnaissance doit être faite par un acte authentique.

Cependant la reconnaissance faite, sous seing privé, par une fille ou une veuve produit un effet que ne peut jamais produire la reconnaissance faite par un homme. Elle est un commencement de preuve par écrit, qui, d'après les termes de l'art. 341, peut faire admettre l'enfant naturel en faveur de qui elle a eu lieu, à la recherche et à la preuve de la maternité; mais il faut, aux termes du même article, que l'enfant naturel prouve qu'il est identiquement le même que l'enfant dont est accouchée la femme qui a fait la reconnaissance. Sans cette preuve, la reconnaissance sous seing privé ne suffirait pas pour faire déclarer la maternité, et ne pourrait d'ailleurs suppléer la reconnaissance par acte authentique, qu'exige l'article 334.

La femme elle-même qui aurait souscrit la reconnaissance sous seing privé, ne serait pas obligée légalement. Elle pourrait révoquer la reconnaissance.

Elle pourrait encore, si elle était assignée en déclaration de maternité, opposer que la reconnaissance lui a été surprise. Elle serait recevable à soutenir, ou qu'elle n'a pas été mère, ou que l'enfant qu'elle a reconnu par erreur, n'est pas celui dont elle est accouchée, et si la preuve, exigée par l'art. 341, n'était pas faite, la reconnaissance resterait sans effet, parce qu'elle ne donnerait pas toute la garantie qu'à voulue le législateur, parce qu'aux termes de l'art. 334, la reconnaissance seule ne peut constater légalement, soit la maternité, soit la paternité, que lorsqu'elle est faite par acte authentique.

7. Il est un cas où l'enfant naturel, quoique légalement reconnu, ne peut cependant réclamer les droits conférés par l'art. 756. Ce cas est celui qu'à prévu l'art. 337, dont voici les termes :

« La reconnaissance faite pendant le mariage, par l'un des époux, au profit d'un enfant naturel qu'il aurait eu, avant son mariage, d'un autre que de son époux, ne pourra nuire ni à celui-ci , ni aux enfans nés de ce mariage. Néanmoins elle produira son effet après la dissolution de ce mariage , s'il n'en reste pas d'enfans. »

Cette disposition donne lieu à plusieurs observations.

1° On voit qu'elle est limitée au cas où l'un des époux aurait reconnu, pendant le mariage, un enfant naturel qu'il aurait eu , avant son mariage, *d'un autre que de son époux;* elle ne doit donc pas être appliquée au cas où les deux époux auraient reconnu, pendant leur mariage, un enfant naturel qui était issu *de l'un et de l'autre*, avant qu'ils fussent mariés.

Il est bien vrai que, suivant l'art. 331, les époux ne peuvent, après leur mariage, légitimer l'enfant qui était issu d'eux , avant qu'ils fussent mariés.

Mais ni l'art. 331 , ni l'art. 331 , ne s'opposent à ce qu'ils reconnaissent cet enfant pendant le mariage , et s'ils le reconnaissent légalement, il aura tous les droits déterminés par les art. 756 et 757.

Cependant, si l'un des époux n'a pas voulu reconnaître l'enfant commun, la reconnaissance, qui aurait été faite par l'autre époux, se trouvera frappée de l'exception contenue dans l'art. 337 , parce qu'aux yeux de la loi, l'enfant ne peut être considéré comme étant issu de celui des deux époux, qui n'a pas voulu le reconnaître.

2° Il est juste que l'un des époux ne puisse nuire ni à son conjoint, ni à leurs enfans communs, en reconnaissant, pendant le mariage, un enfant naturel qu'il aurait eu auparavant d'un autre que de son époux.

« Il ne peut pas dépendre de l'un des époux,
« disait M. Bigot de Préameneu, de changer,
« après son mariage, le sort de sa famille légi-
« time, en appelant des enfans naturels qui de-
« manderaient une part dans les biens ; ce serait
« violer la foi sous laquelle le mariage aurait été
« contracté. »

Ainsi, lorsqu'un enfant naturel a été reconnu, dans le cas prévu par l'art. 337, il ne peut récla-mer, ni au préjudice des enfans légitimes ni, même au préjudice de l'époux survivant, les droits qui lui auraient été conférés par les ar-ticles 756 et 757, s'il avait été reconnu avant le mariage.

Les enfans légitimes prennent donc seuls toute la succession, à l'exception seulement des avan-tages, réciproques ou singuliers, qui avaient été constitués par le prédécédé aux profit de l'époux survivant. L'enfant naturel n'a rien à prendre, ni sur ces avantages, ni sur la succession, puisque sa reconnaissance ne peut nuire ni à l'époux, ni aux enfans légitimes survivans.

3° Les motifs qui ont déterminé la disposition de l'art. 337, peuvent-ils s'appliquer au cas où l'enfant naturel n'a pas été reconnu par l'un des époux, mais a fait déclarer contre cet époux, pendant le mariage, la paternité ou la maternité, suivant les art. 340 et 341 ?

Dans l'espèce, on ne peut pas dire que l'un des époux ait *volontairement* conféré des droits à son enfant naturel, au préjudice de son époux et de ses enfans légitimes ; on ne peut pas dire qu'il ait volontairement changé leur sort ; on ne peut pas dire qu'il ait, par son fait, violé la foi sous laquelle le mariage avait été contracté.

Les motifs de l'art. 337 ne sont donc point applicables ; et comme le mariage qui a été contracté par le père ou la mère de l'enfant naturel, ne peut priver cet enfant du droit que lui accordent les art. 340 et 341, de faire déclarer la paternité ou la maternité ; comme il peut exercer ce droit en tout temps, s'il n'y a pas de prescription acquise, on doit décider que le jugement déclaratif de la paternité ou de la maternité, lors même qu'il n'est intervenu que pendant le mariage, confère à l'enfant naturel les mêmes droits, que si cet enfant avait été valablement reconnu avant le mariage.

Cependant, comme la recherche de la maternité ne peut être admise, suivant l'article 341, que lorsqu'il y a un commencement de preuve par écrit, et que la mère d'un enfant naturel pourrait éluder la disposition de l'art. 337, en donnant, après le mariage, un commencement de preuve par écrit qu'elle daterait d'une époque antérieure au mariage, il faudrait décider que, si le commencement de preuve n'avait pas une date certaine, antérieur au mariage, le jugement déclaratif de la maternité ne pourrait être opposé, ni au mari, ni aux enfans légitimes, et que dans ce cas la disposition de l'art. 337 devrait être exécutée.

4° L'art. 337, après avoir dit que la reconnaissance faite pendant le mariage, par l'un des époux, ne peut nuire, ni à l'autre époux, ni aux enfans nés de ce mariage, ajoute que néanmoins elle produira son effet après la dissolution de ce mariage, s'il n'en reste pas d'enfant.

Il résulte de cette exception, que, si le père ou la mère qui a reconnu, ne laisse pas d'enfant ou de descendans, l'enfant naturel pourra, à l'égard de tous les autres parens légitimes, soit en ligne descendante, soit en ligne collatérale, réclamer tous les droits énoncés dans les art. 756 et 757.

Et en effet, l'art 337 ne dit pas que la reconnaissance qui a lieu pendant le mariage, ne sera pas valable; seulement il en règle les effets.

Il veut bien qu'elle ne puisse nuire, ni à l'époux, ni aux enfans issus du mariage; mais il ne la déclare pas nulle en soi; il ne lui ôte pas, d'une manière absolue, tous ses effets; il dit, au con-

traire, qu'elle produira son effet après la dissolution du mariage, s'il n'en reste pas d'enfant.

5° Lorsque le père ou la mère, qui a reconnu
un enfant naturel, laisse, en mourant, plusieurs
enfans légimes, dont les uns sont issus d'un mariage antérieur, et les autres d'un mariage postérieur à celui pendant lequel la reconnaissance a
été faite, les enfans qui sont issus du premier et
du troisième mariage, peuvent-ils, comme les enfans qui sont issus du second mariage, opposer
à l'enfant naturel la disposition de l'art. 337 ?

La lecture seule de cet article démontre pleinement qu'il n'a été fait que pour les enfans qui
sont issus du mariage même pendant lequel la
reconnaissance a été faite.

La reconnaissance, dit cet article, faite pendant le mariage, par l'un des époux, ne pourra
nuire ni à l'autre époux, ni aux enfans *nés de
ce mariage.*

D'ailleurs les motifs de l'article ne peuvent
s'étendre ni aux enfans d'un mariage postérieur,
ni aux enfans d'un mariage antérieur.

Les enfans issus d'un mariage qui est postérieur à la reconnaissance de l'enfant naturel, ne
peuvent pas dire que cette reconnaissance a violé
la foi sous laquelle ce mariage a été contracté,
puisqu'elle était antérieur au mariage, et qu'elle
a dû être faite par acte authentique ; elle a été
ou pouvait être connue, et d'ailleurs il ne peut

pas être libre au père ou à la mère, qui a reconnu un enfant naturel, d'annuller les effets de cette reconnaissance, en contractant un mariage postérieur.

Quant aux enfans qui sont issus d'un mariage antérieur à celui pendant lequel a été faite la reconnaissance d'un enfant naturel, ils ne seraient pas plus fondés à se plaindre du préjudice que leur fait éprouver cette reconnaissance, qu'ils ne le seraient à se plaindre du préjudice qu'ils éprouvent par un second mariage qui les met en concours avec d'autres enfans légitimes.

L'enfant naturel né avant le premier mariage, aurait pu être légitimé par le mariage subséquent de ses père et mère, et il aurait eu, dans ce cas, tous les droits d'un enfant légitime ; à plus forte raison ; il a pu être valablement reconnu après le premier mariage, et il peut réclamer les droits bien moins considérables que lui confère la reconnaissance.

Ainsi, lorsque le père ou la mère, qui a reconnu un enfant naturel, a laissé des enfans légitimes de trois mariages différens, l'enfant naturel ne peut réclamer aucun droit contre les enfans légitimes issus du mariage pendant lequel la reconnaissance a été faite ; mais il peut en réclamer contre les enfans issus des autres mariages.

Supposons, par exemple, qu'il y ait un en-

fant légitime de chacun des trois mariages, et
que le père ou la mère, qui a reconnu un enfant
naturel pendant l'un de ces mariages, ait laissé
une succession valant 12,000 francs.

*Si* l'enfant naturel pouvait exercer ses droits
contre les trois enfans légitimes, il prendrait
1000 francs pour sa douzième portion, conformément à l'art. 757.

Mais comme il ne peut rien avoir au préjudice
de l'enfant légitime issu du mariage pendant lequel la reconnaissance a été faite, cet enfant légitime prendra le tiers net de la succession, de
même que s'il n'y avait pas eu d'enfant naturel
reconnu.

L'enfant naturel n'aura donc de droits à exercer que sur les deux autres tiers de la succession,
attribués aux deux enfans légitimes des autres
mariages, et sans doute il ne sera pas admis à
prendre sur ces deux tiers la somme entière de
mille francs. Les enfans légitimes des autres mariages ne peuvent souffrir préjudice de ce qu'il
est privé de son droit à l'égard de l'enfant légitime issu du mariage pendant lequel la reconnaissance a été faite ; lui seul doit en éprouver la
perte, et en conséquence son droit dans la succession se trouvera réduit à la somme de 666 fr.
66 cent.

Mais aussi, dans le cas où l'enfant légitime issu
du mariage pendant lequel la reconnaissance a

été faite, serait mort sans postérité avant l'ouverture de la succession du père ou de la mère qui a reconnu, l'enfant naturel jouirait de la plénitude de ses droits, comme si cet enfant légitime n'eût jamais existé; il aurait donc, en concurrence avec les deux autres enfans légitimes, le neuvième de la succession, et conséquemment il prendrait 1,333 francs 33 centimes sur la masse de 12,000 francs.

6° Lorsque la reconnaissance d'un enfant naturel a été faite, non pendant le mariage du père ou de la mère qui a reconnu, mais après sa dissolution, la reconnaissance peut-elle nuire à l'enfant légitime qui est issu de ce mariage ?

Sans doute, on peut dire très-raisonnablement, pour la négative, que les motifs qui ont fait admettre la disposition de l'art. 337, s'appliquent au cas où la reconnaissance n'a été faite qu'après la dissolution du mariage, comme à celui où la reconnaissance a été faite pendant le mariage; qu'en effet, dans le premier cas, la reconnaissance ne violerait pas moins que dans le second, la foi sous laquelle le mariage légitime a été contracté, ainsi que les intérêts des deux familles qui se sont unies, si elle pouvait nuire aux droits des enfans issus de ce mariage, et que la garantie que l'art. 337 a eu l'intention de donner aux familles légitimes, pourrait être facilement éludée et deviendrait souvent illusoire, s'il suffisait de différer la re connaissance jusqu'après la dissolution du mariage.

Mais n'est-on pas forcé de répondre que le législateur a formellement limité la disposition de l'art. 337, aux reconnaissances faites pendant le mariage ; que ce n'est qu'à l'égard des reconnaissances faites pendant le mariage, qu'il a disposé qu'elles ne pourraient nuire aux enfans issus de ce mariage ; que, dans plusieurs articles et notamment dans le 756ᵉ et dans le 757ᵉ, il a déterminé que la reconnaissance d'un enfant naturel produirait des effets et des droits, même contre les enfans légitimes, et que, par l'art. 337, il n'a fait d'exception que pour le seul cas où la reconnaissance aurait été faite pendant le mariage même dont sont issus les enfans légitimes ; que la disposition de cet article 337 est si précise et si claire, qu'elle ne peut donner prise à l'interprétation, et que dès-lors il ne peut être permis, ni de la modifier, ni de la changer, en y ajoutant une autre exception qu'elle n'a pas prononcée ?

Ne peut-on pas ajouter encore que le législateur a pu vouloir que le survivant des époux eût le pouvoir de diminuer les droits éventuels de ses enfans légitimes dans sa succession non encore échue, en reconnaissant, après la dissolution du mariage, un enfant naturel qu'il aurait eu avant de se marier, tout comme il aurait ce pouvoir, en *légitimant* l'enfant naturel, puisque le mariage intermédiaire n'empêche pas la légitimation ; que, s'il peut légitimer cet enfant après la dissolution de son mariage, il peut le reconnaître, puisqu'il n'y a pas de légitimation valable sans reconnaissance, et qu'enfin s'il peut, par la légitimation, lui donner tous les droits d'un enfant légitime, il peut à plus forte raison lui donner, par une reconnaissance, les simples droits accordés par les art. 756 et 757?

Aussi, deux arrêts rendus, l'un par la cour d'appel de Paris, le 5 prairial an 13, l'autre par la section civile de la cour de cassation, le 6 janvier 1808, ont formellement jugé qu'il fallait se renfermer dans la dispositition textuelle de l'article 337, par le motif que toute discussion sur l'esprit d'une loi est inutile, lorsque son texte est clair et ne présente aucune ambiguité, aucune équivoque.

8. Lorsqu'un enfant naturel n'a été reconnu que par son père ou par sa mère seulement, il ne peut réclamer dedroits sur les biens de l'un et de l'autre, mais seulement sur les biens de celui qui l'a reconnu. L'art. 336 du Code dit expressément que la reconnaissance du père, sans l'indication et l'aveu de la mère, n'a d'effet qu'à l'égard du père ; et de même la reconnaissance faite par la mère ne peut produire aucun effet

contre le père, lors même que la mère l'a indiqué, s'il n'y a donné son aveu formel.

Aussi l'art. 756 ne dit pas que les enfans naturels légalement reconnus auront des droits sur les biens de leurs père *et* mère, mais seulement qu'ils auront des droits sur les biens de leur père *ou* mère; la particule disjonctive *ou* a été employée précisément pour annoncer que l'enfant naturel n'aurait de droits à exercer que sur les biens de celui de ses père et mère, qui l'aurait reconnu légalemement.

Ce n'est donc que dans le cas où il a été légalement reconnu par les deux, sauf les exceptions énoncées au n° 3, qu'il peut exercer des droits sur les biens de l'un et de l'autre.

9. Il faut remarquer encore que l'art. 756 n'accorde de droits aux enfans naturels, que sur les biens de leur père ou mère *décédés*, et qu'ainsi ce n'est qu'après le décès du père ou de la mère, qui les a reconnus, qu'ils peuvent exercer des droits sur la succession.

On ne pouvait pas traiter les enfans naturels avec plus de faveur que les enfans légitimes, qui ne peuvent également exercer de droits sur les biens de leurs père et mère, qu'après que ceux-ci sont décédés, et à qui l'art. 224 du Code interdit même toute action contre leu.s père et mère, pour un établissement par mariage, ou autrement.

On verra cependant, par la suite, que les enfans naturels peuvent, comme les enfans légitimes, demander des alimens à leurs père ou mère, qui les a reconnus.

10. Quelle est la nature des droits qui sont accordés à l'enfant naturel ?

Ces droits ne consistent pas dans une simple créance à exercer sur les biens du père ou de la mère qui a reconnu ; ils consistent dans une portion même de ces biens, et la quotité de cette portion est déterminée pour tous les cas, par la loi elle-même.

Les droits de l'enfant naturel sont donc des droits de propriété, sur la portion de biens, qui lui est conférée.

Suivant la rédaction proposée au conseil d'état, les enfans naturels ne devaient avoir qu'une créance sur les biens de leurs père ou mère décédés ; mais, d'après une observation de M. Cambacérès, le mot *créance* fut supprimé, on lui substitua le mot *droits*, et, par les art. 757 et 758, furent ces droits déterminés à une portion fixe des biens.

Ainsi, les droits de l'enfant naturel sont des droits réels, et lui donnent une action réelle ; il a le *jus in re*.

Cependant ces droits ne sont pas des droits

*héréditaires;* car l'art 756 dit, d'une manière générale, et pour tous les cas, que les enfans naturels ne sont point héritiers.

Et vainement on voudrait opposer que, suivant l'art. 757, le droit de l'enfant naturel est fixé à une quotité de portion héréditaire. De ce qu'il est dit dans cet article, que le droit de l'enfant naturel est du tiers de la portion héréditaire *qu'il aurait eue,* s'il avait été légitime, il ne résulte certainement pas que l'enfant naturel ait, eu cette qualité, une portion héréditaire. De ce qu'il aurait eu, s'il avait été légitime, une portion héréditaire, et qu'une quotité de cette portion qu'il aurait eue en qualité d'héritier, lui est accordée en sa qualité d'enfant naturel, il ne s'ensuit pas qu'il ait cette quotité comme *héréditaire,* à titre *héréditaire.* Comment d'ailleurs pourrait-il l'avoir à ce titre, puisque la loi déclare formellement qu'il n'est pas héritier, et qu'il serait évidemment contradictoire que celui qui n'est pas et ne peut pas être héritier, eût cependant une portion héréditaire ?

C'est donc une erreur de dire que le droit de l'enfant naturel est *proportionnellement le même* que celui de l'enfant légitime. Les droits de l'un et de l'autre diffèrent essentiellement, non pas seulement quant à la quotité, mais quant à *l'essence* à et *la nature,* puisque le droit de l'enfant légitime est celui d'un héritier, et que ce n'est pas comme héritier que l'enfant naturel a son droit, le titre et la qualité d'héritier lui étant expressément refusés par la loi. Dès-lors il est évident que, si la loi a fixé la portion de l'enfant naturel, à une quotité de la portion héréditaire qu'il aurait eue, s'il avait été légitime, ce n'a été, ni pour assimiler ces deux portions, ni pour leur donner la même nature, mais uniquement pour déterminer, par un point de comparaison, la quotité de biens, qui devrait être délivrée par les héritiers légitimes à l'enfant naturel.

. 11. Mais aussi, quoique l'enfant naturel ne soit pas héritier, quoiqu'il ne soit pas saisi par la loi des droits qui lui sont accordés, et qu'il soit tenu d'en demander la délivrance ou l'envoi en possession, on ne peut pas conclure qu'il n'en devienne propriétaire qu'après qu'il en a demandé ou obtenu, soit la délivrance, soit l'envoi en possession. Cette conséquence serait absolument contraire et aux anciens et aux nouveaux principes.

Dans le droit romain, le légitimaire n'était pas héritier : ces deux qualités étaient même incompatibles, puisqu'il n'y avait de légitimaire qu'à côté d'un héritier institué ; cependant on ne contesta jamais que le légitimaire eût, à compter de l'ouverture de la succession, le droit de propriété sur la portion de biens, qui composait sa légitime.

De même, le légataire particulier n'était pas

héritier, et cependant il avait la propriété de son legs, à compter du décès du testateur.

Suivant le Code civil, le légataire particulier, et même le légataire à titre universel, ne sont pas héritiers; ils sont tenus de demander la délivrance, et cependant ils ont, à compter du décès du testateur, un droit réel et acquis sur les biens qui leur ont été légués, et ce droit est transmissible à leurs héritiers ou ayant cause.

12. De ce que l'enfant naturel a des droits réels, des droits de propriété, sur les biens de son père ou de sa mère, qui l'a reconnu, il résulte que, dès le moment où il a formé contre les héritiers légitimes demande en délivrance de la portion de biens, qui lui est conférée, il doit être admis à assister à la levée des scellés, à l'inventaire de la succession, ainsi qu'à toutes les opérations préliminaires au partage; qu'il doit même y être appelé par les héritiers, et que le partage doit être fait avec lui, puisqu'il est co-propriétaire; rien de ce qui concerne la chose commune, ne peut être fait régulièrement hors de sa présence, ou sans qu'il ait été appelé.

Il peut aussi provoquer le partage contre les héritiers, ainsi qu'on l'établira sur l'art, 757, ou intervenir sur la demande en partage, que l'un des héritiers aurait formée contre les autres.

Il pourrait même, avant d'avoir pleinement justifié sa qualité, avant d'avoir réclamé ses droits,

requérir l'apposition des scellés sur les effets de la
succession, parce qu'il peut y avoir *periculum in
morâ*, et que la succession pourrait être spoliée
jusqu'au moment où il lui serait possible, soit dé-
tablir sa qualité, soit de former la demande en
délivrance. L'art. 909 du Code de procédure civile, dispose que l'apposition des scellés pourra
être requises par tous ceux qui *prétendront droit
dans la succession*; et l'on voit que cet article
n'exige pas que le droit soit justifié.

13. Lorsque l'héritier légitime a vendu tout ou
partie de la succession, avant que l'enfant naturel
reconnu ait fait connaître son état et réclamé ses
droits, cet enfant peut-il être ensuite fondé, lorsqu'il a obtenu un jugement qui ordonne la délivrance de sa portion, à provoquer la nullité des
ventes, et à exercer l'action en revendication
contre les tiers acquéreurs?

Sans doute il y serait fondé, si les acquéreurs
avaient connu, lors des ventes, l'existence, l'état
et les droits de l'enfant naturel. Les acquéreurs
étant instruits que l'héritier légitime n'avait pas le
droit de vendre ce qui appartenait à l'enfant naturel auraient acquis de mauvaise foi.

Mais s'ils ignoraient l'existence, l'état et les
droits de l'enfant naturel, ou s'il n'était pas possible de prouver qu'ils en eussent connaissance,
comme ils auraient été de bonne foi en achetant,
ou qu'à défaut de preuve contraire ils devraient

être considérés comme ayant été de bonne foi,
et que d'ailleurs ils auraient acquis d'un héritier
légitime qui paraissait être seul propriétaire de
la succession, ils ne pourraient être évincés par
l'enfant naturel.

Il faut appliquer à l'enfant naturel qui ne s'est
fait connaître et n'a réclamé ses droits qu'après
la vente consentie par l'héritier, le principe qui
veut que l'héritier légitime *lui-même*, qui ne se
fait connaître et ne se représente qu'après qu'un
autre héritier *apparent* a vendu, transigé ou
plaidé, soit tenu d'exécuter les ventes que celui-
ci a consenties, les transactions qu'il a signées,
les jugemens qui ont été rendus contre lui, et
qu'en conséquence il ne soit pas admis à faire
prononcer la nullité de ces actes, contre les tiers
qui ont été de bonne foi.

Ce principe fut consacré par un arrêt du parlement de Paris, que rapporte Cochin, tom. 4,
pag. 326, par un autre arrêt de la même cour,
du 19 février 1782, et par un troisième rendu au
parlement de Rouen, le 19 juin 1759.

Il a été, de nouveau, proclamé par un arrêt de
la cour de cassation, du 11 frimaire an 9.

L'application en a été faite aux enfans naturels
reconnus, par un arrêt de la cour royale de Paris, du 14 fructidor an 12

Dans l'espèce sur laquelle est intervenu cet arrêt, il s'agissait de savoir si la mineure Delassalle,

fille naturelle reconnue, pouvait revendiquer un bien que l'héritier légitime avait vendu, avant qu'elle eût réclamé son état. L'arrêt a décidé que la réclamation, faite par la mineure Delassalle, étant postérieure à la vente consentie par l'héritier aux sieurs Lefebvre, le 7 vendémiaire an 4, du domaine de Cumière, dépendant de la succession du père de la mineure, la vente était réputée faite de bonne foi, de manière que la mineure n'était pas fondée à en demander la nullité, et qu'elle pouvait seulement réclamer, ou le prix du bien vendu, ou la valeur d'après estimation.

Sur le pourvoi contre cet arrêt, la disposition, qui vient d'être rapportée, a été maintenue par arrêt de la cour de cassation, du 20 mai 1806.

Il suffirait même que les acquéreurs eussent été seuls de bonne foi, pour que la revendication ne pût avoir lieu contre eux, quoique l'héritier, qui leur a consenti les ventes, fût instruit de l'existence et de l'état de l'enfant naturel. La mauvaise foi du vendeur ne peut pas nuire aux acquéreurs; ils ne doivent pas être punis de la faute d'autrui.

14. Mais la décision doit-elle être la même, lorsque l'héritier légitime, contre lequel l'enfant naturel reconnu pourrait exercer l'action en restitution du prix ou de la valeur des biens vendus, se trouve *insolvable?* Dans ce cas, au moins, l'enfant naturel n'a-t-il pas le droit de se pourvoir contre les acquéreurs, en revendication des biens?

Je pense que la décision doit être la même, parce qu'il y a mêmes motifs, et que l'insolvabilité de l'héritier qui a vendu, est un fait aussi étranger aux acquéreurs, que sa mauvaise foi.

Vainement on dit que l'enfant naturel a été, dès le moment du décès du père ou de la mère qui l'avait reconnu, et quoi qu'il ne se soit présenté qu'à une époque plus ou moins éloignée, propriétaire de la portion de biens que la loi lui a conférée ; qu'il n'a pu perdre cette portion de biens, que par son propre fait et non par le fait d'un tiers qui n'en était que possesseur, et non pas propriétaire ; que ce n'est point à la qualité d'héritier, mais à celle de propriétaire, qu'est attachée l'action en revendication ; que d'ailleurs l'héritier apparent n'a le droit de faire irrévocablement que les actes de pure administration, parce qu'ils sont nécessaires et souvent urgens ; mais qu'il ne peut en être de même à l'égard des ventes ; qu'au surplus rien ne forçait les acquéreurs d'acheter ; que, s'ils avaient des soupçons sur la qualité du vendeur, ils devaient s'abstenir, et que, s'ils n'en avaient pas, ils étaient de bonne foi, il n'en est pas moins vrai que la propriété des biens vendus ne leur a pas été valablement transférée par celui qui n'était pas propriétaire, et qui n'a pu leur transmettre d'autres droits que ceux qu'il avait lui-même.

Je réponds d'abord à cette objection, que, si

elle était fondée, elle s'appliquerait nécessairement au cas où l'héritier légitime, qui aurait vendu, serait solvable, comme au cas où il serait insolvable; que, dans l'un comme dans l'autre cas, l'enfant naturel pourrait également opposer et son droit de propriété, et le défaut de qualité de propriétaire dans la personne du vendeur ; qu'ainsi, dans l'un comme dans l'autre cas, l'enfant naturel devrait également avoir l'action en revendication; que cependant on convient qu'il n'a pas cette action dans le premier cas, et que par là même on convient que, dans cette espèce, les principes généraux sur la propriété n'exercent pas tout leur empire, et que c'est par d'autres principes qu'il faut se décider.

Je réponds, en second lieu, que, même à l'égard de l'héritier légitime et réel, qui se présente après des ventes consenties par l'héritier qui était apparent, on ne distingue pas entre le cas où le vendeur est solvable et celui où il est insolvable que, dans les deux cas, l'héritier légitime est également privé de l'action en revendication contre les tiers acquéreurs de bonne foi; que les arrêts, qui ont été cités dans le numéro précédent, n'ont point établi la distinction, et qu'ils ont été uniquement fondés sur ce qu'il y avait eu, d'une part, négligence des héritiers légitimes, et, d'autre part, bonne foi des tiers acquéreurs.

Je réponds, en troisième lieu, que la distinc.

3.

tion n'a pas dû et ne doit pas être admise, parce
qu'elle est repoussée par les véritables principes
de la matière et qu'elle aurait d'ailleurs de graves
inconvéniens.

Sans doute, on ne peut être dépouillé de sa
propriété, que par son propre fait; mais lorsque
l'héritier le plus proche dans l'ordre établi par la
loi, ne s'est pas fait connaître; lorsqu'il ne s'est
pas présenté pour recueillir la succession qui lui
était échue; lorsqu'il l'a laissé recueillir par une
autre personne qui avait un titre apparent et qui,
à son défaut, devait être héritière; lorsqu'il l'a
laissé jouir paisiblement; lorsque par son silence
il a autorisé à croire qu'elle était réellement héritière et propriétaire de la succession, ne serait-il
pas souverainement injuste qu'au moment où il
lui plaît de se présenter, il eût le droit de faire
annuller les ventes que l'héritier apparent aurait
consenties, de déposséder les acquéreurs qui auraient été de bonne foi, et cela sous le prétexte
qu'il ne pourrait avoir un recours assuré contre
l'héritier apparent qui aurait dissipé le prix des
ventes et serait devenu insolvable ? Les principes
sur la propriété ne peuvent autoriser une semblable injustice.

N'est-ce point par sa faute, ou par sa négligence ou au moins par son propre fait, que l'héritier réel a perdu la propriété des biens que
l'héritier apparent a vendus, et se trouve ainsi

privé de tout recours, par l'insolvabilité du vendeur? Peut-il rejeter sur des tiers qui ont été de bonne foi et qui ne connaissaient pas ses droits, la peine de sa faute, ou de sa négligence, ou de son propre fait? N'est-on pas bien fondé à lui opposer ces règles de la loi naturelle : *Actum suum cuique, non alteri, nocere debet. — Alteri per alterum non infertur iniqua conditio. — Unicuique sua mora nocet?*

Ne doit-on pas lui appliquer la disposition de l'art. 1382 du Code civil, qui porte que tout fait quelconque de l'homme, qui cause à autrui un dommmage, oblige celui par la faute duquel il est arrivé, à le réparer?

Ne doit-on pas lui appliquer encore d'une manière plus précise la disposition de l'art. 1383, qui veut que chacun soit responsable du dommage qu'il a causé, non-seulement par son fait, mais encore par sa négligence ou son imprudence?

Il est donc certain, 1° que l'action en revendication que l'héritier réel exercerait contre les tiers acquéreurs, se retournerait contre lui-même par voie de recours, puisqu'il devrait être déclaré responsable du dommage qu'il voudrait causer à ces tiers acquéreurs, et qu'ainsi son action ne serait pas recevable d'après la maxime, *quem de evictione tenet actio, eumdem agentem repellit exceptio;*

2° Qu'il ne serait pas réellement fondé à se

plaindre de la perte de sa propriété et du dommage qu'il éprouverait par l'insolvabilité du vendeur, puisque cette perte et ce dommage n'auraient été occasionnés que par son propre fait : *Qui damnum sentit suâ culpâ, damnum sentire non censetur.*

Mais si ces principes, qui sont fondés tout à la fois sur la raison, sur l'équité et sur les dispositions textuelles de la loi, peuvent être opposés à l'héritier légitime et réel, qui ne se présente qu'après des ventes consenties par l'héritier apparent, à plus forte raison peuvent-ils être opposés à l'enfant naturel dont l'existence et l'état n'étaient pas connus, et qui ne s'est pas présenté pour constater et réclamer ses droits.

Lorsque l'héritier légitime, qui n'était pas seulement un héritier apparent, mais qui était un héritier réel, appelé par la loi, et saisi par elle de la totalité de la succession, a joui paisiblement de tous les biens, qu'il en a disposé en maître, et qu'il a dû être considéré comme seul propriétaire, comment veut-on que ceux auxquels il a vendu les biens, en totalité ou en partie, et dont la bonne foi n'est pas équivoque, puissent être évincés par l'enfant naturel qui ne se fait connaître et ne se présente qu'après les ventes consommées, et que cette éviction puisse être fondée sur un fait étranger aux acquéreurs, sur l'insolvabilité de l'héritier qui a vendu?

Vainement cet enfant naturel dirait qu'il était absent, qu'il était employé, soit au service des armées, soit pour d'autres fonctions publiques, dans des pays éloignés. On lui répondrait qu'il devait prendre des précautions pour que ses droits ne fussent pas compromis pendant son absence; qu'avant de partir il pouvait laisser une procuration; que, s'il a négligé ce moyen, il doit supporter la peine de sa négligence; que les absens ne sont pas dispensés du soin de veiller à leurs intérêts, soit par eux-mêmes, soit par des mandataires, et qu'enfin celui qui ne veille pas, s'expose à perdre.

Vainement encore il voudrait exciper de sa minorité. Un tuteur devait veiller pour lui, et soit qu'il ne lui ait pas été nommé de tuteur, soit que le tuteur nommé ait été négligent, les tiers acquéreurs de bonne foi ne doivent pas en souffrir. Il suffit qu'ils aient ignoré l'existence et l'état de l'enfant naturel, pour qu'il n'y ait ni reproche à leur faire, ni par conséquent dommage à leur faire éprouver.

Ce ne serait pas avec plus de raison, que l'enfant naturel voudrait se faire un moyen de ce qu'il a trente ans pour former sa demande en délivrance du droit réel qui lui a été acquis sur les biens de la succession. On lui répondrait que, lorsqu'il a négligé de former sa demande pendant que les choses étaient entières; il ne peut plus, au moment de sa réclamation tardive, prendre les choses qu'en l'état où elle s se trouvent; que néanmoins il peut bien exercer tous ses droits contre l'héritier légitime qui a recueilli la succession ; qu'il peut réclamer contre cet héritier le prix des ventes qui ont été consenties, parce que l'héritier ne peut retenir le prix d'une chose qui ne lui appartenait pas ; mais qu'il ne peut contraindre les tiers acquéreurs qui ont été de bonne foi, ni à lui restituer les biens en nature, ni à lui payer une seconde fois le prix des ventes, même en cas d'insolvabilité de l'héritier, parce qu'il leur causerait du dommage par son propre fait.

Vainement enfin l'enfant naturel dirait encore qu'en lui refusant le droit de revendiquer les biens dont il était propriétaire depuis l'ouverture de la succession, et qui ont été vendus à son insçu, ce serait violer ouvertement le droit de propriété, ce serait ouvrir la porte aux plus grands abus, puisque l'héritier insolvable trouverait aisément les moyens de conniver avec des tiers dont il serait impossible de prouver la mauvaise foi. On répondrait que, s'il y a violation de la propriété, c'est par le fait du propriétaire lui-même, c'est parce que sa qualité de propriétaire était inconnue, parce qu'il ne s'est pas présenté pour établir son état, parce qu'il n'a pas réclamé ses droits.

Quant à la connivence qu'on suppose avoir

existé entre le vendeur et l'acquéreur, pour soustraire les biens à l'enfant naturel, c'est aux tribunaux à juger, d'après les faits et les circonstances, si elle a réellement existé. Sur ce point,
des preuves précises ne sont pas nécessaires; des
présomptions graves seraient suffisantes. Les tribunaux ont à cet égard un pouvoir discrétion-
naire, parce qu'il s'agit de dol et de fraude.

Ainsi, par exemple, si la vente avait été consentie avec précipitation, peu de temps après
l'ouverture de la succession; si elle avait été faite
à vil prix; si le vendeur et l'acquéreur étaient intimement liés ou avaient des intérêts communs;
si l'acquéreur ne jouissait pas d'une bonne ré-
putation; s'il était notoirement connu dans le
pays, que l'auteur de la succession avait eu un
enfant naturel; si la vente avait été consentie sans
garantie et aux risques et périls de l'acquéreur,
toutes ces circonstances réunies, et même quel-
ques-unes d'elles, pourraient suffire pour faire
déclarer la vente frauduleuse et autoriser la revendication des biens.

Je terminerai cette discussion, en faisant remarquer que le droit de revendication qu'on
voudrait accorder, soit à l'héritier légitime qui
ne se serait pas présenté, soit à l'enfant naturel
qui n'aurait pas fait connaître son état et ses
droits, empêcherait nécessairement, pendant
ving ou trente ans, et même plus long-temps en-

core, que les héritiers pussent disposer des biens des successions qui seraient dans leurs mains, puisque les personnes qui voudraient acquérir ces biens, seraient arrêtées par la crainte d'être évincées par des héritiers plus proches et par des enfans naturels, qui ne se feraient connaître et ne se présenteraient que long-temps après les ventes.

Il est vrai que les acquéreurs auraient le droit d'opposer la prescription, après dix ans entre présens, après vingt ans entre absens; mais comme la prescription ne court pas contre les mineurs, il pourrait arriver souvent qu'elle ne serait acquise qu'après plus de trente ou quarante ans, et sûrement il ne se trouverait que très-peu de personnes qui voulussent s'exposer à des chances aussi longues, qui voulussent acquérir des propriétés qu'elles n'auraient pas la certitude de conserver.

Ainsi les successions se trouveraient paralysées dans les mains des héritiers, les dettes ne seraient pas acquittées, et il n'y aurait d'autre moyen que de faire vendre les biens en justice, ce qui occasionnerait des frais et des pertes considérables.

15. Ce qui a été dit dans les deux numéros précédens, s'applique également aux hypothèques que l'héritier a constituées sur les biens de la succession, même pour ses dettes personnelles, avant que l'enfant naturel ait fait connaître son

état. Si les créanciers au profit desquels ces hypothèques ont été constituées, étaient de bonne foi, ils seraient bien fondés à dire qu'ils n'ont consenti à prêter à l'héritier, que sur la garantie des biens qui leur étaient offerts comme gage et sur lesquels ils ont pris hypothèque; qu'ils ont dû croire que ces biens appartenaient à l'héritier légitime qui était appelé et saisi par la loi; qu'ils ne connaissaient pas l'existence de l'enfant naturel qui avait des droits sur ces biens, et que le retard qu'il a mis à se faire connaître, ne peut aucunement leur nuire.

16. Mais, dans tous les cas, l'enfant naturel pourrait exercer l'action en revendication des biens que l'héritier n'aurait aliénés qu'*à titre gratuit.*

Le donataire ne serait pas fondé à se prévaloir de sa bonne foi. Il ne peut jamais avoir que les mêmes droits qu'avait le donateur, et aux mêmes charges: *Soluto jure dantis, solvitur jus accipientis.*

La différence qui existe, à cet égard, entre l'acquéreur à titre onéreux et l'acquéreur à titre gratuit, c'est que le premier qui a acquis un immeuble qui lui convient, ou qui a déboursé le prix de la vente, éprouverait une perte, s'il était tenu de restituer l'immeuble, sur-tout dans le cas où le vendeur serait insolvable, au lieu que l'acquéreur à titre gratuit, qui n'a rien déboursé, ne manque qu'une occasion de gagner. Le premier *certat de damno vitando*, le second *certat de lucro captando*.

Cette distinction, admise par les lois romaines, a toujours été suivie en France, et doit toujours l'être, parce qu'elle est fondée sur la raison et sur l'équité.

17. L'enfant naturel a-t-il, comme l'enfant légitime, une réserve sur les biens du père ou de la mère, qui la reconnu, et peut-il en conséquence, pour exercer les droits qui lui sont attribués par les art. 756, 757 et 758, faire réduire les dispositions, soit entre-vifs, soit testamentaires, consenties par son père ou sa mère?

Cette question est très-controversée, et il faut bien qu'elle ne se trouve pas clairement résolue par le texte de la loi, il faut bien qu'elle présente des difficultés réelles, puisqu'elle a donné lieu à quatre opinions différentes.

Suivant la première, les droits de l'enfant naturel légalement reconnu, seraient tellement fixés par les art. 757 et 758, qu'il ne dépendrait du père, ou de la mère, ni de les anéautir par des dispositions quelconques, ni même de les restreindre.

Suivant la seconde, l'enfant naturel légalement reconnu n'aurait aucun droit de réserve sur les biens de son père ou de sa mère, et il pourrait être privé, par des dispositions universelles, soit entre-vifs, soit testamentaires, de la totalité des droits qui lui sont attribués par les art. 756, 757 et 758.

Suivant la troisième, les droits de l'enfant naturel légalement reconnu, pourraient être réduits, mais non pas entièrement anéantis, par des dispositions à titre gratuit, et cet enfant pourrait toujours réclamer, à titre de réserve, une portion des biens de son père ou de sa mère, en faisant réduire soit les dispositions entre-vifs, soit les dispositions testamentaires.

Suivant la quatrième, l'enfant naturel légalement reconnu n'aurait le droit de réserve et de réduction, qu'à l'égard des dispositions testamentaires, mais non pas à l'égard des dispositions entre-vifs.

La discussion de ces quatre opinions diverses, a besoin d'être approfondie; je l'abrégerai cependant, autant qu'il me sera possible.

18. *Première opinion.* Celle-ci n'est pas soutenable; car elle aurait des résultats tels, que la portion réservée à l'enfant naturel ne serait jamais moindre que celle qui est réservée à l'enfant légitime, et que, dans plusieurs cas, elle serait même beaucoup plus considérable, ce qui n'est sûrement pas admissible.

Et en effet, d'après la disposition de l'art. 757 du Code, qui attribue à l'enfant naturel la moitié ou les trois quarts des biens, lorsqu'il n'y a pas de descendans légitimes, d'après la disposition

de l'art. 758, qui accorde à cet enfant la totalité
des biens, lorsqu'il n'y a pas de parens légitimes
successibles, il résulterait nécessairement de la
première opinion, ainsi que le fait très-bien remarquer M. Merlin, dans ses *Questions de droit*,
au mot *réserve*, que le père d'un enfant naturel,
qui n'aurait pas de descendans légitimes, serait
toujours obligé de réserver à cet enfant au moins
la moitié de ses biens, que souvent il serait obligé
de lui réserver les trois quarts, et même, dans
certains cas, la totalité.

Il en résulterait que, laissant un ascendant, ou
un frère ou une sœur, il serait aussi gêné dans
ses dispositions, par la reconnaissance qu'il aurait
faite d'un enfant naturel, que si, avec cet enfant,
il laissait un enfant légitime.

Il en résulterait que, ne laissant ni frère ni
sœur, il serait moins libre dans ses dispositions,
que si un enfant légitime lui survivait.

Il en résulterait que, ne laissant aucun parent
au degré successible, il ne pourrait pas disposer
d'un décime, tandis que, dans le même cas, s'il
laissait un enfant légitime, il pourrait disposer de
la moitié de ses biens.

Or, on ne peut pas supposer que le législateur ait eu l'intention d'établir un système aussi
incohérent, aussi absurde.

Il est vrai cependant que cette première opinion se trouverait modifiée par la disposition de

l'art. 761, qui porte que toute réclamation est interdite à l'enfant naturel, *lorsqu'il a reçu, du vivant de son père ou de sa mère, la moitié de ce qui lui est attribué par les articles précédens*, avec déclaration expresse de la part du père ou de la mère, que son intention est de réduire l'enfant naturel à la portion qu'il lui a assignée.

. Mais il n'en résulterait pas moins,

1° Que, si le père de l'enfant naturel ne voulait pas se dépouiller, *de son vivant*, en donnant, par acte entre-vifs, à cet enfant une portion de ses biens, il ne pourrait disposer de rien, au profit d'autres personnes, sur la portion attribuée à cet enfant par les art. 757 et 758, puisque l'art 761 ne lui offre d'autre moyen de réduire cette portion à moitié, qu'en donnant, de son vivant, à l'enfant naturel; que même il ne pourrait disposer de la moindre partie de ses biens, dans le cas de l'art. 758; et qu'ainsi il se trouverait plus gêné dans ses dispositions, que s'il avait un enfant légitime, puisqu'il pourrait, sans rien donner actuellement à cet enfant, disposer, ainsi qu'il le voudrait, de la moitié de ses biens;

2° Que, dans le cas de l'art. 758, la réserve de l'enfant naturel serait aussi forte que la réserve de l'enfant légitime.

Il est évident que telle n'a pas été la volonté du législateur.

19. *Seconde opinion.* C'est celle que j'ai pro-

fessée dans mon premier ouvrage, et comme le plus grand nombre des jurisconsultes ne l'a pas adoptée, peut-être ne devrais-je pas la reproduire.

Cependant il est nécessaire de la connaître, ne fût-ce que pour être en état de mieux apprécier la troisième et la quatrième opinions, qui sont dans un sens oppposé, mais qui aussi sont contraires entr'elles.

Au reste, je ne répéterai pas tous les développemens que je lui avais donné dans mon premier ouvrage; je n'en présenterai même qu'un extrait très-rapide, et je ne dissimulerai rien de ce qui a été dit pour la combattre. Si j'ajoute quelques observations nouvelles, ce sera moins pour la faire prévaloir, qu'afin qu'elle soit mieux connue et bien jugée.

Je la réduis aux propositions suivantes :
« La disposition qui établit les droits des enfans naturels, se trouve sous le titre *des successions ab intestat*, et ce titre règle uniquement la transmission des biens dont le propriétaire n'a disposé ni entre-vifs, ni à cause de mort; donc la disposition de l'art. 756, n'est applicable qu'aux biens libres qui se trouvent dans les successions *ab intestat* ; donc les droits qu'elle accorde aux enfans naturels, ne peuvent être pris sur les biens dont ses père et mère ont disposé à titre gratuit.

En règle générale, la disposition de l'homme prévaut sur la disposition de la loi et conséquemment celle-ci ne peut trouver son application que relativement aux biens dont l'homme n'a pas disposé : or, c'est la loi seule qui dispose en faveur des enfans naturels; c'est elle seule qui leur confère des droits, et ce n'est qu'au titre *des Successions ab intestat*, qu'elle leur en confère; donc sa disposition ne peut s'étendre sur les biens dont le défunt a disposé lui-même.

« Si maintenant on veut consulter le titre *des Donations et des Testamens*, on y voit que l'article 916 du Code civil, dit textuellement qu'à défaut d'ascendans ou de descendans, les libéralités par actes entre-vifs ou testamentaires, pourront épuiser la totalité des biens, et la liaison entre cet article et les précédens, démontre qu'il n'entend parler que des ascendans et des descendans *légitimes*. Or, les enfans naturels ne sont ni de l'une ni de l'autre classe; donc tout droit et toute espérance sur les biens donnés entre-vifs ou à cause de mort, leur sont ravis par le seul fait de la disposition, en vertu de l'art. 916.

« Dailleurs, les héritiers légitimes eux-mêmes, lorsqu'ils n'ont pas le droit de réserve, comme les frères et sœurs, et autres collatéraux, sont exclus de tout droit sur les biens donnés entre-vifs ou à cause de mort; les enfans naturels, qui ne sont d'une condition, ni meilleure, ni plus

favorable, doivent donc subir la même exclusion.

Contre cette opinion, deux objections principales ont été faites.

Il en résulterait, a-t-on dit d'abord, que, si le
père d'un enfant naturel reconnu, avait disposé
de la totalité de ses biens, par acte entre-vifs ou
testamentaires, l'enfant naturel ne pourrait pas
même réclamer des alimens.

J'avais fait, il est vrai, cette concession; mais
j'étais allé trop loin.

Dans la vérité, le droit de réserve et le droit
de réclamer des alimens, sont deux droits bien
différens.

Le premier ne peut être établi que par la loi,
et il doit l'être par une loi positive; car il a pour
objet de restreindre l'exercice du droit de propriété; il a pour objet de limiter un droit naturel, celui de disposer de ses biens, à son gré.

Le second est fondé sur le droit naturel lui-
même; il est fondé sur ce principe sacré, reconnu dans tous les pays et dans tous les temps,
que les pères et mères doivent pourvoir à la subsistance de leurs enfans, et pour l'anéantir, il faudrait une loi contraire, qui ne peut pas exister.

Dans l'ancien régime, les enfans naturels n'a-
vaient certainement aucun droit de réserve légale sur les successions de leurs père et mère,
et cependant on leur accordait constamment le

droit de réclamer des alimens, non-seulement contre les héritiers légitimes de leurs père et mère, mais encore contre les héritiers institués et contre tous les donataires quelconques. Cela fut formellement jugé par un arrêt du parlement de Paris, du 19 juillet 1752.

Aussi, quoiqu'il n'y ait dans le Code civil aucun article qui dise précisément que l'enfant naturel a le droit de demander des alimens au père ou à la mère, qui l'a reconnu légalement; quoique l'art. 756 n'accorde de droits à l'enfant naturel, que sur les biens de ses père et mère décédés, on est généralement d'accord que l'enfant naturel peut demander des alimens à ses père et mère encore vivans, parce que c'est un droit fondé sur la nature et qui résulte du fait seul de la paternité ou de la maternité reconnue.

D'ailleurs, l'objection à laquelle je réponds, s'appliquerait aussi à la quatrième opinion, suivant laquelle l'enfant naturel n'aurait aucun droit de réserve sur les biens dont il aurait été disposé, non par testament, mais d'une manière irrévocable. On pourrait dire également que ; si le père d'un enfant naturel avait consenti à un étranger une institution *contractuelle* de tous ses biens, l'enfant naturel ne pourrait pas demander d'alimens à cet héritier institué; les partisans de la quatrième opinion sont donc forcés de se

4.

réunir à moi pour soutenir que le droit de réserve sur les biens donnés, et le droit de réclamer des alimens contre le donataire qui représente le père de l'enfant naturel, ne doivent pas
être confondus, qu'ils sont indépendans l'un de
l'autre, et que, sans avoir le droit de réserve et
de réduction, l'enfant naturel conserve néanmoins le droit d'exiger des alimens.

La seconde objection qui a été faite contre
mon opinion, est beaucoup plus sérieuse que la
première; en voici les termes :

« De ce que les art. 757 et 758 ne détermi-
nent les droits des enfans naturels, que pour les
succession *ab intestat*, s'ensuit-il que ces droits
se réduisent à rien dans les successions testamentaires? S'ensuit-il que le père puisse; par son
testament, priver ses enfans naturels de la totalité de la portion qu'ils auraient eu le droit de
demander, s'il était mort sans dispositions ?

« Sans doute, on pourrait, on devrait en tirer
cette conséquence, si aucun article n'annonçait
manifestement que le législateur a voulu mettre
un frein aux dispositions du père, qui auraient
eu pour objet d'exclure ses enfans naturels de
toute participation à sa succession; mais cette
volonté du législateur est clairement écrite dans
l'art. 761.

« Toute réclamation, porte cet article, est
interdite aux enfans naturels, lorsqu'ils ont reçu,

du vivant de leur père ou mère, la moitié de ce qui leur est attribué par les articles précédens, avec déclaration expresse, de la part de leur père ou mère, que leur intention est de réduire l'enfant naturel à la portion qu'ils lui ont assignée. Dans le cas où cette portion se trouverait inférieure à la moitié de ce qui devrait revenir à l'enfant naturel, il ne pourra réclamer que le supplément nécessaire pour parfaire cette moitié.

« Il résulte évidemment de cette disposition deux choses :

« La première, que le père peut bien, par une donation entre-vifs faite à son enfant naturel, le réduire à la moitié de la portion fixée par les art. 757 et 758, mais qu'il ne peut pas le réduire à une portion inférieure à cette moitié;

« La seconde, que cette réduction n'étant permise au père, que par la voie d'une donation entre-vifs, le père ne peut pas l'opérer par un testament.

« Il ne peut donc rester aucun doute sur l'intention du législateur, d'assurer à l'enfant naturel une garantie contre les dispositions à cause de mort, faites par son père, et qui tendraient à le priver entièrement de la succession.

« Ne serait-il pas, en effet, contradictoire qu'un père, en donnant actuellement à son enfant naturel une portion de ses biens, en lui faisant

un don entre-vifs, ne pût le réduire qu'à la moitié
de ce qui devrait lui revenir dans sa succession,
d'après les art. 757 et 758, et que cependant,
en ne donnant rien à cet enfant, il pût le priver,
par des dispositions faites au profit de tierces
personnes, de la totalité des droits que lui attribuent les art. 757 et 758? N'est-il pas bien évident que le droit de réserve, accordé, dans le
premier cas, à l'enfant naturel, serait absolument illusoire, puisque le père aurait le pouvoir
de l'annuller à son gré, par des dispositions faites
à des tiers? »

J'avais prévu cette objection dans mon premier ouvrage, et voici comment j'y avais répondu :

« C'est la loi qui règle les successions *ab intestat ;* c'est la volonté de l'homme qui règle les
successions contractuelles ou testamentaires.

« Si l'homme n'a pas disposé, par acte entre-
vifs, ou par acte à cause de mort, la loi inter-
vient, à sa place, et suppléant sa volonté qu'il n'a
pas exprimée, elle règle la transmission de ses
biens, de la manière qu'elle croit la plus conforme
à ses affections; mais si le défunt avait disposé
valablement, la loi respecte sa volonté, et fait
exécuter toutes ses dispositions, qu'elle qu'en soit
l'étendue, à l'exception seulement de la réserve
en faveur des descendans et des ascendans légitimes.

« Ainsi, la loi ne régit que les biens restés sans disposition.

« Il n'y a donc pas de contradiction à ce que, d'une part, la loi voulant assurer à l'enfant naturel reconnu une portion des biens qui se trouvent dans la succession *ab intestat*, ne permette de réduire qu'à moitié les droits qu'elle accorde à l'enfant naturel dans cette espèce de succession, et que, d'autre part cependant, les père et mère de l'enfant naturel aient le droit de disposer de la totalité de leurs biens.

« Il est bien vrai que, s'il ne se trouve aucun bien dans la sucession *ab intestat*, le droit que la loi n'avait établi que sur cette succession, demeure sans effet.

« Mais si la loi eût voulu qu'il restât nécessairement, dans la succession *ab intestat*, des biens suffisans pour les droits de l'enfant naturel, elle aurait établi, en faveur de cet enfant, une réserve sur les biens de ses père et mère, et par suite un droit de réduction sur les biens donnés ou légués ; mais, il faut le répéter, elle n'a donné ce droit de réserve et de réduction qu'aux descendans et aux ascendans légitimes ; elle l'a donc refusé à l'enfant naturel ; les père et mère de cet enfant ont donc le pouvoir de disposer, à son préjudice, de la totalité de leurs biens ; ce n'est donc que sur les biens dont ils n'ont pas disposé, que l'enfant naturel peut exercer le droit éventuel qui ne lui a été donné que sur les successions *ab intestat* ;

« Remarquons bien, en effet, que l'art. 761 qu'on invoque, est inséré dans le titre des successions *ab intestat*, que sa disposition n'est répétée, ni directement, ni indirectement, au titre *des Donations et des Testamens*, et qu'en conséquence il ne peut être applicable qu'aux successions *ab intestat*, mais non pas aux biens donnés par acte entre-vifs, non pas aux successions testamentaires.

« On suppose qu'il était inutile de donner *particulièrement* aux père et mère, le droit de réduire *à moitié* la portion légale de l'enfant naturel, s'ils ont le droit de lui ôter *la totalité*, par des dispositions entre-vifs, ou testamentaires : qui peut le plus, peut le moins.

« Il y a ici confusion dans les choses, et c'est cette confusion seule qui rend l'objection spécieuse.

« Le père et la mère peuvent bien, d'après les art. 913, 915, 916 et 921, tout ôter à leur enfant naturel, en disposant de tous leurs biens par actes entre-vifs, ou à cause de mort; mais, en ne disposant de rien, en laissant tous leurs biens dans des successions *ab intestat*, ils n'auraient pu réduire la part attribuée à leur enfant naturel *dans ces successions*, si le droit de réduction ne leur avait pas été expressément accordé, puisqu'il est de principe que la loi seule règle entièrement la transmission des biens restés sans disposition.

« Le droit de réduire dans la succession *ab intestat*, et le droit de disposer de manière qu'il n'y ait de pas succession *ab intestat*, sont donc absolument distincts et séparés. Celui-ci ne donne pas l'autre, et il est certain que le père, ou la mère, qui n'aurait pas fait de dispositions, n'aurait pu réduire la portion de l'enfant naturel dans sa succession, si le droit ne lui en avait pas été donné expressément. Mais comme on a voulu que le père et la mère eussent le pouvoir de réduire, pour le cas où ils mourraient *ab intestat*, et sans être tenus de faire des dispositions, il a fallu l'exprimer textuellement, et c'est ce qu'à fait l'article 761.

« Ainsi, diparaît la contradiction qu'on voulait trouver entre la *limite* apposée, par cet article, au droit de réduire, et le pouvoir *indéfini* de disposer de ses biens.

« Les père et mère de l'enfant naturel peuvent disposer, à son préjudice, de la totalité de leurs biens ; mais s'ils ne disposent pas de tout, ils ne peuvent réduire qu'à moitié la portion attribuée par la loi à l'enfant naturel, *sur les biens restés sans disposition* : il n'y a rien là de contradictoire.

« La loi peut dire aux père et mère d'un enfant naturel : je ne vous empêche pas de diposer de vos biens, ainsi qu'il vous plaira ; mais, pour

les biens dont vous ne disposerez pas, comme ils
tomberont dans votre succession *ab intestat*, et
qu'à moi seule appartient le droit de régler cette
succession, je veux que votre enfant y ait une
part; je vous laisse cependant le droit de réduire
à moitié la part que j'ai déterminée; mais vous
ne pourrez réduire à une quotité moindre.

« Cette restriction, qui ne porte uniquement
que sur les biens qui se trouveront dans la succession *ab intestat*, n'a donc rien de contraire à
la faculté de disposer.

« De ce que les père et mère ne peuvent réduire
qu'à moitié la portion attribuée à leur enfant naturel dans leurs successions *ab intestat*, conclure
qu'ils sont tenus de laisser des biens dans ces successions, et qu'ils ne peuvent en conséquence disposer de la totalité de leurs fortunes, c'est faire une
extension arbitraire d'un cas à un autre; c'est
confondre les successions *ab intestat*, avec les successions testamentaires; c'est vouloir appliquer
aux donations et aux testamens, une disposion
de loi, qui, ne se trouvant placée qu'au titre *des
Successions ab intestat*, ne doit s'appliquer qu'à
ces successions; c'est, par une conséquence forcée, vouloir détruire une autre disposition expli-
cite, qui, en n'accordant le droit de réserve et de
réduction qu'aux descendans et aux ascendans
légitimes, le refuse expressément aux enfans naturels.

« En un mot, la loi a établi, en faveur de l'enfant naturel, un droit sur les successions *ab intestat*, et je ne touche pas à ce droit; mais je le réduis à ce qui est écrit dans la loi, et, en le combinant avec les autres dispositions du Code, je trouve qu'il est borné aux seuls biens qui composent les successions *ab intestat;* voilà tout mon système.

« L'enfant naturel est-il donc plus fondé qu'*un frère légitime*, à se plaindre que la loi ait réduit son droit aux biens dont il n'a pas été disposé.

« Le Code a placé sur la même ligne l'enfant naturel et le frère légitime, puisqu'elle partage *par moitié*, entre l'un et l'autre, les biens de la succession; ils sont donc égaux en droits, aux yeux de la loi.

« Mais on peut disposer de la totalité de ses biens, au préjudice de son frère légitime : ce frère n'a ni droit de réserve, ni droit de réduction; l'enfant naturel ne devait donc pas être mieux traité.

« Le frère légitime, en concours avec l'enfant naturel, est, comme lui, appelé par la loi à recueillir la moitié des biens de la succession; cependant il n'a un droit réel qu'aux biens restés sans disposition, et s'il n'y a rien dans la succession *ab intestat*, son droit s'évanouit; l'enfant naturel qui lui est assimilé, doit donc subir le même sort. »

Cette réponse, insérée dans mon premier ou-

vrage, n'est pas restée sans réfutation. Voici quelle
a été la réplique :

« Que veut l'article 761 ? Il veut, 1° express-
sément que le père ne puisse, par une donation
entre-vifs, réduire de plus de moitié, les droits
légaux de l'enfant naturel ; il veut, 2° implicitement *que le père ne puisse ordonner aucune réduction par un testament;* mais ces deux choses,
il les veut *d'une manière absolue et sans distinction.* Il n'est donc pas permis de distinguer entre
le cas où le père se borne à réduire, et le cas où
il dispose de l'objet de la réduction. Il n'est donc
pas permis de distinguer entre le cas où l'objet de
la réduction est laissé par le père dans sa succession *ab intestat*, et le cas où l'objet de la réduction est compris par le père dans une institution
d'héritier ou dans un legs. L'art. 761 prouve donc
que, dans tous les cas, il est défendu au père de
restreindre, et, à plus forte raison, de neutrali-
ser, par son testament, les droits légaux de son
enfant naturel.

« Qu'importe, après cela, que les art. 913,
915 et 921 n'accordent la réserve qu'aux enfans
légitimes et aux ascendans ? Qu'importe que l'article 916 n'entende parler que des descendans légitimes, lorsqu'il dit qu'à défaut de descendans
et d'ascendans, les libéralités, par actes entre-
vifs ou testamentaires, peuvent épuiser la totalité
des biens ? Ces textes ne peuvent pas être en

contradiction avec l'art. 761, qui évidemment attribue une réserve à l'enfant naturel. Il faut donc nécessairement le mettre en harmonie avec cet article, et comment y parvenir? Les art. 757 et 758 nous en fournissent le moyen. Il résulte des art. 757 et 758, que le droit de l'enfant naturel est, ou du tiers, ou de la moitié, ou de la totalité de la portion qu'il aurait eue, s'il eût été légitime. Donc, dans, les art. 913, 915, 916 et 921, on doit *sous-entendre* que, s'il y a un enfant naturel en concours, soit avec des enfans légitimes, soit avec des ascendans, soit avec d'autres parens, cet enfant exercera, sur les dispositions faites par son père, un droit de réserve, qui emportera pour lui le tiers, la moitié, ou la totalité du droit de réserve qu'il pourrait exercer, s'il était légitime. »

Il me semble qu'à cette réplique on peut faire deux réponses :

1° Il est *supposé*, dans la réplique, que l'art. 761 *veut implicitement* que le père d'un enfant naturel ne puisse ordonner aucune réduction par un testament, et qu'il le *veut d'une manière abso-lue et sans distinction* ; mais c'est là précisément ce qui est en question, et la supposition faite à cet égard, n'est-elle pas formellement contraire au texte même de l'article ?

Quel est, en effet, le cas sur lequel il est statué par l'art. 761 ? C'est celui où le père fait un don

entre-vifs à son enfant naturel. Pour ce cas,
l'article statue que le père pourra réduire l'enfant
naturel à la moitié des droits fixés par les art.757
et 758; et comme l'article n'autorise la réduction,
que pour le cas où l'enfant naturel a reçu, *du
vivant de son père*, la moitié de ce qui lui est
attribué par les articles précédens, avec déclaration expresse, de la part du père, qu'il entend
réduire à cette moitié, on en a tiré la juste conséquence que le père ne pouvait pas réduire à
moitié, en ne faisant à son enfant naturel qu'un
simple legs.

Mais l'art. 761 ne dit rien, absolument rien,
pour le cas où le père d'un enfant naturel dispo-
sera, *au profit d'un tiers*, soit par acte entre-
vifs, soit par testament; il ne peut donc être
permis de l'étendre à ce cas qui est bien différent.

Pour bien en saisir le véritable sens et l'objet
réel, il faut considérer, d'une part, que les articles 756, 757 et 758 accordent à l'enfant naturel
des droits sur la succession du père, ou de la
mère, qui l'a reconnu légalement; que, d'autre
part, suivant l'art. 1130 du Code, on ne peut
renoncer à une succession non ouverte, *ni faire
aucune stipulation sur une pareille succession*,
même du consentement de celui de la succesion
duquel il s'agit, et qu'ainsi, d'après la disposition
générale de ce dernier article, un père n'aurait

pu, par aucune espèce de convention avec son enfant naturel, réduire la part que cet enfant devait avoir dans sa succession.

Cependant le législateur voulait donner au père le pouvoir de réduire, sans l'obliger à faire des dispositions en faveur de personnes tierces, pour arriver à cette réduction.

Mais aussi il ne voulait donner au père ce pouvoir de réduire, que pour le cas seulement où le père *assurerait actuellement* une portion de biens à l'enfant naturel, c'est-à-dire, lui ferait une donation entre-vifs, et non pas pour le cas où le père ne ferait qu'un simple legs, qui n'assurerait rien irrévocablement à l'enfant naturel, et ne lui procurerait pas d'ailleurs un avantage actuel.

Voilà ce que le législateur a fait par l'art. 761; mais il n'a fait que cela. L'article ne dit rien autre chose; il ne statue absolument que sur la réduction qui peut être faite par une donation entre-vifs consentie à l'enfant naturel: mais non pas sur le cas de dispositions entre-vifs, ou testamentaires, faites en faveur d'autres personnes.

Inutile maintenant de chercher à concilier les art. 913, 915, 916 et 921, avec l'art. 761. Il n'existe entre ces articles aucune contradiction, si l'on s'en tient au texte de l'art. 761, puisqu'il ne statue point sur les cas prévus par les art. 913, 915, 916 et 921, puisqu'il ne statue que sur un cas particulier, dans une matière spéciale, et.

même par une exception réelle aux règles ge-
nérales.

2º De ce qu'il est dit, dans les art. 757 et 758,
que le droit de l'enfant naturel reconnu, est du
tiers, de la moitié ou de la totalité de la portion
héréditaire qu'il aurait eue, s'il avait été légitime,
est-il bien vrai qu'il résulte nécessairement que
l'enfant naturel peut exercer, sur les dispositions
faites par son père, ou par sa mère, un droit de
réserve qui emporte pour lui le tiers, la moitié
ou la totalité du droit de réserve qu'il aurait eu,
s'il avait été légitime, et qu'ainsi son droit de
réserve doit être considéré comme *sous-entendu*
dans les art. 913, 915, 916 et 921 ?

Pour admettre cette conséquence, il faudrait
supposer que le droit de l'enfant naturel est *pro-*
*portionnellement* le même que celui de l'enfant
légitime; mais cette supposition n'est pas admissible. Déjà il a été prouvé que le droit de l'enfant légitime et le droit de l'enfant naturel, différent essentiellement, non pas seulement quant
à la quotité, mais quant à l'essence et à la nature, puisque le droit d'un enfant légitime est
celui d'un *héritier*, mais que ce n'est pas comme
héritier que l'enfant naturel a son droit, le titre
et la qualité d'héritier lui étant formellement
refusée par l'art. 756 du Code, et que dès-lors il
est évident que, si la loi a fixé la portion de l'enfant naturel, d'après la portion héréditaire *qu'il*

*aurait eue*, s'il avait été légitime, ce n'a pas été pour assimiler les deux portions et pour leur donner la même nature et les mêmes droits, mais uniquement pour déterminer, *par un point de comparaison*, la quotité de biens, qui devrait être délivrée par les héritiers légitimes à l'enfant naturel.

Ainsi, de ce qu'au droit héréditaire qui est donné par la loi à l'enfant légitime, se trouve ensuite attaché un droit de réserve sur les dispositions faites par le père ou la mère, on ne peut pas conclure que le droit de réserve se trouve également attaché, dans le silence de la loi, au droit bien différent et bien moins favorable, qu est accordé à l'enfant naturel.

Dire qu'un enfant naturel a, dans la succession de son père ou de sa mère, une part de ce qu'i aurait eu, s'il avait été légitime, certes ce n'est pas dire qu'il a une part d'enfant légitime, et il n'en résulte nullement qu'il doive avoir, pour obtenir la part qui lui est délaissée en sa qualité d'enfant naturel, les mêmes droits et la même faveur qui appartiennent à l'enfant légitime, pour obtenir sa portion héréditaire.

Si on veut faire une juste application des articles 757, 758 et 761, il faut bien remarquer que le Code civil contient deux titres séparés, pour régler ce qui est relatif aux successions *ab intestat*, et ce qui est relatif aux donations et aux testamens.

Dans le premier titre, qui est intitulé *des Suc-cessions*, le législateur s'est borné à déterminer les droits qu'auraient sur les successions *ab intestat*, soit les parens légitimes, soit les héritiers irréguliers, et il ne s'y est aucunement occupé des droits que pourraient avoir les uns ou les autres, sur les biens dont les personnes décédées auraient disposé; d'où il suit que les art. 757, 758 et 761, qui se trouvent au titre *des Succes-sions*, et dans le chapitre intitulé *des Successions irrégulières*, ne peuvent être appliqués qu'aux successions *ab intestat*.

Le législateur voulant ensuite assurer aux enfans légitimes un droit sur les biens dont leurs père et mère auraient disposé à titre gratuit, c'est-à-dire, déterminer une quotité de biens, dont les père et mère ne pourraient disposer à titre gra-tuit, au préjudice de leurs enfans légitimes, il s'est occupé spécialement de cet objet, au titre *des Donations et des Testamens*. Pour ce cas, en effet, il ne s'agissait plus de successions *ab intestat*. De ce que le législateur avait, au titre *des Succes-sions*, appelé les enfans légitimes, en premier ordre, aux successions *ab intestat* de leurs père et mère, il n'en serait pas résulté que les enfans légitimes eussent un droit de réserve et de réduc-tion sur les dispositions à titre gratuit, faites par leurs père et mère. Le droit *héréditaire* et le droit de *réserve ou de réduction*, sont distincts et séparés; le second n'est pas nécessairement attaché au premier, puisque les frères et sœurs et tous les autres collatéraux, qui sont aussi héritiers dans les cas prévus par la loi, n'ont aucun droit de reserve ni de réduction. Il fallait donc nécessairement une disposition spéciale pour établir, en faveur des enfans légitimes, un droit de réserve et de réduction; et cette disposition a été faite par les articles 913, 915, 916 et 921 du Code.

Ainsi, de ce qu'au titre *des Successions*, le législateur a accordé aux enfans naturels reconnus, le tiers, ou la moitié, ou la totalité, suivant les cas divers, de la portion *héréditaire* qu'ils auraient eue, s'ils avaient été légitimes, il ne s'ensuit pas que les enfans naturels aient, comme les enfans légitimes, un droit de réserve et de réduction. A leur égard, comme à l'égard des enfans légitimes, il était nécessaire que ce droit de réserve et de réduction fût établi par une disposition *spéciale*, au titre *des Donations et Testamens*, puisqu'à l'égard des enfans naturels, comme à l'égard des enfans légitimes, il n'avait été statué dans le titre *des Successions*, que sur leurs droits dans les successions *ab intestat*.

Mais, au titre *des Donations et des Testamens*, le Code n'a accordé qu'aux enfans légitimes le

5.

droit de réserve et de réduction; il l'a donc refusé aux enfans naturels.

Remarquons enfin que ce n'est que par *de simples inductions*, tirées péniblement, soit de la disposition de l'art. 761 qui ne traite point du cas dont
il s'agit, soit d'autres dispositions qui ne parlent que
des enfans légitimes, qu'on voudrait faire résulter
que l'enfant naturel reconnu a un droit de réserve
légale; mais peut-il donc être vraisemblable que
le législateur n'eût pas fait une disposition spéciale et précise, pour établir, en faveur de l'enfant naturel, un droit si important, un droit
extraordinaire, un privilége, qui n'appartient pas
même à tous les parens légitimes? et puisque,
dans le titre *des Donations et des Testamens*, où
devait être établi le droit de réserve, sur les
biens donnés ou légués, le législateur a formellement *restreint* le droit de réserve, par les
art. 913, 914 et 915, aux descendans légitimes
et aux ascendans, comment peut-on supposer que
cependant il ait entendu que ce droit appartiendrait également aux enfans naturels reconnus?

Dans ce titre *des Donations et des Testamens*,
le législateur n'a pas oublié les enfans naturels. Il
a, dans l'art. 908, fait une disposition à leur égard,
pour dire qu'ils ne pourraient, par donation entre-
vifs, ou par testament, rien recevoir au-delà de
ce qui leur était accordé au titre *des Successions*.
N'était-ce donc pas ici le lieu d'ajouter que néanmoins ils auraient, comme les enfans légitimes,

un droit de réduction et de retranchement, dans la proportion des droits qui leur étaient attribués, au titre *des Successions ?* Cette disposition n'eût-elle pas même été absolument nécessaire, pour étendre, en faveur des enfans naturels, les dispositions *restrictives* des art. 913, 914 et 915 ?

Mais ce n'est pas tout, et d'autres raisons encore rendent de plus en plus invraisemblables les inductions par lesquelles on veut établir le système de la réserve.

Si, en effet, le législateur avait réellement entendu accorder une réserve aux enfans naturels, n'en aurait-il pas, au moins, fixé l'étendue, déterminé les effets et réglé l'exercice, comme il l'a fait à l'égard des enfans légitimes ? Mais il n'en a pas dit un seul mot.

Aussi, parmi les auteurs qui ont adopté le système de la réserve en faveur de ces enfans, il règne la plus grande diversité d'opinions, soit sur les biens soumis à la prétendue réserve, soit sur son étendue et ses effets, dans les cas divers qui peuvent se présenter.

Les uns, comme on le verra bientôt, veulent que l'enfant naturel reconnu n'ait point de réserve sur les biens que ses père et mère ont donnés par acte entre-vifs, mais que seulement il en ait sur les biens légués par testament ; les autres soutiennent, au contraire, que la réserve doit être prise sur tous les biens dont les père et mère ont disposé a titre gratuit, sans aucune distinction entre ceux qui ont été donnés par actes entre-vifs, et ceux qui ont été legués.

Presque tous les auteurs sont également divi-sés, soit sur la quotité de la réserve, soit sur la manière dont il doit être procédé au réglement et à la distraction de cette reserve, dans les cas divers où il y a des parens successibles de classes différentes, dans les cas divers où il y a des dona-taires, ou légataires, soit successibles, soit étran-gers.

M. Merlin, dans ses *Questions de droit*, au mot *Réserve*, tome 4, page 469, propose à cet égard plusieurs questions, et ajoute : « Que décident, sur ces questions, ceux-là même qui ont pris la part la plus active à la rédaction du Code ? Rien qui ne présente la contradiction la plus affligeante pour la raison, et la plus embarrassante pour la justice. »

Aussi, chaque auteur, qui a traité cette ma-tière, et qui a cherché à résoudre les nombreuses difficultés que présente le réglement du droit de réserve en faveur des enfans naturels, a créé un système ; et comme il n'était pas possible de l'éta-blir, dans toutes ses parties, par les dispositions existantes de la loi, chacun a ajouté à ces dispo-sitions ce qui lui a paru convenir à ses opinions ; chacun, en un mot, a fait une loi particulière.

Mais, encore une fois, peut-on supposer que le législateur ait ainsi tout laissé dans le vague et dans l'arbitraire, sur un point si grave ? Et lorsque, d'ailleurs, on ne trouve dans le Code aucune disposition précise qui établisse le droit même qu'on réclame en faveur des enfans naturels, comment ne serait-il pas permis, au moins, de *douter* que le législateur ait réellement voulu l'établir ?

Dira-t-on enfin que toujours on doit interpréter la loi, de la manière la plus conforme à l'équité, et que, dans l'espèce, ce serait évidemment interpréter la loi dans un sens absolument contraire, que de supposer qu'elle ait permis au père, qui a reconnu un enfant naturel, de disposer de la totalité de ses biens, au préjudice de cet enfant?

Je pourrais d'abord répondre que, dans les matières qui tiennent à l'ordre public, ou aux bonnes mœurs, il faut moins consulter des intérêts individuels, que les intérêts généraux de la société, et que l'équité naturelle, ainsi que la justice distributive, doivent céder aux principes conservateurs de la morale publique ; que c'est dans cet esprit que le législateur a traité toute la matière relative aux enfans naturels; que c'est dans cet esprit qu'il n'a pas voulu que ces enfans, lors même qu'ils seraient volontairement et légalement reconnus, fussent assimilés, soit pour leur état, soit pour leurs droits, aux enfans légitimes, quoiqu'ils soient du même sang, quoique l'équité naturelle parle également en leur faveur, quoique suivant les règles de la justice distributive, ils ne dussent pas être punis d'une faute dont ils ne sont pas coupables; qu'ainsi on peut être autorisé à conclure que c'est par les mêmes considérations, que le législateur n'a pas accordé et n'a pas voulu accorder aux enfans naturels, comme aux enfans légitimes, le *privilége* de la réserve.

Je pourrais répondre encore qu'au moins l'objection ne serait pas proposable de la part de ceux qui conviennent que l'enfant naturel n'a pas de réserve sur les biens donnés entre-vifs, puisque, dans ce sytème particulier, le père pourrait, par des actes entre-vifs, disposer de la totalité de ses biens, au préjudice de son enfant naturel, et qu'il n'y a pas de motifs d'équité plus puissans, pour qu'il ne puisse pas également disposer de tous ses biens par testament.

Je pourrais ajouter que de la reconnaissance d'un enfant naturel, il ne résulte pas nécessairement que le père qui l'a faite, se trouve privé de la faculté de disposer de sa fortune; que, suivant l'ancienne jurisprudence, le père conservait cette faculté toute entière, parce qu'on ne considérait pas l'enfant naturel comme assez favorable pour obtenir le priviélge de la réserve, et que le Code n'a dérogé à l'anciene jurisprudence, qu'en ce qu'il a accordé aux enfans naturels, *sur les successions* AB INTESTAT, des droits qu'elle leur avait refusés.

Au reste, il est fort inutile d'examiner aujourd'hui quel peut être le mérite du système de la réserve pour les enfans naturels, et si l'équité naturelle devait le faire prévaloir, ou si les intérêts des bonnes mœurs devaient le faire rejetter. C'est lors de la confection de la loi, que cette question a dû être approfondie. Maintenant que la loi est faite, il ne s'agit plus que de l'exécuter, que de l'appliquer *telle qu'elle est.*

S'il suffisait que tel ou tel système fût considéré comme équitable ou utile, pour qu'on se crût autorisé à l'introduire dans la loi, sous le prétexte qu'il a été vraisemblablement dans l'intention du législateur, il y aurait bien des dispositions nouvelles à ajouter à nos codes et peut-être aussi plusieurs à modifier.

Mais on ne peut ainsi bouleverser, à son gré et suivant ses opinions personnelles, la législation existante.

Il n'y a donc, en ce moment, d'autre question à agiter, que celle de savoir si le système de la réserve pour les enfans naturels, se trouve, *réellement et de fait*, établi par le Code civil.

Or, je ne le trouve établi, ni d'une manière directe, ni même d'une manière indirecte, par aucun des articles qu'on invoque en sa faveur; je le trouve, au contraire, formellement repoussé par le texte des art. 913, 915 et 916; je trouve que, dans son exécution, dans son application, il serait embarrassé d'une foule de difficultés graves sur lesquelles le législateur n'aurait pas manqué de s'expliquer, s'il avait réellement voulu l'établir; je trouve enfin que ceux qui l'ont imaginé, ne sont pas même d'accord entr'eux, soit à l'égard des biens sur lesquels doit porter le droit de réserve, soit quant à la manière dont il doit être exercé et réglé dans un grand nombre de cas divers; il m'est donc impossible de professer que, dans l'état actuel de la législation, il do ive être admis.

C'est à ce point qu'en définitif se réduit toute mon opinion.

Cependant j'ai dit, en commençant, et je n'hési e pas à répéter, en finissant, que la grande majorité des jurisconsultes s'est prononcée en faveur de la réserve pour l'enfant naturel reconnu, et j'ajouterai même que cette opinion se trouve consignée dans les motifs de quelques arrêts, et notamment d'un arrêt de la section civile de la cour de cassation, du 26 juin 1809.

Mais il y a plusieurs jurisconsultes éclairés qui persistent encore à soutenir que le Code n'accorde aucune réserve aux enfans naturels, et parmi eux je peux citer M. *Tarrible*, ancien tribun et maître des comptes.

Mais dans les espèces sur lesquelles sont intervenus les arrêts qu'on invoque, il ne paraît pas que la question sur le droit de réserve eût été proposée et discutée par les parties intéressées, en sorte qu'elle n'était pas réellement à juger, puisque le droit était *convenu* par les héritiers légitimes qui auraient pu le contester.

Mais presque tous les auteurs qui sont pour la réserve, conviennent eux-mêmes que la loi n'est pas précise, et que *la vérité oblige de convenir qu'elle laisse beaucoup à desirer sur cette matière.*

J'ai donc pensé qu'il devait m'être permis de reproduire franchement mon opinion, pour la soumettre à un nouvel examen, et sans qu'on pût équitablement me soupçonner d'y mettre de l'obstination.

Peut-être, au moins, produira-t-elle l'effet d'appeler l'attention des législateurs sur les graves difficultés que fait naître, chaque jour, le silence ou l'insuffisance de la loi sur cette matière.

Et enfin, pour donner la preuve que je n'ai pas l'intention de présenter mon opinion *comme étant la plus sûre*, je vais, dans le système contraire, m'expliquer sur les diverses questions qu'il faut résoudre pour l'appliquer.

20. *Troisième et quatrième opinions.* Elles diffèrent en ce que; suivant la première, l'enfant naturel n'aurait un droit de réserve, que sur les biens légués par le père, ou la mère, qui l'a reconnu, et que, suivant la seconde, l'enfant naturel aurait droit de réserve sur tous les biens dont

son père, ou sa mère, aurait disposé à titre gratuit, soit par donation entre-vifs, soit par testamens.

Voici ce qu'on a dit pour établir la première :

L'art. 756 du Code ne confère de droits à l'enfant naturel reconnu, *que sur les biens de ses père et mère décédés*, et il résulte nécessairement de ces dernières expressions, que l'action de l'enfant naturel ne peut porter que sur les biens que les père et mère avaient *à l'époque de leur décès*, c'est-à-dire, sur les biens qui se trouvent dans leurs successions. Il est donc implicitement défendu à l'enfant naturel de demander un droit sur les biens qui avaient été donnés entre-vifs par ses père et mère, puisque les biens donnés entre-vifs ne sont pas plus parmi les biens du défunt, que les biens vendus.

Le législateur a encore répété dans l'art. 757 ces mêmes expressions, *sur les biens des père et mère décédés*, et dès-lors on ne peut pas croire qu'il les ait employées sans dessein et qu'il n'ait pas eu l'intention d'y attacher un sens particulier. Evidemment, il á voulu, par ces expressions restrictives, établir une différence entre les droits des enfans naturels, et ceux des enfans légitimes qui peuvent réclamer leur réserve, même sur les biens qui sont sortis des patrimoines de leurs père et mère, avant leur décès.

On voit encore dans l'art. 757, que le législa-

teur, pour fixer la quotité des droits de l'enfant
naturel, ne considère ces droits que comme une
portion *d'une portion héréditaire*, c'est-à-dire,
d'une portion des biens *qui se trouvent dans
l'hérédité*, d'où il suit évidemment encore qu'il a
voulu soustraire à l'exercice de ces droits, les
biens donnés entre-vifs, qui ne peuvent pas être
dits faire partie de l'hérédité.

Enfin, d'une part, l'art. 921 voulant que la
réduction des dispositions entre-vifs ne puisse
être demandée que par ceux *au profit desquels
la loi fait la réserve*, et d'autre part, l'art. 913
auquel on voit que l'art. 921 se réfère et par lequel il doit être nécessairement interprété, ne
désignant comme ayant droit à cette réserve,
que les enfans légitimes, il est encore impossible
d'échapper à cette conséquence, que la réduction des donations entre-vifs n'est accordée qu'aux
seuls enfans légitimes.

Vainement on oppose que, par ces expressions,
*sur les biens des père et mère décédés*, les articles 756 et 757 n'ont voulu dire autre chose, si
ce n'est que l'enfant naturel n'aurait de droits
sur les biens de ses père et mère, *qu'après leur
décès ;* mais il ne faut pas, pour se tirer d'une difficulté, faire dire au législateur une absurdité.
Pouvait-il, en effet, tomber sous le sens, que
l'enfant naturel pût exercer un droit sur les biens
de ses père et mère, pendant leur vie, et ne se-

rait-il pas absurde d'avoir fait une disposition à cet égard, tandis qu'on aurait pensé, et avec raison, qu'elle n'était pas nécessaire, même à l'égard de l'enfant légitime. La loi accorde, à la vérité, à ce dernier, le droit de demander des alimens à ses père et mère ; mais il est à peu près reconnu que l'enfant naturel aurait le même droit, en cas de besoin. Ainsi, ou il faut soutenir que ces mots, *sur les biens des père et mère décédés*, n'ont aucun sens raisonnable, ou il faut reconnaître qu'ils ne peuvent signifier autre chose, que *les biens possédés par les père et mère, au moment de leur décès.*

Vainement on oppose encore que, dans ce système, le père pourrait donc, en disposant entre-vifs de tous ses biens, priver son enfant naturel de tout droit, et même des alimens dont la dette est sacrée ; mais on peut répondre, premièrement, que le père a le même droit à l'égard de ses enfans légitimes ; qu'il y a, à la vérité, cette différence qu'il ne peut pas dépouiller ceux-ci par des donations ; mais qu'il peut le faire de plusieurs autres manières, soit en contractant des dettes, soit en plaçant ou vendant tous ses biens à rente viagère ; qu'il n'y a rien d'étonnant que la loi ait établi une différence entre l'enfant naturel et l'enfant légitime, en accordant au père, à l'égard du premier, un droit qui lui est refusé à l'égard du second, et que d'ailleurs il serait bien rare de voir un père se dépouiller entièrement, de son vivant, par des donations entre-vifs, uniquement dans la vue de réduire son fils naturel à la misère.

Il faut remarquer encore qu'en général, lorsque la loi se porte à révoquer une propriété, elle tâche de faire en sorte que le propriétaire puisse s'y attendre, et qu'il existe des données d'après lesquelles il ait pu calculer ce qu'il avait à craindre ou à espérer. Ainsi, lorsqu'une personne reçoit, à titre de donation, d'un individu qui a des enfans légitimes, elle sait qu'il pourra arriver qu'elle soit obligée un jour de fournir ou de compléter la légitime de ces mêmes enfans; mais dans le cas où il n'existe que des enfans naturels, quelles données peut avoir le donataire? il est impossible que l'homme assez lié avec un individu pour en recevoir des donations, ne sache pas s'il a, ou non, des enfans légitimes; en est-il de même des enfans naturels? Il faut, à la vérité, qu'ils soient reconnus par acte authentique; mais d'abord ils peuvent l'être long-temps après leur naissance, *long-temps après la donation;* et d'ailleurs, quand ils le seraient auparavant, le donataire en aurait-il pour cela connaissance? Un acte, pour être authentique, en est-il moins secret? Ajoutez que c'est mettre dans la main du donateur, un moyen de révoquer ou de laisser subsister à son gré la donation, en

reconnaissant ou en ne reconnaissant pas son enfant naturel, ce qui est contraire à tous les principes de la matière. Et qui garantira même qu'il
ne reconnaîtra pas un enfant étranger, uniquement dans la vue de porter atteinte à la donation ?

Quelque spécieux que puisse être au premier
coup-d'œil les motifs de cette opinion, je ne peux
m'y rendre, parce qu'ils me paraissent tous n'être
appuyés que sur des erreurs en droit, ou des erreurs en fait, ou de fausses suppositions.

Je pense que, si l'on doit adopter le système
d'une réserve légale en faveur des enfans naturels
reconnus, il faut l'adopter d'une manière équitable
et franche, comme on l'a fait à l'égard des enfans
légitimes, toutefois en réduisant la réserve des
enfans naturels, dans la même proportion que
la loi a réduit leurs droits par l'art. 757.

Il me paraît évident que les termes de la loi,
dans le sens qu'on leur donne pour établir en général le système de la réserve, loin de s'opposer
à ce que la réserve porte sur tous les biens dont
il a été disposé, soit par actes entre-vifs, soit par
testamens, l'exigent au contraire impérieusement,
c'est-à-dire, que les principaux motifs qui ont été
donnés pour établir le système de la réserve, con-
duisent tous nécessairement à faire porter cette
réserve sur les biens donnés, comme sur les biens
légués, en sorte que, s'ils ne devaient pas être

admis pour ce dernier objet, on ne pourrait non plus les admettre pour le premier.

'Voilà ce que je vais essayer de prouver.

Une première réflexion qui se présente, c'est que le droit de réserve, qu'on accorde à l'enfant naturel reconnu, serait tout à fait éventuel et deviendrait très-souvent illusoire, s'il était permis aux père et mère de disposer, par actes entre-vifs, de la totalité de leurs biens, sans que leur enfant naturel pût exercer, sur les biens ainsi donnés, son droit de réserve. Que serait-ce donc qu'un droit qu'on pourrait si facilement anéantir? Et puisqu'on professe que les père et mère d'un enfant naturel contractent, envers lui, en le reconnaissant, des obligations dont ils ne peuvent arbitrairement détruire les effets; puisqu'on professe que le droit de l'enfant naturel sur les biens de ses père et mère, est proportionnellement le même que celui d'un enfant légitime, c'est-à-dire, qu'il n'en diffère que quant à la quotité; puisqu'enfin on lui accorde une réserve légale, comme à l'enfant légitime, il faut nécessairement admettre, pour que le système s'accorde avec les principes dont on le fait résulter, que la réserve porte sur les biens donnés entre-vifs, comme sur les biens légués.

Cette conséquence est, sans doute, la plus raisonnable, puisqu'on ne peut pas supposer que la loi, en accordant à l'enfant naturel un droit,

ait cependant voulu laisser la plus grande latitude pour qu'on pût arbitrairement le priver de
ce droit.

Elle est aussi la plus équitable, puisqu'il serait
évidemment injuste que l'enfant naturel fût dépouillé, par des dispositions à titre gratuit, faites
même au profit d'étrangers, d'une portion de
biens, que la loi aurait voulu lui assurer, comme
. réserve, pour sa subsistance.

Il faudrait donc, pour être forcé d'admettre
cette autre opinion, que le droit accordé à l'enfant
naturel sur les biens de ses père et mère, est restreint et limité aux biens dont les père et mère
n'ont pas voulu disposer par actes entre vifs, aux
biens qu'ils ont laissés en mourant, il faudrait
que cette restriction, cette limitation, se trouvât
formellement exprimée dans une disposition précise de la loi; mais elle ne se trouve ainsi exprimée dans aucun article du Code, et l'on est réduit à faire de pénibles efforts pour l'*induire* de
quelques expressions morcelées des art.756 et 757.

Voyons cependant si ces inductions sont aussi
claires et aussi concluantes qu'on le prétend.

1° On argumente de ces mots : *sur les biens
de leur père ou mère décédés.* Ils signifient, dit-
on, en les réunissant aux autres termes de l'article 756, que l'enfant naturel reconnu ne peut
avoir de droits, que sur les biens que leurs père
et mère laissent, au moment de leur décès.

Mais ils peuvent signifier également que l'enfant naturel ne peut exercer de droits sur les biens de son père, ou de sa mère, qu'après que le père, ou la mère, qui l'a reconnu, est décédé.

Examinons quelle est celle des deux significations, qu'il faut adopter.

Si l'article disait, comme on le suppose, que la loi n'accorde des droits aux enfans naturels légalement reconnus, que sur les biens de leur père ou mère décédés, je conviens que, par ces termes, *n'accorde de droits* QUE SUR *les biens de leur père ou mère décédés*, la restriction, la limitation serait bien marquée, et qu'on serait forcé d'adopter la première interprétation.

Mais l'art. 756 s'explique d'une manière bien différente. Après avoir dit que les enfans naturels ne sont point héritiers, il ajoute : « *La loi ne leur accorde de droits sur les biens de leur père ou mère décédés, que lorsqu'ils ont été légalement reconnus.* »

On voit donc que l'objet spécial de cet article, n'a pas été de restreindre les droits des enfans naturels aux biens qu'auraient leur père ou mère, en décédant; mais que son objet spécial a été de disposer que les enfans naturels n'auraient de droits sur les biens de leur père ou mère, que lorsqu'ils auraient été légalement reconnus; et dès-lors il est bien évident que le mot *décédés*

6.

qui a été ajouté, n'a pas été employé dans une intention restrictive, puisque tel n'était pas l'objet de la disposition, et qu'il est bien plus concordant avec l'objet principal de l'article, que ce mot *décédés*, signifie, *après leur décès*.

Comment, d'ailleurs, peut-on supposer que, si le législateur avait eu réellement la volonté que l'enfant naturel n'eût de droits que sur les biens que laisserait, en mourant, son père, ou sa mère, il ne l'eût pas expliqué d'une manière claire et précise? Eût-il donc été si difficile de dire : la loi n'accorde de droits qu'aux enfans naturels légalement reconnus, et seulement sur les biens qu'auront leurs père et mère, au moment de leur décès ?

Puisque le législateur accordait aux enfans légitimes un droit de réserve, tant sur les biens donnés entre-vifs par ses père et mère, que sur les biens légués, n'était-il pas nécessaire qu'en accordant légalement un droit de réserve aux enfans naturels légalement reconnus, il fît une disposition claire et formelle, pour restreindre ce droit, à l'égard des enfans naturels, aux seuls biens donnés par testament, si telle était réellement son intention ? Or, peut-on dire qu'il ait fait cette disposition claire et formelle, par un seul mot qui n'a qu'un sens équivoque, et qui peut tout aussi bien s'appliquer à un autre cas, qu'à celui de la restriction ?

Qu'oppose-t-on à ces raisons que franchement je crois être de la plus grande force ?

C'est, dit-on, prêter au législateur une absurdité, que de prétendre que, par les termes de l'art. 756, le législateur ait voulu dire que l'enfant naturel n'aurait de droits sur les biens de ses père et mère, qu'après leur décès. Pouvait il, en effet, *tomber sous le sens*, que l'enfant naturel pût exercer un droit sur les biens de ses père et mère, *pendant leur vie*, et ne serait il pas absurde d'avoir fait une disposition à cet égard, tandis qu'on avait pensé, et avec raison, qu'elle n'était pas nécessaire, même à l'égard de l'enfant légitime ?

Je réponds, d'abord, à cette objection, qu'elle contient une erreur *en fait*.

Loin qu'on ait pensé qu'une disposition était inutile à l'égard de l'enfant légitime, pour qu'il ne pût exercer un droit sur les biens de ses pere et mère, pendant leur vie, tout au contraire on a pensé que cette disposition était nécessaire, ou au moins qu'elle n'était pas inutile, puisqu'on l'a faite et consignée dans le Code civil ; elle se trouve dans l'art. 204, dont voici les termes « L'enfant n'a pas d'action contre ses père et mère, pour un établissement par mariage *ou autrement.* »

Maintenant, que l'on dise qu'il était inutile de faire sur ce point une autre disposition spéciale à l'égard de l'enfant naturel, puisqu'il ne tombe pas sous le sens que cet enfant puisse avoir plus de droits qu'un enfant légitime , j'en conviens. Mais aussi l'art. 756 n'a pas été fait *exprès* pour disposer que l'enfant naturel n'aurait de droit sur les biens de ses père et mère, qu'après leur décès; il n'a été fait, comme on l'a vu précédemment, que pour régler que l'enfant naturel n'aurait de droit sur les biens de ses père et mère que lorsqu'il aurait été légalement reconnu.

Le mot *décédé*, qui a été ajouté, n'est donc qu'un accessoire à la disposition principale. Il a été ajouté pour rappeler *indirectement*, à l'égard de l'enfant naturel, la disposition de l'art. 204, et je ne vois pas qu'en cela il y ait de l'absurdité.

2° On argumente de ce que, dans l'art. 757, le législateur, pour fixer la quotité des droits des enfans naturels , ne considère ces droits que comme une portion d'une portion héréditaire, c'est-à-dire, d'une portion des biens qui se trouvent dans l'hérédité, d'où il suit évidemment, dit-on, qu'il a voulu soustraire à l'exercice de ces droits les biens donnés entre-vifs, qui ne peuvent pas être dits faire partie de l'hérédité.

Voici comment il a été répondu à cette objection, par M. Grenier, dans son traité *des Donations et des Testamens*, tome 2 , page 409.

« De ce que le droit de l'enfant naturel est fixé

à une quotité *de la portion héréditaire*, on ne peut en conclure que ce droit se réfère seulement aux biens de la succession, par opposition aux biens donnés qui n'ont pas dû en faire partie. Il ne faut pas perdre de vue que, dans la règle générale, le droit de réserve est attaché au titre d'héritiers, que la loi ne cesse de qualifier d'héritiers, ceux auxquels elle accorde le droit de réserve, et que, sous ce point de vue, ce droit peut être considéré comme un droit héréditaire. »

J'ajoute que, si cette réponse ne paraissait pas satisfaisante, s'il était vrai que ces mots *portion héréditaire*, dussent être rigoureusement restreints aux biens sur lesquels les héritiers peuvent prendre leur portion héréditaire, sans y comprendre le droit de réserve légale, il en résulterait que l'enfant naturel reconnu n'aurait pas plus de réserve légale sur les biens légués, que sur les biens donnés entre-vifs.

En effet, les biens légués par le défunt, ne font pas réellement partie de l'hérédité sur laquelle les héritiers peuvent prendre leur portion héréditaire, abstraction faite de la réserve. Les héritiers légitimes ont bien la saisine, c'est-à-dire, la possession provisoire des biens légués, jusqu'à ce que la délivrance en soit demandée par les légataires ; mais aux termes de l'art. 1014 du Code, la *propriété* des choses léguées appartient aux légataires, *à compter du jour du décès du testateur ;* les héritiers légitimes n'en ont donc jamais été propriétaires ; elles n'ont donc jamais réellement fait partie de l'hérédité, au moins sous le rapport de la simple portion héréditaire, indépendante du droit de réserve.

C'est ainsi que l'a décidé la cour de cassation, par un arrêt, du 17 décembre 1812, où il est dit expressément que les choses dont le défunt avait disposé, soit par donation, *soit par testament,* ne se trouve plus en nature dans sa succession.

Et moi aussi je disais, pour refuser à l'enfant naturel tout droit de réserve légale, que les articles 756, 757 et 758 n'étaient applicables qu'aux biens qui se trouvaient dans les successions *ab intestat* des père et mère de l'enfant naturel.

Mais on m'a répondu qu'il résulte des art. 757 et 758, que le droit de l'enfant naturel est, ou du tiers, ou de la moitié, ou de la totalité de la portion qu'il aurait eue, s'il avait été légitime, et qu'ainsi, dans les art. 913, 915, 916 et 921, on doit sous-entendre que, s'il y a un enfant naturel en concours, soit avec des enfans légitimes, soit avec des ascendans, soit avec d'autres parens, cet enfant exercera, sur les dispositions faites par son père, un droit de réserve, qui emportera pour lui le tiers, la moitié, ou la totalité du droit de réserve qu'il pourrait exercer, s'il était légitime.

Or, c'est là dire bien clairement que ces mots *portion héréditaire*, qui se trouvent dans l'art. 757, sont applicables à la réserve légale. Pourquoi donc, en ce moment, veut-on leur donner une application toute différente ?

Et, d'ailleurs, si les enfans naturels doivent être censés compris dans les art. 913 915, 916 et 921, ils ont droit à une réserve sur les biens donnés entre-vifs, comme sur les biens légués, puisque les articles précités accordent également la réserve sur les deux espèces de biens.

Voyons si la distinction que l'on propose à cet égard, est bien solide.

3° D'une part, dit-on, l'art. 921 voulant que la réduction des dispositions entre-vifs ne puisse être demandée que par ceux *au profit desquels la loi fait la réserve*, et, d'autre part, l'art. 913 auquel on voit que l'art. 921 se réfère et par lequel il doit être nécessairement interprété, ne désignant comme ayant droit à cette réserve, que les enfans légitimes, il est encore impossible d'échapper à cette conséquence, que la réduction des donations entre-vifs n'est accordée qu'aux seuls enfans légitimes.

Voici comment ont répondu à cette objection, M. Grenier, dans son Traité *des Donations et des Testamens*, tom. 2, pag. 407 et 408, et M. Merlin, au mot *Réserve*, tom. 11 *du nouveau Répertoire*, pag. 737.

« Si l'induction, disent-ils, tirée du rapprochement des art. 921 et 913, était admise, il en résulterait que l'enfant naturel pourrait être également privé de la totalité de ses droits, par la disposition testamentaire, comme par celle entre-vifs. En effet, le droit de réserve, accordé en apparence aux seuls enfans légitimes, par l'art. 913, a trait autant au cas du testament, qu'à celui de la donation, puisqu'il y est dit : « Les libéralités, *soit par actes entre-vifs, soit par testamens*, ne pourront excéder la moitié des biens du disposant, s'il ne laisse à son décès qu'un enfant légitime, etc. » Or, pourrait-on soutenir sérieusement que l'enfant naturel fût absolument sans droit, parce que le père ou la mère auraient disposé de la totalité de leurs biens par testament? Ces termes de l'art. 757, « la loi ne leur accorde de droits sur les biens de leur père ou mère décédés, » en supposant qu'ils ne dussent porter que sur les biens que les père ou mère laisseraient en mourant, s'élèveraient contre l'idée de la faculté d'une privation totale, au moins respectivement à ces biens. On doit donc se défier d'une proposition qui, par ses résultats, ne mènerait pas même à la distinction dont il s'agit, mais bien à l'anéantissement total des droits de l'enfant naturel dans tous les cas.

« Quand on se pénètre, ajoutent MM. Merlin et Grenier, de l'ensemble des art. 756, 757, 758,

760 et 761, on est convaincu qu'à la qualité près d'*héritiers*, que le législateur a refusée aux enfans naturels, afin d'honorer le mariage, en ne les mettant pas au niveau des enfans légitimes, il leur a accordé des droits très-réels sur les biens de leurs père et mère. Les formalités auxquelles l'exercice de ces droits est assujéti, n'empêchent pas qu'ils n'existent. Le législateur n'a pas voulu qualifier ces droits de *créance;* il était en effet difficile d'assimiler à un droit de *créance*, un droit qui consiste à réclamer une portion des biens en nature, plus ou moins forte selon les circonstances, et même la totalité en un cas. Mais ce qui devient décisif, c'est la disposition de l'art. 757. Le droit de l'enfant y est fixé à une quotité de la portion héréditaire que l'enfant naturel aurait eue, s'il eût été légitime; le droit de l'enfant légitime forme donc le type du droit de l'enfant naturel; la différence reste seulement *quant à l'étendue.* »

A mon tour, j'inviterai ceux qui soutiennent que l'enfant naturel a un droit de réserve, à vouloir bien se mettre d'accord, soit entr'eux, soit avec eux-mêmes.

Pour établir que l'enfant naturel n'a aucun droit de réserve, je disais que les art. 913 et 915 n'accordaient la réserve qu'aux enfans et ascendans légitimes, et que les art. 916 et 921 la refusaient formellement à tous autres.

On m'a répondu, comme je l'ai déjà fait remarquer, qu'il résultait des art. 757 et 758, que le droit de l'enfant naturel est, ou du tiers, ou de moitié, ou de la totalité de la portion qu'il aurait eue, s'il avait été légitime, et qu'ainsi, *dans les art. 913, 915, 916 et 921, on doit sous entendre* que, s'il y a un enfant naturel, il exercera sur les dispositions faites par son père ou sa mère, un droit de réserve, qui emportera pour lui le tiers, la moitié, ou la totalité du droit de réserve qu'il pourrait exercer, s'il était légitime.

Et maintenant, pour soutenir que l'enfant naturel ne peut avoir de réserve sur les biens donnés entre-vifs, on dit que les art. 913 et 921 ne parlent que des enfans légitimes et ne peuvent être appliqués aux enfans naturels!

La contradiction est évidente.

Je suis donc bien fondé à faire ce dilemme: ou les art. 913 et 921 ne sont pas applicables aux enfans naturels, et dans ce cas reste toute entière contre le droit de réserve pour les enfans naturels, l'objection que j'avais puisée dans le texte des art. 913, 915, 916 et 921; ou ces articles sont, applicables aux enfans naturels, et, dans ce cas, comme ils accordent la réserve, soit sur les biens donnés entre-vifs, soit sur les biens légués, il s'ensuit que les enfans naturels doivent avoir, comme les enfans légitimes, la réserve sur tous les biens, et seulement avec moins d'étendue.

Abandonnera-t-on les art. 913, 915, 916 et
921, et dira t-on que c'est uniquement par la
disposition de l'art. 761 et par son rapprochement avec les art. 756, 757, 758 et 760, qu'il
faut décider que les enfans naturels ont droit à
une réserve légale ?

Mais ce nouveau moyen aura le même résultat
que le précédent, sur la question particulière qui
nous occupe en ce moment.

Rappelons en peu de mots comment il a été
développé.

« L'art. 761, a-t-on dit, dispose que toute réclamation est interdite à l'enfant naturel, lorsqu'il
a reçu, du vivant de son père, ou de sa mère,
*la moitié* de ce qui lui est attribué par les articles précédens, et que, dans le cas où ce qui
lui aurait été donné, serait inférieur à la moitié de
ce qui devrait lui revenir, il pourra réclamer le
supplément nécessaire pour parfaire cette moitié.
Or, ne serait-il pas contradictoire qu'un père,
en donnant *actuellement* une portion de ses biens
à son enfant naturel, en lui faisant un don entre-
vifs; ne pût le *réduire* qu'à la moitié de ce qui devrait revenir à cet enfant dans sa succession,
d'après les art 757 et 758, et que cependant,
en ne donnant rien à son enfant, il pût le priver,
*par des dispositions faites au profit de tierces* personnes, de la *totalité* des droits que lui attribuent
les art. 757 et 758 ? Ne serait-il pas contradic-

toire qu'au premier cas l'enfant naturel eût un
droit de réserve, s'il n'avait pas reçu *la moitié
entière* des droits que lui attribue la loi, et qu'au
second cas il n'eût rien à demander, *quoiqu'il
n'eût rien reçu*? Et d'ailleurs n'est-il pas bien
évident que le droit de réserve accordé, dans le
premier cas, à l'enfant naturel, serait *absolument
illusoire*, puisque le père aurait le pouvoir de
l'anéantir, à son gré, par des dispositions gra-
tuites faites à des tiers, et que même, pour arriver à ce résultat, il n'aurait pas besoin de se dépouiller actuellement par des donations entre-
vifs, *puisqu'ils lui suffirait d'instituer des héritiers
contractuels*, ou seulement de faire des dispositions testamentaires. »

Maintenant, je le demande, toutes ces contradictions n'existeraient-elles pas également
dans le système, que l'enfant naturel pourrait être
privé, soit par des donations entre-vifs, soit par
des institutions contractuelles, de la *totalité* des
droits déterminés par les art. 757 et 758? Ne serait-
il pas également contradictoire que son père ne
pût, en lui faisant un don, le réduire à moins de
la moitié des droits déterminés par ces articles,
et que cependant, en ne lui donnant rien, il pût
tout lui enlever, le priver de tout, par des donations entre-vifs, ou des institutions contractuelles,
qu'il consentirait à des parens, ou même à des
étrangers?

Il me semble donc démontré que tous les moyens qui ont été présentés pour établir le droit de réserve en faveur de l'enfant naturel, et notamment ceux qu'on a puisés, *par induction*, dans la disposition de l'art. 761, se réunissent tous en masse pour établir que ce droit de réserve, une fois adopté, doit porter sur les biens compris dans les dispositions entre-vifs, comme sur les biens compris dans les dispositions testamentaires, et qu'ainsi la distinction qu'on veut faire à cet égard, détruirait le système tout entier.

Il ne me reste plus que deux mots à dire sur quelques objections secondaires, qui n'exigent pas un long examen.

On ne peut pas supposer, dit-on, qu'un père se dépouille entièrement, de son vivant, par des donations entre-vifs, uniquement dans la vue de réduire son fils naturel à la misère, ou au moins ce serait une chose bien rare.

Mais on peut encore moins supposer qu'un père se dépouille entièrement pour réduire à la misère son fils légitime, et la chose serait encore plus rare; cependant le législateur a cru nécessaire de prendre des précautions pour l'empêcher, et il a disposé formellement que l'enfant légitime pourrait exercer un droit de réserve, tant sur les biens donnés entre-vifs, que sur les biens légués; on ne peut donc pas supposer qu'il

ait regardé comme inutile la même précaution ,
à l'égard de l'enfant naturel.

D'ailleurs , dans le système que je combats, le
père d'un enfant naturel pourrait le dépouiller de
la totalité des droits déterminés par les art. 757
et 758 , sans avoir besoin de se dépouiller entièrement , de son vivant, par des donations entre-
vifs ; il suffirait qu'il consentît une institution
contractuelle et universelle , qui ne le dépouille-
rait pas de son vivant, puisqu'il n'en conserverait
pas moins le droit de vendre et d'hypothéquer
tous ses biens ; et comme il est de principe certain que les biens compris dans une institution
contractuelle , ne tombent pas dans la succession
*ab intestat* de l'instituant, l'enfant naturel n'aurait rien à prétendre , s'il était vrai, comme on
le soutient , qu'il n'eût un droit de réserve , que
sur les biens qui se trouveraient dans la succession.

Lorsqu'une personne, dit-on encore, reçoit,
à titre de donation , d'un individu qui a des
enfans légitimes , elle sait qu'il pourra arriver
qu'elle soit obligée un jour de fournir ou de compléter la légitime de ces enfans; mais dans le cas
où il n'y a que des enfans naturels , quelles données peut avoir le donataire pour calculer ce qu'il
a à craindre ou à espérer? L'existence des enfans
naturels peut être inconnue, et comment savoir
d'ailleurs s'ils ont été reconnus? Une reconnais-

sance, pour être authentique, n'en est pas moins secrète.

Je réponds qu'il est indifférent que le donataire puisse, ou non, savoir que le donateur a des enfans naturels reconnus ; mais qu'il suffit que la loi lui apprenne que s'il y a des enfans naturels reconnus, ils auront droit à une réserve, pour qu'il doive calculer qu'il sera tenu de fournir ou de compléter la légitime de ces enfans, s'il y en a.

D'ailleurs, le donataire ne peut avoir plus de droits que n'en avait le donateur, et conséquemment, si le donateur n'a pu disposer de ses biens à titre gratuit, qu'à la charge d'une réserve en faveur de son enfant naturel reconnu, cette charge passe nécessairement au donataire, qui est son ayant cause, quoique le donataire ignore l'existence ou la reconnaissance de l'enfant naturel.

Autrement, le droit de réserve que l'on suppose exister sur les biens donnés entre-vifs, se trouverait absolument illusoire, puisqu'il suffirait, pour l'anéantir en faveur du donataire, que le donateur ne déclarât pas expressément, dans l'acte de donation, qu'il a un enfant naturel reconnu.

Ce serait, dit-on enfin, mettre dans la main du donateur un moyen de *révoquer* ou de laisser subsister à son gré la donation, en reconnaissant

ou en ne reconnaissant pas son enfant naturel;
et qui garantira même qu'il ne reconnaîtra pas
un enfant étranger, uniquement dans la vue de
porter atteinte à la donation?

Cette objection est chimérique; car il n'y a
personne qui prétende que l'enfant naturel peut
exercer un droit de réserve sur les biens qui
avaient été donnés par acte entre-vifs, *avant qu'il
fût légalement reconnu.* M. Grenier, M. Merlin,
et tous les auteurs qui partagent leur opinion,
ont dit, au contraire, formellement que l'enfant
naturel n'acquiert des droits, *à l'égard des tiers*,
que par sa reconnaissance, et qu'ainsi son droit,
à l'égard des tiers, ne peut s'appliquer aux biens
dont ils étaient déjà propriétaires incommutables, avant qu'il fût reconnu. C'est ainsi que
l'enfant adopté, quoiqu'il ait les mêmes droits
qu'un enfant né en mariage, ne pourrait cependant exercer la réserve sur les biens dont l'a-
doptant avait disposé entre-vifs, avant l'acte
d'adoption.

Il n'y a donc pas à craindre, dans l'espèce actuelle, qu'un donateur reconnaisse un enfant naturel, dans la vue de révoquer une donation
qu'il aurait antérieurement consentie, puisque
la reconnaissance viendrait trop tard pour donner prise sur la donation.

21. Je suis bien loin encore d'avoir terminé

tout ce qui concerne le système de la réserve pour les enfans naturels.

Jusqu'à présent, je n'ai pas parlé que du droit en lui-même, que des biens sur lesquels il peut porter; mais il faut savoir encore quels en sont les effets et comment il doit être appliqué, dans les cas divers qui peuvent se présenter.

Je vais donc maintenant examiner comment doit être réglée la réserve pour l'enfant naturel, soit par rapport aux droits des héritiers légitimes, soit par rapport aux droits des donataires ou légataires universels, et l'on verra que, sur ce réglement, il s'élève encore une foule de difficultés nouvelles, qu'on ne pourra résoudre encore que par des interprétations, que par des raisonnemens, puisque la loi est muette.

22. D'abord, il est nécessaire de déterminer la quotité de la réserve; car elle n'est déterminée par aucun article du Code.

Le système de la réserve étant spécialement fondé sur la disposition de l'art. 761, il semble que la quotité de la réserve devrait être également réglée conformément à la disposition de cet article, c'est-à-dire, que dans aucun cas la réserve, pour l'enfant naturel, ne devrait être moindre que la moitié des droits qui lui sont attribués par les art. 757 et 758. A l'appui de cette opinion, on pourrait soutenir, en se servant des argumens qui ont été faits pour le système en

7.

général, que, si le père d'un enfant naturel ne peut, en lui faisant un don entre-vifs, le réduire à moins de moitié des droits déterminés par les art. 757 et 758, à plus forte raison ne le peut-il pas, lorsqu'il ne donne rien à cet enfant, et qu'il serait contradictoire qu'en ne lui donnant rien, il pût le réduire à une portion moindre qu'en lui donnant quelque chose.

Mais presque tous les jurisconsultes s'accordent à professer que la réserve accordée à l'enfant naturel, dans le cas où il lui est fait un don pour réduire ses droits, et la réserve qui lui est due dans le cas de donations faites à des tiers, ne doivent pas être confondues ; qu'elles n'ont ni les mêmes motifs, ni la même base ; que la première seule se trouve réglée par l'art. 761 ; que la seconde doit être réglée, quant à sa quotité, dans les mêmes proportions qui ont été fixées par les art. 757 et 758, pour les droits entiers des enfans naturels sur les successions *ab intestat*, et qu'ainsi comme, suivant les cas divers prévus par ces articles, l'enfant naturel doit avoir, pour ses droits entiers dans la succession de son père ou de sa mère, le tiers, ou la moitié, ou les trois quarts, ou la totalité de la portion héréditaire qu'il aurait eue, s'il avait été légitime ; de même il doit avoir, pour sa réserve dans les biens donnés ou légués, le tiers, la moitié, les trois quarts ou la totalité de la réserve qu'il au-

rait eu le droit de prétendre, s'il avait été légitime.

Cette dernière opinion est incontestablement
la plus raisonnable; elle est même la seule que,
dans le système d'une réserve, l'on puisse concilier avec l'intention qu'a manifestée le législateur, de régler la quotité des droits de l'enfant naturel, sur la quotité des droits qu'il aurait eus,
s'il était né dans le mariage, en lui faisant seulement subir une réduction.

Il est clair que la réserve, pour l'enfant naturel, doit être d'une portion de son droit de
succession irrégulière, comme la réserve, pour
l'enfant légitime, est une portion de son droit
héréditaire; il n'y a donc, pour déterminer la
quotité de la première, d'après les mêmes règles
qui servent à déterminer la quotité de la seconde, qu'à suivre la proportion qui existe entre les droits des enfans légitimes et les droits des
enfans naturels.

Mais il ne suffit pas d'avoir établi cette règle
générale; il faut l'appliquer aux divers cas qui peuvent se présenter pour le règlement des droits
des enfans naturels, conformément aux art. 757
et 758; car déjà l'on voit que la quotité de la
réserve doit varier suivant la différence des cas,
et d'ailleurs chacun d'eux présente des questions
particulières qu'il faut éclaircir; je vais donc le
suivre successivement.

23. Supposons, d'abord, que le défunt ait laissé un enfant légitime, un enfant naturel légalement reconnu et un donataire où légataire universel.

Quelle sera, dans ce cas, la quotité de la réserve due à l'enfant naturel, si, par exemple, la masse de la succession, en y comprenant tous les biens donnés ou légués, s'élève à la somme de 48,000 francs?

D'après les principes établis précédemment, la réserve de l'enfant naturel doit être le *tiers* de la réserve qu'il aurait eue s'il avait été légitime.

Mais pour savoir sur quelle quotité de biens sera pris ce tiers, quelle en sera la valeur et à quelle somme il s'élevera dans la succession qu'on suppose valoir 48,000 francs, il faut rechercher d'abord qu'elle est la portion de biens, dont le défunt n'a pu disposer.

Si le défunt n'avait qu'un enfant légitime, la portion indisponible aurait été de la moitié des biens, c'est à-dire, de 24,000 fr., aux termes de l'art. 913 du Code civil.

Mais comme il a laissé, avec un enfant légitime, un enfant naturel reconnu, sa portion indisponible ne doit-elle pas être plus considérable?

Sur cette question, les opinions sont encore divisées.

Quelques jurisconsultes soutiennent que l'existence d'un enfant naturel ne peut diminuer la portion disponible du père, parce qu'aux termes de l'art. 913 la portion disponible et la portion indisponible sont uniquement réglées d'après le nombre des enfans légitimes, et de là ils concluent que le père, qui laisse un seul enfant légitime et un enfant naturel reconnu, a pu disposer valablement jusqu'à concurrence de la somme de 24,000 fr., si la masse de la succession ne s'élève qu'à 48,000 fr.

Mais, entr'eux, ils ne sont plus d'accord sur la fixation de la quotité de la réserve, qui est due à l'enfant naturel.

Les uns disent qu'il résulte des articles 757 et 758; que l'enfant naturel doit avoir le tiers de la réserve de 24,000 fr. qui appartient à l'enfant légitime; qu'ainsi sa réserve est de 8000 fr., et que cette somme doit lui être délivrée, moitié par l'enfant légitime, moitié par le donataire ou légataire.

Mais, dans cette supposition, l'enfant naturel se trouverait avoir, dans la succession de son père, une portion aussi forte, que si le père n'avait fait aucune disposition à titre gratuit; car, en absence de toute disposition, l'enfant naturel, concourant avec l'enfant légitime, ne pourrait avoir, suivant l'art. 757, que la *sixième* portion de biens de l'hérédité, et cette sixième portion ne s'élèverait qu'à 8000 fr. dans la succession entière qu'on suppose ne valoir que 48,000 fr. ; il n'éprouveroit donc aucune réduction à raison des dispositions qui auraient été faites par son père, et se trouverait ainsi plus favorisé que l'enfant légitime. Cette opinion n'est pas admissible.

D'autres pensent que l'enfant naturel ne doit avoir, pour sa réserve, que la sixième portion de la réserve de 24,000 fr., qui appartient à l'enfant légitime, en sorte qu'il ne pourrait réclamer que 4,000 francs ; mais dans ce cas, il n'aurait pas, conformément à la disposition de l'art. 757, le tiers de la réserve qu'il aurait eue, s'il avait été légitime ; car s'il avait été légitime, comme son frère, la réserve pour chacun d'eux aurait été de 16,000 fr., puisque le tiers seulement de la fortune du père aurait été disponible ; l'enfant naturel devrait donc avoir pour sa réserve, en cette qualité, la somme de 5,333 fr. 33 c. formant le tiers de la réserve de 16,000 fr. qu'il aurait eue, s'il avait été légitime ; ainsi la seconde opinion n'est pas plus admissible que la première.

Il faut donc chercher une autre base pour la fixation de la quotité de la réserve due à l'enfant naturel, et on ne peut en trouver qui soit établie sur les dispositions des art. 757 et 758, qu'en adoptant l'opinion des auteurs qui soutiennent que l'enfant naturel reconnu doit figurer au nombre des enfans légitim c'est-à-dire, être momen-

·tanément supposé légitime, pour régler la quo-
·tité de la portion de biens, dont le père pouvait
disposer.

Suivant cette opinion, le père, qui a laissé un
enfant légitime et un enfant naturel, n'a pu disposer que du tiers de ses biens ; ainsi, dans sa
succession dont la masse, après la réunion des
choses données, s'élève à 48,000 fr., le donataire,
ou légataire, prendra 16,000 fr.; l'enfant légitime
prendra également 16,000 fr., pour sa réserve
personnelle, et sur les 16,000 fr., restans, l'enfant naturel prendra, pour sa réserve, 5,333 fr.
33 cent., qui forment précisément le tiers de la
réserve qu'il aurait eue, s'il avait été légitime.

Mais ici se présente une autre difficulté.

L'enfant naturel n'ayant le droit de prendre
que 5,333 fr. 33 cent. sur les 16,000 fr. retenus
pour sa réserve, à qui appartiendra donc la somme
de 10,666 fr. 67 cent. restante ?

Sera-ce à l'enfant légitime ? Mais, dans cette
supposition, il serait plus favorisé, s'il se trouvait en concours avec un enfant naturel, que
si cet enfant n'existait pas, puisqu'il aurait, dans
le premier cas, 26,666 fr. 67 cent.; au lieu qu'il
n'aurait, dans le second cas, que 24,000 fr.

Sera-ce au donataire, ou légataire ? Mais, dans
cette nouvelle supposition, le donataire ou légataire aurait plus d'avantages à ce que le donateur
eût laissé un enfant naturel, que s'il n'en avait pas

laissé, puisqu'au premier cas il aurait 26,666 fr. 67 cent., et qu'au second cas, il n'aurait que 24,000 fr.

Aucune de ces deux propositions ne pouvant être admise, il faut nécessairement en conclure que la somme de 10,666 fr. 67 cent. restante, doit être partagée, par moitié, entre l'enfant légitime et le donataire ou légataire.

Et de là il résulte que la part attribuée à l'enfant naturel, pour sa réserve, doit être regardée comme une dette, comme une délibation de la succession, qui doit être supportée par les légitimaires et les donataires ou légataires, chacun en proportion de ce qu'il prend.

Ainsi, la véritable manière d'opérer, c'est que l'enfant naturel prenne d'abord, sur la masse de la succession, une part de biens, jusqu'à concurrence de la valeur de 5, 333 fr. 33 cent., et que le surplus des biens soit partagé par moitié entre l'enfant légitime et le donataire ou légataire universel, ce qui donne à chacun d'eux une valeur de 21, 333 fr. 33 cent.

Maintenant me demandera t-on dans quels articles du Code se trouvent écrites toutes les solutions que je viens de donner? Je serai forcé de convenir qu'elles ne se trouvent écrites nulle part; je serai forcé de convenir qu'il n'y a dans le Code aucune disposition qui porte que, pour régler la réserve due à l'enfant naturel, il faut le compter au nombre des enfans légitimes ; qu'il n'y a aucune disposition qui porte que la réserve due à l'enfant naturel, ne doit pas venir entièrement en diminution de la portion disponible du père, et qu'elle doit être prise, tant sur la portion réservée par la loi à l'enfant légitime, que sur la portion attribuée au donataire ou légataire.

Mais, comme le Code civil n'a rien, absolument rien dit sur le droit de réserve en faveur de l'enfant naturel, et que cependant on veut l'admettre, il faut bien en régler l'exercice et les effets conformément aux intentions que l'on suppose au législateur, et de manière à les mettre d'accord avec les dispositions existantes. Quand on ajoute à la loi, au moins ne faut-il pas contrarier ce qu'elle a dit. Quand on crée un système, au moins faut-il le coordonner avec ce que la loi elle-même a prononcé.

Au surplus, les opinions que je viens d'émettre, ou plutôt d'adopter, dans le système de la réserve, se trouvent déjà consacrées par un arrêt de la cour de cassation, du 26 juin 1809.

Dans l'espèce sur laquelle est intervenu cet arrêt, le sieur Picot avait laissé deux enfans, l'un qui était légitime, et que par testament il avait institué son légataire universel, et l'autre naturel qu'il avait légalement reconnu. Après sa mort, son enfant naturel demanda une réserve, et prétendit qu'elle devait être du *sixième* de la succession entière. *L'enfant légitime ne contesta pas à l'enfant naturel le droit de réserve*, et seulement il prétendit qu'elle ne devait être que du *douzième* de la succession; ainsi la contestation ne s'engagea pas *sur le droit de réserve en faveur de l'enfant naturel*, mais seulement sur la quotité de la réserve. La cour de Pau n'adjugea à l'enfant naturel qu'une douzième portion des biens.

Son arrêt a été cassé; et l'arrêt de cassation a été fondé sur ce que, d'après les art. 757 et 913, l'enfant naturel doit avoir, dans tous les cas, une valeur proportionnelle à la quotité disponible ou indisponible des biens délaissés par ses père et mère; que, pour exécuter l'art. 757, dans l'intérêt de l'enfant naturel, et pour composer la portion héréditaire dont il doit avoir le tiers, il faut nécessairement l'admettre *momentanément* au nombre des enfans *légitimes*, et le faire concourir *figurativement* avec eux; de manière que, s'il n'existe qu'un enfant légitime, il doit être procédé comme s'il y en avait deux, et s'il en existe deux, comme s'il y en avait trois, etc.; car tel eût été le nombre des légitimaires qui auraient concouru à la fixation de la portion héréditaire, si l'enfant naturel eût été légitime; et qu'autrement on porterait une atteinte manifeste aux droits de l'enfant naturel, puisqu'en diminuant le nombre des enfans légitimes, ou réputés tels à l'effet de fixer la portion héréditaire, on diminuerait pareillement la quotité des biens *non disponibles*, sur laquelle doit être prise cette portion héréditaire, dont le *tiers* appartient à l'enfant naturel.

Les principes, établis dans cet arrêt, auront une grande influence sur les autres cas que je vais examiner.

24. Supposons maintenant que le défunt ait laissé un enfant légitime, deux enfans naturels reconnus, et un donataire ou légataire universel. Dans ce cas, il ne peut plus y avoir de difficulté, d'après les principes adoptés.

Sur la masse de la succession, que dans tous les cas on supposera être de 48,000 fr., chaque enfant naturel prélèvera une somme de 4,000 fr. formant le tiers de la réserve de 12,000 fr. qu'il aurait eue, s'ils avaient été l'un et l'autre légitimes.

Les 40,000 fr. restant seront partagés *également* entre l'enfant légitime et le donataire ou légataire universel.

25. Si le défunt a laissé deux enfans légitimes, deux enfans naturels et un donataire ou légataire universel, la distribution se fera d'après les mêmes principes.

Chaque enfant naturel prélèvera sur la masse de la succession, la somme de 3,000 fr., formant le tiers de la réserve de 9,000 fr. qu'il aurait eue, si l'un et l'autre avaient été légitimes, et les 42,000 fr. restant seront divisés par tiers entre

les deux enfans légitimes et le donataire ou légataire universel.

26. Mais la même distribution ne peut plus
avoir lieu, lorsque le défunt a laissé un enfant naturel et trois enfans légitimes, ou un plus grand
nombre.

Si, en effet, l'enfant naturel, en concours avec
trois enfans légitimes, prélevait, sur la masse de
la succession, la somme de 3,000 fr. formant le
tiers de la réserve qu'il aurait eue, s'il avait été
légitime, et que les 45,000 fr. restant fussent divi-
sibles par quart entre les trois enfans légitimes et
le donataire ou légataire universel, il en résulterait que celui-ci n'aurait, pour sa part, que
11,250 fr.

S'il y avait quatre enfans légitimes, il n'aurait
que 9,000 fr.

Ainsi, dans l'un et l'autre cas, il aurait moins
que le quart de la succession entière.

Or, d'après l'art. 913 le donataire ou légataire
universel doit avoir le quart de tous les biens,
lorsqu'il y a plus de deux enfans légitimes, *quel
qu'en soit le nombre*, et il ne peut pas éprouver
de réduction, à raison de ce qu'il existerait des
enfans naturels, outre trois enfans légitimes, puisqu'il n'en éprouverait pas même, si les enfans
naturels étaient aussi légitimes, et que les enfans
naturels ne peuvent certainement pas avoir plus
de droits que les légitimes.

Il faut donc, dans ce cas, laisser, d'abord, au donataire ou légataire universel, la portion disponible qui est fixée au quart des biens, prélever ensuite la réserve due à l'enfant naturel, et répartir le surplus des biens entre les enfans légitimes. Cette opération donne au donataire ou légataire universel 12,000 fr., à l'enfant naturel 3,000 fr., et à chacun des enfans légitimes, s'ils sont trois, 11,000 fr.

27. Je vais passer aux cas où le défunt n'a pas laissé de descendans légitimes.

Si le défunt a laissé deux ascendans, l'un dans la ligne paternelle, l'autre dans la ligne maternelle, un enfant naturel reconnu et un donataire ou légataire universel, voici comment il faut opérer, en reprenant les principes précédemment établis.

L'enfant naturel, s'il avait été légitime, aurait eu 24,000 fr. pour sa réserve; il doit en avoir la moitié, comme enfant naturel, puisqu'il ne se trouve en concours qu'avec des ascendans; il prélevera donc 12,000 fr. sur la masse de la succession, et les 36,000 fr. restant seront partagés par moitié entre les ascendans et le donataire ou légataire universel. Chacun des ascendans aura 9,000 fr., et le donataire ou légataire universel aura 18,000 fr.

Cependant il en résulte que le donataire ou légataire aura *moins*, lorsqu'il y aura deux ascendans un enfant naturel, que s'il y avait un enfant légitime et un enfant naturel, puisqu'il aurait eu, dans ce dernier cas, 21,333 fr. 33 cent., ainsi qu'on l'a vu, au n° 23.

Cette différence peut paraître bizarre, et l'on dira, pour le donataire ou légataire universel, qu'aux termes des articles 913 et 915, il ne doit pas avoir moins en présence de deux ascendans, qu'en présence d'un enfant légitime ; que ce n'est pas à lui de souffrir préjudice de ce que l'enfant naturel a une réserve plus considérable contre des ascendans, que contre un enfant légitime, et qu'ainsi la différence qui existe à cet égard, ne doit être supportée que par les ascendans.

A cette objection qui est assez grave, la seule réponse que l'on puisse faire, c'est que d'après les principes que, dans le silence de la loi, on se trouve forcé d'établir pour régler les effets de la réserve en faveur de l'enfant naturel, cette réserve doit être considérée comme une dette, comme une délibation de la succession, et qu'ainsi elle doit être supportée par les légitimaires et les donataires, chacun en proportion de ce qu'il prend.

28. La même difficulté n'existe plus dans le cas où il n'y a qu'un seul ascendant, puisqu'après le prélèvement de la somme de 12,000 fr. pour la réserve de l'enfant naturel, l'ascendant n'a droit

qu'au quart de ce qui reste, et qu'ainsi le donataire se trouve avoir 27,000 fr.

29. Vient ensuite le cas où le défunt n'a laissé
ni descendans légitimes, ni ascendans, mais a laissé
seulement des frères ou sœurs, un enfant naturel
reconnu, et un donataire ou légataire universel.

Quelle sera, dans ce cas, la quotité de la réserve
due à l'enfant naturel?

Encore sur ce point il y a division d'opinions,
entre les partisans du système de la réserve.

Suivant M. Merlin, M. Grenier, et M. Toullier,
il suffit qu'il existe des frères ou sœurs du défunt,
quoiqu'ils soient exclus de la succession par le
donataire ou légataire universel, quoiqu'ils ne
succèdent pas, pour qu'aux termes de l'art. 757
l'enfant naturel ne doive avoir que *la moitié* de la
réserve qu'il aurait eue, s'il avait été légitime, de
même que si les frères ou sœurs succédaient, de
même que si l'enfant naturel était réellement en
concours avec eux pour le partage de la succession.

M. Toullier dit à cet égard, que le donataire
ou légataire universel se trouve subrogé aux droits
des frères et sœurs qui ne succèdent pas, qu'en
excluant les frères et sœurs, il prend leur place,
qu'il doit avoir tout ce qu'ils auraient eu, et que
telle a été évidemment la volonté du donateur ou
du testateur.

D'autres auteurs soutiennent, au contraire, que,
par l'art. 757, les droits de l'enfant naturel n'ont

été réduits à une quotité moindre qu'une portion héréditaire, qu'en considération seulement des parens légitimes avec lesquels l'enfant naturel peut se trouver en concours pour le partage de la succession, qu'afin que les droits sacrés de la famille légitime ne soient pas entièrement détruits par l'existence d'un enfant naturel, et qu'en conséquence la réduction a été fixée à un taux plus ou moins considérable, suivant que les parens légitimes avec lesquels l'enfant naturel est en concours, se trouvent à un degré plus proche ou plus éloigné du défunt; qu'ainsi les motifs de la réduction n'existent plus, lorsqu'il n'y a aucun parent légitime *qui succèdent*, lorsque l'enfant naturel ne se trouve en concours qu'avec un étranger à la famille, qui ne vient à la succession que comme donataire ou légataire universel, et que, dans ce cas, les parens légitimes, qui ne peuvent succéder, doivent être considérés, relativement à la succession, relativement aux droits de l'enfant naturel, comme s'ils n'existaient pas.

Cette dernière opinion me paraît être la meilleure et la plus conforme au véritable esprit des art. 757 et 758.

Je ne pense pas qu'il soit exact de dire que le donataire ou légataire universel prenne la place des frères ou sœurs qu'il exclut de la succession, et qu'il soit subrogé à leurs droits. Il ne prend pas leur place, puisqu'il n'entre pas, à leur place,

dans la famille légitime; il recueille bien les droits
qu'ils auraient eus, sans la donation, ou le testa
ment; mais il ne les recueille pas *au même titre*,
puisqu'ils auraient succédé comme parens légitimes et en vertu de la loi, au lieu qu'il succède
comme étranger, en vertu de la disposition faite
par le défunt; il n'est donc pas subrogé à leurs
droits, il ne les représente aucunement, et conséquemment il ne peut jouir, comme eux, de la
faveur qui n'est accordée qu'aux parens légitimes, de réduire les droits des enfans naturels.

Ainsi, dans le cas proposé, l'enfant naturel doit
avoir la même réserve qu'il aurait, s'il n'existait
pas de frères ou de sœurs du défunt;

Et, par les mêmes motifs, sa réserve doit être
de 12,000 fr., quoiqu'il y ait d'autres parens successibles, qui le réduiraient aux trois quarts, s'ils
succédaient. Comme ils sont tous exclus par le
donataire ou légataire universel, comme aucun
d'eux ne succède, aucun d'eux ne peut réduire
les droits de l'enfant naturel.

Dans ce cas, comme dans celui où il n'existerait pas réellement de parens aux degrés successibles, la disposition de l'art. 758 se trouve applicable, et l'enfant naturel doit avoir la réserve
entière, sans aucune réduction.

Les 36,000 fr. restant appartiennent au donataire ou légataire universel.

30. Cependant il doit y avoir exception pour

8.

le cas où le donataire où légataire universel serait, en outre, l'un des parens successibles du
défunt.

S'il était un ascendant, ou un frère du défunt
il réduirait à moitié la réserve de l'enfant naturel; s'il était à un degré plus éloigné, il la réduirait aux trois quarts.

Il n'y a pas de contradiction entre cette solution et la précédente.

Dans le cas prévu au numéro précédent, le
donataire ou légataire universel est un étranger,
qui ne peut réclamer la faveur accordée uniquement aux parens légitimes.

Dans le cas actuel, c'est un membre de la famille, et quoiqu'il ne vienne succéder qu'en qualité de donataire, parce que cette qualité lui
donne plus de droits que celle de parent légitime,
il ne peut cependant perdre cette dernière qualité,
et en reclamant la faveur de l'art. 757, *il n'excipe
pas du droit d'autrui.*

31. Tout ce qui a été dit, dans les numéros
précédens, à l'égard du donataire ou légataire
*universel*, doit également s'appliquer au donataire ou légataire *à titre universel*, c'est-à-dire,
que le donataire ou légataire à titre universel doit
également souffrir que la réserve due à l'enfant
naturel, suivant les proportions fixées par les
art. 757 et 758, soit prélevée sur la masse de la
succession, et ne peut réclamer que sur le sur-

plus des biens, la quote part qui lui appartient, et néanmoins avec cette exception, expliquée au n° 26, que sa quote part, si elle n'a pas été fixée par le donateur, ou le testateur, à une quotité moindre que le quart, ne peut jamais être réduite, pour le prélèvement de la réserve de l'enfant naturel, au-dessous du quart de la totalité des biens.

Ainsi, par exemple, s'il y a un enfant légitime, un enfant naturel, et un donataire ou légataire de la moitié des biens, l'opération sera la même que si le donataire ou légataire était universel. comme il est dit au n° 23, l'enfant naturel prélèvera pour sa réserve, 5,333 fr. 33 cent. sur la masse de la succession, et les 42,666 fr. 66 cent. restant seront divisés par moitié entre l'enfant légitime et le donataire ou légataire.

S'il y a trois enfans légitimes, un enfant naturel, et un donataire ou légataire du quart des biens ou d'une quotité plus considérable, ce donataire ou légataire ne pourra pas avoir moins du quart. Comme il est dit au n° 26, la réserve de l'enfant naturel devra être prise sur les trois quarts dévolus aux trois enfans légitimes.

32. Mais si le legs, ou le don, fait à titre universel, n'absorbait pas toute la portion disponible du défunt, la réserve de l'enfant naturel ne devrait-elle pas être imputée d'abord sur ce qui resterait de la portion disponible ?

Le père d'un enfant légitime et d'un enfant naturel, pouvait disposer du tiers de ses biens, en supposant même que, pour la fixation de la quotité disponible, l'enfant naturel doive être considéré comme légitime ; cependant il n'a disposé que d'une sixième portion de sa fortune ; en conséquence, si la fortune est de 48, 000 fr., il reste 8,000 fr sur la portion disponible.

Dans ce cas, l'enfant naturel prélèvera-t-il d'abord sur la masse des biens, sa réserve de 5,333 fr 33 cent. , de manière que le donataire, ou légataire, ne pourrait réclamer que le sixième des 42, 666 fr. 66. cent. qui resteraient? ou bien, le donataire, ou le légataire, ne doit-il pas avoir le sixième de la totalité des biens, et la réserve de l'enfant naturel ne doit-elle pas être prise sur les 8,000 fr. qui restent de la portion disponible?

La seconde opinion doit prévaloir ; car il est établi par une foule d'articles du Code civil, que les dispositions entre-vifs, ou testamentaires, ne sont réductibles pour la réserve, que lorsquelles excédent la portion disponible, que lorsque la réserve ne se trouve pas toute entière dans les biens dont il n'a pas été disposé.

Or, dans l'espèce, l'enfant légitime et l'enfant naturel trouvent plus que leurs réserves, dans les cinq sixièmes dont il n'y a pas eu de disposition.

On ne peut donc encore appliquer au cas dont il s'agit, ce principe que la réserve de l'enfant naturel doit être considérée comme une dette, comme une délibation de la succession, et qu'ainsi elle doit être supportée par les donataires, ou légataires, comme les légitimaires.

33. Enfin j'ai terminé tout ce qui concerne la réserve que l'on prétend être due aux enfans naturels, et il ne me reste plus qu'à faire une observation générale sur la discussion à laquelle j'ai été forcé de me livrer.

On a vu que l'exercice et le réglement de la prétendue réserve, se trouvent soumis à une foule de cas divers, dont aucun cependant n'a été prévu par le Code civil.

On a vu que, pour organiser, dans tous ces cas, le système de la réserve, il s'élève un grand nombre de difficultés sur lesquelles le Code ne contient aucune disposition précise; que, pour résoudre ces difficultés, on n'a d'autres moyens que des interprétations arbitraires, que des inductions très-incertaines, que des rapports très-éloignés entre des matières différentes; que tout cela ne pouvant suffire encore, il faut aller jusqu'à supposer des principes qu'on ne trouve nulle part; qu'il faut en même temps restreindre ces principes par des exceptions qui ne sont pas mieux établies; qu'en un mot il faut créer un système tout entier, et faire réellement une autre loi que celle qui existe.

On a vu enfin que les partisans de la réserve

ne sont pas même d'accord entr'eux, soit sur les bases du système, soit sur son application aux cas divers qu'il doit embrasser.

Comment donc ne pourrait-il pas être permis de dire encore qu'il serait bien étonnant que le législateur eût ainsi laissé le champ le plus vaste aux incertitudes, aux débats, à la controverse et à l'arbitraire, sur un système que réellement il aurait voulu établir? Est-ce donc ainsi qu'il a traité les diverses matières dont il s'est occupé dans le Code civil?

Un auteur a dit qu'il ne faut pas rejeter un système, uniquement parce qu'il existe quelques embarras, quelques difficultés, dans son application. Cela est vrai, lorsqu'il est certain que le système se trouve dans la loi ; mais lorsqu'il n'est établi par aucune disposition précise, lorsqu'on ne le fait résulter que d'intentions qu'on suppose au législateur, ou de quelques inductions, de quelques analogies, très-contestables, et que d'ailleurs son application présente une foule d'embarras et de difficultés sur lesquels la loi est absolument muette, sur lesquels les auteurs ne peuvent s'entendre et se concilier, cette dernière circonstance n'est-elle pas bien propre à inspirer encore de nouveaux doutes sur l'existence même du système

Je passe à d'autres questions étrangères à la réserve.

34. Peut-on, en *adoptant* un enfant naturel qu'on a précédemment reconnu par un acte authentique, conférer à cet enfant *tous les droits* d'un enfant légitime?

Je ne rapporterai pas tout ce qu'on a dit sur cette question, qui a excité beaucoup de débats parmi les jurisconsultes, et qui est encore très-controversée, même entre les cours royales; je me bornerai à exposer, en peu de mots, les motifs de mon opinion.

Il me paraît que la question se trouve formellement décidée par les art. 908 et 911 du Code civil.

D'une part, l'art. 908 dispose que les enfans naturels ne pourront, par donation entre-vifs, ou par testament, rien recevoir au-delà de ce qui leur est accordé, au titre *des Successions*.

D'autre part, l'art. 911 dit que toute disposition au profit d'un incapable, sera nulle, soit qu'on la déguise sous la forme d'un contrat onéreux, soit qu'on la fasse sous le nom de personnes interposées.

Or, de deux choses l'une ; ou l'adoption est un contrat à titre gratuit, ou elle est un contrat à titre onéreux.

Si elle est un contrat à titre gratuit, l'art. 908 du Code lui est applicable, et dès-lors elle ne peut conférer à l'enfant naturel, qui déjà avait été reconnu par l'adoptant, tous les droits d'un enfant légitime, puisqu'aux termes de l'art. 908 l'enfant naturel reconnu ne peut rien recevoir, par un acte à titre gratuit, au-delà de ce qui lui est accordé, au titre *des Successions*, et qu'au titre *des Successions* il ne lui est accordé que des droits beaucoup moindres que ceux de l'enfant légitime.

Si l'adoption est un contrat à titre onéreux, l'art. 911 lui est applicable, puisque l'enfant naturel étant incapable de recevoir au-delà de ce qui lui est accordé, au titre *des Successions*, il est évident que, si l'on pouvait, en l'adoptant, lui conférer tous les droits d'un enfant légitime, ce serait déguiser en sa faveur, *sous la forme d'un contrat onéreux*, une disposition qui excéderait ce qu'il est permis de lui donner. N'est-il pas certain, en effet, que, lorsqu'un individu se détermine à adopter un enfant qu'il avait précédemment reconnu comme son enfant naturel, ce ne peut être que dans l'intention de lui conférer des droits plus considérables que ceux que cet enfant pourrait avoir en sa qualité d'enfant naturel?

De bonne foi, le dilemme me paraît sans réplique.

Ajoutons que l'art. 756 dispose, en termes formels, que les enfans naturels reconnus ne peuvent pas être *héritiers*, et qu'il résulte nécessairement de cette disposition qu'ils ne peuvent être adoptés, puisqu'aux termes de l'art. 350 les adoptés sont héritiers des adoptans.

D'ailleurs, le mot seul *adoption*, n'emporte-t-il pas nécessairement l'idée que l'adoption ne peut pas s'appliquer aux propres enfans de celui qui a le projet d'adopter, et qu'ainsi l'on n'est pas susceptible d'être adopté par ses père et mère?

Aussi Cujas a défini l'adoption en ces termes : *Adoptio est legis actio quâ* QUI MIHI FILIUS NON EST, *ad vicem filii redigitur.*

Et l'art. 348 du Code civil en disant que l'adopté restera *dans sa famille naturelle* et y conservera tous ses droits, ne suppose-t-il pas nécessairement que l'adopté ne peut pas être l'enfant de l'adoptant?

Enfin, le droit romain qui avait établi l'adoption et en avait déterminé les effets, beaucoup plus largement que ne l'a fait le Code civil, la prohibait formellement à l'égard des enfans naturels. ( *L.* 7, *Cod. de natur. liberis*, et novel. 89, *cap.* 7.

A toutes ces raisons, qu'a-t-on répondu? Rien de précis; mais on a cherché à les éluder.

On a dit que, dans une séance du conseil d'état, du 14 frimaire an 10, la section de législation avait présenté un projet d'article ainsi conçu : « Celui qui a reconnu, dans les formes établies par la loi, un enfant né hors de mariage, ne peut l'adopter, ni lui conférer d'autres droits que ceux qui résultent de cette reconnaissance ; mais, hors ce cas, il ne sera admis aucune action tendante à prouver que l'enfant adopté est l'enfant naturel de l'adoptant. »

On a ajouté qu'à la séance du 16 de même mois, l'article avait été combattu et rejeté ; d'où l'on a tiré la conséquence qu'il avait été dans l'intention du conseil d'état, que l'on pût adopter son enfant naturel, même légalement reconnu.

Je réponds d'abord que rien de ce qui vient d'être énoncé, ne se trouve dans le *recueil des procès-verbaux du conseil d'état*, *contenant la discussion du projet de Code civil*, lequel recueil ayant été imprimé par ordre du gouvernement et distribué aux principales autorités constituées, a le caractère officiel.

Cependant je n'entends révoquer en doute, ni la discussion, ni la détermination, qu'on annonce ; elles existent, puisqu'elles sont certifiées par M. Locré, qui a assisté à toute discussion au conseil d'état, et qui en a rédigé lui-même les procès-verbaux.

Mais je demande pourquoi elles n'ont pas été insérées dans le recueil officiel, quoiqu'elles dussent servir à faire connaître la volonté du législateur sur un point très-important.

De ce défaut d'insertion, n'est-on pas bien autorisé à conclure que le conseil d'état aurait changé d'opinions, dans la suite de la très-longue discussion qui a eu lieu sur la matière de l'adoption ?

Mais à cet égard il y a plus qu'une présomption; on en trouve presque la certitude dans ce qui fut dit à la séance du 27 brumaire an XI.

Alors, on n'était pas encore définitivement d'accord sur le principe de l'adoption, et pour le combattre, ses adversaires opposaient avec beaucoup de force, que l'adoption aurait l'inconvénient de couvrir les avantages qu'un père voudrait faire à ses enfans naturels. Or, que répondait à cette objection M. Treilhard ? L'inconvénient n'est pas réel, disait-il. En effet, *si les enfans naturels sont reconnus, ils ne peuvent être adoptés; s'ils ne le sont point, leur origine est incertaine.*

Il est vrai que M. Treilhard, qui n'était entré dans le conseil d'état que le 22 fructidor an 10, pouvait ignorer ce qui s'était passé dans les séances des 14 et 16 frimaire précédent. Mais presque tous les conseillers d'état devant lesquels il parlait, avaient assisté à ces séances. Pourquoi donc n'y en eut-il pas un seul qui lui rappelât la délibération prise le 16 frimaire, pour établir que l'inconvénient qu'on prévoyait, serait réel, puisqu'il résultait nécessairement de cette délibération?

Pourquoi enfin, lorsque les art. 756, 908 et

911 furent présentés et discutés, personne né fit-il remarquer que leurs dispositions générales, absolues, illimitées, se trouvaient en contradiction avec la délibération du 16 frimaire, et que, si l'on voulait maintenir cette délibération, il fallait l'énoncer, par une exception formelle, dans les nouveaux articles proposés?

C'est que les opinions sur l'adoption n'étaient plus en l'an 11, les mêmes qu'en l'an 10; c'est qu'on avait changé de système; c'est qu'après avoir présenté d'abord, d'une manière très-large, un système et des règles sur l'adoption, on avait ensuite reconnu la nécessité de les modifier et de les restreindre; qu'on en était venu à ne faire, pour ainsi dire, de l'adoption qu'un nouveau mode de disposition à titre gratuit, et qu'avec le nouveau système ne pouvait plus se concilier la délibération prématurée, du 16 frimaire.

On trouve dans la discussion du Code civil, plus d'un exemple de changemens semblables, sans qu'ils aient été précisément expliqués dans les procès-verbaux. La section de législation à laquelle on renvoyait souvent, pour un nouvel examen, des matières controversées, présentait ordinairement de nouveaux projets avec lesquels ne pouvaient toujours se concilier des délibérations déjà reprises, et ces délibérations tombaient d'elles-mêmes, sans qu'on s'en occupât davantage, lorsque les nouveaux projets étaient adoptés.

Au reste, c'est un principe certain, qu'on ne doit chercher à interpréter des articles de loi, par la discussion qui les a préparés, que lorsque ces articles présentent quelque obcurité, quelque équivoque. Or, les articles 756, 908 et 911, sont si clairs et si positifs, dans la généralité de leurs expressions, qu'ils n'ont besoin d'aucune interprétation.

Je ne peux m'empêcher de dire, en finissant, que l'adoption, qui est déjà si peu conforme aux sentimens qu'inspire la nature, si peu conforme à nos mœurs, à nos habitudes, serait une institution tout à fait immorale et dangereuse, si elle pouvait conférer aux pères et mères le pouvoir d'élever leurs enfans naturels reconnus, au même rang, aux mêmes titres et aux mêmes droits que les enfans légitimes. On ne sait que trop qu'il ne se fait guère aujourd'hui d'adoptions qu'en faveur d'enfans naturels; mais du moins, lorsqu'ils n'ont pas été reconnus, ils ne sont pas censés, aux yeux de la loi, être les enfans des adoptans, et il ne peut y avoir de certitude à cet égard.

Mais permettre au père, ou à la mère, qui a reconnu publiquement et légalement un enfant naturel, de lui donner, en l'adoptant, tous les droits d'un enfant légitime, ce serait violer trop ouvertement la morale publique et presque consacrer les unions illicites.

35. Je n'ai parlé jusqu'à présent que des droits

que les enfans naturels peuvent réclamer sur les
successions de leurs père et mère , qui les ont
reconnus. Maintenant il faut examiner s'ils ne
peuvent pas aussi réclamer quelques droits, pendant la vie de leurs père et mère.

Il est certain d'abord que l'enfant naturel n'a
pas d'action pour un établissement par mariage,
ou autrement, contre le père, ou la mère, qui
l'a reconnu. Le Code civil, art. 304 , refuse cette
action, même aux enfans légitimes, et dès-lors
on ne peut pas supposer qu'il ait eu l'intention
de l'accorder aux enfans naturels.

36. Mais l'enfant naturel n'a-t-il pas, au moins,
le droit de demander des alimens à ses père et
mère, qui l'ont reconnu ?

Pour la négative, on a dit, 1° que l'art. 207 du
Code civile, n'impose aux père et mère que
l'obligation de nourrir leurs enfans légitimes, et
qu'aucun autre article n'étend cette obligation en
faveur des enfans naturels; 2° que l'art. 304 dispose que les droits des enfans naturels seront
réglés au titre *des Successions* ; mais que, dans
ce titre, la loi n'accorde de droits aux enfans
naturels, que sur les successions de leurs père et
mère; que l'art. 756 dit spécialement que les enfans naturels reconnus n'auront de droits, que sur
les biens de leurs pères et mères *décédés*, et qu'il
en résulte que les enfans naturels, même recon-

nus, ne peuvent avoir aucune espèce de droits contr leurs pères et mères.

Pour l'affirmative, on a répondu,

1° Que la nature elle-même, indépendamment de toute loi positive, impose aux pères et mères l'obligation de nourrir leurs enfans, et que cette obligation qui dérive nécessairement du fait seul de la paternité, ou de la maternité, s'applique aux père et mère de l'enfant naturel reconnu, comme aux père et mère de l'enfant légitime; que, dans le droit romain, la loi 5, §. 1, ff. *de agnoscendis et alendis liberis et parentibus*, n'imposait qu'aux époux l'obligation de fournir des alimens à leurs enfans; mais que la novelle 18, chap. 5, la novelle 89. chap. 12, §.4, et l'authentique *licet patri*, ayant prescrit aux héritiers du concubin, de nourrir ses enfans, on décida qu'à plus forte raison lui-même était tenu de leur fournir des alimens pendant sa vie; qu'avant la révolution il était de jurisprudence constante en France, que les enfans naturels avaient droit à des alimens, et qu'on ne peut pas supposer que ce droit leur ait été enlevé par le Code civil, qui a voulu les traiter avec plus de faveur que ne leur en accordoit la jurisprudence ancienne;

- 2° Que l'art. 338 du Code civil, qui dispose que l'enfant naturel reconnu ne pourra réclamer les droits d'enfant légitime, et que les droits des enfans naturels seront réglés au titre *des Succes-*

*sions*, ne peut évidemment s'appliquer qu'aux droits relatifs aux successions ; qu'en effet les art. 756 et 757, insérés au chapitre *des Successions irrégulières*, ne parlent que des droits accordés aux enfans naturels sur les biens de leurs pères et mères décédés ; qu'au surplus ces articles ne déclare pas que l'enfant naturel n'aura de droits sur les biens de ses père et mère, qu'après leurs décès ; qu'ils décident seulement que, pour avoir droit sur les biens des père et mère, après leurs décès, il faut que l'enfant naturel ait été reconnu, et qu'il n'en résulte aucunement que les père et mère vivans ne doivent pas d'alimens à l'enfant naturel qu'ils ont reconnu ;

3° Qu'avant les lois intervenues pendant la révolution, l'enfant naturel ne succédait jamais en France à ses père et mère, et que cependant il avait le droit de leur demander des alimens ; que, dans le droit romain, il succédait, mais que la successibilité ne faisait pas obstacle à la demande en alimens, et que le Code civil ayant accordé à l'enfant naturel des droits sur les successions de ses père et mère qui l'ont reconnu ( art. 756 ; 757 et 758), et ayant même donné aux père et mère la succession entière de leur enfant naturel décédé sans postérité, on doit conclure de ces rapports établis entre les père et mère et leur enfant naturel, qu'ils se doivent réciproquement des alimens ;

4° que, d'ailleurs, le Code civil ayant expressément accordé, par l'art. 762, aux enfans adultérins ou incestueux, le droit de réclamer des alimens contre leurs père et mère, il serait contradictoire qu'il l'eût refusé aux enfans nés de personnes libres, qui sans doute sont bien plus favorables, et qu'en effet il a traités avec beaucoup plus de faveur;

5° Enfin que l'intention du législateur ne peut être équivoque, puisque les orateurs du gouvernement s'en sont expliqués de la manière la plus expresse, dans les exposés des motifs de la loi *sur le Mariage*, et de la loi *sur la Paternité et la Filiation.*

« On ne doute pas, disait le conseiller d'état Portalis, que les pères naturels ne soient obligés d'élever leurs enfans, de les entretenir et de les nourrir. La loi naturelle elle-même a placé ce devoir parmi les obligations premières que la nature, indépendamment de toute loi, impose à tous les pères. »

« La loi serait à la fois impuissante et barbare, disait le conseiller d'état Bigot de Préameneu, qui voudrait étouffer le cri de la nature entre ceux qui reçoivent et ceux qui donnent l'existence. Les pères ont, envers les enfans naturels, des devoirs d'autant plus grands qu'ils ont à se reprocher leur infortune. »

Cette dernière opinion paraît être aujourd'hui généralement adoptée; elle a été consacrée par

9.

un grand nombre d'arrêts de cours royales, et par deux arrêts de la cour de cassation, des 16 novembre 1808 et 27 août 1811. Dans le dernier, qui a été rendu sur mon rapport, se trouvent établis tous les motif que je viens d'analyser.

57. Les enfans naturels doivent aussi des alimens aux père et mère qui les ont reconnus. Entr'eux, les devoirs de la nature et les obligations qui en résultent, sont réciproques ; et puisqu'on applique en faveur des enfans naturels la disposition de l'art. 203 du Code civil, il est juste d'appliquer également contre eux la disposition de l'art. 207.

Sont également applicables aux uns et aux autres, les dispositions des art. 208, 209, 210 et 211.

38. Lorsque l'enfant naturel a été reconnu par son père et par sa mère, il peut les faire condamner solidairement à lui fournir des alimens. La dette est indivisible de sa nature, puisque chacun des père et mère est tenu individuellement d'élever, d'entretenir et de nourrir ses enfans, et que d'ailleurs l'enfant naturel serait exposé à n'avoir qu'une partie de ce qui serait nécessaire pour son existence, lorsque l'un des deux débiteurs serait en retard d'acquitter sa part de la dette, ou deviendrait insolvable.

39. La quotité des alimens pour l'enfant naturel, doit être déterminée, non pas seulement d'a-

près la fortune, mais encore d'après l'état et la condition de chacun des père et mère, qui l'ont reconnu.

Il ne serait, ni dans l'équité, ni dans les convenances, qu'un père qui aurait une fortune considérable et un état brillant, pût être entièrement déchargé de l'obligation d'élever, d'entretenir et de nourrir son enfant, en lui faisant apprendre un art mécanique. Ce n'est qu'à l'égard de l'enfant adultérin ou incestueux, qu'il est dit, dans l'article 764, qu'il suffit de lui faire apprendre un art mécanique, pour lui tenir lieu d'alimens.

40. L'enfant naturel n'a pas le droit d'exiger un capital quelconque une fois payé, pour lui tenir lieu d'alimens. Le père, ou la même, ne peut être tenu d'avancer un capital, en représentation d'une dette qui peut cesser, d'un instant à un autre, par le décès de l'enfant, et d'ailleurs si l'enfant dissipait le capital, il aurait encore le droit de se faire fournir des alimens.

Ainsi l'a décidé un arrêt de la cour royale de Montpellier, du 1er décembre 1806.

41. L'enfant naturel ne peut valablement renoncer à demander des alimens. Toute convention, toute transaction, qu'il aurait souscrite à cet égard, serait nulle, parce qu'on ne peut pas renoncer à ce qui est nécessaire pour sa subsistance, parce que l'obligation de fournir des ali-

mens, est une dette sacrée, qui est de droit naturel et qu'aucun pacte ne peut éteindre.

Par la même raison, il ne serait pas irrévocablement lié par une transaction, par une convention quelconque, dans laquelle ses alimens auraient été fixés à une quotité insuffisante, et il pourrait toujours demander un supplément, soit que la quotité fût insuffisante au moment du réglement, soit qu'elle fût devenue insuffisante par la suite.

42. Lorsque la reconnaissance authentique a été faite, pendant le mariage, par l'un des époux, au profit d'un enfant naturel qu'il avait eu, avant son mariage, d'un autre que de son époux, cet enfant qui ne peut, aux termes de l'art. 337 du Code civil, réclamer aucun droit sur la succession de l'époux qui l'a reconnu, s'il y a des enfans légitimes, n'a-t-il pas, au moins, le droit de demander des alimens à ces enfans, après le décès de leur auteur commun?

Ce qui donne lieu à cette question, c'est que l'art. 337 du Code civil dispose, d'une manière générale, que la reconnaissance faite, pendant le mariage, par l'un des époux, au profit d'un enfant naturel qu'il aurait eu, avant son mariage, d'un autre que de son époux, *ne pourra nuire*, ni à celui-ci, ni aux enfans nés de ce mariage.

Les enfans légitimes ne seraient-ils pas fondés à dire que la reconnaissance leur nuirait réellement, si elle les obligeait à fournir des alimens à l'enfant naturel, et qu'ainsi le texte et l'objet de l'art. 337 seraient violés?

Il faut leur répondre que leur père, ou leur mère, en reconnaissant légalement un enfant naturel, a contracté, par cette reconnaissance, l'obligation de fournir des alimens à cet enfant; qu'il a pu, même par le mariage, contracter valablement cette obligation sur ses revenus et sur ses biens, comme il aurait pu en contracter toute autre; qu'elle passe à ses enfans légitimes, lorsqu'ils acceptent sa succcession, parce que tout héritier est tenu de tous les engagemens de la personne à laquelle il succède; que d'ailleurs c'est ici une dette, qui est fondée sur le droit naturel, et qu'on ne peut pas supposer que, par l'art. 337, le législateur ait eu l'intention de soustraire au paiement de cette dette les héritiers du père, ou de la mère, de l'enfant naturel; que seulement le législateur a voulu, par cet article, que les enfans naturels, reconnus pendant le mariage, ne pussent, au préjudice des enfans légitimes, réclamer sur la succession de leur père ou mère, les droits accordés par les art. 756 et 757, et que c'est sous ce dernier rapport, déjà si avantageux pour les enfans légitimes, mais non pas sous le rapport des alimens, qu'il faut entendre la disposition de l'art. 337.

C'est ainsi que l'ont décidé cinq arrêts, le premier de la cour royale de Paris, du 13 juin 1809, le deuxième de la cour royale de Rennes, du 22 mars 1810, le troisième de la cour royale de Toulouse, du 24 juillet 1810, le quatrième de la cour de cassation, du 27 août 1811, et le cinquième de la cour royale d'Agen, du 13 mars 1817.

43. Lorsqu'un enfant naturel a été reconnu, non par un acte authentique, tel que l'exige l'art. 334 du Code civil, mais seulement par un acte sous seing privé, a-t-il le droit de réclamer des alimens contre l'auteur de la reconnaissance?

M. Proudhon s'est fortement prononcé pour l'affirmative, dans son *Cours du droit français*, tome 2, page, 112, et j'aurais voulu pouvoir me ranger à son opinion, parce qu'elle paraît fondée en raison, parce qu'elle est appuyée sur de très-puissans motifs d'humanité, parce qu'il y a de très-fortes présomptions que l'individu, qui a reconnu un enfant naturel, même par un simple acte sous seing privé, en est vraiment le père.

Mais cette opinion m'a paru trop ouvertement contraire, soit aux dispositions de la loi, soit aux principes d'ordre public qui ont dirigé le législateur, pour qu'il m'ait été possible de l'adopter.

Et d'abord, elle est établie toute entière sur une base absolument fausse, puisqu'elle suppose toujours que la paternité est constante, lorsqu'il n'y a qu'une simple reconnaissance sous seing privé, et que cette supposition se trouve formellement démentie par la disposition de l'article. 334 du Code, qui est le fondement de la nouvelle législation sur les enfans naturels.

La question à décider, n'est pas, comme on le prétend, celle de savoir si un père est obligé de nourrir son enfant. Qui oserait élever cette question impie ?

La véritable, la seule question est de savoir à quel titre, à quel caractère, on doit reconnaître le père qui doit des alimens.

Pour les enfans légitimes, le père, c'est celui que le mariage indique : *Is est pater quem justœ nuptiœ de monstrant*. Pour les enfans naturels, le père, c'est celui qui s'est reconnu lui-même par l'acte de naissance de son enfant, ou par un acte authentique.

Ainsi, sans mariage légitime, sans reconnaissance faite par un acte de naissance ou par un acte authentique, il n'y a pas de père certain *aux yeux de la loi*.

La loi ne se borne pas à exiger une reconnaissance quelconque, pour constater la paternité naturelle : elle exige, en termes très-impératifs ; une reconnaissance par acte authentique. « La reconnaissance d'un enfant naturel, dit l'art. 334, sera faite par un acte authentique, l'orsqu'elle ne l'aura pas été dans son acte de naissance. »

Donc, la reconnaissance qui a été faite par un simple acte sous seing privé, est insuffisante, aux termes de la loi; donc, elle ne constate pas *légalement* que celui qui l'a souscrite, soit le père de l'enfant naturel reconnu; donc elle ne peut produire aucun effet *légal*, aucun effet *civil*.

Et ce n'est pas sans de très-grandes raisons, que le législateur l'a ainsi voulu, qu'il l'a ainsi prescrit d'une manière impérative. Éclairé par une longue expérience, et craignant qu'à l'aide d'un écrit furtif on ne parvînt à faire reconnaître un enfant naturel, par un homme faible, ou trompé, qui réellement ne serait pas le père, il a voulu que les reconnaissances, pour être valables, fussent pleinement libres et bien réfléchies, et qu'en conséquence elles fussent faites dans des actes authentiques, qu'elles fussent faites devant des officiers publics, dont la présence et le témoignage pourraient écarter tous soupçons d'erreur, de séduction et de contrainte.

Mais évidemment la sage prévoyance du législateur se trouverait inutile, et sa volonté formelle serait violée, si une simple reconnaissance sous seing privé pouvait suffire pour constater la paternité, si elle pouvait suffire pour faire condamner à des alimens, en qualité de père, l'individu qui ne se serait pas reconnu père, dans les termes prescrits par la loi.

On prétend que la reconnaissance par acte authentique, n'est nécessaire, dans l'intention de la loi, que lorsqu'un enfant naturel se présente à la succession de son père, pour exercer les droits qui lui sont réservés par l'art. 338 et attribués par l'art. 756.

Mais ce n'est pas au titre *des Successions*, qu'est prescrite la formalité de l'acte authentique c'est au titre *de la Paternité et de la Filiation*. L'art. 334 ne dit pas seulement que la reconnaissance d'un enfant naturel qui voudra se présenter à la succession de son père, sera faite par acte authentique; il impose cette obligation de l'acte authentique, d'une manière illimitée, sans aucune exception, et conséquemment pour tous les cas. Il ne dit pas que la reconnaissance sera faite par acte authentique, pour produire tels ou tels effets; mais voulant régler d'abord la manière dont la reconnaissance devra être faite, il exige qu'elle soit faite par acte authentique, sans établir aucune distinction pour aucun cas, pour aucun effet quelconque. Donc, si elle n'a pas été faite dans cette forme, elle ne peut être valable; et ne peut conséquemment produire aucun effet.

La loi n'a pas admis deux espèces de reconnaissance d'enfans naturels; l'une qui ne donnerait que le droit de porter le nom du père et de demander des alimens; l'autre qui donnerait, en outre, des droits sur la succession. L'art. 334

n'admet qu'une seule reconnaissance, célle qui est faite par un acte anthentique, et conséquemment cette reconnaissance est la seule qui puisse produire des effets.

D'ailleurs, pour scinder les effets d'une reconnaissance de paternité, il faudrait également scinder la paternité elle-même : il faudrait dire que la paternité existe pour produire tels effets, et qu'elle n'existe pas pour d'autres; « mais il impliquerait, dit un arrêt de la cour royale de Pau, du 18 juillet 1810, que celui, qui voudrait se dire le fils né hors le mariage d'un homme, et qui ne rapporterait pas une preuve authentique de sa filiation, fût son fils pour obtenir des alimens, et ne le fût pas pour la part que la loi lui assigne sur sa succession; car la qualité de père est indivisible : si on c'est pour une chose, on doit l'être pour le tout. »

Un arrêt de la section civile de la cour de cassation, du 3 ventôse an 11, dit également « que la distinction entre la recherche de la paternité, relativement aux alimens, et celle qui a pour objet la successibilité, ne peut être admise, sans restreindre aux droits successifs les règles établies par la loi, lesquelles sont applicables à tous les droits des enfans naturels et par conséquent aux alimens ; que cette distinction n'est donc pas admissible ; qu'en effet la paternité est indivisible, un homme ne pouvant être père pour un cas et ne pas l'être pour un autre, et la paternité étant le seul titre de l'enfant naturel pour réclamer des alimens, ainsi que la successibilité. »

Mais, dit-on encore cet argument qu'on ne peut scinder la paternité, est un pur sophisme. Sans doute, il n'est pas possible que la même personne soit et ne soit pas tout à la fois père du même enfant. Aussi, dans l'espèce, ce n'est pas la paternité qui est scindée ; ce sont ces effets, dont les uns étant du droit naturel, et les autres du droit civil, peuvent être l'objet de différentes dispositions.

Je réponds que, si la paternité était constante et réelle, lorsqu'elle n'a été reconnue que par un simple acte sous seing privé, de même que lorsqu'elle a été reconnue par un acte authentique, elle devrait produire tous les mêmes effets dans l'un et l'autre cas, et cependant on convient que, dans le premier cas elle ne produit pas tous les effets qu'elle produit dans le second. En scindant les effets dans le premier cas, ou scinde donc la paternité elle-même ; on ne l'admet qu'en partie ; puisqu'on n'admet qu'une partie de ses effets ; ou la scinde en ce sens qu'on veut qu'elle existe pour une chose, pour un cas, c'est-à-dire pour les alimens, et qu'on est forcé de convenir qu'elle n'existe pas pour une autre chose, pour un autre cas, c'est-à-dire, pour la successibilité.

En un mot, on veut faire admettre deux es-

pièces de paternité, l'une qui serait établie par
une simple reconnaissance sous seing privé, et
qui suffirait pour conférer à l'enfant naturel un
droit à des alimens, l'autre qui serait établie par
une reconnaissance authentique, et qui seule donnerait droit à la successibilité ; mais cette distinction se trouve-t-elle dans la loi ? Il n'y a pas un
seul mot qui l'annonce.

Vainemeut on cherche à distinguer encore entre
les effets de la paternité, qui sont du droit naturel, et ceux qui sont du droit civil. Mais pour que
l'enfant naturel puisse exercer, soit les uns, soit
les autres, toujours faut-il qu'il soit prouvé d'a-
bord que la personne contre laquelle il veut les
exercer, est réellement son père. Or, la loi ne
reconnaît de père à l'enfant naturel, que celui
qui, par un acte authentique, s'est reconnu lui-
même comme père ; ce n'est donc que contre la
personne qui l'a ainsi reconnu par acte authentique, qu'il peut réclamer les effets de la paternité,
et même ceux qui ne sont que de pur droit naturel.

On insiste, et l'on prétend qu'il serait contradictoire de dire, d'un côté, que, de droit
naturel et indépendamment de toute loi civile,
le père est tenu de nourrir son enfant; et d'un,
autre côté, de subordonner cette obligation à la
formalité d'un acte authentique, qui n'est pas
exigée pour les obligations, même civiles.

Cette objection n'est vainement qu'une pure subtilité.

La loi n'a pas méconnu le principe, que le père est tenu de nourrir son enfant naturel; mais pour faire l'application de ce principe, il fallait d'abord connaître le père à qui l'enfant naturel pourrait demander des alimens, et comme le père d'un enfant naturel est incertain, il était nécessaire de déterminer comment pourrait être constatée la paternité. Sans doute, c'était à la loi qu'il appartenait de le déterminer, puisque la nature seule n'en donne pas les moyens; la loi s'en est donc occupée avec une sérieuse attention, et, après avoir considéré que toute espèce de recherche de la paternité par des preuves testimoniales, ne pourrait jamais donner de certitude, et ne servirait, comme dans l'ancien régime, qu'à produire les débats les plus scandaleux, les abus les plus graves, elle n'a adopté qu'un seul moyen qui pût constater la paternité naturelle; c'est la reconnaissance formelle du père, et encore, pour s'assurer que cette reconnaissance serait pleinement libre, elle a très-sagement voulu que la reconnaissance fût consignée dans un acte reçu par des officiers publics.

Ce que la loi a fait à cet égard, elle a eu le pouvoir de le faire; elle a dû le faire, pour la tranquillité publique, pour le maintien des bonnes mœurs, et cependant on ose lui reprocher de l'avoir fait? On ose soutenir qu'elle n'a pas pu , qu'elle n'a pas dû faire dépendre d'une formalité si nécessaire pour constater *sûrement* la paternité, l'obligation naturelle du père de nourrir son enfant ! On va même jusqu'à prétendre qu'il est contradictoire qu'après avoir reconnu cette obligatióm de droit naturel , elle l'ait subordonnée à l'exécution d'une formalité qu'il lui a plu d'établir , comme s'il n'y avait pas dans nos lois , comme s'il n'y avait pas toujours eu dans les diverses législations , une foule de cas où les obligations purement naturelles sont soumises à des formalités jugées nécessaires , soit pour en régler l'exercice , soit pour en modifier l'application , conformément aux besoins ou aux intérêts de la société !

N'est-il pas d'ailleurs de principe certain , que les obligations purement naturelles ont besoin de la sanction de la loi civile, pour produire des actions civiles, et si la loi peut refuser de sanctionner ces obligations , si elle peut les abandonner aux consciences, sans leur donner aucun moyen d'exécution, ne peut-elle pas , à bien plus forte raison, en soumettre l'exercice à des formalités qu'elle juge convenable d'établir , et restreindre à certains cas l'action qu'elle veut bien leur accorder ?

On fait encore une autre objection que l'on puise dans l'art. 762 du Code ; par cet article, dit-on , le Code civil accorde des alimens à l'enfant adultérin, ou incestueux, qui cependant ne peut être reconnu, ni par son acte de naissance, ni par un autre acte authentique. Comment donc supposer que le Code ait entendu refuser des alimens à l'enfant né de personnes libres, dont le père s'est reconnu lui-même par un acte sous seing privé, qui n'est pas contesté? Ce serait une injustice extrême, ce serait une absurdité révoltante, que l'enfant adultérin, ou incestueux, qui n'a été ni pu être reconnu, fût traité avec plus de faveur que l'enfant né de personnes libres, que son père a volontairement reconnu.

Au premier aperçu, cette objection paraît grave; mais, en l'examinant de près, on est bientôt convaincu qu'elle n'est encore qu'une subtilité.

Dans quels cas, l'enfant adultérin, ou incestueux, qui ne peut être reconnu, obtient-il cependant des alimens contre son père? C'est lorsque sa filiation et son état sont constatés par les procédures que la loi autorise, *indépendamment de toute reconnaissance faite par le père*, et il y a, en effet, plusieurs cas où le père d'un enfant adultérin, ou incestueux, est reconnu et constant aux yeux de la loi, sans qu'il se soit déclaré lui-même; je les citerai dans les observations sur l'art. 762.

Ainsi, l'enfant adultérin, ou incestueux, n'obtient d'alimens, que parce que la paternité est prouvée et constante, aux yeux de la loi, et, sous ce rapport, il en est de même à l'égard de l'enfant né de personnes libres; mais pour qu'à l'égard de celui-ci, la paternité soit prouvée et constante aux yeux de la loi, il faut qu'il ait été reconnu, ou dans son acte de naissance, ou dans un autre acte authentique; une simple reconnaissance privée ne suffit pas, et voilà pourquoi cette reconnaissance ne lui procure aucun des effets de la paternité, qui ne se trouve pas *légalement* constatée et certaine.

Ainsi, loin que l'enfant, né de personnes libres, se trouve plus maltraité que l'enfant adultérin, ou incestueux, il est au contraire bien plus favorisé, puisque ses père et mère peuvent librement le reconnaître, au lieu que toute reconnaissance est interdite aux père et mère de l'enfant adultérin, que ce n'est que, dans des cas très rares, que la preuve de la paternité et de la maternité, adultérines ou incestueuses, peut résulter de procédures autorisées par la loi, et qu'en conséquence ce n'est que très-rarement que les enfans, adultérins, ou incestueux, peuvent obtenir des alimens.

Mais aussi, à l'égard des uns, comme à l'égard des autres, il est également raisonnable et juste que le père soit constant aux yeux de la loi, pour qu'il puisse y avoir lieu contre lui à une action civile et à une condamnation judiciaire en prestation d'alimens.

Une dernière objection qui a été présentée, est de nature à faire encore moins d'impression que les autres.

De ce qu'un enfant naturel ne devrait pas être admis à contracter mariage, ou avec l'ascendant, ou avec le frère ou la sœur de la personne qui, par un acte privé, l'a reconnu pour son enfant, il ne s'ensuit pas qu'il ait le droit, suivant la loi, de réclamer contre cette personne des alimens.

Si la reconnaissance, même par un simple acte privé, produit l'effet d'empêcher le mariage entre l'enfant qui a été reconnu et les ascendans, ou descendans, ou frères ou sœurs de la personne qui a reconnu, c'est qu'il suffit qu'il y ait certitude morale, ou même seulement une forte présomption, de la parenté naturelle, à l'un des degrés qui font prohibition en fait de mariage, pour que l'alliance ne doive pas être permise; elle est repoussée par l'honnêteté publique; elle est repoussée par une juste crainte de violer les lois de la nature, et voilà pourquoi elle a été expressément prohibée par l'article 161 du Code civil.

Mais pour qu'un enfant naturel soit autorisé par la loi à réclamer en justice des alimens contre l'individu qu'il prétend être son père, il ne suffit pas qu'il y ait forte présomption, il ne suffit pas même qu'il y ait certitude morale que cet individu est réellement le père : il faut une certitude *légale et civile* : or, cette espèce de certitude ne peut résulter que d'une reconnaissance par acte authentique, puisque la loi n'admet pas la reconnaissance par acte privé.

Enfin, ce qui doit donner plus de force encore à l'opinion que je viens de défendre, c'est qu'elle a été déjà consacrée par une foule d'arrêts; il y en a cinq notamment de la cour de cassation, qui sont des 14 thermidor an 8, 3 ventôse an 11, 5 nivôse an 12; 26 mars 1806, et 14 octobre 1812. Plusieurs cours royales ont également adopté cette opinion, et la cour royale de Dijon vient encore de la confirmer, par un arrêt du 24 mai 1817.

44. Au surplus, tout ce qui vient d'être dit à l'égard de la reconnaissance de paternité, s'applique également à la reconnaissance de maternité, puisque la disposition de l'art. 334 du Code civil, est commune aux deux espèces de reconnaissances; ainsi une femme qui, par un simple acte sous seing privé, aurait reconnu un enfant naturel, ne serait pas tenue de lui fournir des alimens; mais la reconnaissance sous seing privé servirait de commencement de preuve par écrit pour faire admettre, conformément à l'art. 341, la recherche et la preuve de la maternité.

45. L'enfant naturel a-t-il le droit de réclamer des alimens contre les ascendans du père, ou de la mère, qui l'a reconnu par acte authentique?

Cette question se trouve déjà décidée par le principe que j'ai précédemment developpé, que la reconnaissance d'un enfant naturel n'établit de rapports et d'effets civils en faveur de cet enfant, ou de ses descendans, qu'à l'égard du père, ou de la mère, qui a reconnu; qu'elle ne fait entrer ni l'enfant, ni ses descendans, dans la famille de l'auteur de la reconnaissance, et que l'enfant, ainsi que ses descendans, n'en restent pas moins étrangers à tous les parens, soit de leur père, soit de leur mère.

Au surplus, la question ayant été jugée solennellement, le 7 juillet 1817, par la section civile de la cour de cassation, sur le pourvoi contre un arrêt de la cour royale de Metz, du 19 mars 1816 qui avait accordé des alimens à des enfans naturels contre leur aïeul, je me bornerai à rapporter les motifs de l'arrêt de cassation: sans qu'il soit besoin d'entrer dans la discussion des moyens qu'on présentait en faveur des enfans naturels.

« Considérant que, par l'art. 338 du Code civil, les droits des enfans naturels ont été renvoyés au titre *des Successions*, pour y être réglés;

« Qu'ils ont été en effet réglés par l'art. 756, qui est le premier du titre *des Successions irré-gulières;*

« Que d'après cet article, il n'est accordé aucun droit aux enfans naturels sur les biens des parens de leur père et mère.

« Qu'il est même défendu aux enfans naturels,

par l'art. 908 du Code civil, de rien recevoir au-
delà de ce qui leur est accordé par ce titre;

« Considérant que la disposition de l'art. 756;
est générale et ne fait aucune exception ;

« Qu'elle exclut par conséquent, par sa généralité, non-seulement tout droit sur les successions des parens des père ou mère des enfans
naturels, mais encore tout droit à des alimens;

« Considérant, en outre, que cette exclusion
que la raison commande, comme la morale, est
encore conforme aux principes consacrés par le
Code civil, puisque, d'après la lettre et l'esprit
de ce Code, les enfans naturels ne sont pas dans
la famille de leur père et mère;

« Que ces enfans ne sont ni héritiers des parens
de cette famille, ni même liés entr'eux par aucun
droit; par aucun devoir, par aucune obligation ;

« Qu'on ne peut, par conséquent admettre que
les parens des père et mère soient obligés, de
leur côté, à fournir des alimens à ces enfans;

« Considérant que la reconnaissance de l'enfant naturel, faite par le père, est personnelle au
père et ne peut produire d'obligation que contre
lui, d'après le principe immuable qui veut qu'on
ne soit pas lié par le fait d'autrui ;

« Qu'on ne peut pas dès-lors étendre les effets
de cette reconnaissance aux parens du père, qui
y sont étrangers, pour en faire dériver contre
eux une obligation que la loi ne reconnaît pas;

« Considérant enfin que le législateur, en prohibant, par l'art. 161 du Code, le mariage entre les ascendans et les descendans naturels, a été uniquement déterminé par des motifs de morale et d'honnêteté publique ;

« Que ces motifs n'ont rien de commun avec la prétendue obligation qu'on veut en faire résulter contre les parens quelconques des père et mère de l'enfant naturel ;

« Et qu'en décidant le contraire, la cour, dont l'arrêt est attaqué, a violé les art. 338 et 756 du Code civil, fait une fausse application de l'art. 161, et commis un excès de pouvoir, en appliquant au demandeur en cassation les effets d'une reconnaissance qui lui était totalement étrangère ;

« La cour casse et annulle. »

## ARTICLE 757.

Le droit de l'enfant naturel sur les biens de ses père ou mère décédés, est réglé ainsi qu'il suit :

Si le père, ou la mère, a laissé des descendans légitimes, ce droit est d'un tiers de la portion héréditaire que l'enfant naturel aurait eue, s'il eût été légitime ; il est de la moitié, lorsque les père ou mère ne laissent pas de descendans, mais bien des ascendans, ou des frères ou des sœurs; il est des trois quarts, lorsque les père ou mère ne laissent ni descendans, ni ascendans, ni frères, ni sœurs.

1. L'objet principal de cette disposition, est que l'enfant naturel ne puisse jamais réclamer, au préjudice de la famille légitime, la totalité de la succession du père, ou de la mère, qui l'a reconnu, et qu'une portion de l'hérédité demeure toujours réservée aux parens légitimes, dans quelque ligne et à quelque degré qu'ils se trouvent, pourvu qu'ils soient à l'un des degrés successibles.

On a vu, d'ailleurs, que les enfans naturels ne sont pas même appelés, à titre d'héritiers, aux successions de leurs père et mère; que les parens légitimes, dans quelque ligne qu'ils se trouvent, sont toujours les seuls héritiers appelés par la loi, et que c'est à eux que les enfans naturels doivent demander la délivrance de leurs droits.

On a vu que, pour assurer l'exécution de ces dispositions, il a été dit, dans l'art. 908, que les enfans naturels ne pourront, par donation entre-vifs, ou par testament, rien recevoir au-delà de ce qui leur est accordé, au titre *des Successions*.

Tels sont les fondemens de la législation nouvelle sur les enfans naturels, et l'on remarque avec plaisir qu'ils sont établis de manière qu'il n'a été porté aucune atteinte aux honneurs; aux titres et à la faveur qui sont dus aux familles légitimes, et que, par un juste tempérament; le législateur a su concilier avec les droits de ces familles, avec les intérêts de la morale publique, ce qu'exigeaient aussi les droits du sang et la justice naturelle en faveur des enfans nés hors de mariage.

2. La réserve faite en faveur de la famille légitime, sur les successions des père et mère de l'enfant naturel, ne devait pas être la même pour tous les parens indistinctement : il était juste d'en graduer la quotité, suivant la qualité des parens appelés à succéder. A cet effet, l'art. 757 divise les parens en trois classes.

La première comprend tous les descendans légitimes du défunt;

La seconde comprend les ascendans et les frères et sœurs légitimes ;

La troisième comprend tous les autres parens légitimes et successibles ;

Et l'on va voir que la réserve est diversement fixée pour les parens de ces trois classes, parce qu'en effet les uns méritent plus de faveur que les autres.

3. Lorsque le défunt a laissé un ou plusieurs enfans légitimes et un enfant naturel qu'il avait

legalement reconnu, l'enfant naturel ne doit avoir, aux termes de l'art. 757, que le tiers de la portion qu'il aurait eue, s'il avait été légitime.

Ainsi, lorsqu'il n'y a qu'un seul enfant légitime et un seul enfant naturel reconnu, celui-ci n'a droit qu'à la *sixième* portion des biens du défunt, parce qu'il se trouve réduit au tiers de la portion qu'il aurait eue, s'il avait été légitime, et que, s'il avait été légitime, il aurait eu trois portions de six, en partageant la succession par moitié avec son frère.

S'il est en concours avec deux enfans légitimes, il n'a droit qu'à la neuvième portion des biens, il ne peut réclamer que la douzième portion, lorsqu'il y a trois enfans légitimes.

Lorsqu'il y a deux enfans naturels et un enfant légitime, chaque enfant naturel n'a droit qu'à la neuvième portion; entre deux enfans légitimes et deux enfans naturels, chacun des enfans naturels ne peut réclamer que la douzième portion, et ainsi de suite, de manière que quelque soit le nombre et des enfans légitimes et des enfans naturels, chaque enfant naturel ne prend toujours que le tiers de ce qu'il aurait eu, s'il avait été enfant légitime du défunt.

On peut aisément reconnaître quelle est la portion qui appartient à chaque enfant naturel, en multipliant par *trois* le nombre des enfans naturels et celui des enfans légitimes. La portion de chaque enfant naturel est égale au produit de la multiplication.

·Par exemple, s'il y a trois enfans légitimes et trois enfans naturels, en multipliant les deux nombres par *trois*, on obtient *dix-huit*, et, en effet, chacun des enfans naturels n'a droit qu'à une dix·huitième portion des biens, qui forme le tiers de la sixième portion qu'il aurait eue, s'il avait été légitime.

4. Il faut bien remarquer que ce n'est pas le tiers de la portion qui est attribuée à chacun des enfans légitimes, que l'enfant naturel peut réclamer, mais le tiers de la portion qu'il aurait eue, s'il avait été légitime, ce qui est très-différent.

En concours avec trois enfans légitimes, ne prenant que le tiers de ce qu'il aurait eu, s'il avait été légitime, il n'aura que 3,000 fr. sur une succession valant 36,000 fr., et chacun des enfans légitimes aura 11,000 fr.; mais s'il avait le droit de prendre le tiers de la portion qui revient à chacun des enfans légitimes, il aurait plus de 3,000 fr., puisqu'il devrait avoir le tiers de 11,000 fr., qui s'éleverait à 3,666 fr. 66 cent.

5. Ce n'est pas seulement dans le cas où le défunt a laissé des enfans légitimes, mais encore dans le cas où il a laissé des descendans à des degrés plus éloignés, que l'enfant naturel est réduit au tiers de la portion qu'il aurait eue, s'il

avait été légitime. L'art. 757 ordonne la réduction pour tous les cas où, soit le père, soit la mère de l'enfant naturel a laissé des descendans légitimes.

Il ne distingue même pas si les descendans légitimes du défunt, jouissent, ou non, du bénéfice de la représentation, pour monter au degré d'enfans; c'est à la seule qualité de descendans légitimes, qu'il accorde le droit de réduire la portion de l'enfant-naturel.

Entre descendans légitimes, qui ont tous la même origine, la représentation est, à la vérité, nécessaire pour que les plus éloignés ne se trouvent pas exclus par les plus proches; elle est spécialement exigée par les art. 740 et 745; mais, entre les descendans légitimes et l'enfant naturel, l'art. 757 n'exige pas et ne devait certainement pas exiger la représentation, pour que les descendans légitimes, quels que soient leurs degrés, succèdent en concours avec l'enfant naturel.

D'ailleurs, l'enfant naturel reconnu n'est pas héritier; la succession ne lui est pas déférée; il ne peut donc exclure aucun héritier.

On voit même dans l'art. 758, qu'il n'a droit a recueillir la totalité des biens, et encore comme simple successeur, que lorsqu'il n'existe aucun parent légitime, aux degrés successibles. Comment donc pourrait-il exclure les descendans légitimes, sous le prétexte qu'à défaut de représentation ils ne se trouvent pas, comme lui, au degré d'enfant, lorsqu'aux termes des art. 745 746, ces descendans, quoiqu'ils se trouvent privés du bénéfice de la représentation, excluent tous les autres parens ?

Mais, puisque les descendans légitimes succèdent, sans avoir besoin de représentation, malgré l'existence d'un enfant naturel reconnu, puisqu'ils jouissent à son égard; dans la succession, des mêmes droits qu'auraient les enfans du défunt, ils ont donc également le droit de le réduire au tiers de la portion qu'il aurait eue, s'il avoit eté légitime.

Aussi, l'art. 757 les a-t-il compris, sans distinction, dans la première classe de parens qui réduisent l'enfant naturel au tiers.

Toutefois, ce qui vient d'être dit, ne peut s'appliquer, qu'au cas où *tous* les descendans légitimes du défunt sont également privés du bénéfice de la représentation ; car s'il y en avait parmi eux, qui fussent habiles à représenter, ils excluraient les autres descendans; ce ne serait qu'avec eux que l'enfant naturel aurait à partager la succession, et nous verrons bientôt comment, dans ce dernier cas, devrait être réglée la portion de l'enfant naturel.

Pour le cas où *tous* les descendans légitimes sont privés du bénéfice de la représentation, il faut ajouter qu'à l'égard de l'enfant naturel la succession ne se divise point par tête d'héritiers. Il est juste que tous les descendans légitimes issus du même enfant du défunt, ne comptent que pour une seule tête dans le nombre des héritiers qu'il faut calculer, pour régler la portion que doit avoir l'enfant naturel. Cet enfant éprouverait un préjudice notable, qui n'est pas dans l'intention de la loi, si chacun des descendans pouvait réclamer séparément une part d'enfant légitime, pour n'en donner à l'enfant naturel qu'une part égale, sur laquelle on opérerait encore la réduction des deux tiers; dans ce cas, l'enfant naturel n'aurait plus effectivement le tiers de ce qu'il aurait eu, s'il avait été enfant légitime.

Il faut en donner un exemple.

## TABLEAU.

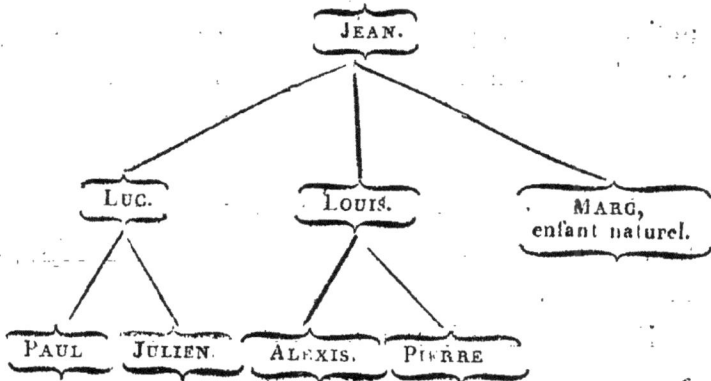

On suppose que *Luc* et *Louis* ont renoncé à la succession de *Jean*, leur père légitime, ou ont été déclarés indignes de lui succéder.

*Paul*, *Julien*, *Alexis* et *Pierre*, leurs enfans, n'en auront pas moins le droit de faire réduire la part de *Marc*, dans la succession de *Jean*, quoiqu'ils ne jouissent pas du bénéfice de la représentation, quoiqu'ils ne puissent venir à la succession que de leur chef, quoique de leur chef ils ne soient descendans qu'au second degré, et que *Marc* soit descendant au premier degré. Il suffit qu'ils soient descendans légitimes, pour que, d'après la disposition générale de l'article 757, ils aient le droit de faire réduire la part de l'enfant naturel.

Mais quelle sera la portion qui devra être attribuée à *Marc?*

Si *Paul*, *Julien*, *Alexis* et *Pierre*, parce qu'ils sont héritiers de leur chef, devaient avoir, à l'égard de l'enfant naturel, les mêmes parts qu'auraient quatre enfans légitimes, il en résulterait que *Marc* n'aurait qu'une *quinzième* portion de la succession de *Jean*; mais quoiqu'ils ne représentent pas leurs pères, ils ne peuvent cependant avoir conjointement plus que leurs pères n'auraient eu, s'ils avaient succédé: autrement ils auraient du bénéfice à être privés de la représentation; ils ne doivent donc être comptés, comme l'auraient été leurs pères, que pour deux

enfans légitimes, et conséquemment *Marc* aura
le droit de réclamer une neuvième portion de la
succession de *Jean.*

6. Lorsque l'un des enfans légitimes renonce
à la succession, la portion qu'il aurait eue, s'il
n'avait pas renoncé, *n'accroît-elle* pas aux autres
enfans légitimes seulement, et en conséquence
ne doit-on pas le compter, nonobstant sa renonciation, dans le nombre des enfans légitimes,
pour régler, d'après ce nombre total, la réduction que doit éprouver l'enfant naturel, en sorte
que, s'il y a deux enfans légitimes qui aient accepté, et un qui ait renoncé, l'enfant naturel ne
doive avoir qu'une douzième portion de la succession, de même que si tous les enfans légitimes
avaient accepté?

L'enfant naturel n'est-il pas, au contraire,
bien fondé à soutenir que le nombre des enfans
légitimes se trouve effectivement réduit, en ce
qui concerne le réglement de la succession, au
nombre des enfans qui se portent héritiers; que
c'est d'après le nombre des enfans qui veulent
prendre part à la succession, que son droit à
cette succession doit être déterminé, et qu'en
conséquence son droit s'exerce sur la portion
qu'aurait eue l'enfant légitime qui a renoncé, puisque cet enfant n'étant pas héritier, la part qu'il
aurait pu réclamer, se trouve confondue dans la

masse de la succession, de même que s'il n'avait pas existé ?

D'une part, l'enfant naturel invoque l'art. 785 du Code civil, qui di texpressément que l'héritier qui renonce, est censé n'avoir jamais été héritier.

D'autre part, on lui oppose l'art. 786, qui porte que la part du renonçant accroît à ses cohéritiers; et comme l'enfant naturel n'est pas le cohéritier de l'enfant légitime qui a renoncé, on soutient que la part de cet enfant légitime ne peut accroître qu'à ses frères ou sœurs légitimes, qui seuls sont ses cohéritiers.

Il me semble que la disposition de l'art. 786 se trouve pleinement écartée, dans l'espèce, par la disposition générale de l'art. 757, et que cette dernière disposition est tellement précise qu'elle ne peut permettre aucun doute sur la question qui est proposée.

Suivant l'art. 757, l'enfant naturel légalement reconnu doit toujours avoir le tiers de la portion héréditaire qu'il aurait eue, s'il avait été légitime; l'article ne contient d'exception pour aucun cas.

Or, si l'enfant naturel était légitime, quelle serait sa portion, lorsqu'il se trouverait en concours avec trois enfans légitimes, dont l'un aurait renoncé à la succession ?

Il aurait le tiers des biens.

Il doit donc avoir, comme enfant naturel, le

tiers de ce tiers qu'il aurait eu comme enfant légitime, c'est-à-dire, un neuvième de la totalité de la succession.

Si la part de l'enfant légitime renonçant accroissait aux autres enfans légitimes, l'enfant naturel n'aurait qu'un douzième, et conséquemment, malgré la disposition formelle de l'art. 757, il n'aurait pas le tiers de la portion qu'il eût recueillie, *s'il avait été légitime*.

La solution doit être la même, dans le cas où l'un des enfans légitimes, a été déclaré indigne de succéder. L'indigne, comme le renonçant, est censé n'avoir jamais été héritier.

7. Lorsque le défunt n'a pas laissé de descendans légitimes, mais seulement des ascendans, ou des frères, ou des sœurs, l'enfant naturel reconnu prend la moitié des biens; c'est-à-dire, qu'il prend la moitié de ce qu'il aurait eu, s'il avait été légitime : car, s'il avait été légitime, il aurait exclu tous les ascendans, ainsi que les frères et sœurs, et aurait seul recueilli la totalité de la succession.

La moitié, qui dans ce cas est déférée à l'enfant naturel, n'est pas sujette aux mêmes variations, que le tiers qui lui est accordé en concours avec des descendans légitimes; elle n'augmente; ni ne diminue, en proportion du nombre des ascendans, ou des frères ou sœurs, qui sont héritiers. Quand il n'y aurait qu'un seul de ces parens, l'enfant naturel n'aurait toujours que la moitié des biens, comme il l'aurait également dans le cas où il existerait plusieurs frères ou sœurs, ou plusieurs ascendans.

On ne considère pas même s'il y a des parens dans les deux lignes paternelle et maternelle, où s'il n'y en a que dans une seule.

Pour tous les cas, c'est une quotité fixe qui est accordée à l'enfant naturel, et qui est toujours la même, c'est-à-dire, toujours la moitié de la succession.

Peu importe donc que, parmi les frères, sœurs, ou ascendans, qui sont appelés à succéder, il y en ait qui renoncent, ou qui soient déclarés indignes de succéder. L'enfant naturel ne profite aucunement des parts des renonçant ou des indignes, puisqu'il ne peut toujours avoir que la moitié des biens.

L'autre moitié de la succession, qui est réservée aux frères, sœurs, ou ascendans, se distribue entr'eux, suivant les règles générales établies pour les successions légitimes. Aux termes des art. 746 et 750, les frères et sœurs prennent cette moitié, à l'exclusion des ascendans qui sont au-dessus du degré de père et de mère ; ils la partagent avec les père et mère du défunt, conformément aux articles 748, 749 et 751.

8. Lorsque le défunt a laissé, d'une part, des frères ou sœurs légitimes, ou des ascendans, et

d'autre part, deux enfans naturels légalement reconnus, quelle doit être la part de chacun de ces
enfans?

Si, comme on a voulu le prétendre, chacun
de ces enfans naturels devait avoir la moitié des
biens, il ne resterait rien pour les frères et sœurs,
ni pour les ascendans, et cependant on voit dans
les art. 757 et 758, que toujours une portion des
biens est réservée aux parens légitimes qui se
trouvent aux degrés successibles.

D'ailleurs, la question se trouve formellement
résolue par les termes de l'art. 757, qui n'accordent à l'enfant naturel, en concurrence avec des
frères, sœurs, ou ascendans, que la moitié de
la portion héréditaire qu'il aurait eue, s'il avait été
légitime; or, si les deux enfans naturels avaient
été légitimes, chacun d'eux n'aurait eu que la
moitié de la succession; donc chacun d'eux ne
doit en avoir que le quart, lorsqu'il se trouve des
frères, ou des sœurs, ou des ascendans.

9. Lorsque le défunt n'a laissé ni descendans
légitimes, ni frères, ni sœurs, mais seulement
des descendans de ses frères ou sœurs prédécédés,
l'enfant naturel reconnu n'a-t-il droit qu'à la moitié
de la succession, ou bien peut-il en réclamer les
trois quarts?

D'une part, on soutient que les descendans des
frères ou sœurs prédécédés, entrent, par le bénéfice de la représentation, dans la place, dans le

dégré et dans tous les droits des frères ou sœurs, et qu'ainsi, comme les frères et sœurs qu'ils représentent, ils ont le droit, aux termes de l'art. 757, de réduire l'enfant naturel à la moitié de la succession.

D'autre part, on soutient que la représentation dont il s'agit, ne doit pas être appliquée aux successions irrégulières; qu'en effet l'art. 757 ne réduit l'enfant naturel à la moitié de la succession, que dans le cas seulement où il y a des ascendans, ou des frères ou sœurs; mais qu'il lui accorde expressément les trois quarts des biens, pour le cas où il n'y a ni descendans, ni ascendans, ni frères, ni sœurs; d'où il suit nécessairement que, dans le cas où il n'y a que des descendans de frères ou de sœurs, l'enfant naturel a droit aux trois quarts des biens.

Il est vrai que l'art. 757 n'a pas *nominativement* compris les descendans de frères ou sœurs prédécédés, dans la classe des parens auxquels il accorde le privilége de réduire l'enfant naturel à la moitié de la succession; mais ce défaut de dénomination expresse deviendra indifférent, si, dans l'espèce, les descendans des frères ou sœurs prédécédés, doivent jouir du bénéfice de la représentation; aussi c'est sur ce dernier point, que la discussion s'est principalement établie.

La question qu'elle présente, est très-controversée parmi les jurisconsultes, et même entre les tribunaux.

Le systême de la non représentation est admis par M. Grenier, dans son *Traité des Donations et des Testamens*, tom. 2, pag. 411, et par M. Favart, dans son *Manuel des Successions*, pag. 134. Il a été adopté par six arrêts des cours royales de Bruxelles, de Bordeaux, de Douay, de Riom, de Paris, de Montpellier, et encore, par un arrêt de la section des requêtes de la cour de cassation, du 6 avril 1813.

Le système de la représentation est fortement soutenu par M. Merlin, dans son *Nouveau répertoire*, au mot *droit de représentation*, et par M. de Malleville, dans son *Analyse du Code civil*, sur l'art. 757; il a été adopté par M. Toullier, dans *le Droit civil français*, tom. 4, pag. 248, et par un arrêt de la cour royale de Pau, du 10 avril 1810.

De ces deux systêmes, le dernier est celui que j'avais professé dans mon premier ouvrage; et comme il ne m'avait paru susceptible d'aucune difficulté sérieuse, je n'avais dit qu'un seul mot pour l'établir.

La forte opposition qu'il a éprouvée et les autorités graves qui se sont réunies pour le combattre, m'ont averti que je n'avais pas assez approfondie la matière et m'ont fait croire d'abord que je m'étais trompé. J'ai donc étudié de nouveau la question, non pas pour chercher les moyens de soutenir mon système, mais de bonne

foi et pour m'éclairer; j'ai examiné avec le plus
grand soin toutes les objections qui ont été faites;
j'ai rapproché les divers articles du Code, dont
la combinaison pouvait servir à faire connaître
la véritable intention du législateur, et je déclare
franchement que ce nouvel examen n'a fait que
me confirmer de plus en plus dans ma première
opinion; je dirai même qu'il me paraît *évident*
que le système de la représentation en faveur
des descendans de frères ou de sœurs, dans le
cas sur lequel il est statué par l'art. 757, est le
seul qui puisse se concilier avec le texte et l'esprit
de la loi.

Mais il devient nécessaire de le développer
avec un peu d'étendue et de répondre à toutes
les objections.

On peut, d'abord, en réduire la preuve à ces
trois propositions, 1° que l'art. 742 du Code civil, établit en règle générale, et pour tous les
cas sans exception, que la représentation est admise en faveur des enfans et descendans de frères
ou sœurs du défunt; 2° que, suivant l'art. 739,
l'effet de la représentation est de faire entrer
les représentans dans la place, dans le degré et
dans les droits du représenté; 3° qu'il résulte
nécessairement de ces dispositions, que le droit
accordé, par l'art. 757, aux frères et sœurs du
défunt, de réduire l'enfant naturel à la moitié
des biens, appartient également, par l'effet de

la représentation, aux enfans et descendans de ces frères ou sœurs.

A ces trois propositions, on en a opposé trois autres : la première, que le texte même de l'article 757 a exclu formellement les descendans de frères ou sœurs, du droit qu'il a accordé aux frères et sœurs ; la deuxième, que la représentation n'a été introduite et admise, que pour les successions légitimes, mais non pour les successions irrégulières; la troisième, que l'art. 744 n'a pas établi, d'une manière illimité, la représentation en faveur des descendans de frères ou sœurs, mais seulement pour certains cas déterminés, au nombre desquels ne se trouve pas celui où il existe un enfant naturel reconnu par le défunt.

A l'appui de ces trois dernières propositions, plusieurs objections ont été faites; il faut toutes les examiner.

*Première objection.* L'art. 757, après avoir dit que le droit de l'enfant naturel est de la moitié des biens, lorsque les père ou mère laissent des ascendans, ou des frères ou sœurs, n'a pas ajouté : *ou des descendans de frères ou de sœurs ;* donc il n'a pas réellement compris et n'a pas entendu comprendre les descendans de frères ou de sœurs, dans la classe des parens qui réduisent l'enfant naturel à la moitié des biens; et ce qui ne permet plus de doute à cet égard, c'est

qu'il dit, de suite que le droit de l'enfant naturel
est des trois quarts, lorsque les père ou mère
ne laissent ni descendans, ni ascendans, ni frères, ni sœurs, et qu'ici encore il ne dénomme
pas les descendans de frères ou de sœurs ; c'est
donc bien dans la classe des parens qui ne réduisent l'enfant naturel qu'aux trois quarts, que
l'art. 757 a compris et voulu comprendre les
descendans de frères ou de sœurs. Son texte
étant clair et précis, il ne peut être sous aucun
prétexte permis de s'en écarter, et ce serait le
violer ouvertement, que de faire précisément
le contraire de ce qu'il a dit, en ajoutant arbitrairement à sa disposition un principe de représentation qu'il n'aurait pas manqué de rappeler, s'il avait eu l'intention de l'appliquer dans
l'espèce.

_Réponse._ Cette argumentation, il faut le dire
franchement, n'est qu'une subtilité. Ce n'est pas
ainsi qu'on doit chercher à isoler un article d'une
loi, pour empêcher que, par sa combinaison, par
ses rapports avec les autres articles qui le précèdent; son véritable sens ne soit connu.

Il y a une règle incontestable en matière d'interprétation de lois, c'est que, si un principe à
été établi d'une manière générale et absolue, il ne
suffit pas qu'ensuite il ne soit pas répété dans une
disposition particulière et à l'égard d'un cas par-
culier, pour qu'il ne doive pas être appliqué à

ce cas, mais qu'il faudrait une dérogation expresse?
Or, dans l'espèce, puisqu'il était établi en principe, par l'art. 742, que la représentation était admise en faveur des descendans de frères ou de
sœurs du défunt ; puisqu'il était établi en principe,
par l'art. 739, que les représentans entrent dans
la place, dans le degré et dans les droits du représenté, n'était-il pas absolument inutile que, dans
la disposition particulière de l'art. 757, qui accorde aux frères et sœurs du défunt le droit de
réduire l'enfant naturel à la moitié des biens, les
descendans des frères ou sœurs prédécédés, fussent particulièrement dénommés, comme devant
jouir aussi du même droit ? Fallait-il pour ce cas
particulier, rappeler les deux principes généraux
déjà établis d'une manière absolue ? Ne suffit-il
pas, au contraire, qu'à l'égard de ce cas particulier il n'y ait pas eu de dérogation aux principes, pour qu'ils doivent le régir ? Il n'eût donc
été nécessaire de dénommer expressément les descendans de frères ou de sœurs prédécédés, que si
l'on avait voulu déroger, à leur égard, pour le
cas particulier, aux règles générales ; mais il n'é-
tait pas nécessaire de les dénommer, pour qu'ils
pussent jouir du droit que les règles générales
leur avaient déjà conféré.

Au reste, l'art. 757 n'est pas le seul où les descendans n'aient pas été dénommés, quoiqu'ils
soient réellement compris dans la disposition.

Ainsi, dans l'art. 752, où il s'agit de la manière dont le partage doit s'opérer entre frères et sœurs, il n'est pas fait mention de leurs descendans, et cependant, qui oserait nier que ces descendans soient compris dans la disposition? Qui oserait nier qu'en vertu de cet article les descendans de frères ou de sœurs d'un seul côté, succèdent à l'exclusion de tous autres parens de l'autre ligne? Tous les auteurs sont d'accord pour leur appliquer la disposition, quoiqu'ils ne soient pas dénommés dans l'article; et pourquoi? C'est que dans l'article il n'y a pas eu, pour le cas particulier de dérogation aux principes de la représentation.

On en trouve encore un exemple dans l'art. 767 qui défère la succession au conjoint survivant, lorsque le conjoint prédécédé n'a laissé ni parens aux degrés suscessibles, ni enfans naturels. Cet article ne dénomme pas les ascendans légitimes des enfans naturels, et cependant peut-on en inférer que les descendans légitimes des enfans naturels du conjoint prédécédé, doivent être exclus par le conjoint survivant? Non, sans doute. Et pourquoi ne peut-on pas l'inférer? C'est qu'il a été précédemment établi, en règle générale, dans l'art. 759, qu'en cas de prédécès de l'enfant naturel, ses enfans ou descendans peuvent réclamer tous les droits qu'il aurait pu réclamer lui-même en vertu des articles précédens, et qu'il suffit qu'il n'ait pas été dérogé, dans l'art. 767, à cette règle générale, pour qu'elle doive être appliquée au cas particulier qui a été prévu par cet article. Tous les jurisconsultes sont également d'accord à cet égard.

Il est bien vrai que, dans plusieurs autres articles du Code, les descendans de frères ou sœurs du défunt, ont été spécialement dénommés; mais cette différence de rédaction entre les divers articles, prouve seulement que le législateur a regardé comme indifférent, d'après les principes établis dans les art. 739 et 742, de dénommer ou de ne pas dénommer particulièrement les descendans des frères ou sœurs, et qu'il n'a entendu établir à cet égard aucune distinction, puisqu'il est certain et même convenu que les descendans sont réellement compris dans des articles où ils ne sont aucunement dénommés, comme dans ceux où ils le sont spécialement.

Au surplus, pour être pleinement convaincu que le législateur a eu réellement l'intention de comprendre les descendans de frères ou sœurs dans la disposition de l'art. 757, il suffit de lire, avec quelque attention, la discussion qui eut lieu au conseil d'état sur la rédaction de cet article.

La section de législation proposait de n'accorder qu'aux ascendans le droit de réduire l'enfant naturel à la moitié des biens; elle voulait que les frères et sœurs, comme tous les autres parens

plus éloignés, ne pussent avoir, en concours avec
un enfant naturel, que le quart de la succession.
« Lecture faite de cet article, porte le procès-
verbal, M. de Malleville dit que les trois quarts
de la portion héréditaire sont trop pour les enfans
naturels, lorsqu'ils sont en concurrence avec les
frères et sœurs du défunt; *que d'ailleurs l'article
n'est pas concordant avec la disposition qui règle
le concours dans les successions, entre les ascendans et les frères.* »

Et, en effet, il aurait été bien singulier, il aurait même été contradictoire, que les frères et
sœurs du défunt qui, suivant les art. 748 et 751,
partagent par moitié avec les père et mère, et
qui, suivant les art. 746 et 750, excluent tous les
autres ascendans, eussent eu, en concurrence
avec un enfant naturel, moins que n'auraient eu
des ascendans.

Aussi le consul Cambacérès appuya fortement
l'observation faite par M. de Malleville, et proposa de ne donner aux enfans naturels, que la
moitié de la portion héréditaire, quand il existerait des frères ou sœurs du défunt, de même
que quand il existerait des ascendans. L'article
fut adopté, avec l'amendement du consul.

Ce fut donc pour mettre l'art. 757 en harmonie avec ceux qui règlent, entre les ascendans et
les frères et sœurs, le concours dans les successions, qu'on étendit aux frères et sœurs le droit,

qui d'abord n'était proposé qu'en faveur des ascendans, de faire régler la part de l'enfant naturel
à la moitié des biens.

Mais ce motif s'applique nécessairement aux
descendans des frères ou sœurs prédécédés,
comme aux frères et sœurs eux-mêmes, puisque,
par les art. 746, 748, 750 et 751, le concours est
établi de la même manière entre les ascendans du
défunt et les descendans des frères ou sœurs prédécédés, qu'entre les ascendans et les frères et
sœurs, puisque les descendans des frères ou sœurs
prédécédés, partagent, comme les frères et sœurs,
avec les père et mère, et, comme les frères et
sœurs, excluent tous les autres ascendans.

Or, si le motif qui a fait adopter la disposition
de l'art. 757, s'applique nécessairement aux descendans de frères ou sœurs prédécédés, comme
aux frères et sœurs eux-mêmes, comment la disposition ne serait-elle pas applicable aux uns
comme aux autres?

Ne serait-il pas également singulier, également
contradictoire, que les descendans de frères ou
sœurs prédécédés, qui excluent les ascendans
au-dessus du degré de père et de mère, et qui
conséquemment ont été considérés comme méri-
tant plus de faveur, n'eussent, en concurrence
avec un enfant naturel, que le quart de la succession, pendant que ces ascendans, s'il n'y avait pas
de descendans de frères ou de sœurs, auraient,

en concurrence avec le même enfant naturel, la moitié de la succession.

Il est donc bien évident que l'observation faite par M. de Malleville, pour mettre l'art. 757 en harmonie avec les autres articles sur le concours entre les ascendans et les frères et sœurs, se rapportait également aux descendans des frères ou sœurs prédécédés, et que, s'il ne les dénomma pas particulièrement, c'est qu'il les considéra comme étant compris de droit sous la dénomination de frères et sœurs.

Ecoutons-le s'expliquer lui-même à cet égard. Personne ne peut connaître mieux que lui, quelle fut l'intention du législateur dans la nouvelle rédaction de l'art. 757, puisque ce fut sur sa propre observation que cette rédaction nouvelle fut arrêtée.

« C'est pour ne pas se répéter inutilement, dit-il dans son *Analyse du Code civil*, que la loi, dans l'art. 757, n'a parlé que des frères et sœurs, et dès que, par un article formel, elle a dit une fois que la représentation aurait toujours lieu en faveur des descendans des frères ou sœurs, il s'ensuit que ces descendans doivent avoir les mêmes droits en toute succession, au défaut de leurs auteurs. Et d'ailleurs, c'est à tous les ascendans que notre article donne la moitié des biens, en concurrence avec un enfant naturel ; mais ne serait-il pas absurde de supposer que la loi eût voulu refuser aux descendans de frères ou sœurs, ce qu'elle accorde à des ascendans que ces descendans excluent dans les autres successions ? »

Enfin, ce qui ne permet plus de douter que l'intention du législateur a été réellement telle que l'atteste M. de Malleville, c'est que M. le conseiller d'état Treilhard, en exposant, au nom du gouvernement, devant le corps législatif, les motifs de la loi *sur les Successions*, disait, en parlant des enfans naturels légalement reconnus : « Leurs droits sont plus étendus, quand le père ne laisse que des collatéraux; plus restreints, quand il laisse des enfans légitimes, des frères, *ou descendans.* »

Le mot *descendans*, ainsi placé, s'applique nécessairement aux descendans des frères, comme aux descendans des enfans légitimes. M. Treilhard disait donc formellement que les droits des enfans naturels étaient plus restreints, lorsque le père laissait des descendans de frères, que lorsqu'il laissait d'autres collatéraux, et qu'en conséquence, ces droits ne devaient pas s'élever aux trois quarts de la succession, dans le premier cas, comme dans le second.

*Deuxième objection.* La représentation en faveur des descendans de frères ou de sœurs du défunt, n'a été admise que pour les successions légitimes ou régulières, mais non pour les successions irrégulières; car l'article 742 qui l'établit, dans le titre *des Successions*, n'a été inséré que dans le chapitre III qui traite uniquement des successions légitimes, et n'a été aucunement rappelé dans le chapitre IV qui traite des successions irrégulières, d'ailleurs l'art. 742 n'établit la représentation qu'entre héritiers. Il n'y a donc que les héritiers légitimes qui puissent entr'eux s'opposer la représentation ; mais ils ne peuvent l'opposer à un enfant naturel, qui n'est point héritier, et qui ne se trouve appelé que dans la succession irrégulière.

Les *réponses* se présentent en foule à cette objection.

Et d'abord, on pourrait dire que l'art. 742 établit d'une manière illimitée et sans aucune restriction, le droit de représentation en faveur des descendans de frères ou de sœurs, et qu'en conséquence il ne peut être permis d'en limiter les effets entre héritiers légitimes.

On pourrait dire encore qu'à la vérité l'enfant naturel reconnu n'a pas le titre d'héritier; mais que, sous beaucoup de rapports, il est assimilé à l'héritier, puisqu'il est appelé à recueillir une quote part de la portion héréditaire qu'il aurait eue, s'il avait été légitime, puisqu'il est tenu d'imputer sur sa part dans la succession, ce qu'il avait reçu de ses père et mère, puisqu'il est obligé au paiement des dettes de l'hérédité, et qu'ainsi il doit être également soumis aux règles sur la représentation.

On pourrait dire encore que, si la loi a refusé à l'enfant naturel le titre d'héritier, ce n'a pas été, sans doute, pour améliorer sa condition, mais au contraire pour la restreindre dans l'intérêt des bonnes mœurs; et qu'ainsi le but de la loi serait manqué, si on devait inférer de ce qu'elle a refusé à l'enfant naturel le titre d'héritier, qu'elle ait voulu le soustraire aux effets que la représentation pourrait produire contre lui.

On pourrait dire encore que la représentation ayant été admise, par l'art. 759, en faveur des descendans des enfans naturels, il y aurait une véritable inconséquence à ce que la représentation fût impuissante contre eux; qu'il serait injuste qu'ils pussent l'opposer aux héritiers légitimes, et que les héritiers légitimes ne pussent pas la leur opposer réciproquement.

Mais enfin, admettons, pour un moment, l'objection principale, telle qu'elle a été proposée : admettons que la représentation en faveur des descendans de frères ou de sœurs, n'ait été établie que pour les successions légitimes, et non pour les successions irrégulières. Qu'en résulter a-t-il ?

Il en résultera bien que la représentation ne pourra être invoquée que par les descendans des frères ou sœurs légitimes, et non par les descendans des frères ou sœurs naturels. Sur ce point, nous sommes tous d'accord.

Il en résultera bien encore que ce ne sera que dans la succession légitime, et non dans la succession irrégulière, que les descendans des frères ou sœurs légitimes pourront être appelés à représenter, et c'est de là qu'on voudrait conclure que la représentation ne leur donne aucun droit sur la succession irrégulière qui est réservée à l'enfant naturel.

Mais de ce que les descendans des frères ou sœurs exercent le droit de représentation dans la succession légitime, ne résulte-t-il pas nécessairement que, pour l'enfant naturel, la succession irrégulière se trouve réduite au quart des biens?

En effet, la succession du père d'un enfant naturel, est *toute légitime*, au moment où elle s'ouvre, puisque les parens légitimes sont *seuls* héritiers, puisqu'ils sont *seuls* saisis par la loi de la totalité de la succession : or, c'est au moment même où elle s'ouvre, que les descendans des frères ou sœurs légitimes sont appelés à exercer leur droit de représentation ; c'est donc dans la succession *tout entière* qu'ils exercent leur droit, puisqu'en effet, comme représentans de frères ou sœurs, ils se trouvent seuls saisis de la totalité des biens, dès le moment du décès.

Lorsqu'ensuite l'enfant naturel veut demander

12.

la délivrance de la portion qui lui est déférée par
la loi, à qui doit il s'adresser? Il faut qu'il dirige
sa demande contre les héritiers qui sont saisis de
la succession légitime, c'est-à-dire, contre les
descendans des frères ou sœurs. Or, puisque ces
descendans sont héritiers en vertu du droit de
représentation, puisque déjà ils ont exercé ce
droit sur la succession tout entière, puisque
déjà, par le moyen de la représentation, ils sont
entrés dans la place, dans le degré et dans les
droits des frères et sœurs, il est bien évident que
l'enfant naturel ne peut leur demander que ce
qu'il aurait pu demander aux frères et sœurs eux-
mêmes, c'est-à-dire, la moitié des biens.

Suivant l'art. 742, lorsqu'il y a des descendans
de plusieurs frères ou sœurs prédécédés, ils ne
viennent tous à la succession, que par représentation des frères et sœurs, et non de leur chef;
on en a dit les raisons sur l'art. 742. Ils doivent
donc avoir conjointement dans la succession légitime où ils sont appelés à représenter, tout ce
qu'auraient eu les frères et sœurs qu'ils représentent; et comme les frères et sœurs, en concours avec un enfant naturel, auraient conservé,
à titre de succession légitime, la moitié de tous
les biens, il serait contradictoire que leurs descendans, qui les représentent, n'eussent que le quart
de l'hérédité.

On ne peut pas être, dans la même succession,

héritier de son chef et héritier par représentation ; il n'est donc pas possible que les descendans
de frères ou de sœurs prédécédés, qui sont toujours appellés par l'art. 742 comme héritiers par
représentation, soient cependant privés d'une
partie du bénéfice de la représentation, comme
s'ils étaient en partie héritiers de leur chef.

Et, d'ailleurs où trouve-t-on dans la loi, que le
droit de représentation doive être ainsi scindé dans
ses effets ? Où trouve-t-on que les héritiers légitimes, lorsque la loi leur accorde le droit de représentation, ne puissent le faire valoir contre les
héritiers irréguliers ? Cela n'est écrit dans aucun
article du Code ; aucune disposition ne peut seulement le faire induire, et au contraire le droit de
représentation a été établi d'une manière indéfinie et sans restriction.

De ce que les articles qui ont établi la représentation, se trouvent dans le chapitre qui concerne les parens légitimes, et n'ont pas été rap-
pelés dans le chapitre qui concerne les héritiers
irréguliers, il s'ensuit bien que les descendans
des frères ou sœurs *naturels*, ne peuvent pas jouir
du bénéfice de la représentation, et même que
les descendans des enfans naturels en auraient
été privés, si l'art. 759 ne leur avait pas spécialement accordé ce bénéfice ; mais il ne s'ensuit pas
que les descendans des frères ou sœurs *légitimes*
doivent en être privés, lorsqu'il se trouve un

enfant naturel, ni qu'à l'égard de cet enfant ils ne puissent pas exercer le même droit qu'ils exercent à l'égard des parens legitimes.

L'art. 757 n'a pas été fait pour déroger aux règles sur la représentation ; il n'y déroge d'aucune manière : il se borne à indiquer les diverses classes de parens, qui auront le droit de réduire, plus ou moins, les droits de l'enfant naturel , et il suffit qu'en indiquant ces diverses classes, il n'ait pas expressément dérogé aux règles établies sur la représentation, pour que les parens qui, d'après ces règles, ont le droit de représenter, doivent être considérés comme étant légalement compris dans la classe des parens qu'ils représentent. Nous avons déjà dit qu'il était inutile de dénommer particulièrement les représentans, pour qu'ils fussent compris dans la classe des représentés ; et qu'au contraire , pour qu'ils n'y fussent pas compris de plein droit, il eût fallu les en exclure par une disposition spéciale, qui aurait dérogé aux règles générales.

Enfin il a été démontré que le motif qui a fait adopter la nouvelle rédaction de l'art. 757, s'applique aux descendans de frères ou sœurs prédécédés, comme aux frères et sœurs eux mêmes ; il résulte donc de ce motif et de la nouvelle rédaction , que le legislateur a voulu maintenir, dans cet article, le bénéfice de la représentation en faveur des descendans de frères ou sœurs légitimes.

*Troisième objection.* Si l'art. 757 n'a donné que le quart des biens aux descendans de frères ou de sœurs, et a donné les trois quarts à l'enfant naturel, c'est que le législateur a réglé l'ordre des successions sur les affections présumées du défunt, et qu'il a dû reconnaître que le défunt avait plus d'affection pour son enfant naturel, que pour les descendans de ses frères ou sœurs.

*Réponse.* Si cette objection pouvait être fondée, il en résulterait que toute la législation sur les enfans naturels serait essentiellement vicieuse, puisqu'elle admet à concourir avec ces enfans, dans les successions de leur père et mère, des parens qui sont à des degrés très-éloignés, et que même elle n'accorde à ces enfans la totalité des biens, que lorsqu'il n'existe aucun parent légitime aux degrés successibles.

Est-il donc nécessaire de répéter que c'est pour l'interêt des bonnes mœurs, pour le maintien des familles légitimes, et par respect pour la dignité du mariage, et que le Code n'a pas voulu traiter les enfans naturels avec la même faveur que les enfans légitimes; qu'il n'a pas voulu à leur égard, comme à l'égard des parens légitimes, régler uniquement l'ordre des successions, sur l'affection présumée du défunt?

Il a donné au frère du défunt, il a donné à

l'ascendant le plus éloigné, la moitié des biens, en concurrence avec un enfant naturel, et cependant il est bien à présumer que le défunt avait plus d'affection pour son enfant naturel, que pour son frère, que pour son ascendant éloigné; ce n'est donc pas d'après les affections présumées du défunt, que le Code a réglé les droits de l'enfant naturel.

Mais il est constant qu'il a suivi l'ordre des affections présumées du défunt, pour régler les droits des parens légitimes, et dès-lors, pour qu'on pût admettre que, par l'art. 757, le législateur n'ait voulu donner aux descendans de frères ou sœurs légitimes, en concurrence avec un enfant naturel, que le quart des biens, lorsqu'au même instant il en donnait la moitié, soit aux frères et sœurs, soit aux ascendans les plus éloignés, il faudrait supposer que le législateur a présumé que le défunt avait moins d'affection pour les descendans de ses frères ou sœurs prédécédés, qu'il n'en avait pour ses frères ou sœurs, ou pour ses ascendans.

Or, le législateur a dit précisément le contraire dans les articles qui précèdent.

C'est parce qu'il a présumé que le défunt avait autant d'affection pour les descendans de ses frères ou sœurs prédécédés, qu'il en avait eu pour ses frères ou sœurs eux-mêmes, qu'il a établi en faveur de tous ces descendans le droit de repré-

sentation. C'est parce qu'il a présumé que le défunt avait plus d'affection pour ces descendans,
que pour ses ascendans au-dessus du degré de
père ou de mère, qu'il a disposé, par l'art. 750,
que les premiers excluraient les seconds, lors
même qu'ils seraient privés du bénéfice de la représentation ; il faut donc nécessairement, pour
se conformer aux affections présumées du défunt,
que les descendans des frères ou sœurs prédécédés
aient, en concurrence avec un enfant naturel,
une portion de biens égale à celle qu'auraient
eue les frères et sœurs, s'ils avaient survécu,
égale au moins à celle qu'auraient eue les ascendans, s'ils avaient succédé.

*Quatrième objection.* En rapprochant l'art. 757
de l'art. 766, on trouve encore une nouvelle
preuve que, dans la dénomination de *frères et
sœurs*, il n'a pas voulu comprendre leurs descendans; car s'il eût voulu les comprendre, il
aurait dû les comprendre également dans la disposition de l'art. 766, qui parle aussi des frères
et sœurs légitimes ; mais dans cette disposition, ils
ne sont pas dénommés, et il est certain d'ailleurs
que le législateur n'a pas voulu les y comprendre.
En effet, lors de la discussion de cet article, on
proposa que, dans le cas où l'enfant naturel mour-
rait après ses père et mère, sans laisser de postérité, sa succession fût déférée à ses frères et
sœurs, *ou à leurs descendans*, sans faire aucune

distinction entre les légitimes et les naturels : par
là, on admettait le principe de la représentation pour la succession irrégulière, comme pour
la succession légitime. Mais on s'aperçut de l'erreur, et on fit en conséquence une autre disposition par laquelle on déféra aux frères et
sœurs légitimes, tout ce que l'enfant naturel avait
reçu de ses père et mère, et aux frères et sœurs
naturels tous les autres biens ; on ne parla plus,
dans cette rédaction, ni des descendans de frères
ou sœurs légitimes, ni des descendans des frères
ou sœurs naturels. Le tribunat, à qui cette rédaction fut communiquée, fit remarquer l'oubli qui
avait été fait des descendans ; mais il ne le fit remarquer qu'à l'égard des descendans des frères
et sœurs naturels, et non à l'égard des descendans des frères ou sœurs légitimes ; ce ne fut qu'à
l'égard des premiers, et non à l'égard des seconds, qu'il demanda qu'on les comprît nominativement dans la disposition, et le conseil d'état
quoique suffisamment averti, par cette observation, de la lacune à l'égard des uns et des autres,
n'ajouta le mot *descendans,* ainsi que le deman-
dait le tribunat, qu'après les mots *frères et sœurs*
*naturels ;* il est donc bien certain que ni le tribunat, ni le conseil d'état, n'ont voulu comprendre
dans la disposition de l'art. 766, les descendans
des frères ou sœurs légitimes.

*Réponse.* Les descendans des frères ou sœurs

légitimes, sont compris, sous la seule dénomination de frères ou sœurs légitimes, dans l'article 766, comme ils le sont dans l'art. 757 ; tout ce qui a été dit précédemment pour l'établir à l'égard de l'art. 757, sert également à le prouver à l'égard de l'art. 766 ; aux termes de l'art. 766 s'appliquent, comme aux termes de l'art. 757, les effets nécessaires de la représentation et la présomption des affections du défunt.

Les inductions qu'on a voulu tirer de la discussion sur l'art. 766, ne sont que de vaines suppositions.

Pourquoi le tribunat a-t-il demandé l'addition du mot *descendans*, après les mots *frères et sœurs naturels* ? C'est que la représentation n'ayant pas été admise en faveur des descendans des frères ou sœurs naturels, et l'ayant été seulement, par l'art. 759, en faveur des descendans des enfans naturels, les descendans de frères ou sœurs naturels ne se trouvaient pas compris dans la simple dénomination de frères et sœurs, et qu'en conséquence, puisqu'on voulait leur appliquer le bénéfice de la seconde disposition de l'article 766, il était nécessaire de les y dénommer spécialement.

Pourquoi, au contraire, le tribunat n'a-t-il pas plus demandé pour l'art. 766, qu'il ne l'avait demandé par l'art. 757, l'addition du mot *descendans*, après les mots *frères et sœurs légi-*

*times?* C'est que par l'effet de la représentation légale établie par l'art. 742 en faveur des descendans de frères ou sœurs légitimes, ces descendans se trouvaient compris, de plein droit, dans la dénomination de frères et sœurs; qu'en conséquence il était inutile de les dénommer particulièrement, et que, si l'on avait voulu les exclure du bénéfice qu'on accordait aux frères et sœurs légitimes, il eût fallu prononcer formellement l'exclusion.

Il était juste, sans doute, que ce qui avait été donné à l'enfant naturel par son père, retournât après la mort de cet enfant sans postérité, aux enfans légitimes du père donateur; mais la justice ne le réclame-t-elle pas également en faveur des autres descendans légitimes?

Le législateur a supposé que, sous ce rapport, le donateur préférait ses enfans légitimes aux autres enfans naturels qu'il aurait eus : il a dû supposer de même que le donateur préférait tous ses autres descendans légitimes, puisqu'il a établi, en présomption générale, qu'un père a pour tous ses descendans, pour tous les enfans de ses enfans décédés, la même affection qu'il avait pour ses enfans.

*Cinquième objection.* Quand il serait vrai que la représentation établie par l'art. 742, en faveur des descendans de frères ou sœurs, ne dût pas être restreinte aux successions légitimes, il n'en

serait pas moins certain encore qu'elle ne pourrait pas être opposée aux enfans naturels; en
effet, l'art. 742 n'a pas introduit, d'une manière
absolue, ni pour tous les cas, la représentation
en faveur des descendans de frères ou de sœurs ;
il ne l'a établi que pour deux cas seulement ;
1° lorsque les neveux du défunt concourent avec
leurs oncles ; 2° lorsque, tous les frères et sœurs
du défunt étant prédécédés, il y a concours entre
leurs descendans, à degrés égaux ou inégaux.
Ainsi, la représentation ne peut avoir d'effet, au
profit des neveux, que contre leurs oncles ou tantes, ou au profit de descendans plus éloignés, contre des descendans proches : or, l'enfant naturel
n'est dans aucune de ces deux classes, et conséquemment la représentation établie par l'art. 742,
ne peut avoir aucun effet contre lui.

*Réponse.* Ce n'est là qu'une vaine argumentation sur des mots. Il est fort aisé de reconnaître,
à la manière dont l'art. 742 est rédigé, que sa disposition est générale, et que les deux cas particuliers qu'elle a prévus, ont eu pour objet de l'expliquer, mais non pas de la restreindre.

Une première preuve résulte du rapprochement
des art. 740 et 742. L'art. 740 est rédigé, pour la
représentation en ligne directe, dans le même
sens et de la même manière, que l'art. 742 pour la
représentation en ligne collatérale ; comme l'article 742, il prévoit deux cas particuliers, et ces

deux cas sont absolument les mêmes que ceux qui sont prévus dans l'art. 742; cependant peut-on dire que, par l'art. 740, la représentation n'ait pas été établie d'une manière absolue, et que sa disposition doit être limitée et restreinte aux deux cas particuliers qu'elle énonce? Non, sans doute, on ne peut pas le dire, puisque l'article commence par disposer que la représentation a lieu à l'infini dans la ligne directe descendante, *et qu'elle est admise dans tous les cas ;* il est donc évident que, si l'article énonce ensuite deux cas particuliers sur lesquels il n'aurait pu s'élever des difficultés, il ne les énonce que pour mieux expliquer la disposition, mais non pour la restreindre

La même raison s'applique à l'art. 742. Peu importe donc que cet article, après avoir dit, d'une manière générale, qu'en ligne collatérale la représentation est admise en faveur des enfans et descendans de frère ou sœurs du défunt, ait ensuite énoncé les deux mêmes cas particuliers qu'avait déjà énoncés l'article 740, pour la représentation en ligne descendante.

Comment d'ailleurs se trouvent-ils énoncés dans l'un et l'autre articles? Ils le sont avec la conjonction *soit* répétée pour chacun des deux cas. Or, cette conjonction n'est pas, de sa nature, restrictive, elle est plutôt extensive; elle signifie, dans le langage ordinaire, que, *même* pour les cas qui sont désignés; la disposition doit avor lieu.

Si le législateur avait voulu limiter la disposition de l'art. 742, aux deux cas désignés, il se
serait exprimé d'une manière plus exacte et plus
claire. Il aurait dit, par exemple : La représentation est admise en faveur des enfans ou descendans de frères ou sœurs du défunt, *lorsqu'ils*
viennent à sa succession concurremment avec des
oncles ou tantes, *et lorsque*, tous les frères et
sœurs étant prédécédés, la succession se trouve
dévolue à leurs descendans, en degrés égaux ou
inégaux. »

Au surplus, on voit très-clairement quels sont
les motifs qui ont déterminé le législateur à énoncer spécialement les deux cas particuliers dont il
s'agit.

Suivant le droit romain, les neveux ne venaient,
par représentation, à la succession de leur oncle,
que lorsqu'ils se trouvaient en concours avec un
frère du défunt. Si le défunt n'avait pas laissé de
frères, les neveux ne pouvaient venir à sa succession, que de leur chef. Le Code civil n'a pas
adopté cette disposition du droit romain; il a
voulu que les neveux, issus de plusieurs frères ou
sœurs du défunt; fussent appelés par représentation, *lors même qu'ils ne se trouveraient pas en
concours avec d'autres frères ou sœurs*, et c'a été
pour bien expliquer sa volonté à cet égard, pour
qu'on vît bien clairement qu'il avait changé la
disposition du droit romain, qu'après avoir dit

que la représentation était admise en faveur des
enfans ou descendans de frères ou sœurs du défunt, il a ajouté : *Soit qu'ils viennent à sa succession concurremment avec des oncles ou tantes, soit
que, tous les frères et sœurs du défunt étant prédécédés, la succession se trouve dévolue à leurs
descendans.*

Une autre raison encore à déterminé le législateur à donner une explication précise.

Dans le quinzième siècle, une grande controverse s'était élevée entre *Accurse* et *Azon*, sur
le mode de partager une succession à laquelle
n'étaient appelés que des neveux issus de plusieurs frères. Accurse voulait qu'ils fussent tous
admis par représentation, et qu'en conséquence
le partage eût lieu entr'eux par souches ; Azon
voulait, au contraire, qu'ils fussent appelés de
leur chef, comme étant tous à un égal degré, et
qu'en conséquence le partage eût lieu entr'eux
par tête.

Les docteurs et les jurisconsultes étaient égale-
lement divisés ; et dans les coutumes qui avaient
étendu la représentation au-delà du degre de
neveu, la même difficulté existait à l'égard de
tous les descendans de frères ou de sœurs, lorsqu'ils setrouvaient tous à un egal degré.

L'art. 321 de la coutume de Paris, et plusieurs autres coutumes, avaient adopté l'avis
d'Azon.

Le Code civil, au contraire, a définitivement consacré l'opinion d'Accurse, et c'est pour la bien exprimer, pour prévenir tous les doutes qui auraient pu s'élever sur le véritable sens de sa disposition, qu'il a dit que la représentation était admise en faveur des enfans et descendans de frères ou de sœurs, *soit* qu'ils vinssent en concours avec des oncles ou tantes, *soit* que, tous les frères et sœurs du défunt étant prédécédés, la succession se trouvât dévolue à leurs descendans, *en degrés égaux ou inégaux.*

Il est donc bien évident que l'énonciation des deux cas particuliers, a eu pour objet d'expliquer la disposition, et qu'elle en a étendu les effets, loin de la restreindre.

Au reste, il y a dans le Code un texte précis qui repousse formellement l'argumentation à laquelle je viens de répondre, et qui fait cesser entièrement la difficulté; c'est le texte de l'art. 751, qui dispose pour le cas où le défunt a laissé ses père et mère, et des frères ou sœurs.

Tout le monde convient que la disposition de cet article est applicable aux descendans de frères ou sœurs prédécédés, et qu'en conséquence ces descendans prennent, en concours avec le père et la mère du défunt, la moitié de la succession, de même que l'auraient eue les frères et sœurs, s'ils avaient survécu.

Or, pourquoi ces descendans jouissent-ils, dans

le cas dont il s'agit, du même droit que les frères
et sœurs? Ce ne peut être qu'en vertu du bénéfice de la représentation, puisqu'ils ne sont, ni
appelés, ni dénommés spécialement.

Mais le cas dont il s'agit dans l'art. 751, n'est
pas l'un des deux cas qui ont été particulièrement
énoncés dans l'art. 742.

Donc, il n'est pas exact de dire que la représentation n'a été admise par l'art. 742, que pour
les deux cas particuliers qu'il énonce.

Voudrait-on prétendre que c'est l'art. 751 qui
a établi lui-même la représentation, pour le cas
qu'il a voulu régler? Mais si, en effet, la représentation n'avait été admise par l'art. 742, que
d'une manière limitée, il eût fallu l'établir d'une
manière spéciale, pour le cas de l'art. 751 : il eût
fallu dire précisément que, dans ce cas, la représentation était *également* admise en faveur des
descendans de frères ou de sœurs du défunt. Or,
l'article ne s'est pas ainsi expliqué; il a été rédigé
dans un sens tout à fait différent. Voici ses termes:

« Si les père et mère de la personne morte sans
postérité, lui ont survécu, ses frères, sœurs, *ou
leurs représentans*, ne sont appelés qu'à la moitié
de la succession. »

N'est-il pas évident, d'après cette rédaction,
que le législateur n'a pas entendu établir dans
l'article une représentation nouvelle, et qu'au
contraire en employant, d'une manière purement

énonciative, le mot *représentans*, il a décidé que ceux qui, d'après les règles précédentes, se trouvaient représentans, c'est-à-dire, en faveur desquels la représentation avait été établie par les articles précédens, seraient, en cette qualité et de plein droit, appelés à concourir, comme les frères et sœurs, avec le père et la mère du défunt?

Je termine ici la discussion, quoiqu'il fût aisé de la fortifier encore par de nouveaux raisonnemens; je crois avoir pleinement répondu à toutes les objections; je crois en avoir assez dit pour que tous les bons esprits soient maintenant bien convaincus que du texte et de l'esprit de l'art. 757, du texte et de l'esprit de l'art. 742 et de leur combinaison avec les art. 739, 746, 748, 750, 751 et 759, sort évidemment la preuve que les descendans de frères ou sœurs du défunt représentent, à l'égard de l'enfant naturel, les frères et sœurs prédécédés, et qu'en conséquence ils ont, comme l'auraient eu les frères et sœurs, le droit de réduire l'enfant naturel à la moitié des biens.

Mais il me semble qu'on pourrait aller plus loin encore, et que, lors même qu'on voudrait admettre le système de non représentation que je viens de combattre, il n'en serait pas moins toujours certain que les descendans de frères ou de sœurs du défunt auraient, en vertu de

13.

l'art. 757, le droit de réduire l'enfant naturel à la moitié de la succession.

Et, en effet, puisque la nouvelle rédaction de l'art. 757 a été adoptée, d'après les observations de M. de Malleville, pour mettre cet article en harmonie avec ceux qui avaient précédemment réglé le concours en faveur des ascendans, il est incontestable que le législateur, en adoptant cette rédaction nouvelle, a voulu que tous les parens qui, en succession légitime, avaient été placés dans le même ordre et le même rang pour succéder, que les ascendans, eussent, comme les ascendans, le droit de prendre moitié des biens, en concurrence avec un enfant naturel, et qu'à plus forte raison le législateur l'a voulu ainsi à l'égard des parens qui étaient appelés à succéder, par préférence aux ascendans.

Or, nous avons vu dans le n° 5 des observations sur l'art. 750, que les descendans de frères ou sœurs prédécédés, lors même qu'ils sont privés du bénéfice de la représentation, excluent tous les ascendans au-dessus du degré de père ou de mère.

Ils sont donc, même sans le bénéfice de la re-présentation, plus favorables aux yeux de la loi, sous le rapport de l'ordre dans les successions, que les ascendans au-dessus du degré de père ou de mère; ils doivent donc, d'après le motif qui a fait admettre la nouvelle rédaction de l'ar-

ticle 757, et pour qu'il y ait harmonie dans le
système, être aussi bien traités, à l'égard de
l'enfant naturel, que le seraient ces ascendans;
et par conséquent on ne pourrait, sans une contradiction manifeste, sans rompre l'harmonie
qu'a voulu établir la nouvelle rédaction de l'article 757, réduire ces descendans au quart des
biens, dans un cas où les ascendans les plus éloignés auraient la moitié.

Cet argument me paraissant être sans réplique,
j'en conclus que le droit qu'ont les descendans
de frères ou sœurs, de réduire l'enfant naturel
à la moitié des biens, ne dépend pas uniquement
du bénéfice de la représentation, et que, d'après
la combinaison des art. 750 et 752, pour conserver entre ces deux articles l'harmonie qu'a
voulu établir le législateur, le droit appartient
aux descendans de frères ou sœurs, non-seulement lorsqu'ils sont appelés à représenter dans
les termes de l'art. 742, mais encore lorsqu'ils
se trouvent privés du bénéfice de la représentation, soit parce que les frères et sœurs auraient
renoncé, soit parce qu'ils auraient été déclarés
indignes de succéder.

10. Lorsque le défunt n'a laissé dans sa famille
légitime, ni descendans, ni ascendans, ni frères,
ni sœurs, ni descendans de frères ou de sœurs,
l'enfant naturel légalement reconnu prend les
trois quarts de la portion héréditaire qu'il aurait

eue, s'il avait été légitime, c'est-à-dire, les trois quarts de la succession entière ; car, s'il avait été légitime, il aurait eu seul toute la succession.

Ainsi, dans le cas dont il s'agit, la quotité de la portion déférée à l'enfant naturel, est toujours la même. Elle ne varie pas, quelque soit le nombre, quelque soit le degré, plus ou moins éloigné, des parens légitimes qui sont appelés à la succession ; toujours, elle est des trois quarts de l'hérédité entière.

Si donc il y a, soit dans la ligne paternelle du défunt, soit dans la ligne maternelle, six ou un plus grand nombre de parens qui se trouvent au même degré pour succéder, l'enfant naturel n'en aura pas moins les trois quarts de la succession ; mais il n'aura également que les trois quarts, quoiqu'il n'y ait qu'un seul parent successible.

De même, si le défunt a laissé des oncles et des tantes, l'enfant naturel aura les trois quarts, comme s'il n'existait qu'un arrière-petit-cousin à un degré très-éloigné.

Mais aussi, toujours l'enfant naturel est privé d'un quart de la succession, tant qu'il y a des parens légitimes aux degrés successibles.

11. On a vu que le législateur a divisé en trois classes les parens légitimes avec lesquels l'enfant naturel peut se trouver en concours ;

Que la première classe comprend tous les descendans légitimes du défunt ;

Que la seconde comprend tous les frères et
sœurs légitimes du défunt, leurs descendans et les
ascendans;

Que la troisième comprend tous les autres parens légitimes et successibles;

Et que la portion de l'enfant naturel est plus
ou moins considérable, suivant que le défunt a
laissé des parens, ou de la première classe, ou de
la seconde, ou seulement de la troisième.

Mais, s'il existe des parens de la première classe,
qui soient tous, ou incapables de succéder, ou
déclarés indignes, ou qui tous renoncent à la succession, les parens de la seconde classe, qui deviennent héritiers, par le droit de dévolution, à la
place des parens de la première classe, peuvent-
ils, comme ceux de la première, faire réduire
l'enfant naturel au tiers de la portion d'un enfant
légitime?

Non, sans doute.

Les parens de la première classe, qui ont été
incapables de succéder, n'ont jamais été héritiers,
ceux qui ont été déclarés indignes, ou qui ont
renoncé, étaient bien héritiers présomptifs; mais
ils sont censés légalement n'avoir jamais été héritiers. Les uns et les autres doivent donc être considérés, par rapport à la succession, comme
n'ayant jamais existé, et puisque c'était en leur
faveur, puisque c'était en considération de la

quantité de leur parenté, que le droit de l'enfant naturel se trouvait réduit au tiers de la portion d'un enfant légitime, la même réduction ne peut avoir lieu au profit de parens qui sont d'une ligne et d'une qualité différente, que la loi n'a placés que dans la seconde classe, et qui ne venant pas à la succession par représentation des parens de la première classe mais seulement par droit de dévolution, ne peuvent réclamer la même faveur.

Voudrait-on, en s'attachant uniquement au texte de l'art. 757, en conclure qu'il suffit que le défunt *ait laissé* un descendant légitime, lors même que ce descendant ne pourrait ou ne voudrait pas être héritier, pour qu'aux termes de l'article, l'enfant naturel ne doive avoir que la moitié des biens, et lors même que la succession se trouverait dévolue à un parent de la troisième classe?

Mais ce serait là une interprétation vraiment judaïque, à laquelle résistent évidemment l'intention du législateur et l'objet de sa disposition.

C'est en raison de la *qualité* des parens légitimes avec lesquels l'enfant naturel peut se trouver en concours pour le partage de la succession, que le législateur a restreint, plus ou moins, les droits de cet enfant; il a voulu que l'enfant naturel eût moins en présence de proches parens avec lesquels il se trouverait en concours, qu'avec des parens plus éloignés; et voilà pourquoi il a, pour régler la quotité des droits de l'enfant naturel, divisé les parens légitimes en trois classes, en raison de leurs qualités différentes, de l'ordre de leurs degrés, et de l'affection que le défunt était présumé avoir pour eux.

Mais l'enfant naturel ne se trouve pas en concours avec les parens les plus proches, qui ne peuvent ou ne veulent pas être héritiers; il n'a rien à partager avec eux; il ne prend rien, à leur préjudice. Ce n'est qu'avec ceux des parens, qui viennent comme héritiers, qu'il est en concours et qu'il partage; et conséquemment ce n'est que d'après la qualité de ces parens, que son droit doit être restreint.

Ainsi, lorsque les descendans légitimes du défunt ont renoncé à sa succession, ou ont été déclarés indignes de la recueillir, si des frères ou sœurs du défunt, ou les descendans de ses frères ou sœurs, sont appelés à succéder, l'enfant naturel doit prendre la moitié des biens; et même, quoiqu'il existe des enfans légitimes, et des frères et sœurs, ou des descendans d'eux, si tous ne peuvent ou ne veulent pas être l'héritiers, et que d'ailleurs il n'y ait pas d'ascendant qui succède, l'enfant naturel aura les trois quarts des biens, en concours avec d'autres parens plus éloignés qui viendront à la succession.

Ce qui vient d'être dit pour le cas où les parens de la première classe ne peuvent ou ne veulent

pas être héritiers, s'applique, par les mêmes
motifs, au cas où les parens de la seconde classe
ne succèdent pas et sont remplacés par des parens de la troisième.

12. Lorsque le défunt a laissé deux enfans naturels légalement reconnus, et que l'un de ces
enfans est déclaré indigne de recueillir le droit
qui lui avait été déféré par l'art. 757, ou qu'il y
renonce, la portion qu'aurait eu cet enfant *accroît-elle* à l'autre enfant naturel et ne profite-
t-elle qu'à lui seul.

Suivant l'art. 786 du Code civil, la part du renonçant accroît à ses *cohéritiers*, il en est de
même quant à la part de l'indigne : or, les deux
enfans naturels ne sont pas cohéritiers, puisqu'aux termes de la loi ils ne sont pas héritiers,
il ne peut donc y avoir entr'eux d'accroissement.

Mais, par la même raison, la part de l'enfant
naturel qui a renoncé, ou qui a été déclaré indigne, ne peut accroître aux parens légitimes,
puisque les parens légitimes ne sont pas les cohéritiers des enfans naturels.

Ce n'est donc pas par droit d'accroissement,
que la part qu'aurait eue l'enfant naturel qui a
été déclaré indigne, ou qui a renoncé, peut
être déférée, soit aux autres enfans naturels,
soit aux parens légitimes.

Mais l'enfant naturel, qui a été déclaré indigne, ou qui a renoncé, devant être considéré,

par rapport à la succession, comme n'ayant jamais existé, la part qu'il aurait eue sans l'indignité ou la renonciation, ne doit pas être distinguée ; elle reste confondue dans la succession, et la succession est divisée suivant les règles prescrites par l'art. 757, sans compter l'enfant naturel, indigne, ou renonçant.

Voici quelques explications pour les divers cas qui peuvent se présenter.

1° Lorsqu'il y a un enfant légitime et deux enfans naturels, si les deux enfans naturels pouvaient et voulaient recueillir leurs droits, chacun d'eux aurait la neuvième portion des biens, et les sept autres portions appartiendraient à l'enfant légitime.

L'un des enfans ayant été déclaré indigne, ou étant mort civilement sans laisser de postérité, ou ayant renoncé, si l'accroissement avait lieu au profit de l'autre enfant naturel, celui-ci aurait, pour lui seul, deux portions de neuf.

Si, au contraire, l'accroissement avait lieu au profit de l'enfant légitime, l'enfant naturel, qui jouirait de son droit, n'aurait qu'une neuvième portion de l'hérédité entière, ou, tout au plus, une neuvième portion des huit qui resteraient, distraction faite, au profit de l'enfant légitime, de la portion qu'aurait eue l'autre enfant naturel.

Mais, comme l'accroissement n'a lieu, ni au profit de l'enfant légitime, ni au profit de l'enfant naturel, comme l'enfant naturel qui a été déclaré indigne, ou qui est mort civilement, ou qui a renoncé, est censé n'avoir pas existé, il en résulte que l'enfant légitime et l'un des enfans naturels se trouvant seuls appelés à la succession, celui des enfans naturels, qui prend sa part, a droit à la sixième portion des biens, et que les cinq autres sixièmes appartiennent à l'enfant légitime.

2° Lorsque des frères et sœurs légitimes du défunt, ou des descendans d'eux, se trouvent en concours avec deux enfans naturels reconnus, ils ne peuvent avoir droit qu'à la moitié des biens, soit que les deux enfans naturels recueillent leurs droits, soit que l'un d'eux ait été incapable de succéder, ou ait été déclaré indigne, ou ait renoncé.

Il est bien vrai que, dans ce dernier cas, l'un des enfans naturels profite seul de la moitié des biens, et qu'il n'en aurait eu que le quart, en concours avec l'autre enfant.

Mais, s'il profite de la part de son frère naturel, ce n'est pas par droit d'accroissement, c'est parce que, son frère étant censé n'avoir pas existé pour la succession, il doit avoir, de même que s'il avait été seul enfant naturel, la moitié de la portion héréditaire qu'il aurait eue comme enfant légitime, et que, dans l'hypothèse, ayant eu droit, s'il avait été légitime, à la totalité de la succession, il doit conséquemment avoir droit, comme se trouvant seul enfant naturel, à la moitié de l'hérédité.

3° Les mêmes raisons s'appliquent au cas où il n'y a que des parens de la troisième classe. Ces parens ne doivent toujours avoir que le quart de la succession, soit qu'il n'existe qu'un seul enfant naturel reconnu, soit qu'il en existe plusieurs et qu'un seul d'entr'eux puisse ou veuille réclamer son droit.

13. Lorsque, dans la ligne paternelle et dans la ligne maternelle du défunt, il y a des parens de divers ordres et de diverses classes, *putà*, si dans l'une des lignes se trouve un ascendant, et que dans l'autre il n'y ait qu'un collatéral qui ne soit pas frère ou sœur du défunt, ou descendant d'un frère ou d'une sœur, qu'elle sera la part de l'enfant naturel ?

Aux termes des articles 733 et 753, la succession légitime se divise d'abord par moitié entre l'ascendant et le collatéral, et comme l'enfant naturel doit s'adresser à ces deux héritiers, pour obtenir la délivrance de son droit, il résulte clairement de la disposition de l'art. 737, que l'enfant naturel ne pourra demander à l'ascendant que la moitié de la part que cet ascendant a recueillie dans la succession, mais qu'il pourra demander les trois quarts de la portion recueillie par le collatéral.

Ainsi, en supposant que la succession ne s'é-

lève qu'à 8,000 fr., l'enfant naturel ne prendra
que 2,000 fr. sur les quatre recueillis par l'ascendant; mais il en aura trois sur les quatre autres recueillis par le collatéral.

Et vainement, en abusant encore du texte de
l'art. 757, on voudrait soutenir qu'il suffit, aux
termes de cet article, que le défunt ait laissé un
ascendant, pour que l'enfant naturel ne doive
avoir que la moitié des biens. Déjà il a été répondu à une objection semblable dans la n° 11
des observations sur cet article. En ce qui concerne l'ascendant, et dans ses intérêts personnels,
sans doute l'enfant naturel ne doit avoir que moitié; mais il doit avoir les trois quarts, en ce qui
concerne le collatéral; et dans l'espèce, les intérêts de l'ascendant et du collatéral sont bien distincts et séparés. Le collatéral à qui l'enfant naturel demande les trois quarts de sa portion, ne
peut pas exciper de la faveur qui n'appartient
qu'à l'ascendant.

14. C'est ici le lieu d'examiner comment les
enfans naturels doivent se pourvoir pour obtenir
la délivrance des droits qui leur sont déférés,
dans le cas où il y a des parens légitimes successibles; car les art. 769, 770, 771, 772 et 773 ne
statuent sur la manière dont les enfans naturels
doivent se pourvoir, que pour le cas seulement
où ils sont appelés à recueillir la totalité des

biens, à défaut de parens aux degrés successibles.

Aux termes de l'art. 724 du Code, les héritiers légitimes sont saisis, de plein droit, de
tous les biens du défunt; mais cet article n'accorde pas également la saisine aux enfans naturels. Ainsi la succession se trouve d'abord toute
entière dans les mains des héritiers légitimes, et
conséquemment c'est à eux que les enfans naturels
doivent demander la délivrance de leurs droits.

Lorsque la délivrance n'est pas consentie volontairement par les héritiers légitimes, la demande judiciaire doit être formée contre eux
devant le tribunal de première instance, dans le
ressort duquel la succession s'est ouverte.

Les enfans naturels peuvent demander, en
même temps, qu'il soit procédé au partage des
biens, pour leur en être attribué la portion qui
doit leur appartenir, aux termes de l'art. 757 ; car
ils sont propriétaires d'une *quote qart* des biens,
c'est-à-dire, d'un tiers, ou de la moitié, ou des
trois quarts, des portions héréditaires qu'ils auraient eues, s'ils avaient été légitimes, et cette
quote part ne peut être déterminée et leur être
délaissée, que par le résultat d'un partage.

Cependant ils n'ont pas l'action de partage proprement dite, *actio familiæ erciscundæ*, puisqu'ils
ne sont pas héritiers, puisqu'ils ne sont pas de la
famille ; mais ils ont l'action de partage, qu'on ap-

pelle *actio communi dividundo* , parce qu'ils sont copropriétaires des biens de la succession.

Et vainement on voudrait prétendre qu'ils n'ont pas l'action directe en partage, et que seulement ils peuvent, pour la conservation de leurs droits, assister aux opérations du partage qui doit se faire entre les cohéritiers.

Mais, 1° cela ne pourrait s'exécuter que dans le cas où il y aurait plusieurs héritiers appelés à la succession. S'il n'y avait qu'un seul héritier, quel autre moyen pourrait avoir l'enfant naturel pour obtenir sa part dans les biens, que de provoquer un partage ?

2° En supposant même qu'il y ait plusieurs héritiers ; mais qu'il leur convienne d'ajourner le partage, faudra-t-il donc que l'enfant naturel soit privé de la jouissance et de la disposition de sa quote part dans les biens, tant qu'il leur plaira de rester dans l'indivision ? Et quel autre moyen peut-il avoir de les forcer à procéder au partage, que de le provoquer lui-même ?

3° Pour qu'on pût admettre que l'enfant naturel n'a pas l'action directe en partage et que seulement il peut, pour la conservation de ses droits, assister aux opérations du partage qui se fait entre les cohéritiers, il faudrait supposer qu'il n'est qu'un simple créancier de la succession ; mais déjà il a été établi et il est généralement reconnu que l'enfant naturel reconnu est, non pas seule-

ment simple créancier, mais propriétaire réel de
la portion de biens, qui lui est déférée par la loi,
et qu'il a, non pas seulement le *jus in rem*, mais
le *jus in re;* il se trouve donc copropriétaire
avec les héritiers légitimes, qui, par la saisine,
n'ont que la simple possession de la totalité des
biens, et conséquemment il doit avoir, contre les
héritiers légitimes, comme tous les copropriétaires l'ont entr'eux, l'action *communi dividundo.*
C'est ainsi que l'a décidé un arrêt de la cour
royale de Paris, du 4 germinal an 13.

15. De là il me paraît résulter encore qu'après
que les lots ont été composés par les experts, ils
doivent être tirés au sort, dans l'intérêt de l'enfant
naturel, comme dans l'intérêt des héritiers légitimes, et que ces héritiers n'ont pas le droit de désigner celui des lots, qu'il leur convient de donner à l'enfant naturel.

Pour qu'on pût appliquer ici la maxime, *elec-
tio debitoris est*, il faudrait que les héritiers légitimes ne fussent que simples débiteurs de la portion
de biens que la loi défère à l'enfant naturel ; mais
ils ne peuvent pas être débiteurs d'une chose qui
ne leur a jamais appartenu ; ils ne peuvent pas
être simples débiteurs, puisque l'enfant naturel
n'est pas simple créancier. Encore une fois, ils
sont, les uns à l'égard des autres, des copropriétaires de biens indivis, et toutes les règles relati-

ves aux partages entre copropriétaires, leur sont respectivement applicables.

Ces règles sont absolument les mêmes, que celles qui ont été établies par la loi, pour les partages entre héritiers.

16. Lorsque le père de l'enfant naturel a laissé un légataire universel, et qu'il n'y a pas d'héritiers légitimes ayant droit à la réserve légale, comme le légataire universel est saisi de tous les biens en vertu de l'art. 1006, c'est contre lui que l'enfant naturel, s'il a droit à une réserve, doit former la demande en délivrance et l'action en partage, ainsi qu'il a été expliqué dans les numéros précédens.

17. L'enfant naturel reconnu peut-il exiger que les héritiers légitimes rapportent à la masse de la succession les biens que le défunt leur avait donnés, *sans dispense de rapport?* A-t-il droit de réclamer une quote part sur les biens rapportés, comme sur les autres biens de la succession?

Pour la négative, on dit, 1° que l'enfant naturel reconnu n'a pas la qualité d'héritier, et que, suivant l'art. 857 du Code, le rapport n'est dû que par le cohéritier à son cohéritier ; 2° que, suivant l'art. 756, l'enfant naturel reconnu n'a droit que sur les biens de ses pere et mère décédés, et qu'en conséquence il n'a aucun droit sur les biens dont ses père et mère avaient dispose, et notamment sur ceux dont la disposition est antérieure à la reconnaissance,

Mais l'enfant naturel n'est-il pas bien fondé à répondre , 1° qu'aux termes de l'art. 757, il doit avoir, ou le tiers, ou la moitié, ou les trois quarts *de la portion héréditaire qu'il aurait eue*, s'il avait été légitime, et qu'il n'aurait pas entièrement cette quotité déterminée de la portion héréditaire, s'il ne profitait pas du rapport qui doit être fait par les héritiers ; qu'ainsi, de la combinaison des art. 756 et 757, il résulte bien qu'il ne doit avoir, dans les choses rapportées, comme dans les autres biens de la succession, que le tiers, la moitié, ou les trois quarts, suivant la qualité des héritiers légitimes avec lesquels il se trouve en concours ; mais qu'il en résulte aussi très-clairement qu'il doit avoir, dans les biens rapportés, comme dans les autres biens, le tiers, la moitié, ou les trois quarts, puisque l'art. 757 lui assure le tiers, la moitié, ou les trois quarts de tout ce qu'il aurait eu, s'il avait été légitime, et que, s'il avait été légitime, il aurait pris sa part dans les biens rapportés, comme dans les autres biens de la succession ;

2° Que, dans ce cas, il ne prend réellement que sur les biens de ses père et mère décédés, puisque par le moyen du rapport dont il doit profiter suivant les termes de l'art. 757, les biens qui avaient été donnés par le défunt, rentrent dans sa succession *ab intestat,* et sont considé-

14.

rés, comme s'il n'y en avait pas eu de disposition?

Dira-t-on encore, pour les héritiers légitimes, que, s'ils étaient soumis au rapport à l'égard de l'enfant naturel, ils se trouveraient plus maltraités que des donataires étrangers, puisque l'enfant naturel ne peut rien faire rapporter par ces donataires, lorsque les dons n'excèdent pas la portion disponible?

Mais ne peut-on pas répondre que les successibles, qui sont en même temps donataires, peuvent aussi, comme les donataires étrangers, conserver, au préjudice de l'enfant naturel, tout ce qui leur a été donné sur la portion disponible; que pour cela il suffit, aux termes de l'art. 843, qu'ils ne viennent pas à la succession du donateur; que si, au contraire, il leur est plus avantageux de venir à la succession, que de s'en tenir aux dons qui leur ont été faits, ils ne peuvent, en prenant leur part comme héritiers, conserver en même temps, d'après les termes de l'art. 757, les choses qui leur avaient été données par le défunt, puisque l'art. 757 assure à l'enfant naturel, comme on l'a déjà dit, une quote part de la portion héréditaire qu'il auraiteue, s'il avait été légitime, et que la portion héréditaire se prend sur les biens rapportés, comme sur les autres biens de la succession.

Sans doute, en ne considérant que l'art. 756, l'enfant naturel reconnu ne devrait avoir aucun droit sur les choses dont le rapport est ordonné par l'art. 857, puisque d'après l'art. 756 il n'est pas héritier; mais l'art. 757, voulant déterminer les droits que pourrait exercer l'enfant naturel reconnu, dispose, d'une manière générale, et sans aucune exception, que cet enfant aura une quote part de la portion héréditaire qu'il aurait eue, s'il avait été légitime: or, il me paraît résulter de cette disposition, que l'enfant naturel a le droit de prendre cette quote part sur les choses données aux héritiers, de même qu'il aurait pris sur ces choses la portion héréditaire toute entière, s'il avait été légitime, puisqu'il n'est pas possible que le quart, ou la moitié de la portion d'un tout, ne comprenne pas le quart, ou la moitié de toutes les choses que le tout comprend. Il me semble donc que l'art. 757, pour régler la quotité de la part de l'enfant naturel, a modifié la disposition de l'art. 857, et qu'ainsi, quoique l'enfant naturel reconnu n'ait pas la qualité d'héritier, il peut cependant exiger le rapport de la part des héritiers légitimes, pour avoir toute la quote part qu'a voulu lui donner l'art. 757.

18. Reste à examiner comment l'enfant naturel est tenu des dettes et des charges de la succession.

Il est indubitable, quoique le Code civil ne s'en explique pas précisément, que l'enfant naturel doit contribuer, avec les héritiers légitimes, au paiement des dettes et des charges de la succession, en proportion de ce qu'il prend dans l'hérédité, c'est à-dire, que s'il prend, par exemple, la moitié des biens, il doit acquitter la moitié des dettes et des charges. C'est un successeur, c'est un successeur à titre universel, puisqu'il est appelé par la loi à recueillir une quote part des biens, et il ne peut conséquemment avoir cette quote part des biens, qu'à la condition d'acquitter une quote part proportionnelle des dettes : *Bona non dicuntur, nisi deducto œre alieno.*

Il est même obligé envers les créanciers de la succession, parce qu'il prend la chose de leur débiteur, le gage de leurs créances; ils ont donc une action directe contre lui, pour le contraindre au paiement de sa portion virile des dettes et des charges, de même qu'ils ont une action directe contre le légataire à titre universel, suivant l'article 1012. ( *Voyez* les Observations sur l'article 873. )

De là il résulte que les héritiers légitimes n'auraient pas le droit de prélever d'abord sur l'actif de la succession le montant des dettes et des charges, et de ne donner à l'enfant naturel sa quote part, *que dans ce qui reste net.* Cette prétention ne pourrait être fondée que dans le cas où les héritiers légitimes seraient tenus, envers les créanciers de la succession, d'acquitter la totalité des dettes et des charges ; mais ils n'en sont réellement tenus que pour leurs portions viriles, sauf les cas d'hypothèque, puisqu'ils n'ont qu'une quote part des biens, et que l'enfant naturel prend aussi une quote part d'une portion héréditaire.

Il faut également appliquer entre l'enfant naturel et les héritiers légitimes, les dispositions des art. 875 et 876.

Enfin, l'enfant naturel serait tenu, *ultrà vires*, des dettes et des charges de la succession, mais seulement pour sa portion virile, s'il n'avait pas fait constater, par un bon et fidèle inventaire, l'état et la valeur de la succession, ou l'état et la valeur de ce qui lui aurait été délivré par les héritiers légitimes. Il serait tenu *ultrà vires*, non qu'il représente le défunt, comme le représentent les héritiers, mais parce que les successeurs, ainsi que les héritiers, n'ont d'autre moyen légal pour constater, vis-à-vis des créanciers, l'état et la valeur de la succession qu'ils appréhendent, que de faire un inventaire, dans les formes prescrites par le Code de procédure civile.

## ARTICLE 758.

L'enfant naturel a droit à la totalité des biens, lorsque ses père ou mère ne laissent pas de parens au degré succescible.

1. On a vu dans l'article qui précède, que, toujours la loi réserve une part dans les biens à la famille légitime, dans la succession du père, ou de la mère, qui a reconnu un enfant naturel.

Mais, lorsque le père ou la mère, qui a reconnu, ne laisse pas de parens légitimes, ou que ceux qui existent, ne se trouvent pas à l'un des degrés successibles, à qui doit être attribuée la portion de biens, qui était réservée pour la famille légitime?

N'est-il pas juste qu'elle soit déférée à l'enfant naturel du défunt, plutôt que d'être abandonnée au fisc?

N'est-il pas aussi dans l'ordre des affections du défunt, comme dans le vœu de la nature, qu'elle appartienne à l'enfant, plutôt qu'au conjoint sur-vivant?

C'est donc avec raison qu'il a été statué par l'art. 758, que, si le père ou la mère, qui a reconnu un enfant naturel, ne laisse pas, en mourant, de parens légitimes qui soient à l'un des degrés successibles, cet enfant a droit à la totalité des biens qui se trouvent dans la succession *ab intestat.*

2. Il en est de même, lorsque les parens légitimes qui existent, n'ont pas les qualités requises pour succéder, ou qu'ils sont déclarés indignes, ou qu'ils renoncent à la succession. Dans tous ces cas, ils doivent être considérés par rapport à la succession, comme s'ils n'existaient pas réellement.

3. Mais, quoique l'enfant naturel recueille la totalité des biens, il n'est cependant pas considéré comme un héritier; il n'en a ni le titre, ni les droits; il n'est pas saisi des biens, comme le serait un parent légitime appelé à succéder, et il est tenu de s'adresser à la justice, pour obtenir l'envoi en possession.

On verra dans les observations sur les art. 769, 770, 771 et 772, comment l'enfant naturel doit se pourvoir pour obtenir l'envoi en possession, à quelles conditions il peut l'obtenir, et dans quels cas il peut être tenu de restituer.

4. On a demandé si, lorsqu'il n'y a de parens légitimes successibles, que dans une seule des lignes paternelle et maternelle, la part de l'autre ligne doit appartenir à l'enfant naturel, en vertu de l'art. 758.

La réponse à cette question, se trouve dans l'art. 755, qui dispose qu'à défaut de parens successibles dans une ligne, les parens de l'autre ligne succèdent pour le tout.

Puisque les parens, qui ne sont successibles que dans une seule ligne, sont appelés par la loi elle-même à prendre, comme héritiers légitimes, la part qui, suivant l'art. 733, aurait dû appartenir à l'autre ligne dans laquelle il ne se trouve pas de successibles, il s'ensuit que l'enfant naturel ne peut avoir, en vertu de l'art. 758, le droit de réclamer cette part, comme si elle était vacante et sans héritiers légitimes ; autrement, il y aurait contradiction évidente entre l'art. 755 et l'article 758.

La dévolution d'une ligne à l'autre étant opérée par la loi, il se trouve des héritiers légitimes pour les deux lignes, et conséquemment l'enfant naturel ne peut avoir que la quotité des biens, déterminée par l'art. 757, suivant la qualité des parens qui se trouvent héritiers.

D'ailleurs, la division de l'hérédité entre les deux lignes paternelle et maternelle, n'a été établie qu'à l'égard des parens légitimes *entr'eux ;* elle n'a été établie que dans leurs intérêts respectifs, puisqu'elle a eu pour unique objet, ainsi que nous l'avons précédemment expliqué, d'empêcher que les parens d'une ligne ne profitent de la succession entière, au préjudice des parens de l'autre ligne. Cette division est donc absolument étrangère à l'enfant naturel, et il ne peut la réclamer, ni pour dépouiller des parens légitimes, ni pour faire opérer en sa faveur une dévolution que la loi n'a prononcée qu'en faveur de la famille légitime.


## ARTICLE 759.

En cas de prédécès de l'enfant naturel, ses enfans, ou descendans, peuvent réclamer les droits fixés par les articles précédens.

1. Avant de donner aucune explication sur cet article, il faut examiner d'abord s'il ne doit être appliqué qu'aux descendans *légitimes* de l'enfant naturel qui est prédécédé, ou bien s'il doit être également appliqué aux descendans *naturels*.

En d'autres termes, lorsqu'un enfant naturel reconnu a laissé des descendans nés hors mariage, ces descendans peuvent-ils, en le représentant, réclamer, à sa place, des droits dans la succession du père, ou de la mère, qui l'avait reconnu ?

M. de Malleville admet la représentation en faveur des descendans naturels, comme en faveur des descendans légitimes, et voici comment il expose son opinion dans son *Analyse du Code civil*, sur l'art. 759.

« On demanda, dit-il, lors de la discussion au conseil d'état, si la réclamation à laquelle cet article autorise les enfans et descendans de l'enfant naturel, appartiendrait à ceux seulement qui seraient légitimes, ou si elle passerait aussi à ses enfans ou descendans naturels. Il fut répondu qu'elle passerait aux enfans naturels, dans la proportion du droit qu'ils auraient dans la succession même de leur père, en sorte que celui-ci ayant eu droit à un tiers, ses enfans naturels ne pourraient réclamer que le tiers de ce tiers , ou autrement un neuvième dans la succession de l'aïeul, tandis que l'enfant légitime de l'enfant naturel obtiendrait le tiers entier, et sur cette réponse l'article fut adopté.

« Cependant, continue M. de Malleville, on forme des doutes sur la justesse de cette résolution, d'après l'art. 756 qui dit que la loi n'accorde aucun droit à l'enfant naturel sur les biens des parens de ses père et mère : on dit que ce serait bien lui accorder des droits sur les biens de ses parens , que d'autoriser l'enfant naturel à réclamer quelque chose sur la succession de son aïeul.

« Cette objection est très-forte, ajoute M. de Malleville ; mais elle doit céder à la volonté du législateur , consignée dans le procès-verbal. Cet article 759 doit être regardé comme une *exception* à la règle générale consignée dans l'art. 756, et l'on peut même la fonder sur ce que l'art. 759 n'a pas parlé uniquement des enfans légitimes de l'enfant naturel , mais de ses descendans en général. »

Ainsi , l'on voit que l'opinion de M. de Malleville repose entièrement sur la supposition qu'il aurait été formellement décidé par le conseil d'état , que l'art. 759 devait , par exception à l'art. 756 , s'appliquer aux descendans naturels , comme aux descendans légitimes , et non pas cependant d'une manière aussi étendu pour les uns que pour les autres.

Mais cette supposition est-elle exacte? Pour le vérifier, il faut lire en entier la discussion qui a eu lieu sur l'article, au conseil d'état, dans la séance du 2 nivôse an .9; elle est consignée dans le procès-verbal, tom. 2, pag. 259.

Le procès-verbal annonce d'abord que l'article proposé par la section de législation, était précisément le même que celui qui a été adopté et inséré dans le Code civil ; puis il ajoute que, sur cet article, la discussion s'établit dans les termes suivans :

« Le consul Cambacérès demande si l'enfant naturel du bâtard jouira du bénéfice de cet article.

« M. Berlier, l'un des membres de la section de la législation, fait observer que l'article ne peut s'appliquer dans toute sa latitude à un tel enfant, puisqu'on a décidé, 1° qu'il n'était pas héritier, mais simplement créancier; 2° que cette créance, réduite à une quotité des biens et droits du père, ne les représente conséquemment point en entier.

« Le consul Cambacérès objecte que; quoique l'enfant naturel ne soit pas héritier, il a cependant droit à un tiers d'une part héréditaire dans la succession de son père; que l'article proposé transmet ce droit à ses descendans ; qu'ainsi lorsqu'il n'a que des enfans naturels, ils auront un neuvième dans la succession de leur aïeul. »

Immédiatement après, et sans aucune autre explication. le procès-verbal porte que l'article proposé par la section de législation, a été adopté.

Résulte-t-il donc de la discussion qui vient d'être rapportée, que l'article ait été adopté dans le sens de la proposition du consul Cambacérès ?

Mais si le conseil d'état avait voulu admettre cette proposition, n'eût-il pas reconnu la nécessité de changer la rédaction de l'article, et de la faire de manière que la proposition du consul s'y trouvât clairement énoncée, et y a-t-il un seul mot qui l'indique dans la redaction qui a été maintenue ?

Puisqu'il s'était élevé un doute sur la question de savoir si les descendans naturels se trouvaient compris dans la rédaction proposée, puisque l'un des membres de la section qui avait fait cette rédaction, soutenant qu'elle ne devait pas s'étendre aux descendans naturels, n'eût-il pas fallu, pour ne plus laisser subsister le doute, dénommer spécialement les descendans naturels ?

Puisque, dans le sens de la proposition du consul, les descendans naturels ne devaient pas avoir dans la succession de l'aïeul la même quotité de droits, que les enfans legitimes de l'enfant naturel prédécédé, n'eût il pas fallu énoncer cette différence, dans la rédaction de l'article ?

Or, rien de tout cela ne se trouve dans la rédaction qui a été adoptée, et au contraire, si l'article, tel qu'il est rédigé, doit être appliqué aux descendans naturels, il résultera très-clairement de ces termes, que les descendans naturels doivent avoir tous les droits qu'aurait eus leur père, si d'ailleurs il n'a pas laissé de descendans legitimes.

Cet article, en effet, établit une représentation réelle en faveur des descendans de l'enfant naturel qui est prédécédé : or, si cet enfant naturel n'a laissé, en mourant, que des descendans naturels, il sera entièrement représenté par eux, s'ils sont admis à le représenter, et conséquemment ils devront avoir, dans la succession de l'aïeul, toute la portion de biens qu'il aurait eue lui-même, s'il avait survécu.

Répondra-t-on que l'art. 759 dit seulement qu'en cas de prédécès de l'enfant naturel, ses enfans ou descendans peuvent réclamer les droits fixés par les articles précédens, et qu'il résulte des articles qui précèdent, que les descendans naturels de l'enfant naturel prédécédé, ne doivent avoir, dans la succession de leur aïeul, qu'un tiers de la portion qu'aurait eue leur père, si l'aïeul a laissé un descendant légitime ?

Je nie que cela résulte des articles qui précèdent; je soutiens que la disposition de ces articles ne statue absolument rien sur le cas dont il s'agit.

L'art. 756 dit bien que si le défunt a laissé un enfant légitime et un enfant naturel reconnu, l'enfant naturel sera réduit au tiers de la portion héréditaire qu'il aurait eue, s'il avait été légitime; mais il ne dit pas que, si l'enfant naturel est prédécédé, ses descendans naturels qu'on suppose devoir être admis à prendre sa place, n'auront tous conjointement que le tiers du tiers qui lui était attribué. Pour le premier cas, il fixe bien la réduction qui doit avoir lieu mais il ne dit pas que, pour le second cas, il y aura une seconde réduction ajoutée à la première.

En un mot, il résulte bien de sa disposition, que l'enfant légitime, en concours avec l'enfant naturel, aura cinq portions de six de la masse de la succession; mais il n'en résulte pas que l'enfant légitime doive en avoir huit portions de neuf, lorsque l'enfant naturel est prédécédé et a laissé des descendans naturels.

S'il s'agissait de la succession de l'enfant naturel, et qu'il eût laissé un descendant légitime et un descendant naturel, sans doute celui-ci ne devrait avoir que le sixième de la succession; à ce cas s'applique très-bien la disposition de l'art. 757; mais, dans l'espèce, il ne s'agit pas de la succession de l'enfant naturel, il ne s'agit que de la succession de son père, dans laquelle ses descendans naturels viendraient prendre part, à sa place, à cause de son prédécès, et encore une fois rien n'annonce dans l'art. 757, que dans cette succession unique il doive y avoir deux réductions réunies, l'une contre l'enfant naturel, et l'autre particulièrement contre ses descendans, qui cependant ne feraient que prendre sa place.

Comment donc est-il possible d'admettre que telle a été l'intention du législateur, lorsqu'elle n'a été aucunement exprimée?

Au moins, on sera forcé de convenir qu'il eût fallu l'expliquer clairement, pour qu'elle ne restât pas problématique, pour que le sens de l'article 759 fût bien fixé. Or, peut-on supposer qu'on n'eût pas reconnu la nécessité de l'expliquer d'une manière précise, sur-tout d'après la controverse qui s'était élevée entre messieurs Cambacérès et Berlier?

Lorsqu'au contraire on voit, d'une part, dans l'art. 757, que l'enfant naturel, en concours avec un enfant légitime, doit avoir le sixième de la succession, et que, d'autre part, on voit, dans l'article 759, qu'en cas de prédécès de l'enfant naturel, ses enfans, ou descendans, peuvent réclamer les droits fixés par les articles précédens, ne doit-on pas croire que, si les descendans naturels sont compris dans la disposition de l'art. 759, ces descendans doivent avoir le sixième de la succession comme l'aurait eu l'enfant naturel qu'ils représentent, et non pas seulement la neuvième

portion? Ne serait-ce pas là le sens naturel, évident et même nécessaire, qui sortirait des termes
combinés des art. 757 et 759, si réellement ce
dernier article pouvait s'appliquer aux descendans naturels? Pour se former une opinion contraire, ne faudrait-il pas adopter des commen-
taires que rien ne justifie, des intentions que rien
ne prouve, des inductions que repousse le texte
de la loi? Ne faudrait-il pas suppléer dans les articles 757 et 759, ce qui n'y est pas, et s'écarter de
ce qui s'y trouve écrit, pour s'abandonner à des
conjectures incertaines? Ce n'est pas ainsi que
les lois doivent s'interpréter et s'exécuter.

De toute cette discussion, résulte la preuve
que l'art. 759, tel qu'il est rédigé, ne pouvant
être raisonnablement interprété dans le sens de
la proposition qu'avait faite M. Cambacérès, cette
proposition n'a pas été réellement adoptée.

C'est aussi l'opinion de M. Toullier. Dans son
quatrième volume, page 255, en note, il fait remarquer que le procès-verbal de la discussion au
conseil d'état, ne porte pas que le conseil ait
égard à l'objection de M. Cambacérés; qu'au contraire il porte simplement « l'article est adopté ; »
qu'ainsi l'observation de M. Berlier subsista, et
que l'objection de M. Cambacérès ne produisit
aucun amendement.

Cela posé, tout ce qu'on a dit pour soutenir
que l'art. 759 doit s'appliquer aux descendans na-

turels de l'enfant prédécédé, n'a plus de base, puisqu'on ne l'appuie que sur la supposition que le conseil d'état aurait admis la proposition de M. Cambacérès, en adoptant la rédaction de l'art. 759.

Et, en effet, d'après l'art. 756, qui dispose que la loi n'accorde aucun droit à l'enfant naturel sur les biens *des parens* de ses père et mère, il est certain que les descendans naturels d'un enfant naturel prédécédé, ne pourraient avoir aucun droit sur les successions des père et mère de cet enfant ; il faudrait donc qu'il y eût, dans l'art. 759, une dérogation formelle à la disposition de l'article 756, pour que l'art. 759 conférât à des enfans naturels le droit de venir prendre part dans les successions de leur aïeul et de leur aïeule ; M. de Malleville en convient. Aussi soutient-il que la dérogation se trouve dans l'art. 759, et la preuve qu'il en donne, c'est, dit-il, que par cet article on a adopté la proposition de M. Cambacérès ; mais s'il n'est pas prouvé que cette proposition ait été adoptée, si le contraire même résulte des termes dans lesquels est resté l'art. 759, il n'est donc pas prouvé qu'il y ait eu, par l'art. 759, dérogation, ou exception, à l'art. 756, et il est de principe que toute dérogation, toute exception doit être prouvée, qu'il n'est pas permis de la suppléer par de simples inductions, et qu'il faut, pour l'admettre, qu'elle soit exprimée d'une manière claire et précise.

15.

En un mot, l'article 756 établit positivement en règle générale, que les enfans naturels sont exclus de toutes successions, autres que celles des père et mère qui les ont reconnus : or, l'art. 759 n'a pas dérogé expressément à cette règle ; donc elle doit être suivie, même pour le cas prévu par l'art. 759.

Et peu importe dès-lors que l'art. 759 parle généralement des enfans et descendans, sans distinguer entre ceux qui seraient légitimes et ceux qui ne seraient que naturels. L'application de ces mots *enfans ou descendans*, se trouvait déjà fixée par la disposition de l'art. 756, et puisqu'il n'y a pas eu de dérogation, les mots *enfans ou descendans* ne peuvent s'appliquer dans l'art. 759, par suite de la disposition de l'art. 756, qu'aux seuls enfans et descendans légitimes.

2. Ce n'est pas de leur chef, *jure proprio*, que les enfans ou descendans de l'enfant naturel prédécédé, peuvent réclamer des droits dans la succession du père, ou de la mère, qui avait reconnu cet enfant ; car il ne tiennent personnellement, par aucun lien civil, à ces père et mère. Comme l'art. 756 n'accorde à l'enfant naturel aucun droit sur les biens des parens du père ou de la mère qui l'a reconnu, parce qu'il n'existe entre ces parens et l'enfant naturel aucune parenté civile, aucun lien de famille, par la même raison les descendans de l'enfant naturel prédécédé ne peuvent, *jure proprio*, réclamer aucun

droit sur les biens des ascendans de cet enfant, parce qu'ils ne sont pas parens légitimes de ces ascendans, parce qu'ils ne sont entrés dans la famille, ni du père, ni de la mère, qui a reconnu l'enfant naturel dont ils descendent.

Ce ne peut donc être que parce que les enfans ou descendans de l'enfant naturel prédécédé, prennent sa place et entrent dans son degré et dans ses droits, qu'ils peuvent réclamer la part qu'il aurait eue lui même dans la succession de son père, ou de sa mère, s'il avait survécu.

C'est donc, par représentation de l'enfant naturel prédécédé, et non pas de leur chef, que les descendans de cet enfant sont appelés, par l'art. 759, à réclamer les droits fixés par les articles précédens.

Aussi, ce n'est que dans le cas de prédécès de cet enfant, qu'ils sont admis à réclamer.

Aussi, l'on verra dans l'art. 960, qu'ils sont tenus d'imputer sur les droits qu'ils peuvent réclamer, tout ce que l'enfant naturel prédécédé avait reçu de son père, ou de sa mère; ce qui n'aurait pas lieu aux termes de l'art. 848, s'il venaient de leur chef.

2. Ce n'est pas seulement en faveur des enfans, mais en faveur de tous les descendans de l'enfant naturel prédécédé, que la représentation a été admise. Car ce n'est pas seulement aux enfans, mais aux enfans ou descendans de l'enfant naturel

prédécédé, que l'art. 759 accorde les droits que l'enfant naturel aurait recueillis.

Ainsi, lorsque l'enfant naturel prédécédé a laissé un enfant légitime et des descendans issus d'un autre enfant légitime décédé avant lui, ces descendans sont admis, comme l'enfant légitime survivant, à réclamer les droits de l'enfant naturel dans la succession du père, ou de la mère, qui l'avait reconnu ; mais ces descendans ne peuvent pas avoir conjointement plus que n'aurait eu l'enfant dont ils sont issus.

L'art. 759 a donc établi la représentation *en successions irrégulières*, en faveur des enfans et descendans des enfans naturels reconnus, comme l'art. 740 l'a établie en successions légitimes, en faveur des enfans et descendans des enfans légitimes.

Elle a été admise *à l'infini*, en successions irrégulières, comme en successions légitimes, puisque l'art. 759 parle généralement d'enfans ou descendans, sans aucune limitation.

Elle a lieu dans les mêmes cas et s'exerce de la même manière qu'en successions légitimes, puisqu'il y a les mêmes motifs pour l'appliquer également, et que d'ailleurs l'art. 759 ne fait aucune distinction, aucune exception.

Tout cela peut aisément s'expliquer par un exemple.

TABLEAU.

PAUL.

JEAN, légitime.   JACQUES, légitime.   FRÉDÉRIC, naturel.   LÉON, naturel.

MARIE.   JOSEPH.   CLAIRE.   ROMAIN.

ROSE.   MARC.

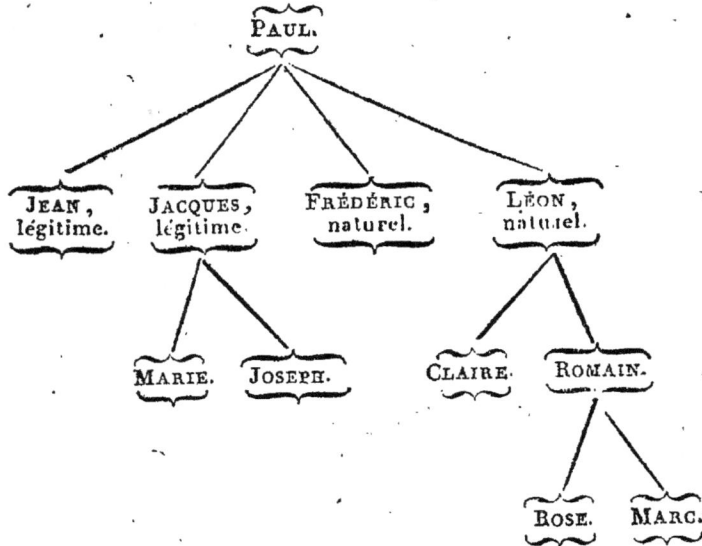

On suppose que *Jacques*, *Léon* et *Romain* sont décédés avant *Paul*.

Lorsque la succession de *Paul* est ouverte, elle est déférée par la loi à *Jean*, fils légitime, et à *Marie* et *Joseph*, enfans de *Jacques*.

Mais, *Frédéric* et *Léon*, enfans naturels, ayant été reconnus légalement par leur père, chacun d'eux aurait droit à la douzième portion des biens, s'ils avaient survécu l'un et l'autre. La succession étant d'une valeur supposée de 48,000 fr., chacun d'eux aurait pris 4,000 fr.

*Léon* étant décédé avant son père, sa part est dévolue à ses descendans en vertu de l'art. 759. et serait divisible par moitié entre *Claire* et *Romain*, ses enfans, s'ils existaient l'un et l'autre; chacun d'eux aurait 2,000 francs.

Mais *Romain* étant aussi décédé avant *Paul*, il se trouve représenté par *Rose* et *Marc*, qui partagent également entr'eux les 2,000 fr. qu'il aurait recueillis.

Ainsi, dans la succession de *Paul*, 4,000 fr. appartiendront à *Frédéric*, 2,000 francs à *Claire*, 1,000 francs à *Rose*, 1,000 francs à *Marc*, et des 40,000 francs qui restent, 20,000 francs appartiendront à *Jean*, et les autres 20,000 francs à *Marie*, et *Joseph*, enfans de *Jacques*.

On voit que la représentation s'exerce à l'égard des descendans des enfans naturels, comme à l'égard des descendans des enfans légitimes.

*Rose* et *Marc* ne sont pas exclus, quoiqu'il y ait des descendans plus proches qu'eux, et parmi les héritiers légitimes et parmi les héritiers irréguliers.

4. Lorsque l'enfant naturel a survécu au père qu'il a reconnu, et qu'il renonce à la succession, ou qu'il en est déclaré indigne, ses enfans, ou descendans, peuvent-ils jouir du bénéfice de la disposition de l'art. 759? Peuvent-ils, à la place de l'enfant naturel renonçant ou indigne, réclamer les droits qu'il n'a pu ou voulu recueillir?

La négative me paraît résulter évidemment, soit de la disposition de l'art. 759 qui n'admet que dans le cas de prédécès de l'enfant naturel, ses enfans ou descendans à réclamer les droits déterminés par les articles précédens, soit de la disposition de l'art. 744, qui établit en règle générale qu'on ne représente pas les personnes vivantes.

Cependant on cherche à faire prévaloir l'opinion contraire, comme étant plus équitable, plus conforme aux droits de la nature; mais je ne vois pas comment on pourrait la concilier avec le texte, l'esprit et l'objet de la législation sur cette matière: examinons les divers moyens sur lesquels on voudrait l'établir.

1° On dit qu'à la vérité le cas du prédécès de l'enfant naturel, est le seul qui soit exprimé dans l'art. 759; mais qu'il n'est là que démonstratif et non limitatif, et que le véritable sens de l'article est que, si l'enfant naturel ne succède pas au père ou à la mère qui l'a reconnu, son droit à la succession irrégulière passe à ses enfans ou descendans.

Mais, s'il est incontestable que les descendans d'un enfant naturel n'ont aucun lien civil avec les père et mère qui ont reconnu cet enfant, que par l'art. 756 ils sont formellement exclus de tous droits sur les biens de ces père et mère qui sont à leur égard comme des étrangers, et que ce

n'est que par dérogation, par exception à ces
principes, que l'art. 759 les a admis à réclamer
les droits déterminés dans les art. 757 et 758, ne
suffit-il pas maintenant d'ajouter , pour répondre
à l'objection, que toute dérogation à une disposition de loi, toute exception à une règle établie,
doit être restreinte dans ses termes; qu'il ne peut
être permis de l'étendre à d'autres cas que ceux
pour lesquels il a été spécialement dérogé, que
ceux qui ont été nominativement exceptés, et
qu'ainsi puisque l'art. 759 a statué uniquement
sur le cas du prédécès de l'enfant naturel, puisqu'il n'a prévu que ce cas, ce n'est qu'à ce cas
seul que peut être appliquée sa disposition, ce
n'est qu'à ce cas seul que peut être appliquée la
dérogation, ou l'exception qu'il prononce? d'où
il suit nécessairement que ce n'est qu'en cas de
prédécès de l'enfant naturel reconnu, que ses
enfans ou descendans peuvent réclamer les droits
déterminés par les articles précédens.

Prétendre que l'article 759 doit s'entendre d'une
manière illimitée et s'appliquer à tous les cas,
quoiqu'il ait prévu un cas particulier, qu'il n'ait
prévu que ce seul cas, et qu'il ne l'ait pas énoncé
dans des termes démonstratifs , c'est vouloir lui
faire dire ce qu'il ne dit pas, et même le contraire
de ce qu'il dit, puisqu'il établit une seule exception.

2º On dit que la disposition de l'art. 786 du
Code civil, qui porte que la part du renonçant

accroît à ses cohéritiers, ne peut être applicable au cas où l'enfant naturel renonce à son droit, puisque l'enfant naturel, qui n'est pas héritier, ne peut pas avoir de cohéritiers; qu'ainsi son droit, quand il renonce, ne peut pas accroître aux parens légitimes qui viennent à la succession, et passe conséquemment à ses enfans ou descendans, qui, dans ce cas, se trouvent appelés de leur chef par l'art, 759, et non par représentation de l'enfant naturel.

Je réponds qu'à la vérité ce n'est pas par voie d'accroissement que les héritiers légitimes profitent du droit qui appartenait à l'enfant naturel et auquel il a renoncé; mais qu'ils en profitent par la raison que l'enfant naturel qui a renoncé à la succession irrégulière, est censé n'avoir jamais été successeur, de même qu'aux termes de l'art. 785 l'héritier qui renonce, est censé n'avoir jamais été héritier; qu'on doit le considérer par rapport à la succession, comme s'il n'avait jamais existé; qu'ainsi il n'y a pas lieu à distraire de la succesion légitime, la part qu'il aurait eue, s'il avait été successeur.

Au reste, il a été précédemment établi que les enfans ou descendans de l'enfant naturel, ne peuvent pas être appelés *jûre proprio* à réclamer des droits dans la succession du père, ou de la mère, qui a reconnu cet enfant; qu'aussi, pour les appeler, l'art. 759 a établi en leur faveur la représentation en *successions irrégulières*, et que c'est précisément parce qu'il n'a entendu les appeler que comme représentans de l'enfant naturel, qu'il ne les a appelés que dans le cas seulement de prédécès de cet enfant.

J'ajouterai que, si pour ce cas l'art. 759 n'avait pas établi la représentation, et si les descendans de l'enfant naturel pouvaient venir de leur ch. f, les descendans les plus proches de cet enfant excluraient toujours, *pour la succession irrégulière* dont il s'agit, les descendans plus éloignés, puisque la représentation n'a été établie par l'art. 740 qu'en succession légitime.

Je peux encore tirer un argument de la disposition de l'art. 765 du Code civil.

Suivant cet article, la succession de l'enfant naturel décédé sans postérité, est dévolue au père, ou à la mère, qui l'a reconnu, ou par moitié à tous les deux, s'il a été reconnu par l'un et l'autre, et le motif de cette disposition est que, l'art. 756 ayant admis l'enfant naturel à réclamer des droits sur les successions des père et mère qui l'ont reconnu, il a paru juste d'accorder, par réciprocité, des droits à ces père et mère sur la succession de leur enfant naturel décédé sans postérité.

Mais s'il avait été dans l'intention du législateur d'admettre également les descendans de l'enfant naturel à réclamer, de leur chef, des droits sur les successions des père et mère qui auraient reconnu cet enfant, il eût été juste aussi d'accorder, par réciprocité, à ces père et mère, des droits sur les successions des descendans de leur enfant naturel, lorsqu'ils seraient décédés avant lui et sans postérité.

Cependant l'art. 765 ne leur accorde de droits que sur la succession de leur enfant naturel reconnu, et aucun autre article ne leur accorde de droits sur les successions des descendans de cet enfant, lors même que ces descendans seraient issus de mariages légitimes.

C'est que réellement il n'existe entr'eux et ces descendans, aucun rapport civil qui puisse établir des droits; d'où il résulte encore que l'art. 759 n'a été fait que pour le cas où les descendans de l'enfant naturel pourraient le représenter lui-même, et prendre, en montant à sa place et à son degré, les droits qu'il aurait eus; au lieu que les père et mère de l'enfant naturel ne peuvent pas le représenter dans les successions de ses descendans, la représentation n'étant jamais admise en faveur de la ligne directe ascendante.

3° On dit encore que les descendans de l'enfant naturel ne doivent pas souffrir de ce qu'il a renoncé à la succession du père ou de la mère, qui l'a reconnu; qu'ils ne doivent pas souffrir de ce qu'il a été déclaré indigne, et que, s'ils sont privés du bénéfice de la représentation, ils n'en doivent pas moins être appelés de leur chef.

Mais les descendans d'un enfant légitime ne souffrent-ils pas aussi de ce qu'il a renoncé à la succession de son père, ou de ce qu'il en a été déclaré indigne? Ne sont-ils pas entièrement exclus de la succession, aux termes des art. 750 et 787, lorsqu'il y a d'autres enfans légitimes, et même des descendans plus éloignés qui jouissent du droit de représentation?

Il est bien vrai qu'ils sont appelés à succéder de leur chef, lorsqu'il n'y a pas d'autres enfans légitimes du défunt, ou d'autres descendans qui puissent représenter, et que, dans ce cas, ils viennent en concours avec les autres descendans qui sont au même degré qu'eux, et que même ils excluent tous les autres parens.

C'est qu'étant parens légitimes du défunt, ils peuvent lui succéder de leur chef, c'est que, pour le cas dont il s'agit, ils sont spécialement appelés à succéder de leur chef, par les art, 745, 746, 748, 750 et 787.

Mais, à raison de leur origine, les descendans de l'enfant naturel ne peuvent pas jouir des mêmes avantages, parce qu'ils ne sont pas parens légitimes du défunt, et qu'ils ne sont admis à réclamer des droits dans sa succession, que pour le cas seulement du prédécès de l'enfant naturel dont ils sont issus, c'est-à-dire, lorsqu'ils peuvent, par la voie de la représentation, prendre les droits qu'il aurait eus lui-même, s'il avait survécu.

4° On dit enfin que l'opinion que je soutiens, irait jusqu'à l'injustice la plus extrême, jusqu'à violer de la manière la plus immorale les droits du sang et de la nature, puisqu'il en résulterait que, dans le cas où l'enfant naturel reconnu aurait renoncé à la succession de son père, ou en aurait été déclaré indigne, ses enfans seraient entièrement exclus de la succession par des parens collatéraux qui seraient au dernier des degrés successibles, et qu'il en résulterait même que, s'il n'y avait pas de parens successibles, les enfans et tous les autres descendans de l'enfant naturel reconnu, seraient entièrement exclus de la succession de leur aïeul, soit par le conjoint survivant, soit même par le fisc.

Si ce reproche d'injustice et d'immoralité pouvait être fondé, il faudrait l'adresser également, et à bien plus forte raison encore, à la disposition de l'art. 756, de laquelle il résulte bien certainement qu'en cas de prédécès du père d'un enfant naturel reconnu, cet enfant lui-même ne peut avoir aucun droit sur la succession de son aïeul, et qu'il serait exclu, soit par les parens légitimes au dernier degré successible, soit par le conjoint survivant, soit même par le fisc.

Cependant cette disposition, avec toutes ses conséquences, a été généralement approuvée, parce qu'elle est éminemment dans les intérêts des bonnes mœurs.

Les descendans de l'enfant naturel devaient-ils donc être traités plus favorablement que lui? Le même principe qui s'élève contre lui, ne s'élève-t-il pas également contre eux? Ne sont-ils pas des étrangers aux yeux de la loi, à l'égard des père et mère de l'enfant naturel, comme l'enfant naturel est étranger à l'égard des ascendans de ses père et mère ?

Si, d'ailleurs, les parens même légitimes, lorsqu'ils sont au-delà du douzième degré, sont exclus par le fisc, parce que leur parenté se trouve si affaiblie qu'elle ne les laisse plus considérer que comme des étrangers, comment les enfans naturels, ou leurs descendans, ne seraient-ils pas également exclus par le fisc, lorsqu'il n'existe entr'eux et le défunt aucune parenté civile, aucun lien civil ?

N'oublions jamais que le législateur, en s'occupant du sort des enfans naturels, en voulant adoucir à leur égard la rigueur de l'ancienne jurisprudence, s'est cependant bien gardé, soit de les faire entrer dans la famille légitime, soit de leur donner les mêmes droits qu'aux parens légitimes.

C'est par grâce, c'est par pure humanité, qu'il a accordé à l'enfant naturel quelques droits sur les successions des père et mère qui l'ont reconnu, et il ne serait pas permis, sans doute, de les étendre à d'autres successions.

C'est aussi par grâce et par humanité, qu'il a admis les descendans de l'enfant naturel à réclamer des droits dans les successions des père et mère de cet enfant; mais il ne les a admis à réclamer ces droits, que dans un seul cas, qu'en cas seulement du prédécès de l'enfant naturel. Hors ce cas, ils n'ont donc rien à réclamer.

Dans une matière si délicate, n'allons pas plus loin que le législateur. Déjà plusieurs fois j'ai eu l'occasion de faire remarquer que, si l'on accordait aux enfans naturels, ou à leurs descendans, tout ce que l'équité naturelle semble réclamer pour eux, on porterait de graves atteintes à la morale publique.

## ARTICLE 760.

L'enfant naturel ou ses descendans sont tenus d'imputer sur ce qu'ils ont le droit de prétendre, tout ce qu'ils ont reçu du père, ou de la mère, dont la succession est ouverte, et qui serait sujet à rapport, d'après les règles établies à la section II du chapitre VI du présent titre.

1. Suivant l'art. 908 du Code civil, les enfans naturels ne peuvent rien recevoir, par donation

entre-vifs ou par testament, soit directement, soit
indirectement, au-delà de ce qui leur est accordé
au titre des successions.

De cette disposition il résulte,

1° Que l'enfant naturel ne peut avoir la quotité
de biens, qui lui est attribuée par l'art. 757, et
conserver, en outre, ce qu'il a reçu, directement
ou indirectement, de celui des père et mère, dans
la succession duquel il exerce ses droits;

2° Que, s'il a reçu plus que la quotité déterminée
par l'art. 757, il est tenu de restituer l'excédant.

2. Mais comment l'enfant naturel est-il tenu de
restituer ce qu'il a reçu?

Ce n'est point par la voie du rapport, comme
les héritiers légitimes; c'est par la voie de l'imputation. L'art. 760 dit expressément que les enfans
naturels sont tenus d'imputer sur ce qu'ils ont le
droit de prétendre, tout ce qu'ils ont reçu.

L'imputation et le rapport sont deux choses
distinctes et qui produisent des effets différens.

L'imputation se fait sur la part qui revient dans
la succession, à celui qui a reçu; le rapport se
fait à la masse de la succession.

L'obligation d'imputer ne force pas à restituer
en nature les choses qu'on a reçues, pas même
les immeubles; il suffit d'en précompter la valeur
sur sa part dans la succession. L'obligation du rapport force à restituer les immeubles en nature,

sauf les deux exceptions énoncées dans les articles 859 et 860.

L'imputation est moins favorable à celui qui a reçu, que ne le serait le rapport; en voici la preuve.

Supposons qu'un enfant légitime soit en concours avec un enfant naturel, que l'enfant naturel ait reçu de son père 1,200 fr., que la succession du père soit de 12,000 fr.

*Imputation.* La succession du père étant de 12,000 fr., la sixième portion qui reviendra à l'enfant naturel sera de deux mille francs, et comme il sera tenu d'imputer sur cette somme celle de 1,200 fr. qu'il a reçue, il n'aura plus à réclamer que 800 fr.

*Rapport.* Si l'enfant naturel rapportait à la succession la somme de 1,200 fr. qu'il a reçue, la masse de la succession serait de 13,200 fr.; le sixième auquel il a droit, s'éleverait à 2,200 fr., et en faisant déduction des 1,200 fr., qu'il a reçus, il pourrait encore réclamer mille francs.

Il aurait donc deux cents francs de plus, en rapportant, qu'en imputant.

Mais il faut considérer aussi que l'enfant naturel, n'étant obligé qu'à l'imputation, est devenu, dès le moment de la donation qui lui a été faite propriétaire incommutable de l'immeuble qu'il a reçu; que dès-lors il a pu en disposer à son gré, même à titre gratuit; que jamais il ne peut être

16.

contraint de le restituer en nature, et qu'il ne doit imputer que la valeur qu'avait l'immeuble au temps de la donation ; au lieu que celui qui est obligé au rapport, n'a pas la pleine propriété de l'immeuble qui lui a été donné, puisqu'il ne peut en disposer à titre gratuit ; que, s'il n'a pas aliéné, à titre onéreux, avant l'ouverture de la succession, et s'il n'y a pas dans l'hérédité d'autres immeubles de même nature, valeur et bonté, dont on puisse former des lots à peu près égaux pour les autres cohéritiers, il est toujours tenu de rapporter en nature, et qu'enfin dans les deux seuls cas où il est dispensé du rapport en nature, il doit rapporter ce que valait l'immeuble, au moment de l'ouverture de la succession.

Cependant, malgré ces différences, il doit paraître bien singulier que, si l'enfant naturel offrait de rapporter en nature à la masse de la succession l'immeuble qu'il aurait reçu, son offre pût être refusée et qu'on pût contraindre à imputer la valeur sur la part qui lui reviendrait dans la succession ; car enfin, par le rapport en nature, l'objet que s'est proposé le législateur dans l'article 908, se trouverait entièrement rempli, puisque son unique objet a été d'empêcher que l'enfant naturel ne reçût, par aucun moyen quelconque, plus que la portion qu'il avait déterminée dans l'art. 757.

J'ajouterai même que je ne vois pas pourquoi

le législateur a soumis l'enfant naturel à l'imputation, plutôt qu'au rapport. Il y a injustice et incohérence, en ce que, par ce mode de restitution, l'enfant naturel se trouve avoir moins que ce qui lui a été expressément attribué par l'article 757.

Quoiqu'il en soit, comme l'enfant naturel pourrait avec succès se prévaloir du *texte* de l'art. 760, pour soutenir que, *dans aucun cas*, il ne peut être tenu de rapporter en nature l'immeuble qu'il a reçu, et que seulement il doit précompter la valeur au moment de la donation, ce qui, dans certaines circonstances, pourrait lui être avantageux, il faut bien que, par réciprocité, on puisse également lui opposer le texte de l'article, pour le contraindre à imputer sur sa part, lorsqu'il voudrait se borner à rapporter.

Opposerait-on que l'art. 760 ne se borne pas à dire que les enfans naturels sont tenus d'imputer, mais qu'il ajoute que l'imputation sera faite d'après les règles établies pour les rapports dans la section II du chap. VI du *titre des Successions*, et qu'il résulte clairement de cette seconde disposition, que l'imputation doit être faite de la même manière que le rapport?

Je répondrais d'abord qu'il n'est pas dit dans l'article, que l'imputation à laquelle sont soumis les enfans naturels, sera faite d'après les règles établies au titre *des Successions*; mais qu'il est dit

que les enfans naturels sont tenus d'imputer ce
qu'ils ont reçu, *et qui serait sujet à rapport d'après les règles établies dans la section II du chapitre VI du titre des Successions.* Or cette seconde disposition ne dit rien autre chose, si ce
n'est que les enfans naturels ne sont tenus d'imputer que ce que les héritiers légitimes sont tenus
de rapporter d'après les règles établies au titre
*des Successions;* il n'y a donc à consulter ces
règles, que pour déterminer les choses que doivent, ou non, imputer les enfans naturels, mais
non pas pour déterminer la *manière* dont l'imputation doit être faite.

En second lieu, comment peut-on supposer
que le législateur, en disant que les enfans naturels sont tenus d'imputer sur ce qu'ils ont droit
de prétendre, ce qu'ils ont reçu du père ou de
la mère, dont la succession est ouverte, ait entendu cependant ne les soumettre réellement
qu'à un simple rapport? Le rapport, comme on
l'a déjà dit, se fait à la masse de la succession, et
non par voie de retranchement sur la part héréditaire de celui qui a reçu et qui doit restituer;
il est donc inconciliable que, d'une part, le législateur ait voulu que les enfans naturels ne
fussent obligés qu'à rapporter, et que, d'autre
part, il ait dit formellement que les enfans naturels seraient tenus d'imputer sur ce qu'ils auraient droit de prétendre dans la succession.

Dans ce cas, les expressions étant claires et positives pour l'imputation, elles repoussent formellement l'intention supposée d'un simple rapport, et ce qui achève enfin de prouver que telle n'a pas été l'intention du législateur, c'est qu'il n'a pas renvoyé aux règles établies sur les rapports, pour la manière dont l'imputation devrait être faite, mais seulement pour les choses qui seraient sujettes à imputation.

Il faut donc se conformer à la disposition qui est écrite, puisqu'elle est précise, puisqu'elle ne présente aucune espèce d'équivoque, quelle que soit d'ailleurs l'opinion qu'on puisse avoir sur son mérite.

3. Les dons faits aux enfans naturels, ne peuvent être, comme ceux faits aux enfans légitimes, dispensés de l'imputation, ou de la restitution.

L'art. 913 du Code civil permet bien aux père et mère de faire des libéralités, jusqu'à concurrence de la portion disponible, en faveur d'un ou de plusieurs de leurs enfans légitimes, et suivant l'art. 843, ces libéralités peuvent être dispensées du rapport; mais l'art. 908 n'admet pas cette dispense, quant aux libéralités faites aux enfans naturels : il dit généralement, et sans aucune exception, que les enfans naturels ne pourront, par donation entre-vifs, ou par testament, rien recevoir au-delà de ce qui leur est accordé au titre *des Successions*.

Le législateur ayant réglé, d'une manière convenable, les droits des enfans naturels sur les biens de leurs père et mère décédés, il n'a pas voulu, et par de très-justes motifs, que les père et mère pussent donner davantage.

Il est vrai que, sous ce rapport, les enfans naturels ne se trouvent pas aussi favorisés que des étrangers auxquels il est permis de donner la totalité de ses biens, lorsqu'on n'a ni descendans légitimes, ni ascendans; mais il était dans l'intérêt des bonnes mœurs, que les familles légitimes ne fussent pas entièrement dépouillées au profit des enfans naturels, et d'ailleurs ces enfans se trouvent aujourd'hui bien mieux traités encore qu'ils ne l'étaient sous l'empire de la législation ancienne.

4. Suivant l'art. 760, non-seulement l'enfant naturel reconnu, mais encore ses descendans qui viennent à sa place suivant l'art. 759, sont tenus d'imputer tout ce qui a été donné par le père, ou par la mère, dont la succession est ouverte.

Il y a trois cas différens où les descendans sont soumis à l'obligation d'imputer.

1° Lorsque l'enfant naturel ayant survécu au père, ou à la mère qui l'a reconnu, décède avant d'avoir obtenu la délivrance de ses droits, il est hors de doute et peut-être même il était inutile de faire remarquer que ses descendans qui lui succèdent, ne peuvent réclamer, à sa place, des droits plus étendus que ceux qui lui étaient échus, et qu'en conséquence, comme lui, ils sont tenus d'imputer sur la portion qui lui avait été déférée par l'art. 757, tout ce qui lui avait été donné par le père, ou la mère, dans la succession duquel ils viennent exercer ses droits.

2° Lorsqu'en cas de prédécès de l'enfant naturel reconnu, ses descendans réclament, en vertu de l'art. 759, les droits qui lui auraient été déférés, s'il avait survécu, ils ne peuvent avoir, puisqu'ils le représentent, plus de droits qu'il n'en aurait eu lui-même, et conséquemment ils sont soumis à toutes les charges dont il aurait été tenu.

Ils ne peuvent d'ailleurs être traités plus favorablement que les descendans légitimes qui, d'après l'art. 848, doivent rapporter ce qui avait été donné à la personne qu'ils représentent, lors même qu'ils auraient renoncé à sa succession.

Il est bien vrai que, suivant ce dernier article, le fils légitime, qui vient *de son chef* à la succession du donateur, n'est pas tenu de rapporter le don fait à son père, même quand il aurait accepté la succession de celui-ci; mais cette disposition ne peut s'appliquer aux descendans de l'enfant naturel, puisqu'ils ne peuvent venir de leur chef à la succession du père ou de la mère de l'enfant naturel, ainsi qu'il a été établi dans les observations sur l'art. 759.

3° Les descendans de l'enfant naturel sont tenus d'imputer, non-seulement ce qui avait été donné à cet enfant, mais encore ce qui leur a été donné à eux-mêmes par l'auteur de la succession dans laquelle ils viennent exercer leurs droits.

Comme les père et mère de l'enfant naturel ne peuvent rien lui donner avec dispense d'imputation, de même ils ne peuvent faire à ses descendans aucune libéralité qui soit affranchie de l'obligation d'imputer. Dans cette matière, les descendans des enfans naturels sont réputés des personnes interposées, auxquelles l'art. 911 du Code prohibe de donner ce qui ne pourrait être donné à l'enfant naturel lui même, ou de donner, sans que la libéralité soit assujettie aux mêmes charges dont aurait été grevée la libéralité faite à l'enfant naturel. S'il en était autrement, rien ne serait plus facile que d'éluder la disposition si morale de l'art. 908.

D'ailleurs, il est de règle que les descendans des enfans légitimes, soit qu'ils viennent de leur chef, soit qu'ils viennent par représentation, sont toujours tenus de rapporter ce qui leur a été donné personnellement par l'auteur de la succession, et certes les descendans des enfans naturels ne doivent pas être traités avec plus de faveur.

5. Aux termes de l'art. 760, l'enfant naturel, ou ses descendans, ne sont tenus d'imputer que ce qui serait sujet à rapport, d'après les règles établies à la section 2 du chap. VI du titre *des*

*Successions;* il faut donc consulter ces règles, pour savoir quelles sont les choses qui doivent être imputées par l'enfant naturel ou par ses descendans, et quelles sont celles qui ne sont pas sujettes à imputation.

Ainsi, d'après l'art. 851, l'enfant naturel, ou ses descendans, doivent imputer ce qui a été employé pour l'établissement des uns et des autres, ou pour le payement de leurs dettes.

Mais, d'après l'art. 852, ils ne doivent pas imputer les frais de nourriture, d'entretien, d'éducation, d'apprentissage, ni les frais ordinaires d'équipement, ni ceux de noces et présens d'usage.

Les art. 853 et 854 leur sont pareillement applicables. Seulement, les tribunaux doivent veiller scrupuleusement à ce qu'on n'abuse pas de ces articles, pour déguiser des donations prohibées par la loi.

Suivant l'art. 856, l'enfant naturel, ou ses descendans, ne doivent qu'à compter du jour de l'ouverture de la succession, les fruits et les intérêts des choses sujettes à imputation.

L'art. 857 leur est aussi applicable, en ce sens qu'ils ne doivent l'imputation qu'à l'égard des héritiers légitimes avec lesquels ils se trouvent en concours, mais non pas à l'égard des légataires, ni à l'égard des créanciers de la succession.

Ainsi, l'art. 760 doit servir à expliquer la disposition de l'art. 908 et empêche qu'elle ne soit appliquée d'une manière trop générale.

Cette disposition n'a été faite que dans les intérêts des héritiers légitimes, et afin qu'ils ne fussent pas dépouillés par des donations excessives faites aux enfans naturels.

Elle ne peut être invoquée par les légataires, puisque les légataires n'ont aucun droit sur les biens dont le testateur avait précédemment disposé par des actes entre-vifs.

Elle ne peut être invoquée par les créanciers de la succession, puisque, s'ils avaient hypothèque sur les biens donnés, ils la conservent malgré la donation qu'en ce cas ils n'ont pas besoin de quereller, et que, s'ils n'avaient pas d'hypothèque sur les biens donnés, ils ne sont pas recevables à se plaindre de l'aliénation qui en a été faite.

Néanmoins, à l'égard des créanciers, la donation faite à l'enfant naturel, comme toute autre donation entre-vifs, ne peut être valable, que lorsqu'elle est transcrite, et les créanciers pourraient opposer le défaut de transcription, conformément à l'art. 941.

6. Comme l'enfant naturel est tenu d'imputer sur ce qu'il a droit de prendre dans la succession de son père, ou de sa mère, tout ce qu'il avait reçu du défunt, et que cette imputation profite aux héritiers légitimes, n'est-il pas juste qu'il profite également des choses que les héritiers légi-

times rapportent à la masse de la succession, c'est-
à-dire qu'il y prenne son droit, comme sur les
autres biens ?

Déjà cette question se trouve traitée au n° 17
des observations sur l'art. 757.

## ARTICLE 761.

Toute réclamation leur est interdite,
lorsqu'ils ont reçu, du vivant de leur
père ou de leur mère, la moitié de ce
qui leur est attribué par les articles précédens, avec déclaration expresse, de
la part de leur père ou mère, que leur
intention est de réduire l'enfant naturel
à la portion qui lui est assignée.

Dans le cas où cette portion serait
inférieure à la moitié de ce qui devrait
revenir à l'enfant naturel, il ne pourra
réclamer que le supplément nécessaire
pour parfaire cette moitié.

1. Les père et mère peuvent réduire la portion
de leur enfant naturel dans leurs successions,
comme ils peuvent réduire celle de leurs enfans
légitimes, en disposant de leurs biens jusqu'à con-
concurrence de la portion disponible

Les droits qui sont déférés par la loi à l'enfant naturel, comme ceux qui sont déférés à l'enfant légitime, ne peuvent s'exercer que sur les biens dont ses père et mère n'ont pas disposé valablement.

Mais les père et mère ne peuvent, d'aucune autre manière, diminuer la portion qui est réservée par la loi à chacun de leurs enfans légitimes.

Ces enfans eux-mêmes ne peuvent valablement consentir à aucune réduction de leurs droits, pendant la vie de leur père, ou mère. Suivant l'art. 1130, on ne peut faire aucune stipulation sur une succession non ouverte, même avec le consentement de celui de la succession duquel il s'agit.

Il n'en est pas ainsi à l'égard des enfans naturels.

Le législateur a voulu que pour la tranquillité et le repos des familles légitimes, les père et mère d'un enfant naturel eussent la faculté de prendre avec lui des arrangemens et de faire des stipulations sur leurs future successions.

Il a même voulu que, par ces arrangemens, par ces stipulations, la portion de l'enfant naturel pût être réduite à la moitié des droits déterminés par les art. 757 et 758.

Tel est l'objet de la disposition qu'il a consignée dans l'art. 761.

Ainsi la réduction qui est autorisé par cet article, est absolument indépendante de celle qui peut résulter des dispositions qui sont permises aux père et mère, jusqu'à concurrence de la portion disponible; en sorte que l'enfant naturel, qui déjà se trouve réduit à ne prendre part que dans les biens dont il n'a pas été disposé, ou qui étaient indisponibles, peut être encore réduit à n'avoir dans ces biens que la moitié des droits déterminés par les art. 757 et 758.

2. Mais aux termes de l'art. 761, cette dernière réduction ne peut avoir lieu que sous trois conditions:

La première, que l'enfant naturel ait reçu, du vivant de son père ou de sa mère, ce qui lui est volontairement attribué pour ses droits dans la succession future;

La seconde, que le père, ou la mère, qui a fait le don, ait déclaré expressément que son intention était de réduire son enfant naturel à la portion qu'il lui a assignée;

La troisième, qu'en effet la réduction ne s'élève pas au-dessus de la moitié de ce qui devrait revenir à l'enfant naturel, d'après les art. 757 et 758.

Ces trois conditions sont formellement imposées par l'art. 761; il ne peut donc être permis de s'y soustraire.

Nous allons voir comment elles doivent être entendues et exécutées.

3. La première condition donne lieu à examiner la question suivante.

Pour que la réduction ait lieu suivant l'art. 761, suffit-il que, par une disposition testamentaire, ou par toute autre disposition qui ne produit d'effet qu'à la mort de son auteur, le père ou la mère de l'enfant naturel lui ait attribué une portion de biens, avec déclaration qu'il entend le réduire à cette portion ?

Ne suffit-il pas même que, par un acte quelconque, et sans faire aucune disposition, soit en faveur de l'enfant naturel, soit en faveur de toute autre personne, il ait expressément déclaré son intention de réduire son enfant naturel à la moitié des droits fixés par les art. 757 et 758 ?

Ces deux questions doivent être résolues négativement.

En effet, suivant le texte de l'art. 761, la réduction ne peut avoir lieu et la réclamation n'est interdite à l'enfant naturel, que *lorsqu'il a reçu, du vivant de son père ou de sa mère*, la moitié de ce qui lui est attribué par les articles précédens.

Or, l'enfant naturel ne reçoit rien, du vivant de son père ou de sa mère, lorsque son père ou sa mère ne fait en sa faveur qu'une disposition testamentaire, ou une institution contractuelle, puisqu'en vertu de l'une ou de l'autre disposition, l'enfant naturel ne reçoit effectivement qu'après la mort du père, ou de la mère, qui a disposé.

Il faut bien remarquer que l'art. 761 exige deux choses, 1º que l'enfant naturel ait reçu, *du vivant de son père ou de sa mère*, la portion à laquelle il est réduit; 2º qu'il y ait eu, de la part du père ou de la mère, déclaration expresse de réduction.

Ces deux conditions étant exigées cumulativement, une seule ne peut être suffisante, et il en résulte incontestablement que, soit une disposition testamentaire en faveur de l'enfant naturel, soit une institution contractuelle, soit tout autre acte par lequel le père ou la mère déclare vouloir réduire cet enfant à une portion de biens, *qui n'est pas actuellement donnée, et dont cet enfant ne devient pas actuellement propriétaire*, ne peut suffire pour la réduction, puisqu'il manque, dans tous ces cas, la première condition prescrite par l'article 761, que l'enfant naturel ait reçu, du vivant de son père ou de sa mère.

Il faut donc conclure des termes de cet article, que la réduction ne peut avoir lieu que par une donation entre-vifs de biens présens, qui est acceptée par l'enfant naturel, c'est-à-dire, en vertu d'une convention librement faite entre l'enfant naturel et son père ou sa mère.

Cependant quelques jurisconsultes soutiennent l'opinion contraire.

Ils disent que, par l'art. 761 , le législateur

11.                                                              17

eu pour objet de conférer, aux père et mère de l'enfant naturel, le droit de réduire à moitié la portion de biens, fixée par les art. 757 et 758, et qu'il était utile et moral de leur conférer ce droit, pour qu'ils eussent un moyen de retenir leurs enfans naturels dans les devoirs de la piété filiale;

Mais que ce droit serait absolument illusoire, si le père ou la mère ne pouvait l'exercer sans le consentement de l'enfant naturel;

Qu'ainsi, ces mots, *reçu du vivant des père ou mère*, ne doivent pas s'entendre rigoureusement; qu'ils indiquent un cas, ou un exemple de réductibilité, mais ne doivent pas être interprétés d'une manière qui restreigne à ce seul cas toute la disposition de l'article; qu'il ne faut donc pas limiter cette disposition à une donation réelle et actuelle; mais que, suivant l'intention du législateur, elle doit être appliquée à tout acte dans lequel le père ou la mère a consigné expressément sa volonté de réduire.

Ils ajoutent que, par l'art. 908, il est bien défendu aux père et mère d'augmenter, soit par une donation entre-vifs, soit par un testament, la portion légale de leurs enfans naturels; mais qu'aucun article ne leur défend de réduire cette portion à moitié, par quelque acte que ce soit;

Et qu'enfin, puisqu'il est permis aux père et mère de réduire la portion de leur enfant légitime, par des dispositions testamentaires, ils doivent, à plus forte raison, jouir du même droit contre leur enfant naturel.

On cite, à l'appui de cette opinion, un arrêt de la cour d'appel de Pau, du 24 mai 1806, qui, en effet, a jugé que le sieur *Picot* avait pu, par son testament, en instituant son fils légitime pour son héritier universel, réduire à moitié les droits de son enfant naturel.

Il suffirait peut-être de répondre que, lorsque le texte d'une loi est clair et précis, il ne peut être permis de s'en écarter, et que ce n'est que dans le cas seulement où la rédaction d'une loi laisse des doutes sur son véritable sens, que les tribunaux peuvent user du droit de l'interpréter ;

Que dans l'espèce, la loi exige formellement et dans les termes les plus positifs, comme première condition de la réduction, que l'enfant naturel ait reçu, du vivant de son père ou de sa mère, la portion que l'un d'eux veut lui attribuer dans sa succession future ; et qu'en conséquence, dans tous les cas où il n'a pas reçu cette portion, du vivant de ses père et mère, la réduction ne peut avoir lieu contre lui, aux termes de l'art. 761.

Mais on pourrait répondre encore, même en recherchant l'intention du législateur, que, dans l'art. 761, il ne s'est pas uniquement occupé des

17.

intérêts du père, ou de la mère de l'enfant naturel, et qu'il a eu également en vue les intérêts de
cet enfant; qu'il a voulu pourvoir au cas où l'enfant naturel aurait, du vivant de son père ou
de sa mère, besoin de quelques·sommes ou de
quelques biens, pour un établissement avantageux; que, pour déterminer le père ou la mère
à lui en faire l'avance, il a permis, en ce cas, la réduction des droits de l'enfant naturel; qu'alors il
s'établit entr'eux une espèce de transaction; que
le père ou la mère, en accordant la somme, ou
la portion de biens qui est déterminée, affranchit
ses héritiers légitimes d'une dette plus considérable, et que de son côté l'enfant naturel trouve un
avantage réel et présent, à la place des droits
éventuels et incertains que la loi lui promettait
après le décès de son père ou de sa mère.

Et ce qui prouve que telle a été l'intention du
législateur dans l'art. 761, c'est qu'elle a été ainsi
expliquée par M. Siméon, dans le discours qu'il
a prononcé, au nom du tribunal, devant le corps
législatif pour faire adopter la loi sur *les Successions*. Voici comment il s'exprime :

« Si, pour la tranquillité et le repos de leur
« famille, les père et mère ont eu soin d'acquitter,
« de leur vivant, leur dette envers leur enfant na-
« turel; si, en la payant par anticipation, ils ont
« déclaré ne vouloir pas qu'il vînt après eux trou-
« bler leur succession, le Code maintiendra cette

« disposition, lors même que ce don anticipé
« n'arriverait qu'à la moitié de la créance.

« Une pareille donation, ajoute l'orateur, est
« utile, et pour l'enfant naturel *qu'elle fait jouir
« plus tôt*, et pour la famille qu'elle débarrasse
« d'un créancier odieux ; il est bien de la main-
« tenir. »

On pourrait ajouter qu'on trouve l'exemple
d'une semblable réduction, dans les coutumes qui
permettaient d'apanager les filles, lors de leurs
contrats de mariage.

Tous les commentateurs convenaient que l'a-
panage était nul, si la dot n'avait été stipulée
payable qu'après le décès de celui qui l'avait constituée. (*Voyez* Auroux-des-Pommiers sur l'art. 305
de la Coutume du Bourbonnais.)

« Ce que l'on promet à la fille, pour prix de sa
« renonciation, dit Lebrun, *Traité des succes-*
« *sions*, liv. 3, chap. VIII, sect. 1, somm. 33, doit
« être payé comptant, ou au moins dans un
« temps certain, et l'on ne peut pas stipuler que
« le paiement ne s'en fera qu'après le décès des
« père et mère, parce que cette stipulation dé-
« truirait un des principaux motifs qui ont fait
« admettre les renonciations à succession future,
« qui est que la fille, en renonçant à l'événement
« incertain de la succession de ses père et mère,
« quelquefois même de ses collatéraux, a au
« moins quelque chose de certain. »

Ces raisons s'appliquent parfaitement à la réduction des droits des enfans naturels. Si cette réduction est permise, ce n'est qu'en considération
de ce que l'enfant naturel reçoit une chose certaine, à la place des droits plus considérables,
mais éventuels, qu'il pourrait avoir dans la succession de son père ou de sa mère ; et voilà précisément pourquoi l'art. 761 exige, pour la validité
de la réduction, que l'enfant naturel ait reçu du
vivant de son père ou de sa mère.

Quant à la dernière objection qui consiste en
ce que les père et mère, qui ont le droit de réduire, par testament, la portion de leur enfant
légitime, doivent jouir du même droit à l'égard
de leur enfant naturel, elle ne peut recevoir ici
d'application.

On a vu, dans le n° 1, des observations sur cet
article, que la réduction dont il s'agit en ce moment, n'est pas celle qui résulte des dispositions
à titre gratuit, faites par les père et mère, jusqu'à concurrence de la portion disponible ; que
c'est une réduction bien différente, puisqu'elle
porte sur tous les droits que la loi attribue aux
enfans naturels dans les successions *ab intestat.*

Or, cette seconde espèce de réduction ne
pourrait être stipulée contre les enfans légitimes,
même de leur consentement : elle est expressément prohibée à leur égard par l'art. 1130 du

Code: elle n'est autorisée par l'art. 761, que contre les enfans naturels.

Ainsi, de ce que les père et mère peuvent disposer par testament, au préjudice des enfans naturels, comme au préjudice des enfans légitimes, de tous les biens dont la loi leur permet la disposition, il ne s'ensuit pas que, pour les droits qui resteront à l'enfant naturel, *dans la succession ab intestat*, le père ou la mère ait également le pouvoir, par un testament, de réduire ces droits à la moitié de ce qui est déterminé par la loi.

« D'après la manière dont l'art. 761 est conçu, dit M. Grenier, *Traité des Donations*, tom. 2, pag. 420, il est de toute évidence que la réduction dont il est question, ne peut avoir lieu qu'en conséquence d'une convention faite du vivant des père et mère, qui aurait saisi l'enfant naturel; en sorte que cette réduction ne pourrait être l'effet d'une déclaration simplement faite de la part des père et mère, dans un testament, quand même il contiendrait un don en faveur de l'enfant naturel. »

Telle est aussi l'opinion de M. de Malleville, dans ses observations sur l'art. 761, et de M. Toullier, dans son *Droit civil français*, tome 4, page 256.

4. Toutefois la condition prescrite par l'article 461, que l'enfant naturel ait reçu du vi-

vant de son père ou de sa mère, ne peut pas
être étendue de manière que, si le père s'est ré-
servé la jouissance, pendant sa vie, des choses
qu'il a données entre-vifs, ou s'il a stipulé que la
somme par lui donnée entre-vifs, ne serait payable qu'à une époque *déterminée*, la réduction ne
doive pas avoir lieu.

Il est certain que, dans les deux cas, l'enfant
naturel a reçu une chose certaine, puisque dans
l'un et l'autre cas la propriété de la chose donnée lui a été assurée dès le moment de la donation, et que seulement l'époque de la jouissance
a été différée. Cette donation est valable, et dès
l'instant où elle a été consentie, le donataire a
été saisi de la propriété.

Mais, si le père ou la mère d'un enfant naturel
ne lui avait fait donation, que dans les termes de
l'art. 1082 du Code, c'est-à-dire, sur les biens
qu'il laisserait aujour de son décès, comme l'enfant naturel n'aurait rien de certain, au moment
de la donation, et que la disposition ne pourrait
avoir d'effet réel qu'au moment même où la
succession du donateur serait ouverte, la réduction ne pourrait avoir lieu dans le sens de
l'art. 761.

Il faut, en un mot, qu'il y ait eu, au profit de
l'enfant naturel, et au moment même de la donation, tradition réelle et effective des choses
qui lui ont été données, pour qu'on puisse dire

que, suivant les termes de l'art. 761, il a reçu, du vivant de son père ou de sa mère.

5. De toutes ces explications, il résulte que la donation entre-vifs de biens présens, ne peut opérer la réduction contre un enfant naturel, s'il ne l'a pas valablement acceptée;

. Que la réduction ne peut avoir lieu contre l'enfant naturel qui est mineur ou interdit, puisqu'il n'a pas la capacité nécessaire pour y consentir;

Que néanmoins le tuteur de l'enfant naturel, qui est en minorité, et le curateur de l'interdit, peuvent accepter la donation faite avec la condition de réduction; mais qu'il ne suffit pas que, suivant l'art. 463 du Code, ils aient été autorisés par un conseil de famille; qu'il faut encore que, suivant l'art. 458, la délibération du conseil de famille ait été homologuée par le tribunal de première instance, parce qu'il s'agit, non pas d'une donation purement gratuite, mais d'une aliénation réelle, et par anticipation, de biens immeubles qui pourraient appartenir un jour à l'enfant naturel; et les tribunaux ne doivent accorder l'homologation, que lorsqu'ils seront bien convaincus qu'il est réellement dans les intérêts de l'enfant naturel, que la donation et la réduction soient acceptées.

Enfin, l'enfant naturel peut encore faire annuler la donation et la réduction, suivant l'art. 1109, si son consentement n'a été donné que par erreur, ou a été extorqué par violence, ou surpris par dol.

Mais, aux termes de l'art. 1114, la seule crainte révérentielle envers le père ou la mère, ne suffit pas pour faire annuller le contrat.

L'enfant naturel ne peut d'ailleurs se pourvoir en rescision, pour cause de lésion de la moitié de ses droits : car l'objet de la donation a été précisément de réduire l'enfant naturel, ou à la portion qui lui a été donnée, ou à la moitié des droits qu'il aurait pu avoir en vertu des art. 757 et 758. S'il n'a pas cette moitié par la donation qu'il a acceptée, il ne peut, aux termes de l'art. 761, réclamer que le supplément nécessaire pour parfaire cette moitié.

6. On a vu que l'art. 761 exige, pour la validité de la réduction, qu'il y ait *déclaration expresse* de la part du père ou de la mère, que son intention est de réduire l'enfant naturel à la portion qu'il lui assigne.

Lors donc qu'un père, ou une mère, fait purement et simplement, et sans parler de réduction, un don entre-vifs à son enfant naturel, ce don ne doit être considéré que comme un avancement d'hoirie : il est bien sujet à imputation, suivant l'art. 760 ; mais il n'opère pas de réduction, suivant l'art. 761.

Vainement on dirait que le donateur, qui avait des enfans légitimes, n'a donné à son enfant naturel, que pour l'éloigner de sa succession, et que notamment, dans le cas où la portion qu'il a donnée, s'élève à la moitié des droits déterminés par la loi, il est bien évident qu'il n'a donné que pour opérer la réduction.

Je réponds que l'intention de réduire ne doit pas être seulement présumée, qu'il doit y en avoir une déclaration expresse, et que, lorsque cette déclaration ne se trouve pas dans la donation, il n'est pas permis de la suppléer par de simples conjectures. Ce n'est pas sans desseins que la loi a exigé une déclaration expresse : elle a voulu que le père ou la mère de l'enfant naturel, pût lui faire un don entre-vifs, en avance sur sa succession, sans qu'il en résultât nécessairement qu'il y a eu intention de réduire.

Mais, si le père ou la mère avait fait un don à son enfant naturel, avec déclaration que c'est *pour lui tenir lieu de ses droits dans la succession future du donateur*, cette déclaration suffirait pour établir que le donateur a eu l'intention de réduire, conformément à l'art. 761.

Cet article n'a pas prescrit une formule sacramentelle ; il n'est donc pas nécessaire que la déclaration soit faite dans les mêmes termes dont il s'est servi pour l'ordonner : il suffit qu'elle ne soit pas équivoque.

Au reste, c'est aux tribunaux à décider, en

interprétant les termes et les clauses de la donation, si elle contient la déclaration expresse de la
réduction. Ils ont à cet égard un pouvoir discré-
tionnaire, puisqu'il s'agit de l'interprétation d'une
convention.

7. La loi a bien voulu favoriser les arrangemens
qui pouvaient convenir aux père et mère et à
leurs enfàns naturels ; mais elle n'a pas voulu les
permettre indéfiniment, et de manière que les
intérêts de ces enfans fussent trop considérablement lésés.

Prévoyant que les père et mère pourraient abu-
ser trop souvent de leur ascendant sur leurs enfans naturels, ou des besoins qu'éprouveraient
ces enfans, pour les faire consentir aux plus
grands sacrifices, elle n'a autorisé la réduction,
que jusqu'à la moitié des droits déterminés par
les art. 757 et 758.

Et comme les droits déterminés par ces art. sont
ceux que l'enfant naturel peut réclamer *sur la succession* du père ou de la mère qui l'a reconnu, il
en résulte que, si à l'époque de l'ouverture de la
succession, l'enfant naturel ne trouve pas, dans la
donation qui lui a été consentie par son père ou
par sa mère, la moitié de ce que, sans la donation et la réduction, il aurait dans la succession
*ab intestat,* en vertu des art. 757, et 758, la
réduction se trouve trop considérable, et que
l'enfant naturel est fondé à s'en plaindre.

8. Mais aussi, quelque modique que soit la portion qui a été attribué à l'enfant naturel et qu'il a reçue avec la condition de la réduction, quoiqu'elle se trouve même de beaucoup inférieure à la moitié des droits qu'il aurait à réclamer dans la succession du donateur, il n'en est pas moins réduit, non pas, il est vrai, à la portion qui lui a attribuée, mais à la moitié de ses droits dans la succession.

Vainement il dirait que, puisque l'attribution qui lui a été faite, ne s'élève pas au taux fixé par la loi, la réduction n'est pas valable et ne doit pas produire d'effet, qu'en conséquence il peut réclamer la totalité de ses droits dans la succession, en imputant, suivant l'art. 760, la portion qui lui a été donnée.

On lui répondrait que l'art. 760 ne s'applique qu'aux dons qui ont été faits en avancement d'hoirie, ou sans la déclaration expresse de réduction; mais qu'à l'égard des dons qui ont été consentis, ou des attributions qui ont été faites, avec la déclaration expresse, de la part du disposant, que son intention est de réduire l'enfant naturel à la portion donnée ou attribuée, l'art. 761 dispose formellement que, si la portion est inférieure à ce qui devrait revenir à l'enfant naturel, cet enfant ne pourra réclamer *que le supplément nécessaire pour parfaire cette moitié.*

Ainsi, quoique la réduction à la portion qui

est attribuée, ne produise pas tout son effet, lorsque la portion attribuée se trouve inférieure à la moitié des droits dans la succession, elle produit toujours l'effet de réduire l'enfant naturel à la moitié de ces droits, puisque l'enfant naturel ne peut toujours réclamer, malgré l'insuffisance de la portion qui lui a été attribuée, que le supplément nécessaire pour parfaire la moitié de ce qui lui reviendrait dans la succession.

Lorsque le père atribue une portion à son enfant naturel, il ne peut pas savoir si cette portion sera ou ne sera pas inférieure à la moitié des droits qui pourront appartenir à cet enfant dans sa succession, puisque la valeur de cette moitié dépend du plus ou du moins de fortune et de la qualité des héritiers légitimes, qu'il laissera en mourant; il est donc évident que, si, en attribuant une portion à son enfant naturel, il n'entend pas lui faire un avancement d'hoirie, s'il déclare expressément que son intention est de le réduire à la portion qu'il lui attribue, il est censé vouloir, conformément à l'art. 761, que, dans le cas ou la portion serait inférieure à la moitié des droits dans la succession, l'enfant naturel ne puisse réclamer que le supplément nécessaire pour parfaire cette moitié. On ne peut pas lui supposer d'autre intention, puisqu'on ne peut supposer qu'il ignore la loi.

Et, si l'on veut soutenir que le père a eu réellement l'intention de réduire *définitivement* son enfant naturel à la portion qu'il lui a attribuée, si même il l'a déclaré formellement, alors la loi vient au secours de l'enfant, pour qu'il ne soit pas trop lésé; mais elle ne fait que modifier la volonté du père, et ne l'anéantit pas entièrement : elle confirme la réduction prononcée par le père, mais seulement jusqu'à la moitié des droits que l'enfant naturel peut réclamer dans la succession.

Au reste, l'enfant naturel ne peut se plaindre dans aucun cas, puisqu'en acceptant *volontairement* la donation, avec la condition de la réduction, il a su, ou dû savoir, d'après la disposition de l'art. 761, que, dans le cas où la chose donnée se trouverait inférieure à la moitié de ses droits dans la succession, il ne pourrait toujours réclamer que cette moitié. S'il ne voulait pas renoncer à l'autre moitié de ses droits éventuels, il était le maître, comme je l'ai précédemment expliqué, de ne pas accepter la donation, de ne pas *recevoir* la portion qui lui était offerte. *Volenti non fit injuria.*

9. Pour savoir si la réduction est ou n'est pas inférieure à la moitié de ce que l'enfant naturel aurait dans la succession du donataire, ce n'est pas au moment même où la donation a été consentie qu'il faut considérer la fortune du donateur; il

ne la faut considérer qu'au moment où la succession du donateur s'est ouverte.

En effet, dans l'espace de temps qui s'est écoulé depuis la donation jusqu'à l'ouverture de la succession, la fortune du donateur a pu varier : elle a pu être augmentée ou diminuée.

La quotité des droits, qui est diversement fixée, suivant les cas différens, par les art. 757 et 758, a pu varier aussi depuis la donation jusqu'à la mort du donateur. Elle est moins considérable à cette dernière époque, si depuis la donation il est survenu au donateur des enfans légitimes : elle est plus forte, si les descendans légitimes qu'avait le donateur, sont tous ou en partie décédés avant l'ouverture de la succession. Elle est moins considérable, si le défunt a laissé des parens de la seconde classe indiquée dans l'art. 757, que s'il n'a laissé que des héritiers de la troisième classe.

C'est donc à cette dernière époque qu'il faut s'arrêter ; 1º pour savoir, d'après le nombre et la qualité des héritiers légitimes, quelle est la quotité de la portion que l'enfant naturel a le droit de réclamer dans la succession du donateur ; 2º pour vérifier si, par la donation, l'enfant naturel a eu la moitié de la portion à laquelle il aurait droit dans les biens que le donateur possédait au moment de son décès.

Supposons, par exemple, que le père, qui a un enfant légitime et un enfant naturel, ait donné à celui ci, avec la clause de réduction, un bien valant 3,000 fr., et qu'au moment de la donation sa fortune n'excédât pas 36,000 fr.

Dans ce cas, s'il ne fallait considérer la fortune du père qu'au moment de la donation, la chose donnée formerait précisément la moitié de la *sixième* portion qui est attribuée à l'enfant naturel par l'art. 757.

Mais si, au moment où le donataire décède sa fortune se trouve valoir 72,000 fr., comme l'enfant naturel aurait le droit de prendre dans cette fortune, en vertu de l'art 757, la somme de 12,000 fr., il est certain que le don de 3,000 fr. qui lui a été fait, se trouve insuffisant, puisque le don ne forme que le *quart* de ce qu'il aurait eu dans la succession; il peut donc demander un supplément de 3,000 fr.

Cependant si, depuis la donation, il était survenu au donateur deux nouveaux enfans légitimes, l'enfant naturel n'aurait pas à se plaindre de l'insuffisance du don, car il ne lui reviendrait dans la succession du donateur, puisqu'il se trouverait en concours avec trois enfans légitimes, qu'une somme de 6,000 fr. sur 72; et comme il a reçu en don 3,000 fr. la réduction n'excède pas la moitié des droits qu'il aurait eus dans la succession, en vertu de l'art. 757.

ARTICLE. 762.

Les dispositions des art. 757 et 758 ne sont pas applicables aux enfans adultérins ou incestueux.

La loi ne leur accorde que des alimens.

1. Les enfans adultérins, ou incestueux, ne devaient pas être traités d'une manière aussi favorable que les enfans naturels qui sont nés de personnes libres. La morale publique exigeait que, pour prévenir l'adultère et l'inceste qui sont des crimes, il fût pris à leur égard des mesures plus sévères, que contre le simple concubinage.

Aussi la loi refuse expressément aux enfans adultérins, ou incestueux, les droits qu'elle a conférés aux enfans naturels, par les art. 757 et 758, sur les successions de leurs père et mère.

Mais les enfans adultérins, ou incestueux, ont, au moins, des droits à la pitié; il fallait donc leur assurer des alimens, et c'est le seul secours que la loi leur accorde.

2. Cependant cette disposition qui réduit tous leurs droits à de simples alimens, n'a-t-elle pas été faite uniquement dans les intérêts des familles légitimes, et en conséquence si le père, ou la mère, d'un enfant adultérin, ou incestueux,

n'a pas laissé de parens légitimes aux degrés successibles , cet enfant ne doit-il pas être admis à
prendre part à la succession, soit qu'il existe des
enfans naturels reconnus , soit en concours avec
le conjoint survivant? Ne doit-il pas, au moins,
être admis à recueillir les biens, à l'exclusion du
fisc ? Les liens du sang, le vœu de la nature , et
même la raison et l'équité ne se réunissent-ils pas
pour le faire préférer au fisc, dans les successions
de ses père et mère ? N'est - ce pas ici le cas
d'appliquer la maxime : *fiscus post omnes ?*

A toutes ces questions, et pour tous les cas,
la réponse doit être négative.

C'est beaucoup moins dans l'intérêt des héritiers, que dans l'intérêt des bonnes mœurs, que
l'enfant adultérin, ou incestueux, qui est le fruit
d'un crime, a été exclu de toutes successions et
réduit à de simples alimens.

L'enfant adultérin, ou incestueux, ne pourrait être qu'héritier irrégulier ; mais la loi n'a
admis que trois classes d'héritiers irréguliers,
les enfans naturels légalement reconnus, le conjoint survivant et l'état; donc, l'enfant adultérin, ou incestueux, qui d'après l'art. 335 ne
peut être légalement reconnu , se trouve exclu
de toutes successions irrégulières , comme il se
trouve exclu, à raison de son origine, de toutes
successions légitimes.

D'ailleurs, la question est encore formellement

18.

décidée par le texte même de l'art. 762, puisqu'il déclare inapplicable à l'enfant adultérin, ou incestueux, la disposition de l'art. 758, qui, prévoyant le cas où il n'y a pas de parens légitimes aux degrés successibles, défère les biens à l'enfant naturel reconnu.

Enfin les art. 767 et 768 disposent, sans aucune exception, que la succession est acquise à l'état, lorsqu'il n'y a ni parens légitimes aux degrés successibles, ni enfans naturels, ni conjoint survivant : or, ces mots, *enfans naturels*, ne s'appliquent, dans le langage de la loi et d'après la disposition textuelle de l'art. 756, qu'aux enfans qui sont nés de personnes libres et qui seuls peuvent être légalement reconnus.

Il est donc incontestable que les enfans adultérins, ou incestueux, sont exclus de toutes les successions, soit par les enfans naturels reconnus, soit par le conjoint survivant, soit par l'état, et que, dans tous les cas, ils ne peuvent réclamer que des alimens.

3. Comment des enfans adultérins, ou incestueux, peuvent-ils se présenter *en cette qualité*, même pour réclamer de simples alimens, puisque, d'un part, l'art. 335 prohibe expressément de les reconnaître, et que, d'autre part, l'art. 342 dispose formellement qu'un enfant ne sera jamais admis à la recherche, soit de la paternité, soit de la maternité, dans les cas où, suivant l'art. 335, la

reconnaissance n'est pas admise? Comment un enfant pourra-t-il établir sa filiation adultérine, ou incestueuse, à l'égard des père et mère qu'il indiquera, puisqu'elle ne peut être reconnue légalement et que la recherche n'en est point admise?

La difficulté serait insoluble, s'il n'y avait pas de cas où, indépendamment, soit de la reconnaissance, soit de la recherche, l'état d'un enfant adultérin, ou incestueux, se trouve légalement constaté; mais il y en a plusieurs cas, dont voici les principaux.

1° Lorsqu'un second mariage a été déclaré nul, conformément aux art. 147 et 148, pour avoir été contracté avant la dissolution du premier mariage de l'un des époux, les enfans issus du second mariage sont déclarés par la loi illégitimes, si les deux époux qui l'ont contracté, étaient l'un et l'autre de mauvaise foi. Ils sont donc adultérins, puisqu'entre leurs père et mère il n'existait pas de mariage valable, et que l'un deux était légalement marié avec un autre; mais comme leurs père et mère sont connus et constans, indépendamment de toute reconnaissance et de toute recherche, ils se trouvent autorisés par l'art. 762 à réclamer des alimens.

2° Lorsque, dans les cas prévus par les art. 312, 313 et 314 du Code, le mari a justifié et fait juger qu'il n'est pas le père de l'enfant issu de son épouse, cet enfant est encore nécessairement

adultérin, et l'art. 762 lui confère le droit de réclamer des alimens contre sa mère ; mais il n'a
pas le même droit contre le mari de sa mère, puisqu'il est établi et jugé que ce mari n'est pas son
père.

3° Lorsque, dans les cas prévus par les art. 161,
162 et 163, le mariage a été déclaré nul, à raison
de la parenté, ou de l'alliance, qui existait entre
les époux et qui formait un empêchement dirimant, les enfans issus de ce mariage sont nécessairement incestueux, si les deux époux ont été
de mauvaise foi, et ils se trouvent conséquemment
réduits à de simples alimens.

On voit que, dans tous ces cas, la filiation et
l'état de l'enfant adultérin, ou incestueux, se trouvent constatés et fixés par la loi elle-même, indépendamment de toute reconnaissance volontaire,
soit de la part du père, soit de la part de la mère,
indépendamment de toute recherche faite par
l'enfant adultérin, ou incestueux.

On ne peut donc opposer à cet enfant les articles 335 et 342, pour l'empêcher de jouir du
bénéfice de l'art. 762 ; il n'existe donc entre ces
articles aucune contradiction, et même on va
voir que l'art. 762 n'a été fait précisément qu'en
faveur de ceux des enfans adultérins, ou incestueux, dont la filiation et l'état se trouvent constatés indépendamment de toute reconnaissance et
de toute recherche.

4. Lorsque, malgré la disposition formelle de l'art. 335, le père ou la mère d'un enfant adultérin, ou incestueux l'a reconnu volontairement et par acte authentique, cette reconnaissance peut-elle conférer à l'enfant le droit de réclamer des alimens ?

La loi prohibe bien au père et à la mère de cet enfant, de le reconnaître; mais elle ne peut pas empêcher que le père, où la mère, fasse matériellement la reconnaissance par un acte authentique, en déguisant à l'officier public qui reçoit l'acte, que l'enfant reconnu est adultérin ou incestueux. Cette reconnaissance pourra-t-elle donc produire des effets et conférer des droits légaux, quoiqu'elle ait été faite en contravention à la loi ?

Pour l'affirmative, il y a des autorités imposantes.

« Un homme, disait M. Siméon, dans son discours au corps législatif sur la loi des Successions, aura signé, comme père, un acte de naissance, sans faire connaître qu'il est marié à une autre femme que la mère du nouveau né, ou que la mère est sa sœur : il aura voulu faire fraude à la loi. L'enfant, ignorant le vice de sa naissance, se présentera dans la succession, pour y exercer les droits d'un enfant naturel; on le repoussera par la preuve qu'il est né d'un père qui ne pouvait légalement l'avouer; mais l'aveu de fait écrit dans son acte de naissance, lui restera et lui procurera des alimens.

« Cette disposition, ajoutait M. Siméon, est conforme à l'ancien droit ; il était nécessaire de la conserver : car enfin les enfans adultérins, ou incestueux ; n'en sont pas moins des hommes, et tout homme a droit de recevoir au moins des alimens de ceux qui lui ont donné la vie. »

*M. Merlin*, adoptant cette opinion, dans son répertoire, au mot *filiation*, ajoute : « D'un autre côté, l'art. 342 défend bien à l'enfant adultérin, ou incestueux, de rechercher quel est son père ou sa mère, mais lorsque son père ou sa mère le reconnaît volontairement, cette défense n'a plus d'objet ; et c'est à ce cas que s'appliquent les articles 262 et 763. »

*M. Toullier*, dans son Droit civil français, tom. 2. n° 967, page 289, soutient aussi la même opinion. « En disant qu'un enfant adultérin, ou incestueux, ne peut être reconnu par acte authentique, l'art. 335 a eu pour objet d'empêcher que cette reconnaissance ne lui confère les droits de succession irrégulière, que les articles 757 et 758 assurent aux enfans naturels légalement reconnus ; mais il n'entend point par là dispenser ceux qui ont reconnu un enfant, de l'obligation naturelle de le nourrir ; ainsi la reconnaissance d'un enfant adultérin, ou incestueux, ne peut lui conférer les droits de succession irrégulière ; mais elle peut fonder une action en alimens. »

Cependant je n'ai pu me soumettre à cette opinion, parce qu'après le plus sérieux examen je suis resté intimement convaincu qu'elle est en opposition directe, 1º avec le texte de la loi; 2º avec le respect dû aux bonnes mœurs; 3º avec l'intention évidente du législateur.

Elle est en opposition directe avec le texte de la loi.

Et, en effet, l'art. 335 du Code est conçu *en termes prohibitifs* : il dispose formellement et impérativement que la reconnaissance *ne pourra avoir lieu* au profit des enfans nés d'un commerce incestueux ou adultérin.

Or, il a toujours été de principe qu'un acte qui a été fait en violation d'une loi prohibitive, est essentiellement nul, et ne peut produire aucun effet civil, ne peut conférer aucun droit légal.

*Negativa præposita verbo potest, tollit potentiam juris et facti.*

Et d'ailleurs, puisqu'aux termes de l'art. 1131 du Code civil, l'obligation *sur une cause illicite,* ne peut avoir aucun effet, puisqu'aux termes de l'art. 1133, la cause est illicite, quand elle est prohibée par la loi, comment peut-on prétendre que, de la reconnaissance d'un enfant adultérin, ou incestuex, peut résulter l'obligation de fournir des alimens à cet enfant ?

Dans ce cas, la reconnaissance serait donc la cause de l'obligation ; mais puisque la reconnaissance est formellement prohibée par la loi, elle serait une cause illicite, suivant l'art. 1133, et conséquemment l'obligation qu'on veut en faire résulter, ne pourrait, aux termes de l'art. 1131, avoir aucun effet.

Vainement on cherche à éluder et la prohibition de la loi et l'application du principe, en disant que l'art. 335 n'a eu pour objet que d'empêcher que la reconnaissance conférât à l'enfant adultérin, ou incestueux, les droits de succession irrégulière, mais non pas de dispenser le père, ou la mère, qui a reconnu cet enfant, de l'obligation naturelle de lui fournir des alimens.

Je réponds d'abord que la prohibition de reconnaître un enfant adultérin, ou incestueux, est prononcée par l'art. 335, d'une manière générale et sans exception ; que cet article ne dit pas que, pour tel cas, ou à l'égard de telle personne, la reconnaissance sera prohibée et de nul effet, mais que, pour tel autre cas, ou à l'égard de toute autre personne, elle sera valable et produira des effets ; qu'il la prohibe, au contraire, pour tous les cas, et sans distinction de personnes, dans les termes les plus généraux, les plus absolus ; qu'en conséquence, dans tous les cas et à l'égard de toutes personnes quelconques, il la rend sans effet, lorsqu'elle a eu lieu, malgré sa prohibition.

Admettre une distinction, dire que la reconnaissance, malgré la prohibition générale dont elle est frappée, ne sera privée que de certains effets, mais qu'elle en produira d'autres ; que sous certains rapports elle sera nulle, mais que sous d'autres elle sera valable, c'est évidemment dénaturer et changer entièrement la disposition de l'art. 335 : c'est faire d'une prohibition qui a été prononcée de la manière la plus générale, une prohibition qui ne se trouve que partielle : c'est admettre ou rejeter tour à tour la prohibition, suivant les effets qu'on juge à propos d'accorder ou de refuser à la reconnaissance prohibée. C'est, en un mot, arranger à sa fantaisie une disposition toute nouvelle, pour modifier la disposition de la loi.

En second lieu, comment peut-on supposer que la disposition de l'art. 335 n'ait eu pour objet que d'empêcher que la reconnaissance d'un enfant adultérin, ou incestueux, lui conférât les droits de succession irrégulière ?

Dans ce sens, et pour cet objet, la disposition de l'art. 335 eût été absolument inutile, et l'art. 762 était seul suffisant, puisqu'il porte que les articles 757 et 758, qui attribuent aux enfans naturels légalement reconnus les droits de succes-

sion irrégulière, ne sont pas applicables aux
enfans adultérins ou incestueux, et que ces enfans n'ont droit qu'à des alimens. Sans doute, il
eût été bien superflu de prohiber formellement
la reconnaissance des enfans adultérins ou incestueux, exprès pour les empêcher de jouir des
droits de succession irrégulière, puisqu'ils en devaient être privés par la disposition générale de
l'art. 762, *qu'ils fussent ou non reconnus*.

Il faut donc que la disposition particulière
de l'art. 335 et la prohibition qu'elle prononce,
aient eu un tout autre objet, que celui qu'on leur
suppose.

Et ne serait-il pas évident, lors même que
l'orateur du gouvernement et les orateurs du tribunat ne l'auraient pas dit expressément, que
cette disposition, cette prohibition, ont eu pour
objet de prévenir et d'empêcher ces déclarations
honteuses d'adultère et d'inceste, qui outrage-
raient les bonnes mœurs, qui porteraient la dé-
solation dans les familles, qui causeraient des
scandales publics, et qu'en conséquence une législation sage et morale ne doit jamais autoriser?

Or, le seul moyen de prévenir et d'empêcher
ces déclarations, ces reconnaissances d'un crime,
c'est de ne leur donner aucun effet, lorsqu'elles
sont faites malgré la prohibition de la loi; c'est
de n'en faire résulter aucune espèce de droits
civils.

On les excite, au contraire, et même on les autorise formellement, si, après les avoir prohibées, on leur accorde cependant quelques effets et quelques droits.

On doit donc, pour la morale publique, repousser l'opinion qui veut faire résulter de ces reconnaissances un droit à des alimens.

Écoutons ce que disait à cet égard la cour d'appel de Lyon, dans ses observations sur le projet du Code civil.

« Ce ne sont pas précisément les actions immorales qui anéantissent les mœurs, lorsqu'elles demeurent ensevelies sous le voile d'un mystère impénétrable ; le mystère lui-même est un hommage aux mœurs. Ce n'est pas même leur publicité, si l'opinion publique les flétrit, si elle voue au mépris les êtres immoraux ; mais si l'opinion publique, si la loi elle-même les tolère, si elle n'en proscrit pas les fruits, l'immoralité triomphe, la vertu est dédaignée. Bientôt, par une contagion funeste, il n'y a plus de mœurs, plus de vertu, et qu'est-ce qu'une nation sans mœurs et sans vertu ?

« Il est donc impossible, ajoutait la cour d'appel de Lyon, que la loi autorise un libertin à publier légalement et impunément qu'il est coupable d'adultère. La loi peut tolérer une faiblesse, elle ne peut supporter un crime. S'il existe, elle doit le punir. »

Voyons maintenant si ce n'est pas réellement dans ce sens, dans cet esprit, qu'a été faite la disposition de l'article 335.

Dans le premièr projet du Code civil, il n'y avait aucune disposition qui prohibât la reconnaissance des enfans adultérins ou incestueux, et l'on pouvait même conclure d'une disposition générale, qui formait l'art. 28 du titre *de la Paternité et de la Filiation*, que cette reconnaissance se trouvait autorisée.

La cour d'appel de Lyon réclama fortement sur ce point, et après avoir présenté les observations que je viens de transcrire, elle proposa un article qui tendait à prohiber formellement la reconnaissance des enfans adultérins ou incestueux.

La section de législation du conseil d'état s'empara de cette proposition; elle comprit dans son nouveau projet du Code civil, l'article demandé par la cour d'appel de Lyon, et il fut spontanément adopté par le conseil d'état. C'est l'art. 335 que nous examinons en ce moment.

Et la preuve qu'il fut adopté par le conseil d'état, par le tribunat et par le corps législatif, dans le sens des observations faites par la cour d'appel de Lyon, c'est que tous les orateurs du gouvernement et du tribunat l'ont expliqué dans le même sens, et à peu près dans les mêmes termes.

M. *Bigot de Préameneu*, qui fut chargé d'expòser devant le corps législatif les motifs du projet de loi où se trouve l'art. 335, s'exprimait ainsi : « La reconnaissance des enfans adultérins ou incestueux, serait de la part du père ou de la mère, *l'aveu d'un crime*. Il a été réglé *qu'elle ne pourrait avoir lieu* qu'au profit d'enfans nés d'un commerce libre. »

« La naissance d'un enfant, fruit de l'inceste ou de l'adultère, est une vraie calamité pour les mœurs, disait au tribunat, *M. Lahary ;* loin de conserver aucune trace de son existence, il serait à desirer qu'on pût en éteindre jusqu'au souvenir. C'est *dans cette vue et dans cette intention,* qu'est conçu l'art. 335, qui déclare que cette reconnaissance *ne pourra avoir lieu* pour les enfans nés d'un commerce incestueux ou adultérin. Flétrir ainsi la violation du saint nœud du mariage, c'est l'honorer de la manière la plus utile. »

« La reconnaissance sera *impossible*, disait M. *Duveyrier*, devant le corps législatif, s'il faut l'appuyer sur l'inceste ou sur l'adultère. *L'officier public ne la recevra pas ;* et si, malgré lui, l'acte contient le vice qui l'infecte, cette reconnaissance *nulle ne pourra profiter* à l'enfant adultérin ou incestueux pour qui elle aura été faite. »

« Rendons grâces, ajoutait M. *Duveyrier*, à cette innovation morale, qui écarte d'une loi si pure dans sa source et dans son objet, ces chances pernicieuses d'infamie, ces révélations mortelles à la pudeur sociale. On ne déchirera plus, pour des passions individuelles *et des intérêts particuliers*, le voile épais dont l'intérêt public couvre ces écarts scandaleux ; et les expressions mêmes qui servent à les désigner, ne seront plus prononcées que dans les jugemens destinés à flétrir ceux qui oseront s'en montrer coupables. »

Ainsi, l'on ne peut plus en douter, le législateur a voulu, par l'art. 335, interdire toutes reconnaissances volontaires d'enfans adultérins ou incestueux, et les frapper d'une nullité légale, lorsqu'elles seraient faites, au mépris de la prohibition.

Est-il donc maintenant possible de croire que le législateur ait voulu déroger à cette disposition si morale , et en détruire les effets, par la disposition de l'art. 762? Est-il possible de croire qu'après avoir formellement prohibé les reconnaissances d'enfans adultérins ou incestueux , parce qu'elles seraient contraires à la morale publique , il ait voulu les autoriser cependant d'une manière indirecte, en les déclarant valables sous certains rapports ? Et ne serait-ce pas les avoir réellement autorisées, ne serait-ce pas les avoir déclarées valables, que de leur avoir conféré des effets quelconques, que d'en avoir fait résulter des droits légaux en faveur des enfans adultérins, ou incestueux, illégalement reconnus? Ne serait-ce pas avoir enhardi, avoir excité les père et mère à se jouer de la prohibition prononcée par l'art. 335, puisqu'ils auraient la certitude que les reconnaissances par eux faites, ne seraient pas entièrement nulles, bien qu'elles fussent prohibées? Ne serait ce pas enfin avoir arrêté, dans sa source, tout le bien que l'art. 335 avait eu pour objet, en annullant toutes ces reconnaissances, pour que personne n'eût d'intérêt ni à les faire, ni à les solliciter?

Mais, d'abord, n'est-ce pas faire injure aux législateurs, que de supposer que, dans le même Code, il se trouve une telle variation dans les idées et dans les principes, et même des contradictions si choquantes? Est-il permis, pour interpréter à sa fantaisie une disposition de loi, de lui faire dire précisément le contraire de ce qui a été dit dans une disposition antérieure?

C'est, d'ailleurs, un axiome en droit, qu'on ne doit pas supposer, qu'on ne doit pas admettre de dérogation à une disposition formellement prohibitive, lorsque la dérogation ne se trouve pas formellement écrite dans une disposition postérieure: or, il n'y a pas un seul mot dans l'article 762, qui contienne, qui annonce une dérogation à l'art. 335.

Sans doute, s'il était absolument impossible de concilier ces deux articles et de les faire exécuter l'un et l'autre, sans admettre que le second contient une dérogation ou une exception à la disposition générale du premier, on serait forcé de reconnaître la dérogation ou l'exception, pour ne pas laisser subsister d'antinomie.

Mais les deux articles se concilient parfaitement et peuvent s'exécuter l'un et l'autre, sans qu'il soit nécessaire d'admettre que le second déroge au premier.

D'une part, en vertu de l'art. 335, toutes reconnaissances *volontaires* d'enfans adultérins, ou incestueux, sont nulles, puisqu'elles sont formellement prohibées, et elles ne produisent aucun effet, aucun droit, même quant aux alimens, puisqu'elles sont nulles.

D'autre part, en vertu de l'art. 762, l'enfant adultérin, ou incestueux, dont l'existence est légalement constatée, *indépendamment de toute reconnaissance volontaire de la part de ses père et mère,* a droit à des alimens, et l'on a vu précédemment qu'il y a *plusieurs cas* où, sans reconnaissance de la part des père et mère, l'existence d'un enfant adultérin; ou incestueux, se trouve légalement constatée.

Ainsi, sans porter aucune atteinte à la prohibition générale et illimitée prononcée par l'article 335, sans empêcher, en aucune manière, le bien qui doit résulter, dans l'intérêt des mœurs, de l'exécution pleine et entière de cet article, sans admettre aucune variation dans les principes du législateur, sans qu'il soit besoin de supposer une dérogation ou une exception qui n'est pas écrite, enfin sans avoir à disputer sur une prétendue antinomie, l'art. 762 s'exécute librement dans tous les cas où l'art. 335 n'est pas applicable, dans tous les cas où il n'est pas nécessaire d'invoquer en faveur de l'enfant adultérin, ou incestueux, la reconnaissance volontaire qu'il a prohibée.

Et ce qui doit achever de porter à cet égard la conviction dans les esprits, c'est que tout ce qui vient d'être dit sur l'interprétation, sur la conciliation des art. 335 et 762, a été dit expressément et formellement convenu dans la discussion au conseil d'état.

Nous voyons, en effet, dans le procès-verbal de la séance du 2 nivôse an 11, tome 2, page 259, que l'art. 762 ayant été soumis à la discussion, M. *Tronchet* rappela que, d'après les dispositions précédemment arrêtées, les enfans adultérins et incestueux ne pouvaient être reconnus. « Il « semble donc impossible, ajoutait M. *Tronchet*, « de comprendre le père dans cet article, puis- « que, d'un côté, la paternité ne saurait être « légalement avouée, et que, de l'autre, elle « n'est pas, comme la maternité, naturellement « certaine. »

Dans le sens de l'opinion que je combats, et si telle avait été l'intention des rédacteurs, il aurait fallu répondre à M. Tronchet, que l'art. 335, en

19.

prohibant la reconnaissance des enfans adultérins ou incestueux, n'avait eu d'autre objet que d'empêcher que la reconnaissance conférât à ces enfans *les droits de successions irrégulières*, mais non pas d'empêcher que la reconnaissance leur conférât *des droits à des alimens ;* qu'ainsi l'article 762, qui était proposé, n'avait rien d'inconciliable avec la disposition de l'art. 335.

Mais ce ne fut pas ainsi qu'on répondit à M. *Tronchet:* la réponse fut absolument contraire ; elle fut entièrement conforme à l'opinion que je professe.

M. *Treilhard*, président de la section de législation qui proposait l'article, dit que « la section « s'était déterminée par la considération, que la « recherche de la maternité donnerait aussi, en « certains cas, la preuve de la paternité, comme « dans l'hypothèse de l'enlèvement de la mère. »

Et, d'après cette explication, l'article fut adopté.

M. *Treilhard*, en portant le projet de loi au corps législatif, répéta la même explication. « Ce « pendant, dit-il, comme la recherche de la « maternité, admise par la loi, pourrait entraîner « la preuve de commerces adultérins ou inces- « tueux, il a bien fallu assurer des alimens aux « fruits malheureux de ces désordres révoltans ; « mais on n'a pas dû pousser plus loin l'indul- « gence. »

Il est donc maintenant démontré jusqu'au plus

haut degré d'évidence, que la disposition de l'art. 762 n'a pas été faite pour accorder des alimens aux enfans adultérins, ou incestueux, qui auraient été volontairement reconnus malgré la prohibition prononcée par l'art. 335; mais qu'elle n'a été faite que pour assurer des alimens à ceux de ces enfans, dont l'existence serait légalement constatée, autrement que par des reconnaissances volontaires.

Dira-t-on encore qu'il y a les mêmes motifs de justice et d'humanité pour assurer des alimens aux uns et aux autres; que ceux-ci ne sont pas plus favorables que ceux-là; que la distinction que je veux établir entr'eux, n'est appuyée sur aucune disposition précise; et qu'il est déraisonnable de soutenir que ceux dont la filiation a été reconnue volontairement par les père et mère, soient plus maltraités que ceux dont la filiation a été constatée par d'autres moyens, peut-être plus incertains et moins dignes de foi?

Pour répondre à cette objection, je me bornerai à répéter, avec la cour d'appel de Lyon, avec les orateurs du gouvernement et du tribunat, qu'il est impossible que la loi autorise un libertin à publier légalement qu'il est coupable d'adultère ou d'inceste; qu'elle peut bien tolérer l'aveu d'une faiblesse, mais qu'elle ne peut tolérer l'aveu d'un crime; qu'il ne doit pas être permis aux coupables eux-mêmes de déchirer, pour des intérêts particuliers, le voile épais dont l'intérêt public exige que l'adultère et l'inceste restent toujours couverts ; que tels ont été les motifs qui ont déterminé le législateur à prohiber formellement, et d'une manière illimitée, toutes reconnaissances volontaires d'enfans adultérins ou incestueux ; mais que le but qu'il s'est proposé ne serait pas rempli, que ce qu'il a voulu ne s'exécuterait pas, et qu'il faudrait entièrement rayer du Code la disposition de l'art. 335, pour ne la pas voir impunément violée, si les reconnaissances, quoique prohibées, pouvaient cependant produire quelques effets ; qu'ainsi c'est *l'intérêt public*, toujours préférables à des intérêts particuliers, qui *force à décider* que les enfans adultérins ou incestueux, volontairement reconnus malgré la prohition prononcée par le législateur, *sont méconnus par la loi*, et qu'en conséquence ils ne peuvent avoir aucun droit *légal*, même à des alimens.

Au reste, tous ces principes ont été formellement reconnus, formellement consacrés, par deux arrêts solennels, l'un de la cour royale de Paris, du 13 août 1812, l'autre de la section civile de la cour de cassation, du 28 juin 1815, et comme, lors de ces arrêts, la question fut profondément discutée, il est important de faire connoître l'espèce et les moyens sur lesquels ils sont intervenus.

Le 22 novembre 1786, fut présentée aux fonts baptismaux de la paroisse de Montesson, une fille qui reçut les prénoms de *Marguerite Alexandrine*, et qui fut inscrite sur les registres de l'état civil, comme étant fille de messire *Jean Lanche Boisdel*, écuyer, *seigneur de Vontoux-Saint-Martin* et de *Marie Batard*, son épouse.

Le 29 décembre 1791, fut présenté aux fonts baptismaux de la paroisse de Vaugirad, un enfant mâle, qui fut appelé *Edme*, et qui fut inscrit comme étant fils de Jean Devaux, bourgeois, demeurant à Paris, rue Guénégaud, et de marie Bodel.

Enfin, le 2 frimaire an 4, fut présenté à l'officier de l'état civil de la section des Champs-Élysées, un autre enfant mâle, qui fut inscrit sous les prénoms de *Adrien Jean-Marie*, et comme étant fils de *Jean Lancher* et de *Marie Batard*.

En l'an 3, en l'an 5 et en l'an 7, le sieur Lanchère, *sieur de Vontoux*, et la demoiselle Marie Batard, se reconnurent par actes passés devant notaires, père et mère naturels des trois enfans dont la naissance avait été constatée les 22 novembre 1786, 29 décembre 1791 et 2 frimaire an 4, et ils obtinrent ensuite du tribunal de première instance de Paris, des jugemens qui ordonnèrent que les actes de naissance seraient réformés, et qu'on y substituerait ces mots : *enfans naturels de Jean Lanchère et de Marie Batard.*

Les rectifications furent faites sur les registres de l'état civil.

Mais Jean Lanchère, qui faisait ces reconnaissances d'enfans naturels, avait contracté mariage avec Marie Very, le 23 septembre 1749, long-temps avant la naissance des trois enfans naturels ; sa femme vivait encore, soit lors de la conception et de la naissance de ces enfans, soit lors des reconnaissances ; elle a même survécu à son mari. Ainsi, les trois enfans reconnus par Jean Lanchère, étaient des enfans adultérins, s'ils étaient considérés par la loi comme étant ses enfans.

Par acte passé devant notaires à Paris, le 26 thermidor an 8, Jean Lanchère fit donation entre-vifs à ces trois enfans, qui dans l'acte furent qualifiés de ses enfans naturels et de Marie Batard, de deux maisons, situées à Paris, qui furent estimées, l'une 40,000 fr., et l'autre 45,000 fr.

Il fut dit dans l'acte, que la donation était faite pour donner, par Jean Lanchère, un témoignage de sa tendre affection pour ses dits enfans, et parce que telle était sa volonté.

Après la mort de Jean Lanchère, ses héritiers légitimes formèrent une demande judiciaire tendante à ce que la donation par lui consentie au profit des trois enfans adultérins qu'il avait reconnus, fût déclarée nulle et de nul effet ; qu'en conséquence ces enfans fussent tenus de restituer la propriété et les revenus des deux maisons.

Cette demande fut accueillie par un jugement du tribunal de première instance de Paris, rendu, après un partage, le 23 avril 1811.

Sur l'appel, et après des plaidoiries solennelles, la cour royale de Paris prononça, le 15 août 1812, un arrêt ainsi conçu :

« Points de droit. Les donataires de Jean Lanchère, présentés à l'état civil sous les noms qui leur attribuaient la qualité d'enfans naturels, ou légitimes, des père et mère indiqués et dénommés auxdits actes, ont-ils pu être dépouillés de cet état par le sieur Jean Lanchère, pour recevoir de lui la qualité d'enfans adultérins?

« Les actes de réformation de l'état civil, peuvent-ils nuire ou préjudicier aux enfans qui ont reçu lors de leurs naissance, un droit et un état étrangers à l'adultère?

« La reconnaissance d'enfans adultérins, faite postérieurement à leur naissance, est-elle admise par les lois?

« La cour, attendu que, d'après l'art. 10 de la loi du 12 brumaire an 2, Lanchère père étant mort depuis la promulgation du Code civil, l'état et les droits de ses enfans naturels, *s'il en a*, doivent être, en tous points, réglés par les dispositions de ce Code ; que, suivant l'art. 335 dudit Code, la reconnaissance *volontaire* ne peut

pas avoir lieu au profit d'enfans nés d'un commerce adultérin ; que, suivant l'art. 100, les
jugemens de rectification ne peuvent, dans aucun temps, être opposés aux parties intéressées
qui ne les auraient pas requis ; qu'ainsi, malgré
tous les actes et les jugemens de rectification intervenus, *l'état des appelans demeure incertain*; qu'ils
sont, *aux yeux de la loi*, étrangers à *Lanchère
père*; qu'ils sont, à l'égard de ce dernier, ce que
seraient d'autres donataires, et que l'incapacité
résultante des art. 762 et 908 du Code civil, ne
leur est pas applicable ;

« Met l'appellation et ce dont est appel au
néant, émandant, décharge les appelans des condamnation contre eux prononcées. »

Remarquons bien ces termes de l'arrêt; que,
malgré la reconnaissance qu'un père aurait faite
*volontairement* d'un enfant adultérin, l'état de
cet enfant demeure incertain, et qu'aux yeux de
de la loi l'auteur de la reconnaissance et l'enfant
reconnu n'en sont pas moins *étrangers* l'un à
l'autre.

Ne résulte-t-il pas nécessairement de ces principes qui sont fondés sur la disposition précise
de l'art. 335 du Code civil, que l'enfant adultérin
qui a été volontairement reconnu, malgré la prohibition prononcée par cet article, ne peut avoir
le droit de demander des alimens au prétendu
père qui l'a reconnu, puisqu'ils n'en demeurent

pas moins étrangers l'un à l'autre, et que, sans convention spéciale, on ne peut avoir civilement le droit de demander des alimens à un étranger?

Les héritiers légitimes de Jean Lanchère se pourvurent en cassation contre l'arrêt de la cour royale de Paris, et prétendirent que cet arrêt avait faussement appliqué et même violé l'art 335 du Code civil; qu'il avait mal appliqué l'art. 100; qu'il avait encore violé les art. 762, 763, 764 et 908 du Code civil, et l'art. 10 de la loi du 12 brumaire an 2, en adjugeant à des enfans adultérins autre chose qu'un traitement alimentaire; et qu'enfin il avait commis un excès de pouvoir, en se permettant de juger contre les noms et qualités *d'enfans naturels de Jean Lanchère*, que les trois enfans reconnus avaient constamment pris, soit dans divers actes, soit dans les procès qu'ils avaient soutenus contre leur père, et qu'ils prenaient même encore dans le procès actuel.

Les moyens des demandeurs en cassation, furent developpés avec force dans une consultation délibérée par MM. *Delamalle* et *Lacroix de Frainville*, avocats célèbres au barreau de Paris. Voici un extrait fidèle de cette consultation :

« 1° La preuve *légale* de la filiation adultérine des trois enfans, résulte nécessairement de leurs actes de naissance, des reconnaissances faites par Jean Lanchère, des jugemens de rectification qu'il a obtenus, et de la possession qu'ont prise et toujours conservée ces trois enfans, de l'état d'enfans adultérins dudit Jean Lanchère.

« 1º Elle résulte des actes de naissauce ; car ces actes portent que ces enfans sont issus de *Jean Lanche*, ou *Jean Lancher*, et de Marie Batard ; et il est évident que la légère différence qui se trouve entre ces noms, *Jean Lanche*, *Jean Lancher*, et ces autres noms *Jean Lanchère* provient de ce que les personnes qui ont présenté les enfans à l'état civil, et celles qui les ont inscrits, ont mal prononcé, ou mal entendu le mot *Lanchère*, ou de ce que les uns et les autres ne connaissaient pas la véritable orthographe de ce nom. Ce qui suffirait pour faire lever tous les doutes à cet égard, ce que les trois enfans conviennent eux-mêmes qu'ils sont enfans naturels de *Marie Batard*, dénommée dans les actes de naissance.

« 2º La preuve de la filiation adultérine de ces trois enfans, résulte encore des reconnaissances faites par Jean Lanchère. Ces reconnaissances ne sauraient être plus précises, et Jean Lanchère les a faites conjointement avec *Marie Batard*, qui est avouée être la mère des trois enfans.

« Elles ont été faites sous l'empire de la loi du 12 brumaire an 2, qui ne prohibait pas les reconnaissances volontaires d'enfans adultérins; elles doivent donc être valables sous l'empire du Code civil, qui ne peut avoir d'effet rétroactif.

« Mais en supposant que les reconnaissances, faites par Jean Lanchère, dussent être réglées conformément à la disposition de l'art. 335 du Code civil, il n'en serait pas moins certain qu'elles devaient produire l'effet de faire annuller la donation consentie par Jean Lanchère aux enfans adultérins qu'il a reconnus.

« L'art. 335 a deux motifs, celui de *proscrire* la confession scandaleuse de l'adultère, et celui de faire que l'enfant adultérin ne soit pas susceptible des avantages que la loi accorde aux enfans naturels, nés de personnes libres.

« Ces deux motifs s'appuient et se fortifient l'un l'autre. En ôtant aux reconnaissances volontaires d'enfans adultérins *tout profit quelconque*, on les rend inutiles, et on les arrête; en les *annihilant*, si elles existent, on empêche que l'impudeur ne triomphe, et que le fruit du crime n'envahisse le patrimoine sacré des unions légitimes.

« L'arrêt dénoncé juge que la donation dont il s'agit, doit avoir son effet, parce que l'art. 335, en annihilant les reconnaissances, fait disparaître, aux yeux de la loi, la qualité d'enfans de Jean Lanchère, et rend les donataires étrangers au donateur, mais c'est là une supposition née d'un raisonnement faux et d'une fausse interprétation de la loi.

« D'abord, la loi n'a pas besoin de considérer comme étrangers les enfans adultérins reconnus, *pour tenir la reconnaissance comme non avenue :* elle n'a besoin que de l'intérêt public. Au contraire, elle rejette la reconnaissance, parce qu'elle est fondée à les croire enfans du déclarant, et qu'elle y voit des enfans adultérins : en effet, pour être enfant adultérin, il faut d'abord être enfant. Lors donc que l'art. 335 dit que la reconnaissance n'aura pas lieu au profit des enfans nés d'un commerce adultérin, il est évident qu'elle voit, ou qu'au moins elle présume, par la reconnaissance, qu'il y a des enfans nés d'un commerce de cette nature, *et que son objet est de faire que la reconnaissance ne leur profite pas ;* c'est pourquoi la loi dit que la reconnaissance n'aura pas lieu *à leur profit ; c'est uniquement ce profit qu'elle a eu en vue d'empêcher.*

« Vainement on oppose que, si la reconnaissance ne peut pas profiter aux enfans adultérins, elle ne peut pas, non plus, leur nuire.

« Si l'on se bornait par-là à prétendre qu'on ne peut, par des reconnaissances, donner à des enfans un père, ni leur imprimer le caractère d'enfans adultérins, et qu'ils peuvent repousser ces reconnaissances, cela serait parfaitement juste ; mais employer cette proposition, pour les faire profiter des donations que leur a consenties celui qui les a reconnues, dire que les reconnaissances ne

peuvent leur nuire, afin qu'ils conservent le grand
profit qu'elles leur attribuent, c'est une dérision.

« Sans doute, la loi ne décide pas que le fait
de la paternité adultérine est certain, pas plus
que quand elle donne effet à la reconnaissance
au profit des enfans naturels nés de personnes libres; mais elle voit dans la reconnaissance, comme
dans toutes les confessions, une présomption légale, plus forte encore lorsque c'est la confession
volontaire d'une action coupable, et cette présomption lui suffit pour motiver sa disposition ;
car, par la nature des choses, elle ne peut la motiver autrement.

« Mais il y a une grande diffférence entre ne pas
décider que le fait soit certain, et décider comme
le suppose l'arrêt dénoncé, que le fait n'est pas
vrai, et c'est le décider ainsi que de considérer
comme étrangers au donateur, ceux qu'il a déclaré ses enfans.

« 3º La preuve de la filiation adultérine des trois
enfans, résulte encore des jugemens de rectification de leurs actes de naissance.

Il est vrai que les trois enfans n'ont pas été appelés à ces jugemens et qu'ils n'y ont pas été parties;
mais les jugemens n'en existent pas moins et n'en
doivent pas moins produire leurs effets, tant qu'ils
ne seront pas anéantis: or personne n'en a encore
demandé, soit la rétractation, soit la nullité; personne n'a même intérêt de le faire, et l'on va voir

que les trois enfans ont formellement acquiescé à ces jugemens.

« 4° Enfin la preuve de la filiation adultérine des trois enfans, résulte encore de la possession qu'eux-mêmes ont prise et qu'ils ont toujours conservée, de l'état d'enfans adultérins de Jean Lanchère.

« En effet, ils n'ont jamais porté dans la société que le nom de *Lanchère*; ils ont toujours été connus sous ce nom et ils le portent encore.

« C'est sous ce nom, et comme enfant de Jean Lanchère, que l'un d'eux s'est marié et que les conventions civiles de son mariage ont été rédigées.

« C'est avec la qualité d'enfans naturels de Jean Lanchère, qu'ils ont été désignés dans l'acte de donation, du 26 thermidor an 8.

« On trouve les mêmes qualifications, les mêmes dénominations, dans un acte du 7 thermidor an 8, par lequel Marie Batard a été nommée tutrice de ses enfans et autorisée à accepter pour eux la donation.

« On les retrouve dans un autre acte, du 21 nivôse an 10, par lequel le sieur Psalmon, devenu l'époux de Marie Batard, a été nommé cotuteur des trois enfans.

« C'est encore avec les mêmes qualités et les mêmes dénominations, que les trois enfans ont plaidé, en l'an 11 et en l'an 12, contre leur père, et depuis contre les héritiers légitimes.

« Ils conviennent, même encore en ce moment qu'ils sont enfans de Jean Lanchère.

« La possession d'état est donc constante, et lorsque d'ailleurs elle est conforme, soit aux actes de naissances, soit aux reconnaissances géminées faites par les père et mère, soit aux jugemens de rectification qui, loin d'avoir été attaqués, se trouvent ainsi formellement acquiescés, il est démontré jusqu'à la dernière evidence que les trois enfans sont enfans adultérins de Jean Lanchère; d'où résulte la conséquence nécessaire qu'ils étaient incapables de recevoir de lui une libéralité, qui excédât de simples alimens. »

Arrêtons nous, un moment, sur ces moyens proposés par les héritiers légitimes de Jean Lanchère.

On y voit que leurs conseils établissaient, en principes, dans la consultation par eux délibérée, que l'art. 335 avait eu pour motif de proscrire la confession scandaleuse de l'adultère, et de faire que l'enfant adultérin ne fût susceptible d'aucun des avantages que la loi accorde aux enfans naturels nés de personnes libres; qu'en effet l'article avait dit formellement que les reconnaissances volontaires n'auraient pas lieu au profit des enfans adultérins; que c'était ce profit qu'il avait eu en vue d'empêcher; qu'en ôtant ainsi

aux reconnaissances volontaires d'enfans adultérins tout profit quelconque, il les rendait inutiles
et les arrêtait, et qu'en les annihilant, lorsqu'elles
existaient, il empêchait que l'impudeur ne triom-
phât, et que le fruit du crime n'envahît le patrimoine sacré des unions légitimes.

Or, de ces principes il résulte nécessairement
que l'art. 335 s'oppose à ce que l'enfant adultérin
ait le droit de demander des alimens au père qui l'a
reconnu volontairement, puisque ce droit serait
un profit, puisqu'en supposant l'existence de ce
droit, la reconnaissance ne serait ni annihilée,
ni inutile.

Messieurs Delamalle et Delacroix de Frainville
professaient donc alors l'opinion que je soutiens
aujourd'hui, et s'ils en ont fait l'aveu, c'est qu'ils
étaient bien convaincus qu'ils n'était pas possible
d'expliquer autrement la disposition générale de
l'art. 335.

Ils se bornaient, en conséquence, à soutenir
que, si la reconnaissance volontaire d'un enfant
adultérin, ne pouvait *profiter* à cet enfant, elle
devait lui *nuire*, en ce sens qu'il ne devait pas profiter d'une donation que lui aurait consentie le
père qui l'avait reconnu comme son enfant adultérin, et ils soutenaient d'ailleurs que, dans l'espèce, la preuve de la filiation adulterine se trouvait pleinement établie par les propres aveux des
enfans reconnus, par la possession qu'ils avaient

prise et toujours conservée, de l'état d'enfans d'adultérins.

Voyons comment il a été statué sur le tout, par la section civile de la cour de cassation. Voici les termes de l'arrêt qu'elle a rendu, le 28 juin 1815.

« Attendu, 1° que, conformément à l'art. 10 de la loi du 12 brumaire an 2, l'état des enfans qui ont été reconnus, sous l'empire de cette loi, par Jean Lanchère et Marie Batard, doit être réglé par les dispositions du Code civil, Jean Lanchère et Marie Batard ayant survécu à la publication de ce Code; qu'ainsi, puisque l'état des enfans naturels ne peut dépendre que des reconnaissances, qui ont été faites par leur père ou mère, les reconnaissances souscrites par Jean Lanchère doivent être réglées par les dispositions du Code civil, et qu'elles doivent l'être par la disposition de l'art. 335, puisqu'il s'agit de reconnaissances d'enfans adultérins;

« 2° Que l'art. 335 dispose, d'une manière générale et en termes prohibitifs, que la reconnaissance ne pourra avoir lieu au profit des enfans nés d'un commerce incestueux ou adultérin;

« Que l'objet de cet article, proclamé par les orateurs du gouvernement et par les orateurs du tribunal, a été d'empêcher, par respect pour les bonnes mœurs et la pudeur sociale, toutes les reconnaissances, toutes les confessions volontaires des crimes d'inceste et d'adultère, et de prévenir

20.

les débats scandaleux auxquels pourraient donner
lieu ces révélations honteuses, et qu'ainsi, lorsque ces reconnaissances, ces confessions volontaires, ont été faites, malgré la prohibition de la
loi, elles ne peuvent produire aucun effet;

« 3° Qu'aux termes de l'art. 100 du Code civil,
les jugemens de rectification des actes de naissance ne peuvent, en aucun temps, être opposés
aux parties intéressées qui ne les ont pas requis,
ou qui n'y ont pas été appelés; d'où il suit qu'il
n'est pas nécesssaire que ces parties se pourvoient
contre lesdits jugemens, pour les faire anéantir;

« 4° Que les confessions volontaires d'une *filiation* adultérine ou incestueuse, se trouvent pros-
crites par les mêmes motifs que les reconnaissances volontaires d'une *paternité* adultérine ou
incestueuse, qu'elles offenseraient également les
bonnes mœurs, qu'elles porteraient également
atteinte à la pudeur sociale, qu'elles donneraient
également lieu à des débats scandaleux, et qu'en
conséquence elles sont également illicites;

« Que, d'ailleurs, rechercher dans des faits et
des actes la preuve de l'aveu d'une filiation adultérine, ce serait indirectement rechercher la paternité; mais que toute recherche de paternité
est formellement interdite, surtout en matière
d'adultère, par les art. 340 et 342 du Code civil,
et que, d'après la disposition générale de ces deux
articles, la recherche ne peut pas plus avoir lieu

contre des enfans qu'à leur profit, pour établir leur filiation ;

« 5° Que des motifs qui précèdent, il suit nécessairement que l'arrêt dénoncé a fait une juste application de l'art. 10 de la loi du 12 brumaire an 2, et des art. 100, 335, 340 et 342 du Code civil, et en a tiré de justes conséquences, en décidant que, malgré tous les actes et les jugemens de rectification intervenus, l'état de la veuve Blanié et de ses deux frères *demeure incertain* qu'ils sont, *aux yeux de la loi*, étrangers à Jean Lanchère, et que l'incapacité résultante des art. 762 et 908 du Code civil, ne leur est pas applicable ; qu'en jugeant ainsi, il n'a commis aucun excès de pouvoir, et qu'il n'a pas violé les dispositions des art. 1350, 1351 et 1352 du Code Civil, qui ne sont pas applicables à l'espèce ;

« La cour rejette le pourvoi. »

À raison de la nature de cette affaire, je crois devoir ajouter que les héritiers légitimes de Jean Lanchère avaient proposé, devant la cour de cassation, d'*autres* moyens que ceux dont j'ai rendu compte.

Ils faisaient résulter le premier, d'une violation des art. 1109 et 1110 du Code civil, en ce qu'il y aurait eu *cause fausse et erreur sur les personnes*, dans la donation du 26 thermidor an 8, si les trois enfans auxquels la donation était consentie, n'étaient pas réellement les enfans naturels de Jean Lanchère, puisque, dans l'acte, Jean Lanchère a déclaré expressément qu'il donnait à ses trois enfans naturels, comme un témoignage de sa tendre affection pour ses dits enfans.

Ils faisaient résulter le second, d'une violation des art. 1131 et 1133 du Code civil, en ce que la cause de la donation était illicite, puisque cette cause, formellement exprimée, était de gratifier des enfans adultérins.

Ces deux moyens auraient pu réussir, si la cour d'appel, en interprétant la clause de l'acte, par laquelle Jean Lanchère avait déclaré donner par tendre affection pour ses enfans et *parce que telle était sa volonté*, avait décidé que la paternité adultérine de Jean Lanchère avait été l'*unique* cause de sa libéralité.

Mais; ces deux moyens n'ayant pas été proposés *devant la cour d'appel*, ils ne pouvaient être des ouvertures de cassation, et c'est aussi par ce motif que la cour de cassation les a rejetés, sans les préjuger au fond.

Il faut bien remarquer que ce n'est pas de ces deux moyens qu'il s'agit dans la question particulière que je viens de discuter.

5. Nous avons encore à examiner quelles sont les personnes contre lesquelles les enfans adultérins ou incestueux, peuvent réclamer des alimens.

1° Ils peuvent en réclamer, d'abord, contre

leurs père et mère, qui sont certains aux yeux de la loi, c'est-à-dire, dont la paternité, ou la maternité, se trouve légalement constatée, indépendamment de toute reconnaissance volontaire et de toute recherche, ainsi qu'il a été expliqué dans le N° précédent.

Pourrait-on de bonne foi présenter cette misérable objection, que les alimens ne sont dus qu'à partir du décès des père et mère, puisqu'ils ne sont accordés par le Code, qu'au titre *des Successions?*

Mais le Code ne parle aussi des droits des enfans naturels, qu'au titre *des Successions*, et cependant personne aujourd'hui n'ose soutenir que ces enfans n'ont pas le droit de demander des alimens à leurs père et mère.

D'ailleurs, les alimens étant nécessaires pour vivre, il faut bien que l'enfant puisse les réclamer dès le moment où il a reçu la naissance, et il serait absurde qu'il fût obligé d'attendre le décès de ses père et mère, pour avoir ce qui lui est nécessaire pour subsister.

Si les héritiers des père et mère sont tenus de fournir des alimens à l'enfant adultérin, ou incestueux, à plus forte raison les père et mère eux-mêmes en sont-ils tenus. C'est pour eux particulièrement une obligation du droit de nature, obligation si impérieuse et si sacrée, que ce serait un crime de chercher à l'éluder, en chicanant sur le titre où elle se trouve encore prescrite par la loi.

2° Les alimens étant une dette des père et mère cette dette passe, comme toutes les autres, à tous ceux qui prennent part, à quelque titre que ce soit, dans les successions des père et mère.

Ainsi, les héritiers légitimes en sont tenus, puisqu'ils représentent les débiteurs. L'art. 763 le dit expressément, puisqu'il porte que les alimens seront réglés eu égard au nombre et à la qualité des héritiers légitimes.

Les héritiers irréguliers en sont également tenus, puisqu'ils n'ont et ne peuvent avoir les biens d'une succession, qu'avec la condition d'en payer les dettes et les charges.

Les légataires, soit universels, soit à titre universel, en sont également tenus, puisque les premiers doivent acquitter toutes les dettes et charges, et que les seconds doivent y contribuer, *pro modo emolumenti.*

Par les mêmes motifs, les héritiers institués en sont aussi tenus.

Mais les donataires entre-vifs n'en sont pas tenus, parce qu'ils ne sont aucunement obligés au paiement des dettes des successions des donateurs : sans doute on n'ira pas jusqu'à prétendre que les enfans adultérins, ou incestueux, doivent avoir pour leurs alimens, une réserve légale sur les biens donnés par leurs père et mère.

6. Puisque l'enfant naturel n'a pas le droit de demander des alimens aux ascendans du père, ou de la mère, qui l'a reconnu, à plus forte raison les descendans de l'enfant adultérin ou incestueux, ne peuvent avoir le droit de réclamer des alimens contre les père et mère de cet enfant. S'il n'existe ni parenté civile, ni aucun lien civil quelconque, entre l'enfant naturel et son aïeul, à plus forte raison il n'en existe pas entre les descendans et les ascendans de l'enfant adultérin, ou incestueux.

## ARTICLE 763.

Ces alimens seront réglés eu égard aux facultés du père ou de la mère, au nombre et à la qualité des héritiers légitimes.

1. La quotité des alimens ne pouvait pas être déterminée d'une manière générale et absolue; car elle doit nécessairement varier suivant les diverses circonstances. Le législateur en a donc laissé la fixation à l'arbitrage des tribunaux. Seulement il a établi les bases principales de cette fixation, en disposant que les alimens seraient réglés eu égard aux facultés du père ou de la mère, au nombre et à la qualité des héritiers légitimes.

Il est bien entendu aussi, sans qu'il fût besoin de

le dire, que les alimens doivent être encore réglés en proportion des besoins de l'enfant qui les réclame. Celui qui serait infirme et absolument hors d'état de travailler, aurait plus de besoins et devrait en conséquence obtenir plus pour ses alimens, que celui qui pourrait, en travaillant, gagner une partie de ce qui serait nécessaire pour sa subsistance.

Par alimens, on entend non-seulement la nourriture, mais encore toutes les autres choses nécessaires à la vie, comme l'habitation, les vêtemens, les médicamens, etc.

2. Il est juste que les alimens de l'enfant soient réglés eu égard aux facultés du père ou de la mère, et cette base pour la fixation a été établie, tant en faveur des père et mère, qu'en faveur des enfans;

En faveur des père et mère, pour que ceux qui n'ont qu'une fortune modique, ne soient tenus de donner que sur ce qui ne leur est pas nécessaire à eux-mêmes, et que même leur aisance ne se trouve pas trop restreinte;

En faveur des enfans, pour que, si leurs père et mère sont dans l'opulence, ils puissent exiger, pour leurs alimens, plus qu'ils ne le pourraient contre des père et mère qui auraient moins de fortune.

Cela prouve que l'intention du législateur n'a pas été que les enfans adultérins, ou incestueux, soient toujours réduits à ce qui est strictement nécessaire pour qu'ils puissent vivre ; mais qu'il a voulu, au contraire, que la quotité des alimens soit plus ou moins considérable, suivant que les père et mère auront plus ou moins de fortune.

Dans le même sens, et par les mêmes motifs, la fortune que laissent les père et mère au moment de leur décès, doit être également prise en considération, pour déterminer la quotité des alimens que doivent fournir les héritiers légitimes.

3. Il est juste aussi, à l'égard de ces héritiers, de considérer leur qualité et leur nombre.

1° *Leur qualité*, c'est-à-dire, leur degré de parenté ou de proximité avec le défunt, dans l'ordre légal établi pour les successions, de manière que la quotité des alimens soit plus ou moins considérable, en raison du degré plus proche ou plus éloigné de l'héritier légitime à qui les alimens sont demandés, et qu'ainsi, par exemple, un descendant légitime ne soit pas tenu de fournir une quotité aussi forte qu'un héritier collatéral.

C'est ainsi que, par l'art. 757, le législateur a distingué trois classes différentes d'héritiers légitimes, pour régler diversement les droits qu'il a attribués à l'enfant naturel sur les successions de ses père et mère, et il me semble qu'il faut également se borner à ces trois classes pour la fixation des alimens de l'enfant adultérin ou incestueux, parce qu'il serait bien difficile d'établir autant de fixations différentes qu'il y a, dans chaque ligne, de divers degrés de parenté.

2° *Le nombre* des héritiers légitimes doit être aussi considéré, c'est-à-dire, que plus il y a d'héritiers ligitimes qui viennent à la succession du père et de la mère de l'enfant adultérin ou incestueux, moins cet enfant doit avoir pour ses alimens; d'où il suit que si, par exemple, il y a cinq enfans légitimes qui succèdent, l'enfant naturel ne peut pas demander à chacun d'eux le *cinquième* de ce qu'il aurait pu demander à un seul enfant légitime qui aurait seul succédé. Il est évident, en effet, que s'il pouvait demander à chacun des cinq enfans le cinquième, il aurait tout autant que s'il n'y avait qu'un seul enfant qui fût héritier, et qu'ainsi le nombre des héritiers n'opérerait à son égard aucune réduction, ce qui serait absolument contraire aux termes de l'art. 763.

4. Ce n'est qu'à l'égard des héritiers légitimes, qu'il est dit que leur nombre et leur qualité doivent être considérés : rien n'est dit sur ce point à l'égard des héritiers irréguliers, des héritiers institués, ou des légataires.

Mais il me paraît dans l'esprit de la loi, qu'à l'égard des uns et des autres le nombre soit également considéré.

Quant à la quotité, il me semble juste que les enfans naturels reconnus, les héritiers institués et les légataires, ne soient rangés que dans la troisième classe des héritiers légitimes, et qu'à l'égard du conjoint survivant, et surtout du fisc, l'enfant adultérin, ou incestueux, soit encore mieux traité.

5. Les père et mère de l'enfant adultérin, ou incestueux, sont solidairement tenus de lui fournir des alimens, c'est-à-dire, que si l'un d'eux était hors d'état d'en fournir une portion, l'autre serait tenu de les fournir en totalité.

Mais les héritiers, ou successeurs, n'y sont pas obligés solidairement ; chacun d'eux ne peut en être tenu qu'en proportion de la part qu'il prend dans l'hérédité, puisque c'est une dette de la succession.

6. L'enfant adultérin, ou incestueux, ne peut valablement renoncer, ni en totalité, ni en partie, aux alimens nécessaires pour sa subsistance. Il pourrait donc même se faire restituer contre une transaction dans laquelle les alimens auraient été réglés à une quotité qui serait réellement insuffisante pour ses besoins. Il faut qu'il ait de quoi vivre.

Mais il ne pourrait faire rescinder la transaction, en ce que les alimens n'y auraient pas été fixés à une quotité assez considérable eu *égard aux facultés de ses père et mère, au nombre et à la qualité des héritiers*, si d'ailleurs la quotité déterminée dans l'acte suffisait à ses besoins. Il a pu valablement transiger sur ce qui ne lui était pas absolument nécessaire.

7. L'enfant adultérin, ou incestueux, n'a le droit d'exiger ni de son père, ni de sa mère, ni de leurs héritiers ou successeurs, un capital une fois payé, pour lui tenir lieu d'alimens. Ni les uns ni les autres ne peuvent être tenus de faire l'avance d'un capital, en représentation d'une dette qui peut cesser, d'un instant à l'autre, par le décès de l'enfant.

Aussi, voit-on dans la discussion au conseil d'état, sur l'art. 763, que la proposition ayant été faite d'autoriser l'enfant adultérin parvenu à sa majorité, à faire ordonner le remboursement du capital des alimens, elle fut combattue et rejetée.

# ARTICLE 764.

Lorsque le père ou la mère de l'enfant adultérin, ou incestueux, lui auront fait apprendre un art mécanique, ou lorsque l'un d'eux lui aura assuré des alimens de son vivant, l'enfant ne pourra élever aucune réclamation contre leurs successions.

1. Ou voit que, par cet article, le législateur a manifesté de nouveau sa volonté, que l'enfant adultérin, ou incestueux, n'eût droit qu'à de simples alimens, et ne pût d'ailleurs rien réclamer sur les successions de ses père et mère, puisqu'il déclare formellement que, lorsque le père ou la mère de cet enfant lui aura fait apprendre un art mécanique, ou lui aura assuré des alimens de son vivant, il n'y aura lieu à aucune réclamation sur leurs successions.

Le législateur a voulu de plus, par cet article, donner aux père et mère les moyens de débarrasser leurs héritiers, de toutes discussions avec les enfans adultérins, ou incestueux.

2. Il faut remarquer encore qu'aux termes de cet article, il suffit qu'un seul des père et mère ait fait apprendre à l'enfant adultérin, ou incestueux, un art mécanique, ou qu'un seul lui ait assuré des alimens, pour qu'aucune réclamation ne puisse être élevée contre la succession de celui des père et mère, qui n'auraient rien fourni.

Et, en effet, il suffit que l'enfant ait reçu des alimens, ou de son père, ou de sa mère, même de toute autre personne, soit encore qu'il puisse s'en procurer par son industrie personnelle, pour qu'il ne puisse plus en réclamer contre qui que ce soit : car la demande d'alimens ne pouvant être fondée que sur le besoin, elle ne peut être recevable de la part de celui qui a déjà des ressources suffisantes pour tous ses besoins.

3. Toutefois il est hors de doute que, si l'enfant adultérin, ou incestueux, ne pouvait, soit par une infirmité qui lui serait survenue ou qui se serait aggravée, soit par toute autre circonstance indépendante de sa volonté, exercer l'art mécanique qu'il aurait appris, ou si les sommes fournies pour assurer ses alimens, avaient péri sans sa faute, il aurait encore le droit de réclamer des alimens, soit contre ses père et mère encore vivans, soit contre leurs héritiers ou successeurs.

Et de même, si l'art mécanique qu'il aurait appris, ou les sommes qui auraient été fournies pour ses alimens, ne pouvaient plus suffire à ses besoins, et que d'ailleurs il n'eût personnellement aucun moyen de pourvoir à leur insuffisance, il aurait le droit de réclamer le supplément nécessaire.

4. On demande si des père et mère, qui auraient assuré des alimens à leur enfant adultérin ou incestueux, par exemple, en constituant à son profit une rente ou pension viagère, seraient recevables à cesser le paiement, et si leurs héritiers ou successeurs pourraient y être également recevables, dans le cas où l'enfant aurait acquis, par son travail, par son industrie, ou autrement, des moyens de pourvoir à tous ses besoins.

Il me semble qu'en règle générale il faut décider que l'enfant adultérin, ou incestueux, a acquis un droit irrévocable sur ce qui lui a été assuré pour alimens dans un acte qui ne contient ni restriction, ni limitation, pour un cas ou un temps quelconque, et qu'il n'y a pas motif suffisant de priver l'enfant d'une partie de ce qui lui a été assuré, parce qu'il aurait amélioré son sort par son travail, ou par son industrie.

Cependant, si la fortune des père et mère encore vivans avait éprouvé des pertes, s'ils avaient de plus grands besoins qu'au moment de l'acte, et qu'il en résultat que la prestation des alimens leur fût devenue très-onéreuse, je pense que, par équité, ils devraient être dispensés de la prestation, ou qu'au moins elle devrait être restreinte.

Mais je ne crois pas que la même faveur dût être jamais accordée aux héritiers ou successeurs, qui n'ont reçu la succession qu'à la charge de la prestation des alimens déterminés par les père et mère, et qui ne peuvent pas plus se soustraire à cette dette, qu'à aucune autre.

## ARTICLE 765.

La succession de l'enfant naturel décédé sans postérité, est dévolue au père ou à la mère qui l'a reconnu, ou par

moitié à tous les deux, s'il a été reconnu
par l'un et par l'autre.

1. Les père et mère d'un enfant naturel, lui
donnent, en le reconnaissant légalement, des
droits sur leurs successions. Il est juste que, par
réciprocité, ils aient aussi des droits sur la succession de cet enfant.

En le reconnaissant, ils ont rempli les devoirs
de la paternité et de la maternité. Il est juste qu'ils
en recueillent aussi les avantag s, et voilà pourquoi si l'un d'eux seul a reconnu, il a seul droit à
la succession.

2. Cependant la disposition de cet article doit
être étendue aux cas où, sans qu'il y ait eu de
reconnaissance volontaire, les père et mère de
l'enfant naturel sont *certains aux yeux de la loi;*
ces cas sont ceux qui ont été prévus par les articles 340 et 341.

Il a été établi au n° 3 des observations sur
l'art. 756, que, lorsque la paternité, ou la maternité, se trouve établie dans les cas et de la manière
qui sont indiqués par les art. 340 et 341, les enfans naturels ont droit sur les successions de leur
père, ou mère, de même que s'ils en avaient été
expressément reconnus; la réciprocité exige donc
aussi que, dans ces cas, les père et mère aient
également droit sur les successions de leurs enfans naturels. Puisque la disposition de l'art. 756

est appliquée en faveur de ces enfans, quoiqu'il n'y ait pas de reconnaissance formelle, de même la disposition de l'art. 765 doit être appliquée en faveur de leurs père et mère.

Ainsi, lorsque la maternité a été prouvée conformément à l'art. 341, comme l'enfant naturel aurait des droits sur la succession de la mère, s'il lui survivait, de même la mère doit avoir des droits sur la succession de l'enfant, si elle lui survit.

3. Aux termes de l'art. 765, la succession de l'enfant naturel n'appartient au père, ou à la mère, qui l'a reconnu, que lorsque l'enfant est décédé *sans postérité.*

Mais on demande si ces mots, *sans postérité*, s'appliquent aux descendans *naturels* de l'enfant naturel décédé, comme à ses descendans légitimes, en sorte que, s'il a laissé lui-même des enfans naturels reconnus, son père, ni sa mère, n'ait rien à prétendre sur sa succession.

La réponse à cette question se trouve dans les art. 757 et 758.

Suivant l'art. 757, les droits des enfans naturels ne sont réduits à une quote part dans les successions des père et mère qui les ont reconnus, que lorsque ces père et mère ont laissé des parens légitimes, et, suivant l'art. 758, à défaut de parens légitimes aux degrés successibles, les enfans na-

21.

turels reconnus ont la totalité des biens des père
et mère.

Il faudrait donc que les père et mère, qui ont
reconnu un enfant naturel, fussent ses parens
*légitimes*, pour qu'ils pussent exclure d'une partie
de sa succession, et, à plus forte raison, de la
totalité, les enfans naturels qu'il aurait eus et qu'il
aurait reconnus légalement.

Or, les père et mère d'un enfant naturel ne
deviennent pas ses parens légitimes, en le reconnaissant pour leur enfant né hors mariage; car il
n'y a de parenté légitime qu'entre les individus
qui sont issus de mariages contractés conformément à la loi, ou entre les père et mère et leurs
enfans légitimes.

Si, par l'effet de la reconnaissance, il existait
une parenté légitime entre l'enfant naturel et ses
père et mère, il s'ensuivrait que l'enfant naturel
reconnu serait parent légitime de tous les ascendans de ses père et mère; car tous les parens
légitimes d'un descendant légitime, sont nécessairement parens légitimes de tous les ascendans
légitimes de ce descendant.

L'enfant naturel reconnu serait donc habile à
succéder aux ascendans de ses père et mère,
puisque la source de la successibilité est dans la
parenté légitime.

Or, l'enfant naturel, même reconnu, est formellement exclu, par l'art. 756, des successions

de tous les ascendans et même de tous les parens de ses père et mère, et il en est exclu précisément par la raison qu'il n'existe entr'eux et lui aucune parenté légitime.

C'est parce que la reconnaissance qui est autorisée par la loi, établit un rapport civil entre les père et mère et leur enfant reconnu, qu'une successibilité irrégulière a été admise entr'eux; mais elle ne peut être étendue au-delà des termes dans lesquels elle a été limitée, puisqu'elle est une exception aux règles générales sur la successibilité; et comme les enfans naturels ne peuvent, suivant les termes de l'art. 757, exclure des successions de leurs père et mère, soit les ascendans, soit les collatéraux; comme ils ne peuvent, aux termes de l'art. 758, avoir la totalité des biens de leurs père et mère, qu'à défaut de parens légitimes aux degrés successibles, de même les père et mère ne peuvent, aux termes de l'article 765, avoir la succession de leur enfant naturel, que lorsqu'il est décédé sans postérité.

Une autre raison encore démontre évidemment que la disposition de l'art. 765 est applicable aux descendans naturels, et que même elle n'a été faite que pour eux.

Le Code civil ayant réglé, par les art. 745 et 746, que les père et mère, *même légitimes*, étaient exclus de la succession de leur enfant, par ses descendans légitimes, sans doute il eût été bien inutile de faire une autre disposition spéciale, pour déclarer que les père et mère *illégitimes* seraient également exclus de la succession de leur enfant, par ses descendans légitimes. Qui aurait osé soutenir que les seconds méritaient plus de faveur que les premiers, pour la succession de leur enfant, et que les seconds pouvaient exclure des descendans légitimes, qui cependant auraient été préférés aux premiers?

Il est donc évident que la disposition spéciale de l'art. 765, n'a pu être faite qu'en vue des descendans naturels, parce qu'il était dans l'intention du législateur que ces descendans fussent préférés aux père et mère, et que, pour prévenir tous les doutes à cet égard, il a voulu l'expliquer clairement, en employant ces expressions générales, *sans postérité.*

4. L'article 765 dit que la succession de l'enfant naturel décédé sans postérité, *est dévolue* au père ou à la mère, qui l'a reconnu. Résulte-t-il de ces expressions, *la succession est dévolue*, que les père et mère qui sont appelés à la succession, soient de véritables héritiers, qu'ils aient la saisine légale, et qu'en conséquence ils soient dispensés de demander aux tribunaux l'envoi en possession des biens? Je ne le pense pas ainsi.

La saisine de droit, en matière de succession, ne dépend ni de la volonté ni de la disposition du défunt; c'est un bénéficee, c'est un droit que la loi seule confère, et qui par conséquent ne peut être étendu hors des cas pour lesquels la loi l'a conféré.

Or, le Code civil n'a accordé la saisine des biens dépendant de successions, qu'aux héritiers légitimes (art. 724.), et aux légataires universels, lorsqu'il n'y a pas d'héritiers légitimes ayant droit à la réserve légale (art. 1006.)

Eux seuls peuvent donc jouir de la saisine légale, et conséquemment ils sont les seuls qui puissent être dispensés de demander à la justice l'envoi en possession.

La succession que l'art. 765 accorde aux père et mère de l'enfant naturel reconnu, n'est pas une succession légitime ; c'est une succession irrégulière, ainsi que le dit expressément la rubrique du chapitre dans lequel est placé l'art. 765 ; les père et mère qui, par cet article, sont appelés à succéder, ne sont donc pas des héritiers légitimes ; ils ne sont que des successeurs irréguliers, et conséquemment ils ne peuvent réclamer la saisine que l'art. 724 n'accorde qu'aux héritiers légitimes.

Puisque l'enfant naturel, même lorsqu'ils vient en vertu de l'art. 758, recueillir la totalité de la succession du père ou de la mère qui l'a reconnu, n'est pas un héritier, puisqu'il n'est qu'un successeur irrégulier, de même le père ou la mère, qui vient, en vertu de l'art. 765, à la succession de son enfant naturel reconnu, n'est pas un héritier, mais seulement un successeur irrégulier, et puisque l'enfant naturel, qui succède seul à ses père et mère, n'a pas la saisine légale et est tenu de demander l'envoi en possession des biens, précisément par la raison qu'il n'est pas héritier, mais seulement un successeur irrégulier, par la même raison aussi les père et mère qui succèdent à leur enfant naturel, sont privés de la saisine et tenus de demander l'envoi en possession. Il ne peut pas y avoir de motifs pour établir une différence à cet égard entre les uns et les autres.

De ce que l'article 724, après avoir dit, dans sa première disposition, que les héritiers légitimes sont saisis de plein droit, ne comprend pas spécialement, dans sa seconde disposition, les père et mère de l'enfant naturel au nombre des successeurs irréguliers qu'il dénomme comme étant tenus de demander l'envoi en possession, il ne s'ensuit pas que les père et mère puissent être considérés comme étant compris dans la première disposition. Les termes mêmes de cette première disposition s'y opposent formellement, puisqu'en n'accordant la saisine qu'aux héritiers légitimes, elle la refuse par là même aux père et mère qui ne sont que successeurs irréguliers.

Peu importe, dès-lors, qu'on ait omis de comprendre ces père et mère dans la liste de ceux qui

doivent demander l'envoi en possession. Il suffirait, pour qu'ils doivent être placés *de plein droit*
dans cette classe, pour qu'ils soient tenus de demander l'envoi en possession, que la saisine ne
leur ait été accordée par aucune disposition du
Code, quand même elle ne leur aurait pas été
formellement refusée par la disposition qui ne
l'accorde qu'aux héritiers légitimes.

Peu importe encore que les père et mère,
appelés à succéder à leur enfant naturel, n'aient
pas été non plus compris dans la disposition de
l'art. 770, qui dit que les enfans naturels, le conjoint survivant et l'état doivent demander l'envoi
en possession. Cet article n'a pas eu pour objet
d'imposer aux enfans naturels, au conjoint survivant et à l'état, l'obligation de demander l'envoi
en possession, puisque déjà cette obligation leur
avait été formellement imposée par l'art. 724 ;
mais il a eu pour objet de déterminer les formalités qui devaient être remplies, avant qu'ils pussent être envoyés en possession, et conséquemment de ce que les père et mère, appelés à succéder à l'enfant naturel, n'ont pas été compris
dans l'art. 770, il en résulte seulement que le législateur n'a pas voulu les soumettre aux mêmes formalités que les enfans naturels, le conjoint survivant et l'état, pour obtenir l'envoi en possession.

En effet, ces formalités n'étaient pas également
nécessaires à leur égard.

Les enfans naturels, le conjoint survivant et l'état, ne pouvant recueillir une succession, que lorsque le défunt n'a laissé aucun parent légitime à l'un des degrés successibles, il était nécessaire, avant de les envoyer en possession, de faire connaître, par des publications et des affiches, l'ouverture de la succession, pour en instruire des parens à des degrés éloignés, qui pouvaient n'être pas connus. Mais les mêmes précautions n'étaient pas également nécessaires, avant de déférer aux père et mère la succession de leur enfant naturel, puisqu'ils ne peuvent être exclus que par les descendans de cet enfant, et qu'il est difficile que l'existence de ces descendans puisse être ignorée, et qu'eux-mêmes ignorent la mort de leur père.

Enfin, il est bien vrai que, si les père et mère prenaient la succession de leur enfant naturel, sans en avoir fait constater la valeur par un inventaire, ils seraient tenus des dettes et charges *ultrà vires*; mais de là il ne résulte pas qu'ils soient héritiers. Les enfans naturels, le conjoint survivant et l'état seraient également tenus des dettes *ultrà vires*, s'ils prenaient la succession sans inventaire, et cependant ils ne peuvent pas être héritiers. Les enfans naturels, s'ils avaient partagé avec les parens légitimes, sans un inventaire régulier, les meubles et les immeubles dépendans de la succession de leur père ou mère, seraient aussi tenus des dettes *ultrà vires*, et cependant jamais ils ne sont héritiers.

5. Les père et mère qui ont reconnu un enfant naturel, ont-ils un droit de réserve ou de légitime sur ses biens, lorsqu'il a disposé par donation entre-vifs ou par testament?

Pour la négative, on a dit que la succession déférée aux père et mère de l'enfant naturel, est une succession *ab intestat*, qui n'a lieu conséquemment qu'à défaut de dispositions, et que d'ailleurs les père et mère de l'enfant naturel ne sont mis, nulle part, au nombre des héritiers auxquels la loi accorde une réserve.

Mais j'avais invoqué absolument les mêmes motifs, pour soutenir que l'enfant naturel n'avait aucun droit de réserve, ou de légitime, sur les biens du père ou de la mère, qui l'avait reconnu. J'avais dit que la succession déférée à cet enfant, était une succession *ab intestat*, qui n'avait lieu conséquemment qu'à défaut de dispositions; j'avais dit encore que cet enfant n'était mis, nulle part, au nombre des héritiers auxquels la loi accorde une réserve, et cependant on a presque généralement décidé que l'enfant naturel avait un droit de réserve sur les biens de son père, ou de sa mère, au moins sur ceux dont il n'avait été disposé que par testament. Commment donc les mêmes motifs pourraient-ils n'être pas suffisans pour empêcher la réserve au profit de l'enfant naturel, sur les biens de ses père et mère, et se trouver néanmoins suffisans pour empêcher la reserve au profit des père et mère, sur les biens de leur enfant naturel?

D'autre part, si l'enfant naturel doit avoir une réserve sur les biens de ses père et mère, la réciprocité n'exige-t-elle pas que les père et mère aient également une réserve sur les biens de leur enfant naturel? N'est-il pas certain que la succession de l'enfant naturel n'a été déférée, par l'article 765, aux père et mère qui l'ont reconnu, que par réciprocité de ce que l'art. 756 avait accordé à l'enfant naturel reconnu des droits sur les successions de ses père et mère? La réciprocité ne devrait-elle donc pas être la même sur tous les points? L'enfant naturel mérite-t-il plus de faveur que ses père et mère, sous le rapport de la réserve? En succession régulière, la réserve n'est-elle pas accordée aux père et mère du défunt, comme elle est accordée à ses enfans? Pourquoi donc en serait-il autrement en succession irrégulière?

Quoi qu'il en soit, je partage l'opinion de ceux qui refusent aux père et mère le droit de réserve sur les biens de l'enfant naturel, parce que les motifs sur lesquels ils ont établi cette opinion, me paraissent incontestables.

6. Les ascendans de l'enfant naturel, autres que ses père et mère, ne peuvent avoir aucun droit

sur sa succession. L'art. 765 n'appelle à cette succession que les père et mère, et l'on verra dans l'article suivant, qu'en cas de prédécès des père et mère de l'enfant naturel, la succession de cet enfant, lors même qu'il ne laisse pas de postérité, est déférée à d'autres personnes qu'aux ascendans.

Comme, par l'art. 756, l'enfant naturel, même reconnu, est exclu des successions de tous les ascendans de ses père et mère, de même ces ascendans sont et doivent être exclus de sa succession. Déjà j'ai dit plusieurs fois qu'il n'existe entr'eux aucun lien reconnu par la loi, aucun rapport civil.

7. Les père et mère d'un enfant adultérin, ou incestueux, ne peuvent invoquer la disposition de l'art. 765, pour être admis à la succession de cet enfant. Comme, d'après l'art. 762, cet enfant serait, dans tous les cas, exclu de leurs successions, de même ils ne peuvent réclamer aucun droit sur la sienne, et d'ailleurs l'art. 765 ne parle que de la succession d'un enfant naturel et reconnu.

La succession d'un enfant adultérin, ou incestueux, ne peut appartenir qu'à ses descendans légitimes, ou à ses descendans naturels légalement reconnus, ou à son conjoint survivant, ou à l'état.

Le vice de son origine ne l'empêche pas de contracter un mariage légitime, et conséquemment les enfans qui naissent de ce mariage, ont tous les droits de la légitimité.

S'il laisse, en mourant, des descendans légitimes et des enfans naturels reconnus, ceux-ci ont les droits déterminés par l'art. 757.

S'il ne laisse pas de descendans légitimes, comme il n'a et ne peut avoir aucun autre parent légitime, sa succession est entièrement dévolue à ses enfans naturels, ou à leurs descendans, conformément à l'art. 758.

Au défaut des uns et des autres, sa succession est dévolue à son conjoint survivant, ou à l'état, suivant les art. 767 et 768.

## ARTICLE 766.

En cas de prédécès des père et mère de l'enfant naturel, les biens qu'il en avait reçus passent aux frères ou sœurs légitimes, s'ils se retrouvent en nature dans la succession : les actions en reprise, s'il en existe, ou le prix de ces biens aliénés, s'il en est encore dû, retournent également aux frères et sœurs légitimes. Tous les autres biens passent aux frères et sœurs naturels, ou à leurs descendans.

1. Les articles précédens ont réglé à qui appartient la succession de l'enfant naturel reconnu, qui a laissé en mourant, ou des des-

cendans, soit légitimes, soit naturels, ou ses père et mère. Il fallait régler encore à qui serait déférée sa succession, lorsqu'il ne laisserait ni descendans, ni père, ou mère, qui l'eut reconnu. C'est l'objet du présent article, qui cependant ne statue que sur un seul cas.

Ce cas est celui où l'enfant naturel reconnu, décédé sans postérité, et ayant d'ailleurs survécu à ses père et mère, laisse *des frères ou sœurs légitimes*, et des frères ou sœurs naturels, ou leurs descendans.

Par ces mots, *frères ou sœurs légitimes*, qui ne sont peut-être pas employés ici d'une manière très-exacte, on entend les enfans légitimes, soit du père, soit de la mère, qui a reconnu l'enfant naturel de la succession duquel il s'agit.

Par les mots, *frères ou sœurs naturels*, on entend les autres enfans naturels qu'ont eus ces père et mère.

Il s'agit donc de savoir à qui des enfans légitimes, ou des enfans naturels, soit du père, soit de la mère d'un enfant naturel qui est décédé sans postérité, après ses père et mère, seront attribués les biens de cet enfant.

L'art. 766 accorde la préférence aux enfans naturels, excepté seulement pour les biens que l'enfant naturel décédé avait reçus de ses père et mère, en sorte que, s'il n'avait rien reçu, sa succession entière serait attribuée à ses frères ou sœurs naturels, à l'exclusion des frères et sœurs légitimes.

Quels peuvent donc être les motifs de cette préférence accordée aux frères et sœurs naturels ?

Si les frères et sœurs légitimes sont exclus de la succession de leur frère naturel, parce qu'il n'existe entr'eux aucune parenté légitime, les frrères et sœurs naturels devraient en être exclus par la même raison.

Si les père et mère ne peuvent pas être représentés par leurs descendans légitimes dans la succession de leur enfant naturel, ils ne peuvent pas plus y être représentés par leurs descendans naturels.

Enfin les seconds ne méritent certainement pas plus de faveur que les premiers.

Il faut croire que c'est par pure humanité, que le législateur a donné la préférence aux frères et sœurs naturels, qui se trouvent presque toujours dans un état misérable.

Les frères et sœurs légitimes ne seraient pas fondés à s'en plaindre, puisqu'ils n'ont réellement aucun droit sur la succession d'un frère naturel, qui n'est pas de leur famille, et qui ne pourrait jamais leur succéder à eux-mêmes. Peu leur importe que la succession, au lieu d'être abandonnée au fisc, soit attribuée aux frères et sœurs naturels, et il est bien que ces frères et sœurs aient été préférés au fisc.

Les frères et sœurs légitimes obtiennent tout ce que la justice exigeait en leur faveur, puisqu'ils sont autorisés à reprendre, dans la succession de l'enfant naturel, tous les biens que cet enfant avait reçus de leurs père et mère, et qu'ainsi ces biens retournent à la famille légitime et ne profitent pas à la famille naturelle.

2. Mais dans quels cas et comment les frères et sœurs légitimes sont-ils autorisés à reprendre?

L'article 766 s'en explique très-clairement. Il dit qu'en cas de prédécès des père et mère de l'enfant naturel, les biens qu'il en avait reçus, passent aux frères ou sœurs légitimes, s'ils se retrouvent en nature dans la succession, et que les actions en reprise, s'il en existe, ou le prix de ces biens aliénés, s'il en est encore dû, retournent également aux frères et sœurs légitimes.

On voit que cette réversion en faveur des frères ou sœurs légitimes, est autorisée précisément dans les mêmes termes que celle qui a été accordée par l'art. 747 aux ascendans donateurs; elle doit donc s'exercer de la même manière, et il faut en conséquence lui appliquer presque toutes les observations qui ont été faites sur l'art. 747.

3. Cependant on présente une difficulté qui aurait pour objet d'établir de la différence entre les deux réversions. On prétend que ce n'est point

par voie de succession, comme à l'égard des ascendans donateurs, mais par voie de retour pur
et simple, que la réversion des choses qui avaient
été données à l'enfant naturel, s'opère en faveur
des frères ou sœurs légitimes, et l'on se fonde,
1º sur ce qu'il n'est pas dit dans l'art. 766, comme
dans l'art. 747, que les frères ou sœurs légitimes
*succèdent* aux biens que l'enfant naturel avait
reçus de ses père et mère, mais qu'il y est dit seulement que ces biens *passent* aux frères ou sœurs
légitimes; 2º sur ce qu'on ne peut douter que ce
mot *passent*, signifie un retour pur et simple,
puisque l'art. 766 ajoute de suite que les actions
en reprise, s'il en existe, ou le prix des biens
aliénés, s'il en est encore dû, *retournent également*
aux frères ou sœurs légitimes.; 3º sur ce que
les frères et sœurs légitimes ne peuvent pas être
*héritiers* de leur frère naturel. De là on conclut
qu'ils ne peuvent pas être tenus, comme le sont,
en vertu de l'art. 747, les ascendans donateurs,
de contribuer aux dettes et charges de la succession, *pro modo emolumenti.*

Pour écarter cette opinion, il suffira de faire
remarquer que si dans l'espèce il y avait retour
pur et simple, les freres ou sœurs légitimes auraient le droit de faire résoudre toutes les aliénations que l'enfant naturel aurait pu consentir des
biens qu'il avait reçus de ses pere et mère, et de
faire revenir ces biens, francs et quittes de toutes

charges et hypothèques; qu'en effet ce droit est le caractère essentiel et l'effet nécessaire du retour pur et simple, ainsi qu'on le trouve expliqué dans les articles 952 et 954 du Code civil; mais qu'au contraire l'art. 766 dit formellement, 1° que les frères ou sœurs légitimes ne pourront reprendre, dans la succession de l'enfant naturel, les biens qu'il avait reçus de ses père et mère, que dans le cas seulement où ces biens se trouveraient *en nature* dans la succession; 2° que, si ces biens ont été aliénés, les frères ou sœurs légitimes ne pourront réclamer que le prix *qui en restera dû.*

Les termes mêmes de l'art. 766, et les diverses explications qu'il a données, repoussent donc ouvertement toute idée de retour pur et simple.

Dès-lors, il est évident que le mot *passent*, qui se trouve dans la première partie de l'article, annonce une transmission, mais non pas un retour, et que le mot *retournent*, qui se trouve dans la seconde partie, ne doit pas être appliqué rigoureusement à un retour pur et simple, puisqu'en le prenant dans ce sens rigoureux, il impliquerait contradiction avec la disposition toute entière.

Il faut remarquer d'ailleurs que, dans tous les articles qui statuent sur les successions irrégulières, le législateur a pris le soin de n'employer ni le mot *héritiers*, ni le mot *succèdent*, parce qu'il a voulu bien marquer qu'on ne pouvait ja-

22.

mais venir à ces successions en qualité d'héritier ;
mais de ce qu'on ne recueille pas ces successions
à titre d'héritier, il ne s'ensuit pas qu'on soit dispensé d'en acquitter les dettes et les charges : les
successeurs irréguliers sont tenus, comme les héritiers, de contribuer aux dettes et aux charges ,
en proportion de la part qu'ils prennent dans les
biens.

4. Quoique l'art. 766 donne généralement aux
frères ou sœurs légitimes le droit de reprendre ce
que leur frère naturel avait reçu de ses père et
mère , il ne faut cependant pas en conclure que ,
dans tous les cas, tous les frères et sœurs légitimes
aient indistinctement le droit de reprendre.

Si l'enfant naturel n'avait reçu que de son père,
le droit de reprendre n'appartiendrait qu'aux enfans légitimes du père, et de même si l'enfant naturel n'avait reçu que de sa mère , les enfans légitimes de la mère auraient seuls le droit de reprendre
ce qu'elle avait donné.

La même distinction s'applique au cas ou il aurait été donné par le père et par la mère. Les enfans légitimes du père ne reprendraient que ce
qu'il aurait donné, et les enfans légitimes de la mère
ne reprendraient également que ce qui viendrait
de son chef.

5. L'art. 766 n'accorde qu'aux frères ou sœurs
légitimes le droit de reprendre ce que leur père,
ou leur mère, avait donné à l'enfant naturel ; ce

droit ne peut donc être exercé par les autres parens légitimes des père et mère de l'enfant naturel, et pas même par leurs ascendans. C'est ici une succession extraordinaire que le législateur a déférée, et il a pensé que le bénéfice devait en être limité aux descendans légitimes des donateurs.

, On est même allé jusqu'à prétendre que l'article 766 n'ayant dénommé que les frères ou sœurs légitimes, les descendans de ces frères ou sœurs n'étaient pas compris dans la disposition, et qu'en conséquence, si les enfans légitimes des père et mère donateurs, étaient décédés avant l'enfant naturel, leurs descendans n'auraient pas le droit de reprendre, dans la succession de cet enfant, ce qui lui aurait été donné par leur aïeul ou leur aïeule; mais je crois avoir prouvé dans le n° 9 des observations sur l'article 757, que les descendans des frères ou sœurs légitimes ont droit de les représenter dans le cas prévu par l'article 766, comme dans le cas sur lequel a statué la seconde disposition de l'art. 757.

6. Tous les biens que les frères ou sœurs légitimes, ou leurs descendans, n'ont pas le droit de reprendre, ou qu'ils ne veulent ou ne peuvent recueillir, passent aux frères et sœurs naturels, ou à leurs descendans.

Ici, le mot *descendans* s'applique aux descendans naturels, comme aux descendans légitimes,

parce qu'il ne s'agit pas dans l'espèce, comme
dans le cas prévu par l'art. 759, d'un concours
avec des parens légitimes, et que si, dans l'espèce
les descendans naturels des frères ou sœurs naturels étaient exclus, ce ne pourrait être qu'au profit du conjoint survivant, ou du fisc, puisqu'il
est supposé que l'enfant naturel de la succession
duquel il s'agit, est décédé sans postérité, après
ses père et mère, et que les frères ou sœurs légitimes ont pris ce qui leur était attribué par l'article 766, ou n'ont rien à prendre.

Il est bien juste, sans doute, et il a été dans
l'intention du législateur, que tous les descendans,
soit légitimes, soit naturels, des frères ou sœurs
naturels du défunt, soient préférés au conjoint
survivant et au fisc.

Mais l'art. 766, ainsi que l'art. 765, ne peut s'appliquer qu'à des enfans naturels qui ont été légalement reconnus, ou en faveur desquels la paternité, ou la maternité, a été établie conformément
aux articles 340 et 341. Les enfans naturels dont
le père et la mère sont inconnus, ou incertains
aux yeux de la loi, ne peuvent se dire les parens
d'aucune personne, et conséquemment ne peuvent succéder à personne. La parenté, ou le lien
du sang, ne pouvant résulter que du chef du père,
ou de la mère, dont on est issu, il est évident
qu'il faut d'abord prouver qu'on est issu de tel
père, ou de telle mère, pour qu'on puisse se dire

lié par le sang à la famille de l'un, ou à la famille de l'autre, et venir dans l'une ou dans l'autre,
prendre les droits d'un parent naturel. La disposition de l'art. 756, qui n'accorde qu'aux enfans
naturels reconnus des droits sur les successions de
leurs père et mère, doit donc être nécessairement
appliquée à toutes les autres successions auxquelles peuvent être appelés les enfans naturels.

47. L'enfant naturel, qui est décédé sans postérité, après ses père et mère, peut laisser plusieurs
frères ou sœurs, dont les uns lui sont frères ou
sœurs germain, c'est à-dire, qui sont issus du même
père et de la même mère qui lui ont donné naissance, d'autres qui ne lui sont que frères ou sœurs
consanguins, c'est-à-dire, qui ne sont pas issus de
la même mère que lui, d'autres enfin qui ne lui
sont que frères ou sœurs utérins, c'est-à-dire, qui
ne sont pas issus du même père.

Dans ce cas, il me paraît incontestable que la
succession doit être divisée entr'eux conformément aux règles établies par l'art. 733, et que les
mêmes règles doivent être appliquées à leurs descendans respectifs.

## SECTION II.

*Des Droits du conjoint survivant, et de l'état.*

# ARTICLE 767.

Lorsque le défunt ne laisse ni parens au degré successible, ni enfans naturels, les biens de la succession appartiennent au conjoint non divorcé qui lui survit.

1. Il faut combiner cet article avec ceux qui le précèdent, pour bien en déterminer le sens véritable. Si on le considérait isolément, sa rédaction dirait plus que le législateur n'a voulu dire, et paraîtrait même en contradiction avec plusieurs des dispositions précédentes.

En effet, d'une part, quoique le défunt ne laisse ni parens au degré successible, ni enfans naturels, il n'est pas vrai, dans tous les cas, que les biens de sa succession appartiennent au conjoint non divorcé qui lui survit: car si le défunt était un enfant naturel, et qu'il eût laissé ses père et mère qui l'avaient reconnu, sa succession appartiendrait à ces père et mère, en vertu de l'art. 765, quoiqu'ils ne soient pas ses parens dans l'ordre civil. Sous ce rapport, la rédaction de l'art. 767 se trouverait donc inexacte et vicieuse, si on la prenaît d'une manière absolue, puisque dans sa généralité elle n'aurait pas prévu un cas auquel l'article ne peut s'appliquer, puisque ses termes seraient en contradiction manifeste avec la disposition de l'art. 765.

D'autre part, ces termes de l'art. 767, *lorsque le défunt ne laisse ni enfans naturels*, ne seraient grammaticalement applicables qu'aux enfans naturels du défunt, et ne pourraient au plus être étendus qu'aux descendans de ces enfans; il résulterait donc de la disposition textuelle de cet article, que, lorsque le défunt n'aurait pas eu d'enfans naturels, ou que ceux qu'il aurait eus, seraient morts avant lui sans descendans, et que d'ailleurs il ne laisserait pas de parens au degré sucessible, les biens de sa succession devraient toujours appartenir au conjoint non divorcé qui lui survit; mais cela n'est pas vrai dans tous les cas. Si le défunt était un enfant naturel, quoiqu'il n'eût pas laissé de parens au degré successible, quoiqu'il n'eût pas eu de descendans naturels, ou qu'il n'en eût laissé aucun, les biens de sa succession appartiendraient, en vertu des art. 765 et 766, à ses frères ou sœurs naturels, ou à leurs descendans, si d'ailleurs ses père et mère étaient décédés avant lui.

Dès lors il est évident que, pour concilier la disposition de l'art. 767 avec les art. 765 et 766, elle ne doit être entendue que dans ce sens, que, lorsque le défunt ne laisse ni parens à l'un des degrés successibles, ni aucun des successeurs irréguliers qui sont appelés par les art. 756, 758, 759, 765 et 766, les biens de sa succession appartiennent au conjoint non divorcé qui lui survit. Il est certain que telle a été l'intention du législateur, et qu'il n'a voulu appeler le conjoint survivant à succéder au prédécédé, qu'au défaut seulement de successibles, soit parmi les parens légitimes, soit parmi les parens naturels.

Le Code civil a admis des successeurs irréguliers, de trois classes différentes, 1° les enfans naturels et les père et mère qui les ont reconnus; 2° le conjoint survivant non divorcé; 3° l'état.

Il a placé en premier ordre les enfans naturels et leurs père et mère, et il a d'abord réglé leurs droits dans la première section du chapitre *des successions irrégulières;* ce n'est qu'en second ordre et dans la deuxième section du même chapitre, qu'il a applé le conjoint survivant et l'état; ce n'est donc qu'à défaut de tous les successeurs irréguliers appelés en premier ordre dans la première section, que le conjoint survivant et l'état peuvent réclamer des droits.

Il est juste, en effet, et dans l'ordre des affections présumées du défunt, que ses descendans, ses père et mère, et ses frères et sœurs, même naturels, soient appelés à lui succéder, par préférence au conjoint survivant, qui ne tient au défunt par aucun lien de parenté, même naturelle.

2. Il est juste aussi qu'à défaut de parens, soit légitimes, soit naturels, qui puissent succéder au défunt, le conjoint survivant soit préféré au fisc. L'affection que les époux avaient l'un pour l'autre, doit faire présumer que celui qui décède le premier, sans laisser de parens successibles, soit légitimes, soit naturels, a eu la volonté que ses biens fussent déférés à son conjoint, plutôt qu'à l'état.

La disposition de l'art. 767 à cet égard, est conforme à l'édit du préteur, *undè vir et uxor*.

3. Mais les motifs sur lesquels a été fondée cette disposition, ne subsistent plus, lorsqu'il y avait eu entre les époux un divorce légalement prononcé. Leur mariage ayant été rompu, ils étaient devenus étrangers l'un à l'autre, et l'on ne peut plus d'ailleurs présumer que celui qui est décédé le premier, eût conservé, par affection, la volonté que l'autre lui succédât.

Aussi, l'art. 767 n'appelle à succéder que le conjoint survivant, *non divorcé*, et cette exception est encore conforme au droit romain ; *Ut autem*, disait la loi unique, §. 1, ff. *undè vir et uxor*, *hæc bonorum possessio locum habeat*, *uxorem esse oportet mortis tempore*.

Peu importe que le divorce eût été provoqué contre le conjoint survivant, et prononcé sans son consentement. L'art. 767 ne fait pas de distinction à cet égard, parce qu'en effet il n'en est pas moins certain, dans ce cas, que le mariage ne subsistait plus lors de l'ouverture de la succession, et qu'on ne peut pas présumer que celui des époux, qui avait provoqué et fait prononcer le divorce, eût conservé la volonté que le conjoint qu'il avait répudié, devînt son héritier.

4. L'art. 767 ne refusant qu'au conjoint divorcé le droit de prendre les biens du conjoint prédécédé, il en résulte que la séparation de corps ne produit pas à cet égard les mêmes effets que le divorce.

Lors de la discussion de cet article au conseil d'état, on rappela que, suivant l'ancienne jurisprudence, la séparation de corps faisait cesser la succession *undè vir et uxor*, et on proposa d'en disposer de même dans le Code. Le principe de cette succession, disait-on, est comme celui de cette succession *ab intestat*, la présomption légale d'une juste affection, présomption qui cesse d'exister dans le cas d'une séparation de corps entre époux.

Il fut répondu que la séparation de corps, laissant subsister le mariage, ne devait pas empêcher la succession établie entre époux.

Mais il paraît que cette dernière opinion ne prévalut pas, d'abord, dans le conseil d'état, puisqu'il fût arrêté en principe que l'époux survivant ne serait pas admis à la succession de l'époux prédécédé, lorsqu'il y aurait eu séparation de corps, et que l'article fut renvoyé à la section de législation, pour le rédiger conformément à ce principe.

Cependant on ne trouve dans l'article, tel qu'il a été définitivement adopté et inséré dans le Code, que la seule exception relative au divorce, et malgré ce qui a été dit et arrêté dans le conseil d'état, il ne peut être permis de suppléer ni d'ajouter au texte, une seconde exception relative à la séparation de corps.

M. de Malleville annonce, tom. 2, pag. 246, que ce qui empêcha définitivement d'exécuter ce qui avait été arrêté par le conseil d'état, c'est que depuis on considéra que l'exclusion de la succession, en cas de séparation de corps, pourrait tomber sur l'époux qui n'aurait rien à se reprocher, et qui aurait, au contraire, à se plaindre de l'autre.

Mais il me semble que ce motif n'est pas très-concluant, puisqu'il pourrait s'appliquer également au cas du divorce.

La considération que la séparation de corps ne rompt pas le mariage, ne me paraît pas plus concluante; car ce n'est pas sur le fait seul du mariage, c'est sur les affections et la volonté présumées du défunt, qu'a été établie la succession entre conjoints. Or, peut-on présumer, par exemple, que le mari qui a fait prononcer contre sa femme la séparation de corps, *pour cause d'a-*

*dultère*, ait conservé la volonté que cette femme lui succédât? Est-il, d'ailleurs, bien moral que cette femme soit admise à succéder à son mari? Ne s'en est-elle pas rendue absolument indigne?

Les mêmes raisons ne seraient-elles pas également applicables au mari furieux qui aurait tellement maltraité sa femme, qu'elle aurait été forcée de se séparer de lui?

5. Lorsqu'un mariage putatif a été déclaré nul, pour l'une des causes qui forment empêchement dirimant, le conjoint survivant peut-il réclamer ou conserver la succession du prédécédé?

Il faut distinguer si la nullité du mariage a été prononcée, après ou avant le décès de l'un des époux.

Lorsqu'elle n'a été prononcée qu'après le décès de l'un des époux, le conjoint survivant qui a été appelé par l'art. 767 à prendre la succession du prédécédé, doit la conserver, s'il était *de bonne foi* en contractant le mariage, c'est-à-dire, s'il ne connaissait pas l'empêchement dirimant. Le droit à la succession lui a été acquis pendant que le mariage subsistait encore, et il est bien fondé à se servir, pour conserver la succession, de la disposition des art. 201 et 202 du Code civil, qui portent que le mariage déclaré nul produit néanmoins les effets civils à l'égard des époux qui l'ont contracté de bonne foi.

Par la raison contraire, le conjoint survivant,

s'il avait été de mauvaise foi, serait tenu de restituer la succession qu'il aurait recueillie, parce qu'il n'aurait pas eu de droit réel à cette succession, le mariage n'ayant pu produire, en aucun temps, d'effets civils en sa faveur.

Lorsque le mariage a été déclaré nul avant le décès de l'un des époux, il n'y a plus à distinguer si le conjoint survivant était, ou non, de bonne foi. Dès que la nullité du mariage a été prononcée, il n'y a plus d'époux, plus de conjoints, et conséquemment la disposition de l'article 767, qui n'a lieu qu'entre conjoints, ne peut plus être applicable.

Quoique les art. 201 et 202 disent généralement que le mariage, qui a été déclaré nul, produit néanmoins les effets civils à l'égard de l'époux qui l'a contracté de bonne foi, cela néanmoins ne peut s'entendre que des effets civils qui étaient assurés et irrévocablement acquis lors de la dissolution du mariage, mais non pas de nouveaux effets civils qui naîtraient postérieurement. Il n'est pas possible qu'un mariage qui a été déclaré nul et qui est dissous, produise encore de nouveaux droits en faveur de l'un ou de l'autre des individus qui ont cessé d'être époux. Or, le droit à une succession n'existe et n'est acquis que lorsque la succession s'ouvre. Il dépend de l'état, des qualités, de la capacité des personnes, au moment de l'ouverture de la suc-

cession ; il n'est donc pas possible qu'il soit acquis en vertu d'un mariage qui n'existe plus, et
que dans le cas où il n'est déféré par la loi qu'entre conjoints, il puisse appartenir à celui qui avait
cessé d'être conjoint avant l'ouverture de la succession..

## ARTICLE 768.

A défaut de conjoint survivant, la
succession est acquise à l'état.

1. Lorsque le défunt n'a laissé ni parens légitimes ou naturels, ni conjoint survivant, qui
puissent lui succéder, il ne faut pas cependant
que ses biens restent vacans et sans maître, et
puisqu'il n'y a personne qui ait, en particulier,
le droit de les réclamer, ce n'est qu'à la société
entière qu'ils peuvent appartenir; ils sont donc
acquis à l'état.

Cette disposition se trouvait également dans le
droit romain : *Scire debet gravitas tua*, disait la
loi 1, C. *de bonis vacantibus, intestatorum res
qui sine legitimo hærede decesserunt, fisci nostri
rationibus vindicandas.*

2. Néanmoins il a été prononcé sur ce point
une exception, par un avis du conseil d'état, ap-
prouvé le 8 novembre 1809, par le chef du
gouvernement.

Cet avis porte,

1º Que les *effets mobiliers*, apportés dans les hospices par les malades qui ont été traités *gratuitement*, doivent appartenir auxdits hospices, à l'exclusion des héritiers, et du domaine, en cas de déshérence ;

2º Qu'à l'égard des malades ou des personnes valides, dont le traitement et l'entretien *ont été acquittés* de quelque manière que ce soit, les héritiers et légataires peuvent exercer leurs droits sur tous les effets apportés dans les hospices par lesdites personnes malades ou valides ; mais que, dans le cas de déshérence, les mêmes effets doivent appartenir aux hospices, *au préjudice du domaine ;*

3º Qu'il ne doit être rien innové à l'égard des *militaires* décédés dans les hospices.

## ARTICLE 769.

Le conjoint survivant et l'administration des domaines, qui prétendent droit à la succession, sont tenus de faire apposer les scellés , et de faire inventaire dans les formes prescrites pour l'acceptation des successions sous bénéfice d'inventaire.

1. Il peut y avoir des héritiers légitimes, ou

des enfans naturels successibles, qui se trouvant
domiciliés à des distances éloignées, et ignorant
le décès de la personne dont ils sont héritiers ou
successeurs, ou qui, n'ayant pu rassembler tous
les titres nécessaires pour établir leurs droits, ne
se sont pas présentés à l'ouverture de la succession. C'est pour veiller à leurs intérêts et pour la
conservation de leurs droits, que l'art. 769 impose au conjoint survivant et à l'administration
des domaines, qui veulent demander l'envoi en
possession des biens, l'obligation de faire apposer d'abord les scellés sur les meubles et effets de
la succession, et de faire procéder à un bon et
fidèle inventaire, afin que les forces de la succession soient bien constatées, et qu'il ne puisse pas
être pratiqué de fraude, au préjudice des héritiers ou successeurs qui pourront se présenter par
la suite.

Les tribunaux ne peuvent donc ordonner l'envoi en possession soit au profit du conjoint survivant, soit même au profit de l'état, qu'après
qu'il a été justifié que les deux formalités prescrites par l'art. 769, ont été régulièrement remplies.

2. Les scellés doivent être apposés et levés, et
l'inventaire fait, conformément à ce qui est prescrit dans les titres I, II, III et IV du second
livre de la seconde partie du Code de procédure
civile.

## ARTICLE 770.

Ils doivent demander l'envoi en possession au tribunal de première instance dans le ressort duquel la succession est ouverte. Le tribunal ne peut statuer sur la demande qu'après trois publications et affiches dans les formes usitées, et après avoir entendu le procureur du roi.

1. On a vu précédemment que les successeurs irréguliers ne sont pas saisis, de plein droit, des successions qu'ils sont appelés à recueillir, et que le Code n'accorde la saisine qu'aux héritiers légitimes et aux héritiers institués ou légataires universels. Le conjoint survivant et l'état sont donc obligés de demander à la justice l'envoi en possession des biens qui leur sont déférés dans les cas prévus par les art. 767 et 768.

2. C'est au tribunal dans le ressort duquel la succession s'est ouverte, c'est-à-dire, dans le ressort duquel le défunt avait son domicile civil au moment de son décès, que le conjoint survivant et l'état doivent demander l'envoi en possession. Ce tribunal est spécialement institué par la loi, pour connaître de toutes les demandes qui

23.

tendent à faire régler les qualités et les droits de
tous ceux qui se prétendent ou héritiers légitimes,
ou successeurs irréguliers, ou héritiers institués,
quoique d'ailleurs les parties intéressées soient
domiciliées et les biens situés dans le ressort
d'autres tribunaux.

3. Le tribunal ne peut statuer sur la demande
en envoi en possession, formée par le conjoint
survivant, ou par l'administration des domaines
au nom de l'état, qu'après trois publications et
affiches.

Ces publications et affiches doivent énoncer le
décès de la personne dont la succession est réclamée, et la demande qui est formée par le conjoint
survivant, ou par l'état.

Elles ont pour objet de faire connaître le décès
et l'ouverture de la succession, afin que s'il y a
des héritiers légitimes, ou des successeurs irréguliers en premier ordre, qui ne sont pas connus
et qui ont ignoré le décès, ils soient avertis de
se présenter pour réclamer leurs droits.

4. L'art. 770 se borne à dire que ces publications et affiches seront faites *dans les formes
usitées;* mais quelles sont ces formes? Elles ne
sont pas indiquées, pour le cas dont il s'agit, dans
le Code de procédure civile, et d'ailleurs, suivant
ce Code ; les formes des publications et affiches
varient suivant les différentes matières : elles ne

sont pas les mêmes pour la vente des meubles, que pour la vente des immeubles.

Il me semble que, lorsqu'il s'agit de déférer les biens d'une succession, et sur-tout lorsqu'il y a des immeubles, on doit suivre les formes des publications et affiches prescrites pour la vente des immeubles, et je ne vois pas le motif qui ferait préférer les formes des publications et affiches prescrites par l'art. 620 du Code de procédure civile, pour le cas où il s'agit de la vente de barques, chaloupes, galiotes, bateaux et autres bâtimens de rivières, moulins et autres édifices mobiles, assis sur bateaux ou autrement.

5. Le procureur du roi doit être entendu sur les demandes en envoi en possession, parce que l'une de ses fonctions étant de veiller aux intérêts des absens, il sera de son devoir de prendre toutes les informations nécessaires pour découvrir l'existence et le domicile des personnes qui pourraient avoir droit aux successions réclamées par les conjoints survivans et par l'état.

6. On verra dans le n° 3 des observations sur l'art. 773, s'il est nécessaire, pour que le conjoint survivant, ou l'état, obtienne l'envoi en possession, qu'il soit prouvé et certain que le défunt n'a laissé ni parens successibles, ni successeurs irréguliers du premier ordre, ou s'il ne suffit pas qu'aucun héritier ou successeur ne se présente,

et que d'ailleurs il soit constaté qu'aucun n'est connu.

On verra dans le même n°, comment*le conjoint survivant et l'état doivent se pourvoir pour obtenir l'envoi en possession, et comment il doit être ordonné.

Enfin on verra dans les observations sur l'article 771 et dans les observations sur l'article 773, quels sont les effets de l'envoi en possession, soit à l'égard des meubles, soit à l'égard des immeubles.

## ARTICLE 771.

L'époux survivant est encore tenu de faire emploi du mobilier, ou de donner caution suffisante pour en assurer la restitution, au cas où il se présenterait des héritiers du défunt, dans l'intervalle de trois ans : après ce délai, la caution est déchargée.

1. Cette disposition, comme celle de l'art. 769, a été faite pour conserver les droits des héritiers qui ne se présenteraient qu'après que le conjoint survivant aurait été envoyé en possession. Comme ils seraient souvent exposés à perdre le mobilier que le conjoint survivant aurait recueilli, et qu'il

aurait pu dissiper, s'il en avait eu la libre disposition, le législateur a voulu que ce conjoint fût tenu de faire emploi du mobilier, ou de donner caution suffisante pour en assurer la restitution, au cas où il se présenterait des héritiers du défunt.

Mais cette charge ne devait pas être illimitée dans sa durée, et l'art. 771 dispose en conséquence que la caution sera déchargée, après le délai de trois ans depuis l'envoi en possession. Il n'est pas vraisemblable que, s'il y a des héritiers, ils ne se fassent pas connaître dans le délai de trois ans.

2. De là il résulte que, pendant les trois ans, à compter de l'envoi en possession, le conjoint survivant n'est que simple administrateur du mobilier, puisqu'il n'en a pas la libre disposition; mais aussi qu'après les trois ans il peut en disposer librement, comme s'il en était propriétaire incommutable, puisqu'après les trois ans le cautionnement qu'il avait été obligé de fournir pour assurer la restitution de ce mobilier, cesse de plein droit.

3. Il résulte même de la disposition de l'art. 771, que, pendant les trois ans, le conjoint survivant a le droit de faire vendre le mobilier, puisqu'il a le choix, ou de faire emploi du mobilier, ou de donner caution, et qu'il ne pourrait le plus souvent faire emploi du mobilier qu'en le vendant, pour en placer le prix.

Mais, comme il n'est que simple administrateur pendant les trois ans, il ne pourrait pas, dans ce délai, vendre le mobilier, à l'amiable et de sa propre autorité. A cet égard il doit être assimilé à l'héritier sous bénéfice d'inventaire, et il faut, en conséquence, lui appliquer la disposition de l'art. 805 du Code civil, qui porte que les meubles de la succession doivent être vendus par le ministère d'un officier public, aux enchères, et après les affiches et publications accoutumées.

S'il avait vendu, sans remplir ces formalités, les héritiers qui se présenteraient, pourraient le contraindre à leur rembourser la valeur du mobilier, au taux de l'estimation qui en aurait été faite dans l'inventaire, ou à défaut d'inventaire; d'après la commune renommée, le tout avec dommages et intérêts, conformément à l'art. 772.

4. Le conjoint qui a fait emploi du prix de la vente du mobilier, peut retirer ce prix, pour en disposer à son gré, dès qu'il s'est écoulé trois ans depuis l'envoi en possession qui lui a été accordé. Comme l'obligation relative au cautionnement cesse de plein droit après les trois ans, l'obligation relative à l'emploi du mobilier doit également cesser après le même délai. Aux termes de l'art. 771, le conjoint survivant n'est tenu de faire emploi du mobilier, ou de donner caution, que pour *assurer* la restitution dans l'intervalle de trois ans, et par conséquent l'une et l'autre des pré-

cautions prises pour assurer cette restitution, doivent également cesser après l'intervalle de trois ans.

5. L'art. 771 n'exige pas la caution, pour la sûreté de l'administration des biens dont la possession a été remise au conjoint survivant; il ne l'exige que pour le sûreté de la restitution du mobilier. L'héritier sous bénéfice d'inventaire n'est pas, non plus, obligé de donner caution, à raison de son administration.

6. On ne peut pas conclure des termes de l'art. 771, que, si les héritiers ne se présentaient qu'après les trois ans de l'envoi en possession, ils ne pourraient plus exiger la restitution du mobilier recueilli par le conjoint survivant. Il n'est pas dit dans l'article, que le conjoint survivant est tenu de faire emploi du mobilier, ou de donner caution, pour en assurer la restitution, au cas où il se présenterait dans l'intervalle de trois ans, des héritiers du défunt. Ces termes, *dans l'intervalle de trois ans*, tels qu'ils sont placés dans l'article, ne se rapportent évidemment qu'à ces autres mots qui précèdent, *pour en assurer la restitution*. Evidemment, le sens de l'article est que l'emploi du mobilier et la caution sont ordonnés, pour que, par ces moyens de garantie, la restitution du mobilier soit *assurée* pendant trois ans, aux héritiers qui peuvent se présenter.

Ce qui prouve bien que tels ont été l'esprit et

l'objet de la rédaction, c'est qu'il a été ajouté de suite qu'après le délai de trois ans la caution serait déchargée, et que cette addition eût été absolument inutile, si les héritiers avaient perdu après ce délai le droit de demander la restitution du mobilier.

Le législateur a pensé que des moyens d'assurance pour la restitution du mobilier, n'étaient nécessaires que pendant trois ans, parce qu'en effet il y avait tout lieu de présumer que les héritiers, s'il y en avait, se présenteraient dans ce délai, et qu'il ne fallait pas, pour un intérêt imaginaire et invraisemblable, gêner plus long-temps dans les mains du conjoint survivant, la libre disposition d'un simple mobilier ; mais de ce que le législateur n'a pas pris les mêmes moyens d'assurance pour la restitution du mobilier après les trois ans, il ne s'ensuit pas qu'il ait voulu qu'après ce délai la restitution du mobilier ne fût plus exigible de la part des héritiers du défunt.

D'ailleurs, quoiqu'il soit vrai que ce n'est que pendant trois ans seulement que le conjoint survivant est simple administrateur du mobilier, et qu'après ce délai il est considéré comme propriétaire de ce mobilier et peut en disposer à son gré, il n'en est pas moins certain qu'il n'en est pas encore propriétaire incommutable, et que sa propriété n'est que conditionnelle, puisqu'il n'a été envoyé en possession, que sur la supposition qu'il n'y avait pas d'héritiers ; qu'ainsi sa propriété se trouve résolue, s'il se présente des héritiers, avant que l'action en pétition d'hérédité soit prescrite, et qu'en conséquence il est tenu, dans ce cas, de restituer aux héritiers qui se présentent, le mobilier, comme les immeubles de la succession. (*Voyez* le n° 5 des observations sur l'art. 773.)

7. Tout ce qui vient d'être dit pour le cas où il se présente des héritiers, c'est-à-dire, des parens légitimes habiles à succéder, doit s'appliquer également et de la même manière, au cas où il se présente des successeurs irréguliers, appelés à succéder en vertu des art. 756, 758, 759, 765 et 766.

J'ai prouvé dans le n° 1er des observations sur l'art. 767, que tous ces successeurs irréguliers sont préférés au conjoint survivant, et qu'en conséquence ce n'est qu'à leur défaut que le conjoint survivant peut avoir la succession.

L'envoi en possession, accordé à ce conjoint, est donc également subordonné au cas où il ne se présentera pas de ces successeurs ; sa possession est donc également résolue, dans le cas où il s'en présente, et conséquemment ils doivent profiter de la disposition de l'art. 771, comme en profiteraient des héritiers légitimes.

8. L'état n'a pas été soumis, comme le conjoint survivant, soit à faire emploi du mobilier, soit à donner caution suffisante pour en assurer la res-

titution. La raison est que l'état étant toujours réputé solvable, il n'est pas nécessaire de prendre contre lui des moyens d'assurance et de garantie.

Mais l'état n'a pas plus que le conjoint survivant, le droit de vendre le mobilier, sans remplir les formalités prescrites par l'art. 805.

## ARTICLE 772.

L'époux survivant ou l'administration des domaines, qui n'aurait pas rempli les formalités qui leur sont respectivement prescrites, pourront être condamnés aux dommages et intérêts envers les héritiers, s'il s'en présente.

1. Les formalités prescrites par les art. 769, 770 et 771, étaient bien nécessaires, sans doute, pour la conservation des droits des héritiers qui peuvent se présenter après l'envoi en possession, et leur inexécution, si elle restait impunie, causerait presque toujours les plus graves préjudices aux héritiers.

Lorsque l'époux survivant, ou l'administration des domaines, aurait obtenu l'envoi en possession des biens, ou s'en serait emparé de sa propre autorité, sans avoir fait apposer les scellés, sans avoir fait procéder à un inventaire fidèle et régulier, comment les héritiers qui se présenteraient après plusieurs années, pourraient-ils faire constater la quotité et la véritable valeur de tous les objets mobiliers qui se seraient trouvés dans la succession? Le résultat d'une enquête et d'une estimation par commune renommée, ne pourrait-il pas leur être très-préjudiciable?

S'il avait été fait régulièrement des publications et des affiches pour annoncer le décès, les héritiers légitimes auraient pu en être instruits et se présenter avant l'envoi en possession.

Si l'époux survivant avait fait emploi du mobilier, ou donné caution pour en assurer la restitution, les héritiers, qui se présentent dans les trois ans, ne seraient pas exposés à des frais et des faux frais considérables, pour obtenir la restitution sur les biens de l'époux envoyé en possession.

On voit donc que, dans tous ces cas, il y a ou peut y avoir dommage pour les héritiers, et qu'ainsi c'est avec raison qu'il a été statué par l'art. 772, que l'époux survivant, ou l'administration des domaines, qui n'aurait pas rempli les formalités prescrites, pourrait être condamné envers ces héritiers à des dommages et intérêts.

2. Quoique l'article ne dise pas, d'une manière absolue, que l'époux survivant et l'administration des domaines *seront condamnés* à des dommages et intérêts, quoiqu'il dise seulement qu'ils *pour-*

*ront être condamnés*, il arrivera très-rarement qu'ils ne *doivent* pas être condamnés, Il faudrait, pour les soustraire à la peine des dommages et intérêts, qu'il fût bien démontré que l'inexécution des formalités prescrites n'a causé réellement aucun dommage aux héritiers qui se présentent; car le fait seul de l'inexécution des formalités doit nécessairement inspirer des soupçons de fraude, au préjudice des héritiers.

3. La quotité des dommages et intérêts doit varier suivant les circonstances; l'arbitrage en est laissé aux tribunaux, qui doivent la fixer d'après les divers renseignemens qu'ils peuvent se procurer sur le préjudice que les héritiers auraient éprouvé.

4° Il suffit que l'époux survivant et l'administration des domaines n'aient pas rempli les formalités qui leur sont respectivement prescrites par la loi, pour qu'ils doivent être considérés comme des possesseurs de mauvaise foi, et, sous ce rapport, ils sont soumis, outre les dommages et intérêts, à d'autres peines et condamnations qui seront expliquées dans le n° 6 des observations sur l'art. 775.

## ARTICLE 773.

Les dispositions des art. 769, 770, 771 et 772 sont communes aux enfans naturels appelés à défaut de parens.

1. Il faut bien remarquer d'abord que l'art. 773 ne déclare les dispositions des art. 769, 770, 771 et 772 communes qu'aux enfans naturels *appelés à défaut de parens*, c'est-à dire, aux enfans naturels qui, à défaut de parens légitimes aux degrés successibles, ont droit, d'après l'art. 758, à la totalité des biens.

Les dispositions des art. 769, 770, 771 et 772, ne sont donc pas applicables aux enfans naturels qui, dans les cas prévus par l'art. 757, concourent avec des parens légitimes et n'ont droit qu'à une partie des biens.

La manière dont les enfans naturels doivent réclamer et exercer leurs droits, dans le cas où il y a des parens légitimes aux degrés successibles, a été expliquée dans les n.os 14 et 15 des observations sur l'art. 757.

Maintenant il s'agit d'expliquer la manière dont les enfans naturels doivent demander et obtenir l'envoi en possession de la totalité des biens, dans le cas où ils sont appelés à défaut de parens.

Mais il sera nécessaire d'expliquer également quels sont les effets de l'envoi en possession et notamment à l'égard des immeubles, ce que les enfans naturels sont tenus de restituer, lorsqu'il se présente des héritiers légitimes, et quelles sont leurs obligations à l'égard des créanciers.

Sur tous ces points, il s'élève plusieurs

questions qui ne se trouvent pas expressément
décidées par les dispositions des articles qui précèdent, et leur solution devra presque toujours
être appliquée au conjoint survivant et à l'état,
comme aux enfans naturels.

2. Les dispositions des art. 769, 770, 771 et
772, étant declarées communes aux enfans naturels appelés à défaut de parens, il en résulte,

1º Que ces enfans naturels, lorsqu'ils prétendent droit à une succession dans les termes des
art. 758 et 766, sont tenus de faire apposer les
scellés et de faire faire inventaire ;

2º Qu'ils sont tenus de demander l'envoi en
possession, et qu'ils ne peuvent l'obtenir qu'après
trois publications et affiches;

3º Qu'ils sont encore tenus de faire emploi du
mobilier, ou de donner caution suffisante pour
en assurer la restitution dans l'intervalle de trois
ans;

4º Qu'à défaut d'avoir rempli ces formalités,
ils peuvent être condamnés à des dommages et
intérêts envers les héritiers qui se présentent.

Sur la nature, l'étendue et les effets de chacune
de ces obligations, il faut se reporter aux diverses
observations, qui ont été faites sur les art. 769,
770, 771 et 772. Toutes ces observations sont
applicables à l'égard des enfans naturels appelés
à défaut de parens, comme à l'égard de l'époux
survivant et de l'état.

3. On a élevé la question de savoir s'il n'est pas absolument nécessaire que l'enfant naturel, pour obtenir l'envoi en possession de la totalité des biens, prouve préalablement que le défunt n'a laissé aucun parent légitime successible; ou s'il ne suffit pas qu'après les délais pour faire inventaire et pour délibérer, aucun parent légitime ne se présente pour réclamer la succession, et que d'ailleurs il soit bien constaté qu'il n'y a pas d'héritiers connus, ou que les héritiers connus ont renoncé.

La même question se reproduit, soit à l'égard du conjoint survivant, soit à l'égard de l'état.

Voici comment elle a été résolue par un profond jurisconsulte, l'un des meilleurs commentateurs du Code civil, par M. Toullier, dans son *Droit civil français*, tom 4, n° 274, page 289 et suivantes.

« Quand l'enfant naturel peut-il demander l'envoi en possession de la totalité des biens ? C'est, dit l'art. 758, lorsque *ses père et mère ne laissent pas de parens au degré successible.* L'article ne dit pas, *lorsqu'il n'y a pas d'héritiers connus, lorsqu'il ne s'en présente pas,* ce qui est tout différent. Il ne suffit donc pas qu'il ne se présente pas de parens et qu'il n'y en ait pas de connus. Le Code exige qu'il n'en existe pas, pour que la dévolution des biens soit opérée en faveur de l'enfant naturel; et comme tout demandeur

doit être certain de sa demande, c'est à l'enfant
naturel de faire sa preuve; en attendant, la succession doit être régie par un curateur: ainsi le
veut l'art. 811...

« Si, pour qu'une succession fût dévolue aux
héritiers irréguliers, c'est-à-dire, aux enfans naturels, au conjoint survivant, ou à l'état, il ne
fallait qu'alléguer qu'il n'y a point d'héritiers
connus, il n'y aurait presque jamais de successions vacantes : les enfans naturels, le conjoint
survivant, ou, à leur défaut, la régie des domaines
qui exerce les droits de l'état, pourraient se faire
envoyer de suite en possession de toutes celles
qui ne seraient pas réclamées dans les trois mois et
quarante jours, lorsque l'héritier présomptif n'est
pas connu, ce qui est aussi contraire à l'esprit
qu'à la lettre du Code, qui ne leur défère la succession que dans le cas où le défunt *ne laissse pas
de parens au degré successible*, et non, lorsqu'il
n'y a pas d'héritiers connus, ou que les héritiers
connus ont renoncé. Ces deux circonstances rendent seulement la succession vacante (art. 811.)

« Si le défunt était né en France d'un légitime
mariage, si ses père et mère y étaient également
nés, on ne peut le supposer sans parens au degré
successible.....

« Tels sont les principes qui dérivent des dispositions du Code; ils sont conformes à ceux de
l'ancienne jurisprudence; et, depuis la promulga-

tion du Code, ils sont professés par la régie des domaines dans une instruction qu'elle a fait donner à ses préposés, le 5 mars 1806, et qui a été approuvée par le grand-juge ministre de la justice et par le ministre des finances : elle y établit les principes que nous venons d'exposer, et distingue les successions *vacantes*, des successions *en déshérence....*

« D'après cette instruction, la succession est vacante, lorsqu'il ne se présente point d'héritiers, lorsqu'ils ne sont pas connus, et qu'on ignore s'il en existe.

« Elle est en *déshérence*, lorsqu'il est *constaté* qu'il n'en existe pas....

« Quant à la preuve qu'il n'existe pas de parens successibles, elle peut souvent être difficile. Si le défunt était un enfant naturel, la preuve serait facile, en faisant voir que ses père et mère ne sont pas connus, ou qu'ils sont morts, et qu'il n'a pas laissé de descendans ; elle serait encore facile, s'il s'agissait de la succession d'un étranger naturalisé. Dans les autres cas, c'est à la prudence des juges d'apprécier les preuves données par les enfans naturels, ou par le conjoint survivant, qui demandent l'envoi en possession.

« Mais comme, malgré les preuves *qui peuvent rarement être rigoureuses*, il peut dans la suite se découvrir des héritiers du défunt, à qui la succession doit être rendue, le Code prescrit des

24.

mesures pour constater la valeur des biens et pour en assurer la restitution. »

De toutes ces observations, M. Toullier conclut,

1° Que, s'il n'est pas prouvé que le défunt n'a pas laissé de parens aux degrés successibles, quoique d'ailleurs il n'y ait pas d'héritiers connus, ou que les héritiers connus aient renoncé, l'enfant naturel ne peut réclamer le bénéfice de l'art. 758; que, dans ce cas, la succession se trouve vacante; qu'il doit être nommé un curateur à cette succession, et que l'enfant naturel peut bien se faire envoyer, contradictoirement avec ce curateur, en possession des trois quarts de l'hérédité, puisque ces trois quarts lui sont assurés par l'art. 757; mais qu'il ne peut demander l'envoi en possession de la totalité des biens, parce qu'il ne se trouve pas dans les termes de l'art. 758, et que le quart, qui ne peut être réclamé par l'enfant naturel, reste dans les mains du curateur, qui le régit, conformément à l'art. 813 du Code;

2° Que, dans le même cas, c'est-à-dire, s'il n'est pas prouvé que le défunt n'a pas laissé de parens aux degrés successibles, quoique d'ailleurs il n'y ait pas d'héritiers connus, ou que les héritiers connus aient renoncé; et lors même qu'aucun enfant naturel ne réclamerait la succession, le conjoint survivant, ni l'état, ne peuvent rien réclamer, parce qu'ils ne se trouvent pas dans les termes des art. 767 et 768, et que tous les biens doivent rester dans les mains du curateur à la succession vacante, qui les conserve et les administre, conformément à l'art. 813.

J'ai une opinion toute différente et je vais en exposer les motifs.

1º Il me semble qu'on interprète beaucoup trop rigoureusement ces termes de l'art. 758 et de l'art. 767, *lorsque le défunt ne laisse pas de parens au degré successible*, et que l'on va contre l'intention évidente du législateur, lorsqu'on prétend en faire résulter que l'enfant naturel, le conjoint survivant, ou l'état, ne peuvent réclamer les biens, que dans le cas où il est *prouvé* que le défunt n'a pas laissé de parens aux degrés successibles, et qu'il ne suffit pas qu'il soit constaté qu'il n'y a pas d'héritiers connus, ou que les héritiers connus aient tous renoncé,

Si, en effet, le législateur l'avait ainsi entendu, pourquoi donc aurait-il obligé l'enfant naturel, le conjoint survivant, ou l'état, qui demandent et qui obtiennent l'envoi en possession de la totalité des biens, à remplir des formalités qui n'ont d'autre objet que de conserver les droits des héritiers qui peuvent se présenter par la suite? Si, pour être envoyés en possession de la totalité des biens, l'enfant naturel, le conjoint survivant ou l'état, devaient *prouver* qu'il n'y a pas de parens légitimes aux degrés successibles, dès que cette preuve serait faite, il serait *certain* qu'il n'existe pas de parens successibles. Toutes formalités seraient donc absolument inutiles dans les intérêts de parens qui pourraient être habiles à succéder, puisqu'il serait prouvé qu'il n'existe aucun de ces parens.

2° Comment, d'ailleurs, serait-il possible, dans une foule de cas, de faire la preuve que le défunt n'a pas laissé de parens aux degrés successibles? Si, par exemple, une famille nombreuse s'était dispersée dans divers pays, comment serait-il possible de prouver qu'un membre de cette famille n'a laissé aucun parent dans aucun des douze degrés de parenté et dans cette foule innombrable de branches particulières qu'aurait pu produire chacun des douze degrés, soit dans la ligne directe ou collatérale, soit dans la ligne paternelle ou maternelle? On ne peut donc pas raisonnablement supposer que, dans le cas même où le défunt n'a laissé aucun héritier légitime *qui soit connu*, le législateur n'ait voulu cependant accorder la succession aux enfans naturels, au conjoint survivant ou à l'état, qu'à la condition qu'ils prouveraient un fait dont la preuve se trouverait presque toujours impossible.

3° L'art. 757 s'explique dans les mêmes termes que l'art. 758 : il dit que le droit de l'enfant naturel est des trois quarts, lorsque les père ou mère *ne laissent* ni descendans, ni ascendans, ni frères

ni sœurs; et conséquemment, d'après la manière
dont on veut interpréter les mots *ne laissent pas,*
il faudrait que l'enfant naturel, pour avoir les
trois quarts des biens de ses père et mère, fournît
la *preuve* qu'ils n'ont laissé ni descendans, ni ascendans, ni frères, ni sœurs. Puisque, dans le cas
de l'art. 758, il ne suffirait pas qu'il n'y eût aucun
parent successible qui fût connu, il ne devrait
pas plus suffire, dans le cas de l'art. 757, qu'aucun descendant, ou ascendant, ou frère, ou
sœur, ne fût connu. Les mêmes mots, insérés dans
deux articles qui se suivent, ne peuvent, ni
s'interpréter, ni s'appliquer différemment.

Et cependant M. Toullier dit lui-même, page
288, que, *s'il n'y a ni héritiers connus,* ni légataire
universel ou héritier institué, l'enfant naturel peut
demander les trois quarts de la succession.

Pourquoi donc ces mots, *s'il n'y a pas d'héritiers connus,* ne s'appliqueraient-ils pas également
au cas prévu par l'article 758?

4° Suivant l'art. 767, les biens du défunt ne doivent appartenir à son conjoint qui lui survit, que
lorsque le défunt *ne laisse* ni parens au degré
successible, *ni enfans naturels.*

Il faudrait donc, dans le sens de l'opinion de
M. Toullier, que le conjoint survivant prouvât,
non-seulement que le défunt n'a pas laissé de parens au degré successible, mais encore qu'il n'a

pas laissé d'enfans naturels appelés à succéder. Or il serait impossible qu'il prouvât que le défunt n'a pas eu d'enfant naturel, ou qu'il n'en a pas reconnu. Il serait impossible qu'il prouvât que le défunt, dans le cas prévu par l'art. 766, n'a laissé ni frères ou sœurs *naturels*, ni aucun descendant de ces frères ou sœurs. Ainsi, jamais le conjoint survivant ne pourrait profiter du bénéfice de l'art. 767, et la disposition de cet article serait absolument illusoire.

Il en serait de même à l'égard de l'état, qui ne pourrait pas plus que le conjoint survivant, fournir la preuve, qu'il n'existe aucun enfant naturel qui ait le droit de réclamer la succession, en vertu des art. 758 et 766.

5º M. Toullier a bien prévu tout ce qu'il y avait à dire contre les preuves qu'il exige de la non-existence d'héritiers légitimes, et ne pouvants'empêcher de reconnaître qu'au moins elles pourraient être souvent difficiles, il a fini par convenir *qu'elles pouvaient rarement être rigoureuses*, et qu'en conséquence comme, malgré les preuves que les tribunaux pourraient juger suffisantes pour ordonner l'envoi en possession de la totalité des biens en faveur des successeurs irréguliers, il pourrait dans la suite se découvrir des héritiers légitimes à qui les biens devraient être rendus, le Code avait dû prescrire des mesures pour la conservation des droits de ces héritiers.

Il me semble que, d'après cet aveu, il ne reste presque plus de difficulté.

Puisque les preuves de la non-existence d'héritiers légitimes, sont souvent difficiles et peuvent rarement être rigoureuses, puisqu'il n'est pas nécessaire qu'elles soient pleines et entières, pour que les tribunaux puissent envoyer les successeurs irréguliers en possession de la totalité des biens, n'est-il pas hors de doute, que dans tous les cas où il est impossible et même seulement difficile d'avoir des preuves pleines et entières, celle qui peut résulter de ce qu'il n'y a pas d'héritiers connus, doit être suffisante ? N'est-ce pas en effet la plus forte qu'on puisse avoir, à défaut de possibilité de preuves pleines et entières ? N'est-elle pas suffisante, d'après M. Toullier lui-même, dans le cas de l'art. 757, pour faire déférer à l'enfant naturel la totalité des biens, quoiqu'il n'y ait pas de preuve pleine et entière que le défunt n'a laissé ni descendans, ni ascendans, ni frères, ni sœurs ?

Mais on peut aller encore plus loin.

6° L'opinion de M. Toullier porte toute entière sur la supposition que, dans le cas où il n'y a pas d'héritiers connus, ou que les héritiers connus ont renoncé, la succession est réputée vacante, et de ce principe supposé, M. Toullier conclut que, dans le cas dont il s'agit, les biens doivent être remis au curateur à la succession vacante, et non pas aux successeurs irréguliers.

. A cet argument on pourrait d'abord répondre
que, même en admettant la supposition que, dans
le cas où il n'y a pas d'héritiers connus, la succession doit être réputée vacante, il s'ensuivrait
seulement que les successeurs irréguliers seraient
tenus de se pourvoir contre le curateur, pour
obtenir la delivrance des biens. Il n'y a dans le
Code aucune disposition qui autorise le curateur
à garder l'administration de ces biens, au préjudice des successeurs réguliers, aussi long-temps
que l'action en pétition d'hérédité que pourraient
former les héritiers légitimes, ne se trouve pas
prescrite, c'est-à-dire, pendant trente ans. S'il en
était ainsi, les enfans naturels, et sur-tout le conjoint survivant, seraient le plus souvent privés du
bénéfice qu'a voulu leur accorder la loi, et l'on
ne peut pas croire que telle ait été l'intention du
législateur.

Mais il y a une autre réponse plus précise et en
même temps plus conforme, soit au texte, soit
à l'esprit de la loi ; c'est qu'il n'est pas exact de
dire, que, d'après les termes de l'art. 811, la succession soit *toujours* réputée vacante, lorsqu'il
n'y a pas d'héritiers connus, ou que les héritiers
connus ont renoncé. Ce n'est pas ainsi que s'exprime l'art. 811 : il ne se borne pas à dire que,
lorsqu'après l'expiration des délais pour faire inventaire et pour délibérer, il n'y a pas d'héritiers
connus, ou que les héritiers connus ont renoncé,

la succession est réputée vacante : il dit que, « lorsqu'après l'expiration des délais pour faire inventaire et pour délibérer, *il ne se présente personne*
*pour réclamer une succession*, qu'il n'y a pas
d'héritiers connus, ou que les héritiers connus y
ont renoncé, cette succession est réputée vacante. »

Il faut donc, pour qu'une succession soit réputée vacante, la réunion de deux circonstances :
la première, qu'il n'y ait pas d'héritiers connus ,
ou que les héritiers connus aient renoncé ; la
seconde, qu'il ne se présente personne qui réclame et ait droit de réclamer la succession.

Or, ces mots de l'article, *lorsqu'il ne se pré-*
*sente personne qui réclame une succession*, ne
peuvent pas s'appliquer aux héritiers. A l'égard
des héritiers , tout a été dit par ces autres expressions, *lorsqu'il n'y a pas d'héritiers connus, ou*
*que les héritiers connus ont renoncé*. Il était évidemment inutile de prévoir, à leur égard , le cas
où ils ne se présentent pas : car , s'ils sont connus
et qu'ils n'aient pas renoncé, peu importe qu'ils
se présentent, ou non, pour réclamer la succession ; ils n'en sont pas moins héritiers, puisqu'ils
sont saisis par la loi, lors même qu'ils n'ont pas
accepté, et que, dans ce cas , la succession ne
peut pas être réputée vacante.

A l'égard des héritiers connus, qui ont ré-
noncé , il serait ridicule de vouloir appliquer ces

termes de l'article, *lorsqu'il ne se présente personne qui réclame une succession.*

Et enfin , à l'égard des héritiers qui ne sont pas connus , il eût été également ridicule de prévoir le cas où ils ne se présentent pas , puisqu'en se présentant ils se feraient connaître.

Ces mots de l'art. 811 , *lorsqu'il ne se presente personne qui réclame une succession*, ne peuvent donc être appliqués qu'aux successeurs irréguliers et aux héritiers institués ou légataires universels.

Ainsi , le véritable sens de l'article est que la succession est réputée vacante , lorsqu'il n'y a pas d'héritiers connus, ou que les héritiers connus ont renoncé, et que d'ailleurs la succession n'est réclamée, ni par des héritiers institués ou légataires universels , ni par aucun des successeurs irréguliers que la loi appelle à cette succession.

Il est bien évident, d'ailleurs, qu'une succession ne peut être réellement vacante, que lorsqu'elle n'est réclamée par aucune personne qui ait le droit de la réclamer, et voilà pourquoi l'art. 811 a employé ces expressions générales , *lorsqu'il ne se présente personne qui réclame une succession.*

S'il a ajouté ces autres expressions *lorsqu'il n'y a pas d'héritiers connus , ou que les héritiers connus ont renoncé*, c'est qu'il a dû établir une distinction particulière à l'égard des héritiers. Quoique les héritiers ne se présentent pas , la succession ne leur appartient pas moins, tant qu'ils n'ont pas renoncé, ou que la faculté d'accepter n'est pas prescrite; il faut donc, pour que la succession soit vacante, qu'il n'y ait pas d'héritiers connus, ou que les héritiers connus aient renoncé.

Il n'en est pas de même à l'égard des successeurs irréguliers. Comme ils ne sont pas héritiers, qu'ils ne sont pas saisis des biens, qu'ils doivent en demander la délivrance ou l'envoi en possession, et que, s'ils gardent le silence, ils sont censés renoncer à leurs droits, sans qu'il soit besoin qu'ils fassent, comme les héritiers, une renonciation expresse, il suffit qu'ils ne se présentent pas et qu'ils ne réclament rien, pour que la succession puisse être réputée vacante à leur égard, après l'expiration des délais pour faire inventaire et pour délibérer.

Mais aussi, lorsque dans ces délais ils se présentent et réclament la succession que la loi leur défère, il serait étrange et même contradictoire que cependant la succession fût réputée vacante.

Et vainement on dit que, suivant cette opinion, il n'y aurait jamais de successions vacantes, puisqu'à défaut d'héritiers connus les successions appartiendraient toujours ou à des enfans naturels, ou au conjoint survivant, ou enfin à l'état.

Les successions seront vacantes, toutes les fois que, n'y ayant pas d'héritiers connus, elles ne seront réclamées, après les délais pour faire in-

ventaire et pour délibérer, ni par des enfans naturels, ni par les conjoints survivans, ni par l'é-
tat; et il arrivera presque toujours qu'elles ne seront réclamées, ni par les uns, ni par les autres,
lorsqu'elles seront en mauvais état, que leur passif
sera notoirement plus considérable que l'actif, ou
qu'elles seront tellement embarrassées, que leur liquidation devra donner lieu à un grand nombre de
contestations et de procès. Dans ces cas, les successeurs irréguliers laisseront presque toujours déclarer les successions vacantes, sauf à se présenter
pour réclamer leurs droits, si après les liquidations
faites avec les curateurs, il reste des biens libres.

D'après cette discussion, et s'il est certain,
comme je crois l'avoir prouvé, qu'il n'y a de
succession vacante qu'à défaut d'héritiers légitimes ou institués, et lorsqu'il ne se présente pas
d'ailleurs d'héritiers irréguliers qui réclament les
biens de la succession, il en résulte nécessairement que l'art. 811 ne peut empêcher qu'à défaut d'héritiers, les successeurs irréguliers soient
envoyés en possession des biens, et cela sous le
prétexte que la succession serait vacante et que
les biens devraient être remis au curateur, puisque, dans le cas où les successeurs irréguliers
se présentent pour reclamer la succession, elle
n'est pas réellement vacante et qu'il n'y a pas
conséquemment de curateur à nommer, pour
l'administration des biens.

L'opinion que j'ai combattue, doit donc s'écrouler avec sa base.

C'est ainsi que doivent s'étendre les instructions qui ont été données par la régie des domaines, sur la distinction à faire entre les successions vacantes et les successions en déshérence; je n'ai rien trouvé qui soit précisément contraire, dans les termes de ces instructions, et si elles avaient été rédigées dans un autre sens, elles seraient erronées.

4. Maintenant il est facile d'expliquer comment les successeurs irréguliers doivent demander l'envoi en possession des biens, et comment il doit être ordonné.

Ils n'ont pas à faire nommer un curateur à la succession, pour lui demander la délivrance des biens, puisque la succession n'est pas vacante. Aussi l'art. 770 dit seulement qu'ils doivent demander l'envoi en possession au tribunal de première instance dans le ressort duquel la succession est ouverte, et certes le législateur ne se serait pas expliqué de cette manière, s'il avait voulu que les successeurs fussent tenus de faire nommer un curateur et de former contre lui une demande en délivrance : il aurait bien reconnu la nécessité de faire à cet égard une disposition précise.

Les successeurs irréguliers n'ont donc qu'à présenter une requête au tribunal pour demander l'envoi en possession ; mais ils ne peuvent la présenter qu'après l'expiration des délais pour faire inventaire et pour délibérer, c'est-à-dire, après trois mois et quarante jours depuis l'ouverture de la succession.

Sur cette requête, le tribunal doit consulter d'abord la notoriété publique, pour savoir s'il n'y a pas des héritiers connus, et lorsqu'il y a notoriété publique qu'il existe des héritiers, le tribunal peut, sans autre formalité, rejeter la demande, ou surseoir à y faire droit.

Dans le cas où il n'y a pas d'héritiers connus, le tribunal doit ordonner que les scellés seront apposés sur les meubles et effets de la succession réclamée, et qu'il sera fait inventaire, si déjà ces formalités n'ont pas été remplies.

Il doit ordonner ensuite qu'il sera fait trois publications et affiches, conformément à l'article 770, et ce n'est qu'après que ces publications et affiches ont été faites, sans qu'il se soit présenté d'héritiers, sans qu'on ait acquis la connaissance qu'il en existe, sans que les informations qu'a dû prendre à cet égard le ministère public, aient indiqué l'existence d'aucun héritier, que le tribunal peut rendre un jugement définitif par lequel il ordonne l'envoi en possession en faveur des successeurs irréguliers qui l'ont demandé.

D'après la disposition de l'art. 770, toutes les

ordonnances, tous les jugemens qui interviennent sur cette demande, doivent être précédés des conclusions du procureur du roi.

Par une circulaire du 8 juillet 1806, le grand juge-ministre de la justice avait décidé que les demandes en envoi en possession, formées au nom de l'état, devaient être insérées dans le *Moniteur*; que les trois publications et affiches devaient être faites de trois mois en trois mois, et que le jugement d'envoi en possession ne devait être prononcé qu'un an après la demande.

Il serait de l'intérêt des héritiers légitimes, que ces mesures qui ont été prises dans les articles 118 et 119 du Code, fussent également exécutées sur les demandes formées, soit par les enfans naturels, soit par le conjoint survivant. Les tribunaux ont le droit de les ordonner.

3. Quels sont les effets de l'envoi en possession? Confere-t-il aux successeurs irréguliers qui l'ont obtenu, la pleine propriété des biens, de manière qu'ils puissent aliéner, hypothéquer, et en un mot disposer, à leur gré, soit des meubles, soit des immeubles? Quels sont les droits des héritiers qui se présentent, après l'envoi en possession?

Déjà il a été répondu à ces questions, en ce qui concerne le mobilier, dans les observations sur l'art. 771, et ces observations auxquelles je renvoie, |s'appliquent aux enfans naturels, comme au conjoint survivant.

Mais de ce que l'art. 771 n'a ordonné de mesures conservatoires, que pour assurer la restitution du mobilier, et de ce qu'aucun autre article du Code ne s'est expliqué sur ce point à l'égard des immeubles, pourrait-on en conclure que les successeurs irréguliers sont propriétaires incommutables des immeubles, dès le moment de l'envoi en possession, quoiqu'ils ne soient pas propriétaires incommutables du mobilier? pourrait-on en conclure qu'ils ne sont tenus de restituer aux héritiers légitimes qui peuvent se présenter, que le mobilier seulement, mais non pas les immeubles? Ce système serait aussi trop singulier, et, il faut le dire, trop absurde, pour qu'on puisse le soutenir de bonne foi.

La condition sous laquelle les successeurs irréguliers sont appelés à réclamer les biens, et le simple envoi *en possession* qui leur est accordé, ne suffisent-ils pas pour démontrer, sans qu'il fût besoin à cet égard d'autres explications, que les successeurs irréguliers ne peuvent pas plus avoir la propriété incommutable des immeubles, que celle des meubles, et qu'ils sont tenus de restituer les uns, comme les autres, aux héritiers légitimes qui se présentent avant que l'action en pétition d'hérédité soit prescrite?

Et, en effet, la loi ne défère, ou pour mieux

dire, n'abandonne une succession à des successeurs irréguliers, que dans le cas où le défunt n'a pas laissé de parens aux degrés successibles; il faut donc qu'il n'existe réellement aucun parent du défunt, à l'un des degrés successibles, pour que la succession *appartienne* à des successeurs irréguliers, et conséquemment lorsqu'ils sont envoyés en possession des biens de la succession, parce qu'il n'y a pas de parens connus, c'est nécessairement à la condition que, si par la suite il se présente des parens aux degrés successibles, ils seront tenus de restituer les biens à ces parens, qui en sont les véritables héritiers.

Leur droit à la succession ne peut donc être qu'éventuel et demeure toujours incertain, aussi long-temps que des parens aux degrés successibles peuvent se présenter pour réclamer les biens : or, suivant les art. 789 et 2262, les parens que la loi appelle à succéder, peuvent pendant 30 ans réclamer l'hérédité ; ce n'est donc qu'après 30 ans que le droit des successeurs irréguliers peut devenir définitif et irrévocable, et conséquemment ce n'est qu'après 30 ans qu'ils peuvent, au préjudice des héritiers, aliéner ou hypothéquer les immeubles. Jusqu'alors n'ayant eu qu'une propriété imparfaite, puisqu'elle est restée soumise à une condition résolutoire, ils n'ont pu que jouir des biens, mais non pas en disposer, d'une manière irrévocable, au préjudice des héritiers.

25

De là il résulte même que les héritiers légitimes qui se présentent, peuvent revendiquer les immeubles de la succession, contre tous les acquéreurs et tiers détenteurs. Ceux-ci ne seraient pas recevables à se plaindre, sous le prétexte qu'ils auraient acquis de successeurs que la justice avait envoyés en possession des biens. Ils savaient ou devaient savoir que ces successeurs n'ayant que des droits incertains, éventuels ou résolubles, ne pouvaient pas consentir des ventes définitives et irrévocables, au préjudice des héritiers légitimes.

Ces principes ont été reconnus par la régie de l'enregistrement et des domaines, dans des instructions qu'elle a adressées à ses préposés, par une circulaire du 10 prairial an 6.

« Le droit de déshérence, dit elle, n'établit point, avant la prescription légale, la république propriétaire incommutable des biens qu'elle acquiert à ce titre, tant que cette prescription n'est pas acquise.... La république n'a qu'une propriété flottante et incertaine, dont elle a sans doute le droit de jouir, mais non de disposer. Il faut excepter le mobilier qu'il serait déraisonnable de conserver pendant trente ans, et dont la vente est nécessitée par l'intérêt du propriétaire, quel qu'il soit en définitive. Ainsi, par la déshérence, la république n'est point saisie de la propriété; mais elle acquiert un droit éventuel que le temps seul peut confirmer et rendre absolu, et ce temps est celui marqué pour la prescription. »

Lors même qu'il serait nécessaire de vendre des immeubles de la succession, soit pour acquitter des dettes et des charges, soit pour de grosses réparations, les successeurs irréguliers n'auraient pas le droit de vendre : ils devraient s'y faire autoriser par la justice, et les ventes devraient être faites avec les formalités prescrites par l'art. 806 aux héritiers bénéficiaires.

6. Quelles sont les obligations des successeurs irréguliers, soit quant aux fruits et revenus des biens, soit quant aux pertes et aux dégradations, lorsqu'il se présente des héritiers légitimes auxquels ils sont tenus de restituer ? Quelles sont, en ce cas, les impenses que les héritiers doivent rembourser ?

Ces questions ont été parfaitement éclaircies par M. Toullier, tom. 4, n° 285 et suivans. Je n'aurai presque sur tous les points, qu'à rappeler les solutions qu'il a données.

Il faut distinguer d'abord entre les successeurs irréguliers qui sont possesseurs de bonne foi, et ceux qui sont possesseurs de mauvaise foi.

Sont réputés possesseurs de bonne foi, ceux qui ont rempli exactement et régulièrement toutes les formalités prescrites par les art. 769, 770 et 771; sont réputés possesseurs de mauvaise foi, ceux qui n'ont pas rempli toutes ces formalités, ou qui ne les ont pas toutes remplies avec exactitude et régularité.

Les premiers sont censés avoir ignoré qu'il existât des héritiers, et comme d'ailleurs ils ont fait tout ce que la loi prescrivait pour constater la valeur des biens et conserver les droits des héritiers qui pourraient se présenter, leur bonne foi ne peut être suspecte.

Les seconds, au contraire, sont justement soup-çonnés d'avoir su qu'il existait des héritiers, et d'avoir en conséquence, pour frauder les droits de ces héritiers et soustraire une partie des biens, négligé les formalités prescrites; aussi l'art. 772 les déclare-t-il passibles de dommages et intérêts envers les héritiers qui se présentent.

D'après cette distinction, déjà l'on reconnaît que l'équité s'oppose à ce que les uns et les autres soient traités également, soit sous le rapport de la restitution des fruits, soit sous le rapport des pertes ou des dégradations, soit sous le rapport des impenses.

Cependant le droit romain disait générale-ment, et sans aucune distinction, dans la loi 20, §. 3, ff. *de petit. hœred.*, que les fruits perçus depuis l'ouverture de la succession, faisaient partie de l'hérédité.

Mais cette disposition de laquelle on pouvait conclure que le possesseur, même de bonne foi, devait rendre, lorsqu'il était évincé, tous les fruits qu'il avait perçus, comme tous les autres biens de l'hérédité, se trouvait modifiée par la loi 40, §. 1, au même titre du digeste.

Cette dernière loi distinguait entre les fruits perçus avant la demande en restitution de l'hérédité, et ceux perçus depuis la demande.

Quant aux premiers, elle statuait que le possesseur de bonne foi n'en devait compte, que jusqu'à concurrence de ce qu'il en avait profité, *per quos locupletior factus est.*

Au contraire, elle statuait, à l'égard du possesseur de mauvaise foi, qu'il serait tenu de rendre compte de tous les fruits, qu'il en eût profité ou non, et même de ceux qu'il aurait pu percevoir, quoiqu'il ne les eût pas réellement perçus.

Mais il restait à déterminer quand la fortune du possesseur de bonne foi avait été augmentée par les fruits qu'il avait perçus avant la demande en restitution de l'hérédité, et la difficulté de résoudre cette question, avait fait naître entre les interprètes des opinions différentes.

En France, presque toutes les coutumes étaient muettes sur cette matière, et en conséquence nos auteurs étaient également divisés d'opinions.

Lebrun, dans son *Traité des Successions.* liv. II, chap. VII, sect. Ire, nos 17 et 18, enseignait que la bonne foi du possesseur devait l'exempter de restituer les fruits de la succession.

Plusieurs autres auteurs soutenaient, au contraire, que celui qui s'était mis en possession d'une succession, même de bonne foi, devait compte de tous les fruits au véritable héritier. C'était notamment l'avis de Domat, au titre *de la Restitution des fruits*, liv. III, tit. V, sect. III.

Mais le Code civil a donné la préférence à l'opinion de Lebrun et l'a consacrée par deux dispositions qui s'appliquent parfaitement à l'espèce.

L'art. 138 porte : « Tant que l'absent ne se présentera pas, où que les actions ne seront point exercée de son chef, ceux qui auront recueilli les successions, gagneront les fruits par eux perçus de bonne foi. »

L'art. 549 dit : « Le simple possesseur ne fait les fruits siens, que dans le cas où il possède de bonne foi. »

De ces dispositions, il résulte,

1° Que les successeurs irréguliers, qui ont été possesseurs de bonne foi, ne doivent compte que des fruits qu'ils ont perçus depuis que leur bonne foi a cessé, c'est-à-dire, depuis qu'ils ont été instruits de l'existence des héritiers, ou depuis l'action formée par ces hérities en revendication des biens;

2° Que les successeurs irréguliers, qui ont été possesseurs de mauvaise foi, doivent compte de tous les fruits qu'ils ont perçus, et même de ceux

qu'ils auraient pu percevoir, et dont le recou-
vrement ne serait plus possible.

Il faut suivre la même distinction, quant aux
pertes et aux dégradations que peuvent avoir
éprouvées les biens, lorsqu'ils sont remis aux héritiers.

Les successeurs irréguliers, qui ont été possesseurs de bonne foi, ne sont tenus ni des pertes,
ni des dégradations, qui ont eu lieu, soit par leur
négligence, soit même par leur faute, parce qu'on
ne peut présumer, en les réputant de bonne foi,
qu'ils aient eu l'intention de nuire à des tiers dont
ils ne connaissaient ni l'existence, ni les droits.

Par exemple, s'ils ont laissé acquérir des prescriptions, s'ils ont laissé des débiteurs devenir
insolvables, ils n'en sont pas responsables envers
les héritiers.

De même, s'ils ont négligé de réparer des édifices dont ils se croyaient de bonne foi propriétaires, et qu'ils regardaient comme inutiles, s'ils
les ont laissé tomber en ruines, s'ils les ont démo-
lis, ils ne sont tenus de les rendre que dans l'état
où ils se trouvent au moment de la demande,
sans pouvoir être inquiétés à raison des dégradations ou démolitions: *Tunc enim quia quasi suam
rem neglexit, nulli quærelæ subjectus est.* L. 41,
§. 3, ff. *de petit. hæred.*

Cependant s'il s'agissait de fautes graves, qui
manifestent le dol, le successeur irrégulier pourrait

en être tenu, lors même qu'il aurait rempli toutes les formalités prescrites par les art. 769, 770 et 771.

Par exemple, s'il avait fait exploiter, avant les époques ordinaires des coupes, des bois de haute futaie, ou des bois taillis, qui étaient en coupes réglées, s'il les avait vendus et en avait reçu le prix, on pourrait soupçonner que, par ces anticipations, il aurait eu l'intention de s'enrichir au préjudice des héritiers dont il aurait appris l'existence, et il pourrait être condamné, non-seulement à restituer ce qu'il aurait reçu, mais encore à des dommages et intérêts; car le dol et la fraude, lorsqu'ils sont prouvés, font toujours exception aux règles générales.

Quant aux successeurs irréguliers, qui sont réputés possesseurs de mauvaise foi, ils sont tenus, dans tous les cas, soit des pertes, soit des dégradations, qui ont eu lieu par leur fait, et même par leur simple négligence: *Sicut sumptum quem fecit deducit ita si facere debuit, nec fecit, culpæ hujus reddat rationem. L. 31, §. 3, ff. de petit. hœred.*

Enfin, quant aux impenses et réparations, il faut encore suivre la même distinction entre les possesseurs de bonne foi et les possesseurs de mauvaise foi.

Le successeur irrégulier, réputé de bonne foi, a le droit de répéter le prix de toutes les impenses et réparations qu'il a faites, sans que l'héritier qui se présente, puisse en contester ni la nécessité, ni même l'utilité; il peut en répéter le prix, tel qu'il justifie l'avoir payé, ou, à défaut de justification, la valeur suivant estimation, et non pas seulement au taux de la plus-value que les impenses et améliorations peuvent avoir donnée aux biens.

Quant au successeur irrégulier, qui est réputé de mauvaise foi, il peut bien répéter le prix des impenses et réparations qui étaient nécessaires ; mais il ne peut répéter le prix des réparations qui étaient seulement utiles, que jusqu'à concurrence seulement de l'amélioration qu'elles ont procurée.

7. Comment les successeurs irréguliers sont-ils obligés au paiement des dettes et des charges de la succession?

S'ils ont fait faire un bon et fidèle inventaire, ils ne peuvent être tenus d'acquitter les dettes et les charges, que jusqu'à concurrence seulement de la valeur des biens, et ils en sont tenus comme les héritiers bénéficiaires.

S'ils n'ont pas fait faire un bon et fidèle inventaire, ils sont tenus indéfiniment de toutes les dettes et de toutes les charges, par la raison que n'ayant pas fait constater la valeur des biens, ils ne peuvent jamais établir que cette valeur soit absorbée par les dettes qui sont payées, ou qui sont réclamées.

## CHAPITRE V.

*De l'Acceptation et de la Répupiation des Successions.*

### SECTION PREMIÈRE.

*De l'Acceptation.*

---

## ARTICLE 774.

Une succession peut être acceptée purement et simplement, ou sous bénéfice d'inventaire.

1. On a vu dans les articles qui précèdent,

Comment et à quelles époques s'ouvrent les successions ;

Quelles sont les qualités requises pour succéder ;

Comment et dans quel ordre les parens légitimes du défunt sont appelés par la loi à lui succéder ;

Comment enfin ces parens, appelés par la loi, sont saisis des biens, des droits et des actions du défunt, à compter de l'instant même de son décès.

Mais ceux qui, dans l'ordre établi par la loi, sont appelés à succéder, qui ont les qualités requises pour être héritiers, et qui déjà même sont saisis des biens de la succession, ne sont cependant pas encore héritiers. Jusque-là ils sont seulement *hablies à se porter héritiers;* ils sont seulement *héritiers présomptifs.*

Et en effet, comme nul n'est héritier qui ne veut, comme celui qui est habile à se porter héritier, peut ou accepter ou répudier la succession à laquelle il se trouve appelé par la loi (art. 775), et que, s'il y renonce, il est censé n'avoir jamais été héritier (art. 785), il s'ensuit qu'il ne devient réellement héritier, que lorsqu'il a la volonté de l'être, et qu'il a manifesté cette volonté, en acceptant le titre et la qualité d'héritier, qui lui sont déférés par la loi.

Il s'agit donc maintenant d'examiner, 1° comment l'héritier appelé par la loi, manifeste sa volonté d'être héritier, c'est-à-dire, en quoi consiste l'acceptation d'une succession; 2° quelles conditions sont requises pour que l'acceptation soit valable et obligatoire; 3° quels droits elle confère à l'héritier; 4° quelles sont les obligations qui en résultent.

2 L'acceptation d'une succession, ou l'*adition d'hérédité*, est un acte par lequel celui qui est habile à se porter héritier d'une personne morte na-

turellement ou civilement, fait connaître qu'il s'est déterminé à prendre la qualité d'héritier.

Il y a deux espèces d'acceptation, l'une qui est pure et simple, l'autre qui a lieu sous bénéfice d'inventaire.

On voit dans les art. 778 et 780, comment se fait l'acceptation pure et simple, et dans les art. 793 et 794, comment se fait l'acceptation sous bénéfice d'inventaire.

Avant d'expliquer les différences qui existent entre l'une et l'autre, et les effets différens qu'elles produisent, il faut d'abord faire connaître les conditions préliminaires qui sont réquises pour qu'une acceptation puisse être valablement faite, *de l'une ou de l'autre manière.*

3° Il est évident, d'abord, qu'une succession ne peut pas être valablement acceptée, si elle n'est pas encore ouverte, ou par une mort naturelle, ou par une mort civile.

On ne peut pas accepter ce qui n'existe pas : or, il n'existe pas de succession, sans qu'il y ait mort naturelle ou civile : *nulla viventis est hœreditas.*

L'acceptation d'une succession future, ne fut admise dans aucune législation; elle est repoussée par l'art. 1130 du Code civil.

Ainsi, lorsque, sur le faux bruit de la mort d'une personne, son héritier présomptif a pris la qualité d'héritier; ou s'est mis en possession de ses biens, ou a fait tout autre acte qui, de sa nature, emporte adition d'hérédité, l'acceptation n'est ni valable ni obligatoire, et l'héritier peut ensuite renoncer à la succession, après qu'elle est réellement ouverte, pourvu que, depuis l'ouverture, il n'ait fait aucun autre acte d'héritier.

4° Pour que l'acceptation soit valable et obligatoire, il ne suffit pas que la succession soit ouverte, il faut encore que celui qui a accepté, ait eu connaissance de l'ouverture de la succession.

Sans doute, il est difficile de croire qu'un héritier présomptif fasse réellement un acte d'héritier, sans avoir connaissance que la succession est ouverte; ainsi, lorsqu'il a pris formellement dans un acte la qualité d'héritier, ou lorsqu'il a fait un acte qu'il ne pouvait faire qu'en qualité d'héritier, et qui suppose nécessairement son intention d'être héritier, il doit toujours être présumé avoir connu l'ouverture de la succession.

Il ne pourrait donc écarter cette présomption et se soustraire aux effets de l'acceptation, qu'en prouvant qu'il était réellement *impossible* qu'au moment où il a pris qualité ou fait acte d'héritier, il fût instruit que la succession était ouverte.

Ainsi, par exemple, lorsqu'un individu est décédé dans les colonies, et que l'héritier présomptif a accepté sur le continent français, deux ou trois jours seulement après le décès, il est certain que

l'héritier présomptif ne pouvait savoir, au moment où il a accepté, que la succession était ouverte.

Il est possible qu'il n'ait accepté, que parce
qu'il avait appris que son parent était dangereu-
sement malade, ou avait fait naufrage, et qu'ainsi
il n'ait accepté que parce qu'il présumait que son
parent n'existait plus.

Mais cela ne suffit pas. Dès qu'il n'avait pas une
connaissance réelle que la succession fût ouverte,
il ne pouvait pas l'accepter avec une volonté suffisante pour s'engager irrévocablement.

« Les actes que peut faire un héritier, dit
Domat, liv. 1, tit. 3, sect. 2, pendant qu'il ignore
la mort de celui à qui il succède, et que d'autres
vues le font agir, ne l'engagent point. Car, pour
faire un acte d'héritier, il faut savoir qu'on l'est
et que la succession est ouverte, c'est-à-dire, que
celui à qui on doit succéder, est mort. »

Tel est aussi l'avis de Pothier, dans son *Traité
des Successions*, pag. 347.

5. Pour qu'une succession soit valablement acceptée, il ne suffit pas encore qu'elle soit ouverte
et que son ouverture soit connue; il faut, de plus,
que la personne qui accepte, soit réellement ap-
pelée à succéder, c'est-à-dire, qu'elle soit, dans
l'ordre établi par la loi, héritière présomptive du
défunt.

Il est, en effet, bien évident que celui qui a

accepté une succession qu'il croyait lui appartenir, mais qui n'est pas réellement héritier, ne
peut être valablement engagé par une acceptation
qui n'est que l'ouvrage de l'erreur. Comme elle ne
peut lui donner aucun droit sur la succession qui
ne lui est pas déférée par la loi, elle ne peut non
plus l'obliger à aucune charge; elle reste sans
effet.

6. Mais est-il nécessaire, pour que l'acceptation
soit valable, que celui qui a accepté, fût, au moment même de l'acceptation, appelé à succéder,
ou ne suffit il pas qu'il ait été postérieurement appelé à la succession, soit par la transmission, en
vertu de l'art. 781, soit par la renonciation de
l'héritier le plus proche?

Pour donner un exemple sur les deux cas, supposons que le défunt n'ait laissé ni descendans,
ni ascendans, ni frères ou sœurs, ni descendans
de frères ou de sœurs, mais seulement deux collatéraux dans la même ligne, l'un au *quatrième*
degré, l'autre au *cinquième ;* que celui - ci,
croyant que le collatéral le plus proche était prédécédé, ait accepté la succession de leur parent
commun; que cependant le collatéral le plus proche ne soit mort qu'après l'ouverture de la succession; mais qu'avant de mourir il ait fait légalement une renonciation qui a fait passer la succession au collatéral plus éloigné, ou bien qu'il
soit mort, sans avoir accepté ni répudié, et que,

par la voie de la transmission, la succession à laquelle il avait droit, soit passée, en vertu de l'art. 781, au collatéral plus éloigné, qui se trouve son propre héritier.

Dans ces deux cas, le collatéral plus éloigné sera-t-il fondé à prétendre que l'acceptation qu'il a faite dans un temps où il n'était pas appelé par la loi à la succession, n'est pas valable, qu'elle ne peut aucunement l'obliger, et qu'en conséquence, après que la succession lui a été transmise en vertu de l'art, 701, ou dévolue par suite de la renonciation du collatéral le plus proche, il a encore le droit d'y renoncer, ou de n'accepter que sous bénéfice d'inventaire, pourvu, qu'il n'ait fait aucun acte d'héritier, depuis que la succession lui a été transmise ou dévolue?

Je pense qu'il en a le droit, et qu'en effet l'acceptation n'est valable et obligatoire, que lorsqu'elle a été faite par celui à qui la succession était échue, c'est à-dire, *actuellement* déférée par la loi.

Comme on ne peut valablement accepter une succession future, de même on ne peut pas valablement accepter une succession à laquelle on n'est pas actuellement appelé, quoiqu'on puisse y être appelé par la suite.

Cela résulte des termes de l'art. 775 du Code civil, et le droit romain l'avait expressément décidé dans plusieurs lois. *Sed ita demùm pro hærede*

*gerendo acquiret hæreditatem*, SI JAM SIT EI
DELATA. *Liv.* 21, §. 2, *ff. de acq. vel omitt.
hæred.*

Vainement on voudrait opposer que l'individu,
qui a accepté dans un temps où il n'était pas encore appelé par la loi à succéder, mais à qui la
succession a été ensuite transmise, en vertu de
l'art. 781, ou dévolue par la renonciation du parent le plus proche, est présumé avoir été saisi
de la succession, dès le moment de son ouverture, puisque, dans le premier cas, il représente
l'héritier qui lui a fait la transmission, et que,
dans le second cas, aux termes de l'art. 785, l'héritier, qui a renoncé, est censé n'avoir jamais été
héritier; qu'ainsi, c'est lui que, dans l'un et l'autre cas, on doit considérer comme l'héritier légal, comme le véritable héritier, depuis le moment où la succession s'est ouverte, quoique la
succession ne lui fût pas encore acquise, et que cela
suffit pour qu'il ait fait une acceptation valable.

Mais on ne peut pas étendre la fiction de la
saisine légale, jusqu'à faire considérer comme
revêtu de la qualité d'héritier, dès le moment de
l'ouverture de la succession, celui qui n'était pas
alors appelé à succéder, qui se trouvait même
formellement exclu par un autre parent plus proche, et à qui seulement la succession *pouvait être
déférée par la suite*, en cas de mort ou de renonciation du parent le plus proche.

26.

Le véritable et le seul héritier, c'est le parent le plus proche, tant qu'il existe et qu'il n'a pas renoncé; le parent plus éloigné ne peut pas être en même temps héritier, puisqu'il est exclu par le plus proche.

Si, lorsque le parent plus éloigné se trouve ensuite appelé à la succession, la loi le *répute* saisi à compter du moment où la succession s'est ouverte, c'est qu'elle a voulu qu'il profitât des biens du défunt et qu'il fût tenu des charges, comme s'il avait été héritier et qu'il eût accepté, au moment même de l'ouverture de la succession.

Si, d'autre part, elle *considère* le véritable héritier qui renonce, comme n'ayant jamais été héritier, c'est qu'elle a voulu que ni lui, ni ses héritiers personnels, ne pussent profiter d'aucune partie de la succession, et pas même des fruits ou revenus échus depuis l'ouverture jusqu'à la renonciation.

Il ne résulte donc pas des motifs qui ont fait admettre cette double fiction de la loi, que le parent plus éloigné puisse être considéré comme ayant eu réellement la qualité d'héritier, pendant que le parent plus proche existait et n'avait pas renoncé. La fiction ne peut pas anéantir la réalité; elle ne peut pas faire que ce qui n'existait pas, ait existé; elle ne peut faire, ni que le parent plus proche qui était appelé par la loi à succéder, n'ait pas eu la qualité d'héritier, ni que le parent plus éloigné ait eu cette qualité, pendant qu'il était exclu de la succession par le plus proche.

Or, dans cet état, tant que la succession se trouvait déférée au parent le plus proche, il est évident que le parent plus éloigné ne pouvait valablement accepter cette succession, puisqu'il n'était pas encore appelé à la recueillir, puisqu'il n'était pas encore héritier présomptif, puisqu'il n'avait aucun droit pour accepter ce qui était déféré par la loi à un autre que lui, et que même il ne pouvait avoir aucune certitude qu'un jour la succession lui serait dévolue.

Pour agir d'une manière valable suivant la loi, il ne suffit pas d'agir volontairement, il faut encore avoir la qualité nécessaire pour agir. Ce que l'on fait par erreur, dans un temps où l'on croyait avoir cette qualité, quoiqu'on ne l'eût pas réellement, ne peut être valable dans un temps postérieur où la qualité se trouve acquise; car il faut avoir la qualité au moment même où l'on agit. L'acte ne peut se diviser en deux temps; il doit être valable au moment où il est fait, pour qu'il puisse valoir dans un autre temps, et il n'y a pas d'acte valable, s'il n'est fait par un homme ayant qualité de le faire.

7. En règle générale on ne peut plus accepter une succession, lorsqu'on y a renoncé légalement. Nous verrons bientôt que les renoncia-

tions, lorsqu'elles ont été faites dans la forme et avec les conditions prescrites par la loi, sont irrévocables, comme les acceptations.

Il n'y a que deux exceptions à cette règle, je les ferai connaître dans mes observations sur les art. 784 et 790.

8. La loi n'aurait pas établi deux manières différentes d'accepter une succession, l'une purement et simplement, l'autre par bénéfice d'inventaire, si l'une et l'autre avaient dû produire les mêmes effets. Il existe, entre les deux, des différences essentielles, soit quant aux droits, soit quant aux obligations, et je crois utile de faire remarquer, dès à présent, les différences principales, pour qu'on puisse plus aisément comprendre les motifs et l'objet des dispositions qui vont suivre.

9. Différence quant aux droits.

L'héritier présomptif, qui accepte *purement et simplement*, devient, à l'instant même, propriétaire de tous les biens et tous les droits qu'avait le défunt, au moment de son décès; il peut en disposer en maître, comme l'aurait pu le défunt qu'il représente, et il est même censé, à quelque époque qu'il ait accepté, avoir été propriétaire, dès le moment du décès de la personne à laquelle il succède; dès ce moment, il a été saisi légalement de la succession.

Mais, si l'héritier présomptif n'accepte que sous

bénéfice d'inventaire, il ne devient pas immédiatement le maître des biens et des droits qui se trouvent dans la succession ; il n'en a que l'administration, jusqu'à ce que la succession ait été liquidée et que toutes les dettes et charges aient été acquittées ; en conséquence il ne peut en disposer, ou les exercer, qu'en remplissant les formalités prescrites par la loi, et à la charge de rendre compte aux créanciers et aux légataires du défunt.

10. Différence quant aux obligations.

L'héritier présomptif s'oblige, en acceptant purément et simplement, à acquitter toutes les dettes et toutes les charges de la succession, quelle qu'en soit la quotité, lors même qu'elles excéderaient la valeur des biens, et il s'oblige, non pas seulement sur les biens de l'hérédité, mais encore sur ses biens personnels.

L'engagement qu'il contracte par l'acceptation pure et simple, a trois caractères principaux ; il est universel, il est indivisible, il est irrévocable.

L'engagement est universel ; car il s'étend à toutes les dettes, à toutes les charges de la succession, sans exception, sans distinction. Comme l'héritier succède à tous les biens, de même il est assujetti à toutes les charges. Par l'acceptation pure et simple, il prend entièrement la place du défunt et se fait son représentant : *sustinet personam defuncti.*

L'engagement est indivisible; car l'héritier ne peut restreindre son acceptation, ni à une certaine nature. ni à une certaine quotité des biens de l'hérédité, ni à une partie seulement des dettes et des charges de la succession. *Qui totam hæreditatem acquirere potest, is pro parte, eam scindendo, adire non potest. Liv.* 1 *, ff. de acq. vel omitt. hær.*

L'art. 774 du Code civil n'autorise que l'acceptation, ou pure et simple, ou sous bénéfice d'inventaire : il ne permet donc pas l'acceptation partielle ou limitée.

L'engagement est irrévocable, c'est-à-dire, que l'héritier, qui a accepté purement et simplement, reste toujours héritier, sans que, sous aucun prétexte, ni de l'insuffisance des biens pour acquitter les dettes et les charges, ni des pertes ou diminutions que peuvent avoir éprouvées les biens, ni de ce qu'il aurait ignoré l'état de la succession, au moment où il a accepté, il puisse abdiquer la qualité d'héritier, ou se décharger, même partiellement, des obligations qui résultent de l'acceptation pure et simple. *Sine dubio hæres manebit; qui semel extitit. Liv.* 9. §. 10., *in fine, ff. de minor.*

Le Code civil n'a admis d'exception à cette règle, que dans les cas prévus par l'ar. 783.

Mais tout ce qui vient d'être expliqué à l'égard de l'acceptation pure et simple, ne s'applique pas également à l'acceptation sous bénéfice d'inventaire.

L'engagement qui résulte de la dernière, est bien aussi indivisible, en ce sens que l'héritier ne peut accepter sous bénéfice d'inventaire, ni pour une certaine nature ou pour une certaine quotité des biens de la succession, ni à la condition qu'il ne paiera sur ces biens qu'une portion déterminée des dettes et des charges.

Mais, sous les autres rapports, il existe entre l'engagement de l'héritier bénéficiaire et l'engagement de l'héritier pur et simple, deux différences essentielles.

La première consiste en ce que l'héritier bénéficiaire n'est tenu des dettes et des charges de la succession, que jusqu'à concurrence de la valeur des biens qu'il a recueillis, qu'il ne confond pas ses biens personnels avec ceux de la succession, et qu'il conserve même contre elle le droit de réclamer le paiement de ses créances personnelles. (*Voyez* les explications sur l'art. 802.)

La seconde consiste en ce que l'engagement de l'héritier bénéficiaire n'est pas irrévocable, puisque, même après avoir accepté sous bénéfice d'inventaire, même après avoir commencé l'administration, l'héritier peut encore aux termes de l'art. 802, se décharger du paiement des dettes et des charges de la succession ; en aban-

donnant tous les biens aux créanciers et aux légataires.

11. On voit maintenant quels sont les motifs
qui, suivant les circonstances, peuvent déterminer l'héritier présomptif à préférer l'un à l'autre
des deux manières d'accepter.

S'il connaît bien les forces et les charges de la
succession qui lui est échue, et qu'il lui soit prouvé
que l'actif excède le passif, il n'hésitera pas à
accepter purement et simplement.

Mais si la succession ne lui est pas suffisamment
connue, s'il résulte des renseignemens qu'il a pu
se procurer, que la valeur des biens peut être
inférieure aux charges, ou si seulement il a des
doutes, il fera sagement de n'accepter que sous
bénéfice d'inventaire, pour ne pas s'exposer aux
risques d'être contraint à payer plus qu'il ne re-
cueillerait.

C'est pour lui donner le temps de prendre les
informations nécessaires et pour qu'il soit en état
d'opter, en connaissance de cause, entre les deux
modes d'acceptation, que la loi a accordé des
délais pour faire inventaire et pour délibérer.
(Art. 795, 797, 798 et 800.)

12. Tous les héritiers légitimes ne jouissent pas
également de la faculté alternative d'accepter purement et simplement, ou de n'accepter que sous
bénéfice d'inventaire.

La faculté alternative n'appartient qu'aux héritiers qui sont majeurs et non interdits, au moment où ils acceptent.

A l'égard des héritiers qui sont en état de minorité ou d'interdiction, ils ne peuvent toujours accepter, ou l'on ne peut accepter pour eux, que sous bénéfice d'inventaire.

On verra, sur l'art. 776, les motifs et les effets de cette distinction.

13. Mais il est important de remarquer qu'il n'y a dans le Code civil, aucune disposition qui porte que l'héritier bénéficiaire sera exclu par l'héritier qui acceptera purement et simplement.

Il n'en était pas ainsi dans les pays coutumiers. Suivant l'art. 342 de la coutume de Paris, et l'art. 328 de la coutume d'Orléans, qui formaient à cet égard le droit commun, l'héritier pur et simple était préféré à l'héritier bénéficiaire.

Cependant l'exclusion de l'héritier bénéficiaire n'était pas admise indistinctement dans toutes les lignes, ni contre toute espèce d'héritiers.

Mais, dans tous les cas, il était injuste que le parent le plus proche fût exclu de la succession, pour avoir usé du bénéfice d'inventaire, et qu'il en fût privé, même par un parent plus éloigné, qui n'ayant peut-être aucun bien personnel, ne courait aucun risque, en acceptant purement et simplement.

C'est donc avec raison que le Code civil n'a pas adopté cette législation; et d'ailleurs il ne pouvait l'adopter, en ne permettant d'accepter que sous bénéfice d'inventaire les successions échues aux mineurs et interdits, puisqu'il aurait ainsi privé les mineurs et interdits, de toutes les successions que d'autres parens auraient voulu accepter purement et simplement.

14. Les héritiers institués, soit par testamens, soit par contrat de mariage, et les légataires, soit universels, soit à titre universel, ont-ils, comme les héritiers *ab intestat*, le droit de n'accepter que sous bénéfice d'inventaire?

En cas d'affirmative, sont-ils tenus de n'accepter que sous bénéfice d'inventaire, pour n'être obligés au paiement des dettes et charges des successions, que jusqu'à concurrence seulement de ce qu'ils recueillent?

Je traiterai conjointement ces deux questions, parce qu'elles doivent se décider par les mêmes principes.

Voyons d'abord quelle était sur cette matière la jurisprudence, soit dans les pays de droit écrit, soit dans les pays coutumiers.

Suivant le droit romain, les héritiers institués par testamens, étaient les véritables héritiers; ils étaient même seuls héritiers, quoique l'institution ne portât pas nominativement sur tous les biens : ils avaient tous les droits du défunt, et ils en étaient saisis, dès le moment du décès; en un mot, ils représentaient entièrement le testateur.

Par une conséquence nécessaire, ils étaient tenus personnellement de toutes les dettes et de toutes les charges de la succession, même *ultrà vires.*

Aussi, par la fameuse loi *scimus*, *C. de jure deliberandi*, ils furent admis, comme les héritiers *ab intestat*, au bénéfice d'inventaire ; ils avaient en conséquence, comme les héritiers *ab intestat*, un délai pour délibérer, et ce délai ne commençait à courir contre eux, que du jour où ils avaient connaissance de l'ouverture du testament.

Quant aux légataires, même universels, ils n'avaient pas la qualité d'héritier ; la saisine ne leur était pas accordée, et ils étaient tenus de demander la délivrance, soit aux héritiers institués, soit aux héritiers *ab intestat*.

Ils n'étaient donc pas tenus personnellement des dettes et des charges de la succession ; il n'en étaient tenus que sur les biens qui composaient l'hérédité, et jusqu'à concurrence seulement de la valeur des biens.

Cependant presque tous les anciens auteurs étaient d'avis que les légataires universels, ou à titre universel, qui voulaient se dispenser de payer *ultrà vires*, étaient tenus, avant de se mettre en possession des biens, d'en faire constater la valeur par un inventaire.

Mais Ricard était d'une opinion contraire. « L'action des créanciers contre un légataire

universel, disait-il, doit être poursuivie de la
même façon, que si elle était intentée contre un
possesseur particulier qui se serait emparé des
biens du débiteur, sans compte ni mesure, qu'on
ne condamnerait pas pour cela indéfiniment et en
son propre et privé nom, mais qu'on obligerait
à rapporter les effets qu'il serait convaincu d'a-
voir divertis, suivant l'estimation des biens, faite
par la commune renommée, joint le serment *in
litem*, chaque action ayant ses principes séparés,
sans qu'elles puissent être réglées les unes par les
autres. »

Dans le petit nombre de nos coutumes où les
institutions testamentaires avaient été admises
suivant les principes du droit romain, les héritiers
institués étaient également considérés comme de
véritables héritiers ; ils avaient également tous
les droits du défunt ; ils étaient saisis par la loi,
et comme ils étaient en conséquence tenus personnellement de toutes les dettes, ils jouissaient aussi
du bénéfice d'inventaire.

Il y avait d'autres coutumes où l'institution
d'héritier par testament était absolument prohibée, et ne pouvait valoir, ni comme institution,
ni comme legs.

Mais dans toutes les autres, et même dans celles
qui n'avaient pas de dispositions sur la matière,
les institutions d'héritiers par testamens n'étaient
considérées que comme de simples legs, et les

légataires , même universels , n'avaient pas la qualité d'héritiers : ils étaient obligés de demander aux héritiers *ab intestat* la délivrance des biens compris dans l'institution ou dans les legs ; et en conséquence ils n'étaient tenus des dettes que *pro modo emolumenti*, et non pas personnellement.

Il n'était donc pas nécessaire de leur accorder la faculté de n'accepter que sous bénéfice d'inventaire. En acceptant purement et simplement, ils ne s'obligeaient pas , comme des héritiers, à payer *ultrà vires*.

Cependant c'était dans tous les pays coutumiers, une jurisprudence constante, que , si le légataire, après avoir obtenu la délivrance des biens , s'en était mis en possession, sans en avoir préalablement fait constater la valeur par un inventaire légal, il était tenu indéfiniment des dettes et charges de la succession.

« Si l'on en usait autrement, disait *Lemaître* , si un légataire universel en était quitte pour rendre les effets dont on justifierait qu'il se serait emparé, ce serait donner lieu à la fraude, et l'engager à ne point faire inventaire , parce que, comme la preuve serait difficile, il pourrait toujours espérer de profiter d'une partie des effets. »

Les héritiers contractuels, c'est-à-dire, ceux qui, dans leurs contrats de mariage, avaient été institués héritiers, soit par leur père et mère, ou par l'un d'eux, soit par toutes autres personnes ; mêmes non parentes; étaient généralement considérés, soit dans les pays de droit écrit, soit dans les pays coutumiers, comme de véritables héritiers, lors même qu'ils n'avaient été institués que pour une partie des biens. Ils étaient, comme les héritiers *ab intestat,* saisis, dès le moment du décès des instituans, des biens et droits compris dans l'institution : ils étaient également tenus personnellement du paiement des dettes et des charges ; et en conséquence ils avaient également la faculté de n'accepter que sous bénéfice d'inventaire.

L'art. 34 du titre 14 de la coutume d'Auvergne, l'art. 223 de la coutume du Bourbonnais, l'art. 249 de la coutume de la Marche, et l'article 29 du chap. 24 de la coutume du Nivernais, contenaient des dispositions précises à cet égard ; et c'était le droit commun, ainsi que l'attestent Lebrun, Ferrière, Laurière, Bourjon et Furgole.

Il était encore généralement admis que l'héritier contractuel, qui n'avait accepté que sous bénéfice d'inventaire, était exclu, soit par un autre héritier contractuel, soit par un héritier du sang, qui avait accepté purement et simplement.

Voyons maintenant ce que le Code civil a statué sur cette matière.

Comme la plupart des coutumes, il confond

les institutions testamentaires avec les simples legs, et ne confère aux unes et aux autres que les mêmes effets.

L'art. 1002 dit expressément que les dispositions testamentaires sont ou universelles, ou à titre universel, ou à titre particulier, et que chacune de ces dispositions, soit qu'elle ait été faite sous la dénomination d'institution d'héritier, soit qu'elle ait été faite sous la dénomination de legs, produit son effet suivant les règles qui sont ensuite établies pour les legs universels, pour les legs à titre universel, et pour les legs particuliers.

Suivant l'art. 1024, les légataires particuliers ne sont pas tenus des dettes de la succession; suivant l'art. 1012, les légataires à titre universel ne sont tenus des dettes, que pour leur part et portion.

D'après les art. 1011 et 1014, les légataires à titre universel et les légataires particuliers, sont également tenus de demander, soit aux légataires universels, soit aux héritiers *ab intestat*, les biens qui leur ont été légués.

Ils ne sont donc, ni les uns ni les autres, de véritables héritiers; ils ne représentent pas le défunt: ils ne succèdent pas à sa personne, mais seulement à ses biens.

Les légataires à titre universel ne s'obligent donc pas indéfiniment, par le fait seul d'une ac-

ceptation pure et simple des dispositions consenties en leur faveur, au paiement des dettes de la
succession du testateur, et conséquemment il
était inutile de leur accorder la faculté de n'accepter que sous bénéfice d'inventaire.

Mais, quoique les légataires à titre universel
puissent accepter purement et simplement, sans
s'exposer, comme des héritiers *ab intestat*, à
payer indéfiniment toutes les dettes, il me paraît
certain que, conformément à l'ancienne jurisprudence, ils doivent, avant de se mettre en possession des biens, en faire constater la valeur
par un inventaire légal, pour n'être tenus à contribuer aux dettes, que *pro modo emolumenti*.
(*Voyez* les observations sur l'art. 873.)

Ce qui vient d'être dit à l'égard des légataires
à titre universel, s'applique également aux légataires universels, lorsqu'au décès du testateur il
y a des héritiers auxquels une quotité de ses biens
est réservée par la loi.

Dans ce cas, en effet, suivant l'art. 1004, ce
sont les héritiers ayant droit à la quotité réservée
par la loi, qui sont saisis, de plein droit, de tous
les biens de la succession, et le légataire universel
est tenu de leur demander la délivrance de la
quotité de biens, qui était disponible.

Il est même évident que, dans ce cas, le légataire à qui tous les biens, sans exception, ont été
légués par le testament, ou qui a été institué *in*

*terminis* héritier universel, n'est cependant en réalité qu'un légataire à titre universel, puisque la réserve légale embrasse toujours une quotité déterminée de tous les biens meubles et immeubles (art. 913 et 915), et qu'ainsi le legs, quoique qualifié universel, ne vaut que pour les autres quotités.

Mais, suivant l'art. 1006, lorsqu'au décès du testateur il n'y a pas d'héritiers auxquels une quotité de ses biens soit réservée par la loi, le légataire universel est saisi de plein droit par la mort du testateur, sans être tenu de demander la délivrance.

Il recueille toute la succession ; et il est tenu personnellement de toutes les dettes et charges.

C'est donc un véritable héritier, tout comme l'héritier *ab intestat*.

Il doit donc avoir également le droit, ou d'accepter la succession purement et simplement, ou de ne l'accepter que sous bénéfice d'inventaire.

Quant aux institutions contractuelles, elles n'ont pas été *nominativement* maintenues par le Code civil ; mais les donations que, par l'art. 1082, il autorise en faveur de mariages, de tout ou de partie des biens que les disposans laisseront à leur décès, sont réellement ce qu'étaient les institutions contractuelles.

Elles sont soumises aux mêmes règles, et produisent tous les mêmes effets.

Elles sont également irrévocables. (art. 1083.)

Elles confèrent donc la saisine, comme la conféraient les institutions contractuelles.

Les donataires, en faveur de mariages, de tout ou de partie des biens que les disposans laisseront à leur décès, sont donc aujourd'hui de véritables héritiers, comme l'étaient autrefois les héritiers institués par leurs contrats de mariage.

Ils doivent donc avoir également le droit de n'accepter que sous bénéfice d'inventaire, les successions auxquelles ils sont appelés, pour n'être tenus du paiement des dettes et des charges, que *pro modo emolumenti*, et jusqu'à concurrence seulement de ce qu'ils recueillent.

Ainsi, en définitif, le Code civil reconnaît trois espèces d'héritiers; savoir : les héritiers *ab intestat*; les héritiers testamentaires, c'est-à-dire, les légataires universels, lorsqu'il n'y a pas d'héritiers du sang, qui aient droit à une réserve légale; et les héritiers contractuels, c'est-à-dire, les donataires désignés par l'art. 1082.

Les uns et les autres jouissent également du titre et de tous les droits d'héritiers; les uns et les autres sont également saisis, par la loi elle-même, des biens qui se trouvent dans les successions auxquelles ils sont appelés, et sont également obligés au paiement des dettes, parce qu'ils re-

présentent tous également ceux auxquels ils succèdent, parce qu'ils ne succèdent pas seulement
aux biens, mais encore à la personne.

La loi ne met entr'eux aucune différence : elle
leur confère à tous les mêmes droits et leur impose
les mêmes obligations.

Les uns doivent donc avoir, comme les autres, le
droit de n'accepter que sous bénéfice d'inventaire.

Les uns doivent donc être tenus, comme les
autres, du paiement de toutes les dettes, même
*ultrà vires*, lorsqu'ils ont accepté purement et
simplement.

Et, en un mot, toutes les règles relatives, soit
à l'acceptation pure et simple, soit à l'acceptation
sous bénéfice d'inventaire, doivent s'appliquer
aux uns, comme aux autres.

Cependant on peut contredire ces dernières
conséquences ; et, comme la matière est importante, il est utile de prévoir et de discuter les
objections qui pourraient être faites.

1º On peut opposer que l'art. 774, qui permet
d'accepter la succession purement et simplement
ou sous bénéfice d'inventaire, se trouve inséré
au titre des Successions *ab intestat*, et qu'en
conséquence il n'a été fait que pour les successions
légitimes, et non pour les successions contractuelles ou testamentaires.

Mais, d'abord, n'est-on pas bien fondé à répondre qu'il suffit qu'il n'y ait pas de disposition con-

traire dans le titre relatif aux successions contractuelles et testamentaires, pour qu'on doive leur appliquer, par identité de motifs, et comme l'avait
fait l'ancienne jurisprudence, la règle établie par
l'art. 774? Furgole, dans son traité *des Testamens*, chap. X, sect. III, n° 79; Lebrun, dans
son traité *des Successions*, liv. 3, chap. IV, n° 5;
Boucher d'Argis sur Bretonnier, *Questions de
droit*, au mot *bénéfice d'inventaire*; Pothier, dans
son traité *des Successions*, chap. III, art. 2, § 2,
et une foule d'autres auteurs, disaient unanime-
ment que la loi qui permettait d'accepter une
succession, ou purement et simplement, ou sous
bénéfice d'inventaire, était *de droit public et
général*, et qu'il suffisait qu'il n'y eût été dérogé,
ni pour la matière des donations, ni pour la matière des testamens, pour qu'elle dût être suivie à
l'égard de l'une et l'autre.

D'ailleurs, il est généralement reconnu que
presque toutes les règles établies par le Code
civil, au titre des successions *ab intestat*, notamment celles qui sont relatives aux partages et au
paiement des dettes, doivent être appliquées aux
successions testamentaires ou contractuelles, puisqu'il n'a pas été établi de règles particulières à
l'égard de ces successions.

Pourquoi donc, par le même motif, ne leur
appliquerait-on pas également les règles relatives
au bénéfice d'inventaire?

N'est-il pas raisonnable et juste, à l'égard des héritiers contractuels ou testamentaires, comme à l'égard des héritiers *ab intestat*, qu'ils aient la faculté de n'accepter que sous bénéfice d'inventaire, pour ne pas s'exposer à payer plus de dettes, qu'ils ne recueilleraient de biens ?

Puisque la loi n'a pas voulu imposer aux héritiers légitimes la dure obligation de répudier ou d'accepter purement et simplement les successions qui leur sont échues, puisqu'elle a cru nécessaire de leur accorder le droit de n'accepter que sous bénéfice d'inventaire, pour qu'ils pussent avoir le bénéfice qui pourrait se trouver, sans s'exposer à se ruiner, comment peut-on supposer qu'elle ait eu une autre volonté et d'autres intentions à l'égard des héritiers contractuels ou testamentaires ? Rien ne saurait justifier cette supposition.

Au surplus, qui pourrait être fondé à se plaindre que l'héritier testamentaire ou contractuel soit traité à cet égard comme les héritiers légitimes ?

Serait-ce les créanciers du défunt ? Mais le bénéfice d'inventaire ne leur soustrait aucune portion des biens de leur débiteur; il conserve tout entier le gage de leurs créances.

Ils n'ont aucun droit à avoir un nouveau débiteur, dans la personne de l'héritier.

La circonstance qu'il y a eu de la part de leur

débiteur, une donation ou un testament, ne peut pas augmenter leurs droits, et il serait étrange qu'ils en eussent plus contre un héritier testamentaire ou contractuel, que contre un héritier légitime.

Enfin, si l'héritier testamentaire, ou contractuel, était obligé de renoncer ou d'accepter purement et simplement, il ne manquerait pas de renoncer, toutes les fois que la succession serait douteuse : alors la succession devenant *ab intestat*, le bénéfice d'inventaire aurait lieu en faveur des héritiers légitimes, et les créanciers n'y gagneraient rien.

2° On peut opposer encore, à l'égard des héritiers contractuels, que, par leurs contrats de mariage, ils ont accepté les donations qui leur ont été faites; qu'ils les ont acceptées, sous la condition, toujours sous-entendue, lorsqu'elle n'était pas exprimée, d'acquitter toutes les dettes des donateurs, au moment de leur décès; et qu'en conséquence ils ne peuvent, ni se soustraire à cette condition, ni la morceler, en n'acceptant que sous bénéfice d'inventaire les successions des donateurs.

Mais, si cette objection était fondée, il s'ensuivrait que l'héritier contractuel ne pourrait pas même répudier la succession du donateur, puisqu'il aurait accepté, par un acte entre-vifs, la donation qui lui aurait été faite, et que la donation étant irrévocable de la part du donateur, elle devrait l'être également de la part du donataire.

Cependant il est certain, il est généralement reconnu, que le donataire a le droit de répudier la donation et la succession.

Quels en sont les motifs?

C'est qu'en acceptant la donation des biens qui se trouveront au décès du donateur, le donataire n'accepte qu'une libéralité *éventuelle*, dont il espère tirer du bénéfice, mais qu'il n'accepte pas la succession du donateur; qu'il ne pourrait pas même valablement accepter la succession, puisqu'elle n'est pas encore ouverte; qu'il n'accepte donc réellement que le droit de prendre la succession, lorsqu'elle sera ouverte par la mort du donateur, et qu'en conséquence il peut, comme tout autre héritier, répudier, après l'ouverture de la succession, le droit qui lui était acquis de succéder;

C'est encore parce que le donateur ayant conservé, malgré l'irrévocabilité de la donation contractuelle, le droit d'aliéner à titre onéreux tous ses biens, et de contracter toute espèce de dettes et d'engagemens, il ne serait pas juste que le donataire fût obligé, par l'acceptation qu'il aurait faite du droit de succéder, au paiement de toutes les dettes de la succession, sans avoir la faculté d'y renoncer;

C'est enfin parce que le donateur a entendu faire

une libéralité, parce que le donataire a entendu recevoir une libéralité; mais que ce serait précisément le contraire, si le donataire se trouvait engagé à accepter la succession du donateur, quoiqu'elle fût onéreuse; et qu'enfin tout étant éventuel à cet égard jusqu'au moment où la succession est ouverte, ce n'est qu'à ce moment que le donataire peut être tenu de s'expliquer irrévocablement sur la libéralité, soit pour l'accepter, soit pour y renoncer.

Or, par tous ces motifs, il est évident que le donataire a également le droit de n'accepter que sous bénéfice d'inventaire la succession du donateur, lorsqu'elle est ouverte.

Il est, d'ailleurs, incontestable que le donateur qui a voulu faire une libéralité, et non pas imposer une charge, n'a entendu obliger le donataire au paiement des dettes, que jusqu'à concurrence de la valeur des biens, et que le donataire qui a voulu recevoir une libéralité, n'a également entendu s'obliger que dans cette mesure; c'est donc dans l'esprit même de la donation, que le donataire doit être admis à n'accepter que sous bénéfice d'inventaire la succession du donateur.

3° On peut opposer encore, dans un autre sens, que les héritiers contractuels, ou testamentaires, ne sont pas tenus d'accepter sous bénéfice d'inventaire les successions des donateurs, pour être dispensés de payer les dettes *ultrà vires;* qu'aucun autre du Code civil ne leur impose cette obligation; que seulement ils peuvent être tenus de faire constater légalement, par des inventaires, les forces des successions, pour qu'ils n'aient pas la faculté de soustraire quelques effets aux créanciers; et qu'ainsi, quoiqu'ils aient accepté purement et simplement, quoiqu'ils aient fait des actes quelconques d'héritier, pourvu que néanmoins ils ne se soient pas mis en possession du mobilier, pourvu qu'ils n'aient rien fait qui puisse nuire aux créanciers, ils peuvent encore, en faisant inventaire, ne rester obligés au paiement des dettes et des charges, que jusqu'à concurrence de la valeur des biens.

Mais il n'y a dans le Code civil aucun article qui dispose que l'héritier testamentaire, ou contractuel, soit dispensé, en faisant inventaire, de payer les dettes de la succession *ultrà vires;* il ne peut donc en être dispensé, qu'en lui appliquant la disposition de l'art. 774 du Code civil, qui permet à l'héritier d'accepter purement et simplement, ou sous bénéfice d'inventaire.

Déjà j'ai établi qu'en effet la disposition de cet article est applicable, soit à l'héritier testamentaire, soit à l'héritier contractuel, parce qu'ils sont l'un et l'autre assimilés, sous tous les rapports, à l'héritier *ab intestat*, et qu'ils ont tous les mêmes obligations et les mêmes droits, parce

que les mêmes motifs se réunissent pour qu'ils
jouissent tous également de la faculté de n'accepter que sous bénéfice d'inventaire , parce
qu'enfin la loi qui permet d'accepter une succession, ou purement et simplement ou sous bénéfice d'inventaire , est aujourd'hui, comme elle
l'était autrefois , une loi de droit public et général , et qu'il suffit qu'il n'y ait été dérogé, ni pour
la matière des donations, ni pour la matière des
testamens, pour qu'elle doive être suivie à l'égard
de l'une et de l'autre.

Mais si la disposition de l'art. 774 est applicable
en faveur des héritiers testamentaires ou contractuels, pour leur donner le moyen de n'acquitter
les dettes de la succession que *pro modo emolumenti*, elle est également applicable contre eux,
pour qu'ils ne puissent profiter du bénéfice qu'elle
leur accorde, qu'en prenant le moyen qu'elle prescrit à cet égard ; d'où il suit que ce n'est qu'en
acceptant sous bénéfice d'inventaire, et dans la
forme déterminée par l'art. 793 , qu'ils peuvent
être dispensés du paiement des dettes *ultrà vires.*

Comme les héritiers *ab intestat*, ils ont le droit
de délibérer et de faire inventaire, ainsi qu'il est
réglé par les art. 795, 796 et suivans : comme
les héritiers *ab intestat*, ils peuvent opter entre les
deux modes d'acceptation : comme les héritiers
*ab intestat*, s'ils se décident, après avoir déli-
béré, à accepter purement et simplement, c'est

qu'ils regardent la succession comme avantageuse; ils doivent donc, en ce cas, être tenus indéfiniment des dettes, comme les héritiers *ab intestat*, parce qu'ils représentent également le défunt, parce qu'ils succèdent, non pas seulement aux biens, mais encore à la personne, parce qu'ils se sont exposés volontairement à tout payer, en ne prenant pas le moyen qui leur était offert, de n'accepter que sous bénéfice d'inventaire.

15. Est-il au pouvoir de l'homme d'interdire à ses héritiers le droit d'accepter sa succession, sous bénéfice d'inventaire?

Il est incontestable qu'à l'égard de l'héritier légitime, la prohibition faite par le défunt ne peut avoir aucune force, ni produire aucun effet.

Puisque l'héritier légitime ne tient la succession que de la disposition de la loi, et non pas de la disposition du défunt, il ne peut être obligé de l'accepter que de la manière prescrite par la loi, et non pas aux conditions imposées par le défunt.

Ainsi, quoique le défunt ait, par un testament ou par toute autre acte, formellement prohibé à son héritier légitime d'accepter sa succession sous bénéfice d'inventaire, l'héritier qui ne tient rien de la libéralité du défunt, n'est pas tenu d'obéir à la prohibition. La prohibition se trouve nulle, parce qu'elle est contraire à la loi, en vertu de laquelle l'héritier est appelé à succéder.

Et vainement, pour la faire valoir, le défunt aurait disposé, par son testament, que pour le cas où son héritier légitime ne voudrait pas accepter purement et simplement, il léguait tous ses biens à une personne désignée. La disposition, faite au profit du tiers, serait également nulle, parce qu'elle n'aurait eu lieu que pour faire valoir, *d'une manière indirecte*, la prohibition qui est contraire à la loi, parce qu'elle ne pourrait produire d'effet qu'autant que la prohibition se trouverait valable et obligatoire, et qu'ainsi la nullité de l'une entraîne nécessairement la nullité de l'autre.

Quant à l'héritier contractuel, ou testamentaire, auquel il aurait été interdit par le donateur, ou par le testateur, d'accepter sous bénéfice d'inventaire, on pourrait dire que la prohibition est valable, puisqu'il tient tout de la libéralité du défunt, et qu'il ne peut profiter de la libéralité, qu'en se soumettant à la condition sous laquelle elle a été faite.

Mais on a vu, dans le n° précédent, que Furgole, Boucher-d'Argis, Pothier, et presque tous les auteurs regardaient la loi qui permet d'accepter une succession, ou purement et simplement, ou sous bénéfice d'inventaire, comme étant de droit public et général, comme régissant les successions testamentaires et contractuelles, ainsi que les successions *ab intestat*, et ils en concluaient

que, dans toute espèce de successions, la condition d'accepter purement et simplement, devait être réputée non écrite. *Privatorum conventio*
*juri communi non derogat. L.* 45, *ff. de reg. juris.*
*Nemo potest in testamento suo cavere ne leges in*
*suo testamento locum habeant. L. nemo, ff. de*
*lege* 1.

Ces principes doivent être également suivis
sous l'empire du Code civil. On a vu que l'art.
774, qui permet d'accepter sous bénéfice d'inventaire, doit s'appliquer aux successions testamentaires ou contractuelles, comme aux successions *ab intestat*, et l'art. 900 dit, comme les lois
romaines, que dans toute disposition entre-vifs
ou testamentaire, les conditions qui seront contraires aux lois, seront réputées non écrites.

On a vu encore, dans le n° précédent, que
l'acceptation sous bénéfice d'inventaire ne diminue en rien les droits des créanciers du défunt; d'où il résulte que ces créanciers ne seraient pas fondés à demander l'exécution de la
prohibition qu'aurait faite le défunt, quant au
bénéfice d'inventaire.

Il est évident d'ailleurs que cette prohibition
ne serait ni raisonnable ni légitime, puisque le
défunt n'a dû compter pour l'acquittement de ses
dettes, que sur ses propres biens, et non sur
ceux de son héritier, et que ce serait un piége
qu'il aurait tendu à son héritier, en cachant, sous

le titre de libéralité, le dessein de l'accabler de charges onéreuses.

Et enfin, le défunt, en faisant un héritier, n'a pas pu faire que cet héritier ne jouit pas de tous les droits que la loi confère à tous les héritiers indistinctement.

## ARTICLE. 775.

Nul n'est tenu d'accepter une succession qui lui est échue.

1. La règle établie par cet article, n'était pas généralement observée dans le droit romain.

Elle n'avait pas lieu à l'égard des héritiers *siens*, qui étaient héritiers *nécessaires*, et qui n'obtinrent qu'assez tard la faculté de s'abstenir.

Mais elle avait lieu à l'égard des autres héritiers, qu'on appelait, pour cette raison, héritiers *volontaires*, parce qu'ils étaient libres d'accepter ou de refuser le titre d'héritier.

En France, au contraire, on tenait universellement, et sans aucune exception, dans les pays de droit écrit, comme dans les pays coutumiers, que tous les héritiers étaient volontaires et que nul ne pouvait être forcé d'accepter une succession qui lui était échue.

*Nul n'est héritier qui ne veut*, disaient nos coutumes.

Et, en effet, la loi veut accorder un *bénéfice* au parent qu'elle appelle à succéder ; il doit donc avoir le droit de renoncer, lorsqu'il ne trouve pas de bénéfice dans la succession, ou qu'il ne veut pas en profiter, par quelque motif que ce puisse être.

L'art. 775 du Code civil a, comme l'ancien droit français, adopté la règle, sans aucune restriction, sans aucune exception.

2. Ainsi, lors même qu'un héritier présomptif aurait contracté, soit avec le défunt, soit avec un de ses créanciers, l'engagement formel d'accepter sa succession, et lors même qu'il aurait reçu, pour prix de cet engagement, ou un don, ou un prêt, il aurait cependant encore le droit de renoncer à la succession, lorsqu'elle serait échue.

Il aurait ce droit, soit en vertu de l'art. 1130 du Code civil, qui dispose qu'on ne peut faire aucune stipulation sur une succession non ouverte, même avec le consentement de celui de la succession duquel il s'agit, soit en vertu de l'art. 775, qui dispose généralement, et sans aucune exception, que nul n'est tenu d'accepter une succession qui lui est échue.

En un mot, lorsqu'une succession est échue, l'héritier présomptif peut toujours y renoncer, nonobstant tous les engagemens contraires qu'il pourrait avoir contractés, pendant que l'auteur de la succession existait encore.

Ce n'est toujours qu'après que la succession est ouverte, que l'héritier présomptif peut s'engager valablement à l'accepter, et l'accepter irrévocablement.

3. Suivant l'ancien droit, la règle, *nul n'est héritier qui ne veut*, s'appliquait aux successions testamentaires, comme aux successions légitimes : *Is qui hæres institutus est, vel is cui hæreditas delata est, repudiatione hæreditatem amittit. Liv.* 13. *ff. de acquir. vel omitt. hæred.*

On l'appliquait également, dans les pays coutumiers, aux successions contractuelles, c'est-à-dire, aux institutions d'héritiers, faites et acceptées par contrats de mariage.

Cependant, à l'égard de cette dernière espèce d'institutions, on pouvait dire que la renonciation répugnait au principe qui ne permet pas qu'une seule partie puisse, sans l'agrément de l'autre, se départir d'une convention qui est synallagmatique; mais la jurisprudence s'était déterminée par cette considération, que celui qui avait institué un héritier, avait voulu lui faire un avantage, et que dès-lors il aurait répugné au motif de la convention, que l'instituant eût pu ruiner l'héritier institué, ce qui serait souvent arrivé, si l'on eût refusé à cet héritier le droit de renoncer à l'institution et à la succession, pour se débarasser des dettes et des charges. (*Voyez* Domat, liv. 4, deuxième partie, *des Successions*, dans la préface.)

Il est évident que par les mêmes motifs, il faut encore aujourd'hui appliquer la règle, soit aux héritiers légitimes, soit aux héritiers institués par testamens, soit aux héritiers institués par donations faites conformément aux art. 1084 et 1086 du Code civil.

## ARTICLE 776.

Les femmes mariées ne peuvent pas valablement accepter une succession, sans autorisation de leur mari ou de justice, conformément aux dispositions du chapitre VI du titre *du Mariage*.

Les successions échues aux mineurs et aux interdits, ne pourront être valablement acceptées que conformément aux dispositions du titre *de la Minorité, de la Tutelle et de l'Emancipation.*

1. Accepter une succession, c'est contracter une obligation; car, en prenant le titre d'héritier, on s'oblige envers les créanciers du défunt, on s'oblige envers tous ceux qui ont des droits sur la

28.

succession, et, s'il y a des cohéritiers, on s'oblige également envers eux, soit pour le partage, soit pour la contribution aux dettes et aux charges.

Il n'y a donc que les personnes capables de s'obliger, qui soient capables d'accepter valablement une succession.

Celles qui ne peuvent s'obliger seules et sans le ministère d'autrui, ne peuvent donc également accepter seules les successions qui leur sont échues, et leur acceptation ne peut être valable qu'avec l'intervention du ministère qui leur serait nécessaire pour contracter une autre obligation de même nature.

Dès-lors il fallait régler comment seraient acceptées les successions échues aux mineurs, aux interdits, aux femmes en puissance de maris et c'est là l'objet de l'art. 776.

2. Cet article dit d'abord que les femmes mariées ne peuvent pas valablement accepter une succession, sans l'autorisation de leur mari ou de justice, et il ajoute que c'est conformément aux dispositions du chapitre VI du titre *du Mariage.*

En effet, parmi les dispositions de ce chapitre, se trouvent les art. 217 et 219 qui portent que la femme, même non commune, ou séparée de biens, ne peut ni donner, *aliéner* ou hypothéquer, ni *acquérir* à titre gratuit ou onéreux, sans l'autorisation de son mari, ou, en cas de refus de la part du mari sans l'autorisation de la justice, et il résulte nécessairement de ces articles, que toute femme mariée, qu'elle soit, ou non, commune avec son mari, quelle soit, ou non, séparée de biens, ne peut, en aucun cas, sans l'autorisation de son mari, ou sans l'autorisation de la justice, accepter ni purement et simplement, ni même sous bénéfice d'inventaire, une succession qui lui est échue.

1.° Elle ne peut accepter purement et simplement, soit que la succession se trouve mauvaise, soit qu'elle se trouve bonne.

Si la succession est mauvaise, la femme, en l'acceptant purement et simplement, s'obligerait à payer toutes les dettes et toutes les charges, même sur ses biens personnels; mais, suivant l'art. 217, elle ne peut seule aliéner ni hypothéquer ses biens.

Si la succession est bonne, il est vrai que la femme, en l'acceptant, n'éprouverait aucune perte et n'aliénerait aucunement ses biens; mais elle acquerrait, et l'art. 217 lui interdit d'acquérir seule, soit à titre gratuit, soit à titre onéreux.

D'ailleurs, lorsqu'on accepte une succession, on ne peut jamais avoir la certitude qu'elle soit bonne; car il est possible qu'il y ait beaucoup de dettes inconnues. La femme s'exposerait donc,

en acceptant, à compromettre sa fortune particulière.

2° La femme mariée ne peut pas même, sans
l'autorisation de son mari ou de la justice, accepter sous bénéfice d'inventaire. En acceptant
ainsi, elle n'en obligerait pas moins ses biens personnels, à l'égard des créanciers et des légataires
de la succession, à la restitution de ce qu'elle
prendrait dans l'hérédité, à la réparation des
fautes qu'elle commettrait dans l'administration
des biens, et au reliquat du compte qu'elle aurait
à rendre, comme héritière bénéficiaire ; elle ne
s'en obligerait pas moins à rapporter à la succession ce que le défunt lui aurait donné sans déclaration de préciput, (art. 843), et comme ce rapport est une véritable aliénation, elle ne peut s'y
soumettre, sans l'autorisation de son mari, ou de la
justice.

3. En règle générale, le mari ne peut seul
accepter une succession qui est échue à sa femme.
Il faut que la femme elle-même fasse l'acceptation, après s'être fait autoriser, ainsi qu'il est
expliqué dans le chapitre VI du titre *du Mariage*.

Cependant, lorsque la femme refuse d'accepter
une succession qui lui est échue, et que d'ailleurs
elle n'est autorisée, ni par son mari, ni par la
justice, à y renoncer, le mari, s'il est *personnellement intéressé* à ce que la succession soit acceptée

ne doit-il pas être admis à l'accepter, pour sa femme et sans son consentement?

Trois motifs me paraissent devoir faire adopter l'affirmative.

Le premier, c'est que la femme ne peut, par son refus, nuire aux intérêts de son mari. C'est par un semblable motif, que, suivant l'art. 788, les créanciers de celui qui renonce à une succession, au préjudice de leurs droits, peuvent être admis à accepter la succession, du chef de leur débiteur, en son lieu et place.

Le second motif est que, si la femme, par son seul refus d'accepter la succession et sans être autorisée à y renoncer, pouvait empêcher l'acceptation de la part de son mari, il en résulterait que, sans l'autorisation prescrite par les art. 217 et 219, elle aliénerait réellement des biens qui lui sont déférés par la loi et dont elle est déjà saisie à compter de l'ouverture de la succession, et que d'ailleurs son refus personnel équivaudrait à une véritable renonciation que cependant elle ne peut faire sans autorisation.

Le troisième motif est que, la femme n'étant pas autorisée à renoncer, les créanciers de la succession n'en auraient pas moins le droit, quoiqu'elle n'eût fait aucun acte d'adition d'hérédité, de la contraindre, comme héritière, au paiement des dettes, puisque la loi a établi qu'après les délais pour délibérer, qui sont accordés à l'héritier présomptif, il est con_sidéré et peut être contraint comme héritier, tant qu'il n'a pas fait une renonciation expresse et _valable;

Qu'il en résulterait que, dans le cas d'une communauté légale entre le mari et la femme, les créanciers *mobiliers* de la succession pourraient, aux termes de l'art. 1409 du Code civil, exercer leurs droits sur tous les biens de la communauté;

Qu'ainsi, par le seul refus de la femme, et sans qu'elle eût été autorisée à renoncer, non-seulement le mari se trouverait privé du mobilier de la succession et des fruits des immeubles, qui devraient tomber dans sa communauté suivant l'art. 1401, mais encore que sa communauté se trouverait grevée du paiement de toutes les dettes mobilières de la succession, quoiqu'il n'eût rien à prendre dans l'actif, s'il n'avait pas le droit d'accepter, au lieu et place de sa femme.

Aussi, les anciens auteurs, et notamment Furgole, dans son traité *des Testamens*, chap. X, section I, n° 36; Pothier, dans son traité *des Successions*, chap. III, sect. III, art. 1, §. 2, et les auteurs du *Nouveau Denisart*, au mot *Adition d'hérédité*, décidaient formellement que, sur le refus de la femme d'accepter une succession qui lui était échue, et si elle n'avait pas été valablement autorisée à y renoncer, le mari avait le

droit d'accepter pour elle , lorsqu'il y avait intérêt.

Le mari a intérêt, lorsque la loi lui accorde ,
en sa qualité d'époux , des droits réels , ou sur la
propriété ou sur la jouissance des biens meubles
ou immeubles qui dépendent de la succession
échue à sa femme.

Il faut encore y ajouter le cas où la femme
aurait, par un acte entre-vifs , fait à son mari un
don qui comprendrait , en totalité ou en partie ,
pour la propriété ou pour la jouissance, les biens
meubles ou immeubles dépendant de la succession qui lui est échue.

4. Mais le mari ne peut être admis que sous
deux conditions, à accepter, au lieu et place de sa
femme.

La première , c'est que le bénéfice de la succession, après l'acquit des dettes et des charges ,
doit appartenir à la femme , sauf l'exercice des
droits du mari, de même que si la femme avait
accepté volontairement; c'est-à-dire , que le bien
qui, d'après la loi , lui serait resté propre, si elle
avait accepté, doit également lui appartenir en
propre , quoique ce soit le mari seul qui ait
accepté. Autrement, en effet , si le mari profitait
seul du bénéfice de la succession, ce serait lui
qui serait héritier, et il ne peut pas l'être, puisque
ce n'est pas lui qui est appelé par la loi à succéder, puisque c'est à sa femme que la succession

est échue. Il faut appliquer à ce cas, par analogie, la disposition de l'art. 788 du Code civil, qui porte que les créanciers qui ont été admis à succéder, au lieu et place de leur débiteur, ne profitent de la succession, que jusqu'à concurrence du montant de leurs créances.

La seconde condition sans laquelle le mari ne peut être admis à accepter pour sa femme, consiste en ce que tous les risques doivent être à sa charge, c'est-à-dire, que, si la succession se trouve mauvaise, toutes les pertes qui peuvent résulter de l'acceptation, ne doivent être supportées que par le mari, ou sur ses biens personnels, ou sur les biens de la communauté dont il est le chef et le maître, mais ne peuvent être, en aucun cas, supportées par la femme sur ses biens propres. Il ne serait pas juste que la femme souffrît préjudice de ce qu'elle n'a pas voulu faire, et que son mari a fait malgré elle.

5. Les mineurs et les interdits sont, comme les femmes mariées, incapables de contracter; il fallait donc également régler la manière dont seraient acceptées les successions qui leur écherraient.

L'art. 776 dit, à cet égard, que les successions échues aux mineurs et aux interdits, ne pourront être valablement acceptées, que conformément aux dispositions du titre *de la Minorité*, *de la Tutelle et de l'Émancipation*.

Parmi ces dispositions, il faut spécialement consulter celles des art. 450, 457, 458, 461 et 484, et il faut voir comment elles s'appliquent respectivement aux mineurs qui sont en tutelle, aux mineurs qui sont émancipés et aux interdits.

6. Le mineur qui est en tutelle, ne peut figurer dans aucun acte qui contient obligation ou aliénation; l'art. 450 dit expressément que le tuteur prendra soin de la personne du mineur, et le représentera dans tous les actes civils.

Aussi, l'art. 461 n'accorde qu'au tuteur seul le droit d'accepter ou de répudier une succession échue au mineur.

7. Cependant il eût été dangereux de confier, sans aucune précaution, au tuteur le pouvoir absolu d'accepter ou de répudier, à son gré, la succession échue au mineur. Souvent, il aurait pu, soit par insouciance, soit par négligence, soit à défaut de renseignemens assez positifs sur les forces de la succession, compromettre gravement les intérêts du mineur, en optant pour l'acceptation ou pour la renonciation.

En conséquence, le Code a ordonné, par l'article 461, que le tuteur ne pourrait, sans une autorisation préalable du conseil de famille, ni accepter ni répudier une succession échue à son mineur. On doit présumer que le conseil de famille, qui est composé de parens ou d'amis du mineur, ne se déterminera pour l'un ou l'autre

x

parti, qu'après des mûres réflexions; et sa délibération, sous la présidence d'un juge de paix, offre
sans doute plus de garantie pour les intérêts du
mineur, que la volonté isolée d'un tuteur.

Le Code a ordonné, en outre, par le même
article, que le tuteur ne pourrait accepter que
sous bénéfice d'inventaire, afin que les intérêts
du mineur ne fussent pas compromis par les suites
d'une acceptation pure et simple qui l'aurait obligé
au paiement de toutes les dettes, même *ultrà*
*vires*.

La disposition de l'art. 461 est en termes prohibitifs; il ne peut être donc permis de l'éluder, sous
aucun rapport.

Ainsi, d'une part, le tuteur ne pourrait, sans
une autorisation expresse et légale du conseil
de famille, accepter, même sous bénéfice d'inventaire, la succession échue au mineur; et,
d'autre part, il ne pourrait accepter purement et
simplement, lors même qu'il y serait formellement autorisé par le conseil de famille.

8. A l'égard du mineur émancipé, comme il
ne peut, suivant l'art. 484, vendre ni aliéner ses
immeubles, ni faire aucun acte autre que ceux
de pure administration, sans observer les formalités prescrites au mineur non émancipé, il s'ensuit qu'il ne peut seul accepter une succession qui
lui est échue; car l'acceptation d'une succession
n'est pas un simple acte d'administration, puis-

qu'il en résulte dés engagemens qui peuvent même aller jusqu'à l'aliénation des immeubles.

Obligé, dans ce cas, d'observer les formalités prescrites au mineur non émancipé, il ne peut, d'après l'art. 461 qui lui est applicable, accepter qu'avec l'autorisation du conseil de famille, et il ne peut, même avec cette autorisation, accepter que sous bénéfice d'inventaire.

9. Les successions échues aux personnes qui sont interdites par la justice, pour cause d'imbécillité, de démence, où de fureur, ne peuvent être acceptées que de la même manière que celles échues à des mineurs en tutelle. Suivant l'art. 509, l'interdit est assimilé au mineur, pour sa personne et pour ses biens; les lois sur la tutelle des mineurs, s'appliquent à la tutelle des interdits.

10. Comment doivent être acceptées les successions échues à des prodigues ou autres individus qui ont été pourvus de conseils judiciaires?

Suivant l'art. 499, un tribunal peut, si les circonstances l'exigent, ordonner, en rejetant une demande en interdiction, que la personne qu'on voulait faire interdire, ne pourra désormais plaider, transiger, emprunter, recevoir un capital mobilier, ni en donner décharge, aliéner ni grever ses biens d'hypothèque, sans l'assistance d'un conseil qui lui sera nommé par le même jugement.

Suivant l'art. 513, les tribunaux peuvent également interdire aux prodigues de faire les mêmes actes, sans l'assistance d'un conseil qui leur est nommé.

Il résulte nécessairement de ces articles, qu'aucun individu, qui a été pourvu d'un conseil judiciaire, ne peut, sans l'assistance de ce conseil, accepter une succession, pas plus qu'il ne pourrait la répudier, puisqu'en l'un et l'autre cas il ferait acte d'aliénation.

Mais il n'est pas nécessaire qu'il y ait une autorisation préalable du conseil de famille: la loi ne l'exige pas. Il suffit que l'acte d'acceptation ou de renonciation soit fait par l'héritier lui-même assisté de son conseil, parce qu'on doit présumer que le conseil qui a été choisi par la justice, ne consentira à assister que pour les actes qu'il jugera être favorables à l'individu dont il est chargé de surveiller la fortune.

Il n'est pas, non plus, exigé que les individus qui ont été pourvus de conseils judiciaires, n'acceptent que sous bénéfice d'inventaire les successions qui leur sont échues. ils peuvent, avec l'assistance de leurs conseils, prendre tous les renseignemens nécessaires pour bien connaître la valeur de ces successions.

11. La disposition de l'art. 776 et toutes les règles qui en découlent, sont évidemment applicables aux successions testamentaires ou contractuelles, comme aux successions *ab intestat.* A

l'égard des unes, comme à l'égard des autres, il y a les mêmes motifs pour que les mêmes précautions soient prises dans les intérêts des femmes mariées, des mineurs, des interdits et des personnes pourvues de conseils judiciaires.

## ARTICLE 777.

L'effet de l'acceptation remonte au jour de l'ouverture de la succession.

1. On a vu que l'héritier appelé par la loi, est saisi de tous les biens de la succession ; qu'il en est saisi de plein droit et par la seule force de la loi, quoiqu'il n'ait pas manifesté sa volonté, et lors même qu'il aurait ignoré l'ouverture de la succession ; qu'enfin il est saisi à compter de l'instant même du décès de la personne à laquelle il est appelé à succéder ;

Qu'ainsi, à compter de cet instant, et quelle que soit l'époque postérieure à laquelle il accepte, il a la qualité d'héritier, puisqu'il tient de la loi même cette qualité, et qu'il ne la perd que par une renonciation expresse, aux termes de l'art. 784 du Code civil ;

Que l'acceptation qu'il fait de la succession, ne lui confère donc aucun droit nouveau; qu'elle n'ajoute aucun droit réel à celui qu'il avait antérieurement, par la seule disposition de la loi ;

et qu'elle n'est autre chose qu'une simple déclaration de sa volonté d'exercer le droit qui lui était
acquis.

C'est dans ce sens qu'il a été dit que l'effet de
l'acceptation remonte au jour de l'ouverture de
la succession ; c'est-à-dire, que l'héritier appelé
par la loi, est héritier, à compter du jour où la
succession s'est ouverte, quel que soit l'intervalle
de temps qui s'est écoulé jusqu'à son acceptation,
et ne peut pas être seulement considéré comme
n'étant héritier qu'à compter du moment où il
a accepté.

C'est donc absolument la même chose en résultat, que si l'héritier présomptif avait accepté,
au moment même où la succession s'est ouverte,
et c'est ainsi qu'en réalité l'acceptation produit
son effet, à compter de l'ouverture de la succession.

2. Pour qu'il en fût autrement, il faudrait que
l'on pût être héritier pour un temps et ne l'être
pas pour l'autre; mais la qualité d'héritier est indivisible: la maxime, *qui semel hœres semper hœres*, s'applique aux temps antérieurs à l'acceptation, comme aux temps postérieurs : c'est toujours
à compter de l'ouverture de la succession, que
sont irrévocablement fixés les qualités et les droits
des héritiers ; on ne pourrait donc pas se porter
héritier, uniquement à compter du moment où
l'on accepte: on l'est toujours, *et nécessairement*

à compter de l'ouverture de la succession, lorsqu'on accepte, parce qu'on ne peut l'être qu'en
vertu de la qualité qui en a été conférée par la loi,
et que cette qualité a été conférée, à l'instant
même où la succession s'est ouverte.

Telle était aussi la disposition du droit romain.
*Hæres quandoque adeundo hæreditatem jam tunc
à morte successisse defuncto intelligitur. Liv.* 54,
*ff. de acq. vel omitt. hæred.*

D'ailleurs, l'héritier est le représentant du défunt; il prend entièrement sa place; il est même
considéré comme n'étant que la continuation de
la personne du défunt, *cujus vicem sustinet;* il
ne peut donc être héritier pour un temps, et ne
l'être pas pour l'autre, comme il ne peut l'être
pour une partie seulement de la succession; et
non pour la totalité.

3. La règle qui fait remonter au moment de
l'ouverture de la succession, l'acceptation qui a
été faite par l'héritier, à quelque époque que
cette acceptation ait eu lieu, produit plusieurs
effets.

1° L'héritier profite de tous les bénéfices surve-
nus avant son acceptation, comme il est tenu de
supporter toutes les pertes.

Ainsi, tous les fruits et les revenus des biens
de la succession, qui sont échus depuis le moment
où la succession s'est ouverte, appartiennent à
l'héritier, comme s'il avait accepté immédiate-

ment : *Fructus omnes augent hæreditatem , sive ante aditam hæreditatem, sive post aditam, accesserint. L.* 20, §. 3, *ff. de hæred. petitione.*

Mais il est tenu de rembourser tout ce qui a été valablement payé, soit pour la conservation des biens, soit pour l'acquit des dettes et charges : il est pareillement tenu de tout ce qui peut encore rester dû.

En un mot, il prend la succession toute entière, telle qu'elle était au moment ou elle s'est ouverte.

Néanmoins il ne pourrait réclamer contre le possesseur de bonne foi, la restitution des revenus (art. 138 et 549.)

2° Il profite des renonciations qui ont pu être faites par ses cohéritiers , dans l'intervalle de temps qui s'est écoulé depuis l'ouverture de la succession jusqu'à son acceptation. Suivant l'article 785, l'héritier qui renonce, est censé n'avoir jamais été héritier, et, suivant l'art. 786, sa part accroît à ses cohéritiers.

3° Lors même qu'il n'est appelé à la succession qu'à la place d'un héritier plus proche qui a renoncé, l'effet de son acceptation remonte toujours à l'époque de l'ouverture de la succession : il est considéré comme ayant été héritier dès cette époque, puisque l'héritier plus proche qui a renoncé, est censé n'avoir jamais été héritier ; et conséquemment la succession lui appartient à compter de l'ouverture, et non pas seulement à compter de l'acceptation.

4° Il profite des prescriptions qui ont couru, ou même qui se sont accomplies, au profit de la succession, dans l'intervalle entre l'ouverture et l'acceptation; et de même il est tenu de supporter les prescriptions qui, dans le même intervalle, ont couru ou se sont accomplies contre la succession.

5° Suivant l'art. 883, il est censé avoir succédé seul et immédiatement à tous les effets compris dans son lot, ou à lui échus sur licitation, et il les possède francs et quittes de toutes les hypothèques qui ont pu être consenties par ses cohéritiers; ce qui évidemment n'aurait pas lieu, s'il n'était censé héritier que du jour de l'acceptation.

6° Suivant l'art. 790, tant que la prescription du droit d'accepter n'est pas acquise contre l'héritier qui a renoncé, il a la faculté d'accepter encore la succession, si elle n'a pas été déjà acceptée par d'autres héritiers; et c'est à ce cas particulièrement qu'il faut appliquer la disposition de l'art. 777.

Dans ce cas, quoique l'héritier ait renoncé, ce n'est pas seulement à compter du jour où il a révoqué sa renonciation et où il a accepté, qu'il est censé héritier. Il est héritier de droit, et la succession qui n'a pas été acceptée par d'autres,

29.

lui appartient, en vertu de la disposition de la
loi, à compter du jour même où elle s'est ouverte, comme s'il n'y avait pas renoncé, comme
s'il l'avait, au contraire, acceptée, dès le moment
où elle est échue. Les choses sont remises, par la
volonté de la loi, au même état que s'il n'y avait
pas eu de renonciation, sans préjudice néanmoins, ainsi que le déclare formellement l'article 790, des droits qui peuvent être acquis à
des tiers sur les biens de la succession.

## ARTICLE 778.

L'acceptation peut être expresse ou
tacite : elle est expresse, quand on
prend le titre ou la qualité d'héritier
dans un acte authentique ou privé; elle
est tacite, quand l'héritier fait un acte
qui suppose nécessairement son intention d'accepter, et qu'il n'aurait droit
de faire qu'en sa qualité d'héritier.

1. Il s'agit, en ce moment, d'examiner comment et de quelle manière on accepte purement
et simplement une succession; ce sera sur les
art. 793 et 794. qu'on verra comment et de
quelle manière on accepte sous bénéfice d'inventaire.

Il est certain d'abord, puisque le Code civil a adopté l'ancienne maxime, *nul n'est héritier qui ne veut*, que l'acceptation d'une succession ne peut résulter que de la manifestation faite par l'héritier présomptif, de sa volonté d'être héritier. L'acceptation étant purement volontaire, il faut bien que la volonté d'accepter soit manifestée d'une manière quelconque.

On ne peut donc la présumer, tant qu'elle n'a été manifestée d'aucune manière, et de là il suit que c'est à ceux qui veulent se prévaloir d'une acceptation, de fournir la preuve qu'elle existe réellement, c'est-à-dire, de prouver que l'héritier, appelé par la loi, a réellement manifesté sa volonté d'accepter la succession qui lui est déférée.

2. Mais on peut manifester de deux manières, sa volonté d'être héritier; expressément, ou tacitement, *aut verbo, aut facto*, comme le disaient les lois romaines; *verbo*, c'est à-dire, en *déclarant* qu'on veut être héritier; *facto*, c'est-à-dire, par un fait qui *prouve* qu'on a la volonté d'être héritier.

Il y a donc deux sortes d'acceptation, l'une qui est *expresse*, l'autre qui est *tacite*, et quoiqu'elles produisent l'une et l'autre les mêmes effets, il est cependant nécessaire de tracer avec précision les caractères qui les distinguent, pour qu'elles ne soient pas confondues, parce qu'il peut s'élever, à l'égard de l'une, des difficultés qui ne pourraient pas s'appliquer à l'autre, parce qu'il faut bien savoir comment l'acceptation peut être faite de l'une ou de l'autre manière, pour reconnaître si elle existe, ou n'existe pas, dans une foule de cas qui peuvent se présenter.

3. L'acceptation est expresse, dit l'art. 778, quand on prend le titre ou la qualité d'héritier, dans un acte authentique ou privé.

Il n'y a donc qu'une seule manière d'accepter expressément, c'est de prendre dans un acte le titre ou la qualité d'héritier.

Ainsi, 1° lors même qu'on s'immiscerait formellement dans la succession, soit en consentant bail à loyer des biens héréditaires, soit même en disposant de la propriété de ces biens, on ne ferait cependant pas une acceptation expresse, si l'on ne prenait pas dans l'acte le titre ou la qualité d'héritier ; l'acceptation ne serait que tacite.

2° Quoiqu'on ne s'immisce aucunement dans la succession, quoiqu'on ne touche pas aux biens héréditaires, quoiqu'on n'en dispose d'aucune manière, on fait une acceptation expresse, si l'on prend dans un acte quelconque le titre ou la qualité d'héritier.

4. Pour qu'il y ait acceptation expresse, il ne suffit pas que, dans un acte, l'héritier présomptif ait employé des expressions qui annoncent de sa

part l'*intention* d'accepter: il faut qu'il ait pris expressément le titre ou la qualité d'héritier.

Si, en effet, il fallait rechercher quelle a été son intention, il est évident que l'acceptation ne serait pas expresse.

La simple manifestation de l'intention d'accepter, ne peut être qu'une acceptation tacite; pour l'acceptation expresse, il faut une déclaration formelle de la volonté d'être héritier, et pour qu'on ne pût pas équivoquer sur cette déclaration, l'art. 778 en a, pour ainsi dire, tracé les termes, en restreignant l'acceptation expresse au seul cas où l'on aurait pris dans un acte le titre ou la qualité d'héritier.

5. Il faut bien remarquer qu'il n'y a d'acceptation expresse, que lorsque c'est *dans un acte* que l'on a pris le titre ou la qualité d'héritier.

Ainsi, quoiqu'on ait *dit* publiquement, et même à des créanciers de la succession, ou à des légataires, qu'on veut être héritier, qu'on accepte l'hérédité, cette déclaration verbale n'équivaut ni à une acceptation expresse, ni même à une acceptation tacite, et l'on peut encore, après l'avoir faite, ou renoncer à la succession, ou ne l'accepter que sous bénéfice d'inventaire, si d'ailleurs on n'a fait aucun acte d'héritier.

Mais il n'est pas nécessaire que l'acceptation, pour être expresse et valable, soit faite par un acte authentique ; aux termes de l'art. 778, elle peut être également faite par un acte privé.

Le conseil d'état ne voulut pas même définir les actes privés dans lesquels pouvait être valablement insérée l'acceptation expresse, et il en résulte qu'elle peut être faite dans tout acte privé, quel qu'il soit.

Ainsi, par exemple, il y a acceptation expresse par une quittance sous seing privé, que l'héritier présomptif a donnée à l'un des débiteurs de la succession, si cet héritier a pris dans la quittance le titre ou la qualité d'héritier.

De même, si un héritier, appelé par la loi, écrivait à un créancier de la succession, qu'il se porte héritier, et qu'il promet d'acquitter la dette à l'échéance, ou qu'il demande un délai pour l'acquitter, il ferait une acceptation expresse, quoique, dans la rigueur du droit, une lettre missive ne soit pas réellement un acte. La loi romaine le décidait ainsi : *Nutu possunt significare velle se periculo suo hœreditatem adire, quomodo absentes per nuntium. L. servo 65, §. si pupilli 3, ff. ad Senatus Consult. trebell.*

Il résulte clairement de la discussion du conseil d'état, qu'il n'a voulu exclure que les acceptations *purement verbales*, sur la preuve desquelles il aurait pu s'élever beaucoup de contestations.

6. L'acceptation est tacite, dit l'art. 778, quand l'héritier fait un acte qui suppose nécessairement

son intention d'accepter, et qu'il n'aurait droit de faire qu'en sa qualité d'héritier.

Pour être en état de faire une juste application de cette disposition, à tous les cas particuliers qui peuvent se présenter, il faut en avoir bien saisi le sens, et s'être bien pénétré de tout ce qu'elle exige pour l'acceptation tacite.

Et d'abord, il faut remarquer, avec grand soin, que l'art. 778 ne dit pas qu'il y a acceptation tacite, quand l'héritier fait un acte qui suppose nécessairement son intention d'accepter, *ou* qu'il n'aurait droit de faire qu'en sa qualité d'héritier. Il dit formellement que l'acceptation est tacite, quand l'héritier fait un acte qui suppose nécessairement son intention d'accepter, *ET* qu'il n'aurait droit de faire qu'en sa qualité d'héritier.

La conjonction *ET*, qui se trouve entre les deux membres de la phrase, démontre que l'article exige, pour l'acceptation tacite, la réunion des deux conditions, 1° que l'héritier présomptif ait fait un acte qui suppose nécessairement son intention d'accepter ; 2° qu'il n'ait eu droit de faire cet acte qu'en sa qualité d'héritier.

Ainsi, d'après les termes de l'art. 778, il n'y a pas d'acceptation tacite, si l'héritier présomptif a fait un acte qui suppose nécessairement son intention d'accepter, mais qu'il avait le droit de faire dans une autre qualité que celle d'héritier. Il n'y a pas d'acceptation tacite, s'il a fait un acte qu'il n'avait le droit de faire qu'en sa qualité d'héritier, mais qui ne suppose pas nécessairement son intention d'accepter.

Le Code civil ne s'est pas contenté, comme l'avait fait le droit romain, de la simple intention d'accepter; il ne s'est pas non plus contenté, comme l'avaient fait nos coutumes, de la simple immixtion dans les biens de la succession. Il a voulu que, pour l'acceptation, il y eût, de la part de l'héritier présomptif, un acte qui, tout à la fois, prouvât l'intention d'accepter, et contînt immixtion dans les biens.

Cependant, il faut convenir qu'il est très-rare que l'intention d'accepter ne résulte pas nécessairement d'un acte qu'on n'a pu faire qu'en qualité d'héritier, et vainement on alléguerait n'avoir pas eu l'intention d'accepter, si l'acte qu'on a fait, était tel qu'on ne pût ignorer, en le faisant, qu'on n'avait le droit de le faire que comme héritier.

Mais toujours, il est certain qu'il ne suffit plus, pour qu'il y ait acceptation tacite, que l'héritier ait fait un acte qui suppose sa volonté d'accepter, mais qu'il faut encore qu'il n'ait eu le droit de faire cet acte qu'en qualité d'héritier.

On va voir comment ces deux conditions doivent être remplies.

7. Pour qu'il y ait acceptation tacite, ce n'est pas assez que l'acte fait par l'héritier présomptif, an-

nonce, ou puisse faire présumer, on suppose, d'une manière même très-probable, que l'héritier a eu l'intention d'accepter. Il faut que l'acte suppose *nécessairement* cette intention : ce sont les termes de l'art 778.

Et il est évident que le législateur n'a employé l'expression, *nécessairement*, que parce qu'il a voulu qu'il n'y eût pas à commenter, pas à interpréter sur l'intention d'accepter, et que, dans tous les cas où elle ne serait pas certaine, et lors même qu'elle serait très-vraisemblable, elle ne suffit pas pour faire déclarer qu'il y a acceptation.

La loi 42, §. dernier, ff. *de acq. hœred.*, disait: *Nisi EVIDENTER quasi hœres manumiserit, non debet eun calumniam pati; quasi se miscuerit hœreditati.*

Le Code civil dit, plus encore. Pour prévenir les difficultés qui auraient pu s'élever sur l'*évidence* de l'intention, il a employé une autre exception encore plus forte. Il exige que l'acte suppose *nécessairement* l'intention d'accepter, ce qui veut dire que l'acte doit être tel, *qu'il ne soit pas possible* que l'héritier présomptif ait eu, en le faisant, *d'autre intention* que celle d'accepter la succession; car s'il était possible qu'il eût eu, d'après la nature de l'acte et les circonstances, une autre intention, l'acte ne supposerait pas nécessairement l'intention d'accepter.

8. La seconde condition exigée par l'art. 778,

pour qu'il y ait acceptation, est également prescrite d'une manière absolue et en termes trèsprécis : il faut que l'héritier présomptif fasse un acte qu'il n'aurait droit de faire qu'en sa qualité d'héritier.

Il n'y a donc pas d'acceptation tacite, lorsque l'héritier présomptif a fait un acte qu'il avait le droit de faire dans une autre qualité que celle d'héritier.

Et comme l'héritier présomptif ne peut être obligé d'énoncer dans un acte qu'il fait, le droit qu'il a de le faire dans une autre qualité que celle d'héritier, il suffit qu'il ait eu réellement une autre qualité, quoiqu'il ne l'ait pas déclarée, pour qu'on ne puisse pas dire qu'il a fait acte d'héritier.

Les coutumes n'exigeaient pas, non plus, que l'héritier présomptif déclarât dans l'acte l'autre qualité en vertu de laquelle il avait le droit d'agir. La coutume de Paris et celle d'Orléans disaient, sans aucune distinction, comme le Code civil, qu'on ne faisait acte d'héritier, en prenant les biens de la succession, que lorsqu'on n'avait pas d'autre qualité ou droit de prendre lesdits biens.

Et vainement encore voudrait-on rechercher quelle a été l'intention de l'héritier présomptif, en faisant l'acte. Si, par le motif que l'acte supposerait l'intention d'accepter, on pouvait décider qu'il y a acceptation tacite, quoique l'héritier présomptif ait eu le droit de faire l'acte, dans une autre qualité que celle d'héritier, il est évident que l'on scinderait la disposition de l'art. 778, que l'on en retrancherait l'une des conditions dont il a exigé la réunion pour l'acceptation tacite, et que par conséquent on violerait formellement la loi.

D'ailleurs, l'intention d'accepter ne peut pas résulter *nécessairement* d'un acte que l'héritier présomptif a eu le droit de faire dans une autre qualité que celle d'héritier.

Ainsi, sans qu'il y ait à rechercher ou à consulter l'intention, il faut décider qu'il n'y a pas d'acceptation tacite, lorsque l'héritier présomptif jouit d'une chose indivisible, qui était commune entre lui et le défunt, comme d'un droit de passage, ou de toute autre servitude. Il ne fait pas acte d'héritier, puisqu'il peut exercer la jouissance, en vertu d'un droit qui lui est personnel.

Mais si la chose commune était divisible, l'héritier qui ne voudrait pas faire acte d'adition d'hérédité, devrait se restreindre à ne jouir que de la portion ou jusqu'à concurrence de la portion qui lui appartient personnellement dans la choses commune.

Il pourrait même aliéner, mais jusqu'à concurrence seulement de sa portion. S'il aliénait au-delà, il ferait acte d'héritier, puisqu'en disposant de l'excédant, il disposerait de la chose de la succession, et n'aurait droit de le faire qu'en qualité d'héritier.

9. Il y a plus. Si l'héritier présomptif a fait un acte qu'il croyait et pouvait croire de bonne foi

avoir le droit de faire dans une autre qualité que celle d'héritier, il ne doit pas encore être considéré comme ayant accepté tacitement, quoiqu'il n'ait eu réellement le droit de faire l'acte qu'en qualité d'héritier.

La raison est qu'en faisant cet acte, il n'a pas eu l'intention d'accepter la succession, puisqu'il croyait agir dans une autre qualité que celle d'héritier, et qu'ainsi la première condition exigée par l'art. 778, pour qu'il y ait acceptation tacite, n'existe pas réellement.

La loi 87, *ff. de acq. vel omitt. hær.*, décidait expressément que le fils, qui s'était mis en possession d'un bien qu'il croyait dépendre de la succession de sa mère, mais qui dependait de la succession de son père, n'était pas censé avoir accepté cette dernière succession, et qu'il pouvait y renoncer.

Cette loi était suivie dans les pays coutumiers, ainsi que l'attestent les éditeurs de la nouvelle collection de Denisart, au mot *adition d'hérédité*, et Pothier, dans son *Traité des Successions*, chap. 3, sect. 3, art. 1, §. 1.

Cependant, il ne suffirait pas que l'héritier alléguât qu'il ignorait que le bien dépendît de la succession à laquelle il était appelé, et qu'en conséquence il ne savait pas que ce n'était qu'en qualité d'héritier, qu'il pouvait disposer de ce bien.

Il faut d'abord que l'erreur qu'il allègue, soit

vraisemblable et qu'elle résulte des circonstances. Il faut, de plus, qu'il ait eu personnellement une qualité qui lui aurait donné le droit de disposer du bien, dans la supposition où ce bien n'aurait pas fait partie de l'hérédité.

Si le défunt était publiquement en possession du bien, lors de son décès, et si aucun acte, aucun fait n'autorisait à croire que le défunt n'en était pas propriétaire, certes, l'héritier présomptif ne serait pas recevable à alléguer qu'il ignorait que le bien dépendît de la succession.

Et si d'ailleurs, quoique l'ignorance à cet égard pût être vraisemblable, l'héritier présomptif n'avait aucune qualité pour disposer du bien, il serait évident qu'il n'aurait entendu en disposer qu'en qualité d'héritier, et qu'ainsi l'ignorance qu'il alléguerait, ne serait pas réelle.

Il ne peut donc arriver que très-rarement que l'héritier présomptif, en disposant d'un bien de la succession, ne fasse pas acte d'héritier. D'une part, il a fait un acte qu'il n'avait le droit de faire qu'en qualité d'héritier, et c'est là un des élémens de l'acceptation tacite; d'autre part, pour que l'autre condition exigée par l'art. 778, ne fût pas remplie, pour que l'héritier présomptif pût être présumé n'avoir pas eu l'intention d'accepter, il faudrait, 1° qu'il eût pu croire, de bonne foi, que le bien ne dépendait pas de la succession, et que les circonstances fussent assez fortes pour rendre très-vraisemblable sa croyance à cet égard; 2° qu'il eût été lui-même le propriétaire du bien, si le défunt ne l'avait pas été.

10. Il résulte des explications qui ont été données précédemment, que les actes emportant acceptation tacite, sont ceux qui, après que l'ouverture de la succession est connue, sont faits valablement par l'héritier présomptif, sur des choses qu'il savait ou croyait être dépendantes de l'hérédité, qui d'ailleurs supposent nécessairement, dans l'un ou l'autre cas, son intention d'accepter la succession, et qu'enfin il n'aurait pas eu le droit de faire dans une autre qualité que celle d'héritier.

Il faut, en outre, que, par ces actes, l'héritier ait disposé, en maître, de l'hérédité, soit en touchant à la propriété des biens, soit en se mêlant des affaires de la succession, soit en s'immisçant dans l'administration qui n'appartient qu'au propriétaire, et qu'il ne s'agisse pas seulement d'actes d'administration provisoire, ou de simple surveillance, que l'héritier présomptif a le droit de faire, en vertu de la saisine légale, sans qu'on puisse en induire aucune acceptation.

Cette distinction et l'application des règles diverses, ne sont pas toujours bien faciles à saisir. Je crois donc qu'il sera utile de passer en revue plusieurs espèces d'actes, et d'examiner, sur chacun séparément, s'il est, ou non, de nature à

emporter acceptation tacite; mais pour n'avoir
pas à répéter ce que j'ai déjà suffisamment expliqué , je supposerai toujours que l'héritier
présomptif n'avait droit de faire qu'en qualité
d'héritier , les actes dont je vais parler.

11. Et d'abord il est hors de doute, que l'héritier présomptif fait acte d'héritier , lorsqu'il dispose, ou à titre onéreux , ou à titre gratuit , d'un
bien , meuble ou immeuble , de l'hérédité , ou
qu'il constitue une hypothèque sur un immeuble
de la succession , ou qu'il assujettit des fonds de
l'hoirie à une servitude ou à un autre droit
réel.

En faisant ces actes , il agit comme maître et
comme propriétaire des choses dont il dispose ;
il agit donc comme héritier , et avec l'intention
de l'être , puisque ce n'est qu'en cette qualité
qu'il peut disposer des choses qui appartiennent
à la succession. *Pro hœrede enim gerere est , pro
domino gerere. Inst. de hœred. qual.* §. 7. — *Pro
hœrede gerit , qui rebus hereditariis quasi domi-
nus utitur. Ulpian. Frag. tit. XXII.* §. 26.

Lors même que des objets mobiliers , dépendant de la succession, sont susceptibles de dépérir
ou dispendieux à conserver, l'héritier présomptif
ne peut, de sa propre autorité, les vendre , sous
le prétexte qu'il est administrateur de l'hérédité
et qu'il fait le bien de la succession. Aux termes
de l'art. 796, il fait acte d'héritier, s'il procède à

la vente, sans y avoir été autorisé par la justice, et si la vente n'est pas faite par un officier public, après affiches et publications.

On ne doit considérer, en aucun cas, la modicité de la valeur de la chose dont il a disposé.

Suivant les coutumes d'Orléans et de Paris, il suffisait, pour être héritier, d'avoir disposé d'une portion des biens, *quelle qu'elle fût.*

L'art. 778 du Code civil ne fait dépendre en aucune manière l'acceptation, de la valeur de l'objet sur lequel l'acte a été fait.

12. Il est également hors de doute que l'héritier présomptif fait acte de maître et de propriétaire de la succession, et conséquemment acte d'héritier ;

Soit lorsqu'il forme contre ses cohéritiers une demande en licitation ou en partage de la succession à laquelle il est appelé. *L.* 1 *et* 2, *ff. fam. ercisc.*

Soit lorsqu'il forme contre des tiers détenteurs demande en délaissement ou en restitution d'un bien dépendant de l'hérédité ;

Soit lorsqu'il demande la nullité d'une disposition faite ou d'une obligation consentie par le défunt, ou la rescision d'une vente que le défunt avait souscrite ;

Soit enfin lorsqu'il exerce un droit quelconque, mobilier ou immobilier, qui est tombé dans la succession.

13. Lorsqu'un héritier présomptif fait un compromis ou transige sur un procès qui intéresse la succession, il fait encore acte d'héritier, comme l'a remarqué Ferrière, sur la coutume de Paris, art. 317, n° 10, parce qu'en effet, pour compromettre ou pour transiger, il faut être le maître, ou avoir un mandat spécial du maître, et que cela ne peut se faire valablement *cità nomen et jus hœredis.*

C'est donc faire acte d'héritier, que de compromettre ou de transiger avec les légataires du défunt, au sujet de leurs legs. A l'héritier seul appartient ce droit, et le successible qui l'exerce, se reconnaît héritier, puisqu'il traite d'une chose dont il ne peut disposer et dont il ne peut être tenu, que comme héritier. *Balde, cons.* 272, *vol.* 5.

Il en est de même, si l'héritier présomptif acquiesce à une demande judiciaire, qui a été formée contre lui comme héritier, et qui est relative à la succession.

Il ne pourrait pas même procéder sur cette demande, sans faire acte d'héritier, puisqu'il exercerait les droits d'un héritier.

14. L'héritier présomptif fait encore acte d'adition d'hérédité, s'il se met en possession des biens de la succession, s'il en perçoit les revenus, s'il les loue ou les afferme, s'il fait des réparations qui ne soient pas nécessaires et urgentes, s'il abat

30

des bois, s'il change la surface du sol des héritages ou la forme des édifices, si, en un mot, il administre en maître et en propriétaire.

Cependant, parmi ces actes, il y en a qui, suivant les circonstances, peuvent n'être considérés que comme des actes conservatoires ou de pure administration. On verra sur l'art. 779, quels sont ces actes, comment on doit les distinguer de ceux qui tiennent au droit de propriété, et comment on peut reconnaître s'ils supposent, ou non, l'intention d'être héritier.

15. L'héritier présomptif ne fait pas acte d'héritier, en jouissant d'une chose qui était commune entre lui et le défunt, s'il ne jouit pas au-delà de sa portion.

C'est ce que décide la loi *duo fratres* 78, *ff. de acq. vel omitt. hæred. Respondit nisi eo consilio usus esset quod vellet se hæredem esse, non astringi. Itaque cavere debet, ne quâ in re plus suâ parte dominationem interponeret.*

Dans ce cas, en effet, il ne jouit pas de sa portion, en qualité d'héritier, mais parce qu'il en est personnellement le propriétaire.

Il pourrait même jouir du tout, sans faire acte d'héritier, si la chose était indivisible, comme un droit de servitude, ou s'il ne jouissait de la portion qui appartient à la succession, que pour la conserver, comme on le verra sur l'art. 779.

16. L'héritier présomptif fait-il acte d'héritier,

lorsqu'il se met en possession d'un bien héréditaire, pour se rembourser de ce qui lui était dû
par le défunt, ou qu'il prend dans la succession
la chose qui lui était due, ou qui lui avait été léguée?

M. le président *Faber*, dans son Code, liv. VI,
tit. XII, défin. I, décidait que le fils avait fait acte
d'héritier de son père, lorsqu'il s'était mis en possession des biens paternels, pour recouvrer la
dot de sa mère, parce qu'on devait présumer qu'il
s'était mis en possession, en qualité d'héritier, et
non comme créancier.

Plusieurs autres auteurs, notamment *Bartole*,
sur la loi *gerit*, *ff. de acq. hœred.*; *Bulde*, sur la
loi 1, *Cod. de repud. hœr.*; *Masuer*, tit. XXXII,
nº 63, et *Furgole*, dans son Traité des testamens,
chap. 10, sect. 1, étaient d'un avis contraire.

Ils disaient que la qualité de créancier excluait
toute présomption d'acte d'héritier et d'intention de posséder en qualité d'héritier; que le fils
était présumé posséder *titulo utiliori*; que se trouvant créancier de la succession de son père, et
pouvant par conséquent posséder en qualité de
créancier, comme en qualité d'héritier, le titre de
la possession était au moins ambigu et douteux,
et que, dans le doute, il fallait exclure l'obligation qui résulterait de l'adition.

Mais il paraît que leur opinion n'était suivie
que dans le parlement de Toulouse.

Dans les pays coutumiers, on se conformait généralement aux dispositions des coutumes de Paris et d'Orléans, qui disaient formellement que, s'il était dû ou avait été légué quelque chose par le défunt à son héritier présomptif, celui-ci devait le demander, et qu'autrement, s'il prenait les biens ou partie, de son autorité, il faisait acte d'héritier.

Voici comment s'expliquait à cet égard Pothier, dans son Traité des successions, chap. III, article 1, §. 1.

« Que, si l'un des héritiers présomptifs du défunt était, en même temps, créancier de la succession, ou son légataire, il ne laisserait pas de faire acte d'héritier, en se mettant en possession de la chose qui lui était léguée ou due, et qui s'est trouvée dans la succession : car la qualité de créancier ou de légataire, ne donne pas le droit au créancier, ni au légataire, de se mettre en possession de la chose qui lui est due, mais seulement de la demander à ceux qui la doivent et de se la faire délivrer par eux ; d'où il suit que l'héritier qui s'est mis en possession de la chose qui lui était due, n'ayant eu d'autre qualité qui lui en donnât le doit, que la qualité d'héritier, puisque celle de créancier ne le lui donnait pas, on en doit conclure que c'est en qualité d'héritier qu'il s'est mis en possession, et par conséquent qu'il a fait en cela acte d'héritier. »

Il me paraît certain que cette dernière opinion doit toujours être suivie sous l'empire du Code civil.

17. Mais il n'en est plus de même, lorsque l'héritier présomptif retient une chose, mobilière ou immobilière, qui lui avait été donnée en nantissement, pour sûreté de ce qui lui était dû par le défunt. Dans ce cas, il ne *prend* rien dans la succession, et ce qu'il retient, il a le droit de le retenir en qualité de créancier, jusqu'à ce qu'il ait été payé de ce qui lui est dû : il fait, en un mot, ce que pourrait faire tout autre créancier, étranger à la succession, et l'on ne peut pas dire, d'ailleurs, que cet acte suppose nécessairement que le créancier ait eu l'intention d'accepter la succession, en qualité d'héritier.

18. L'héritier présomptif qui exige, ou qui reçoit, ce qui est dû à la succession, fait acte d'héritier : car il prend des biens de la succession, et il ne peut les prendre qu'en qualité d'héritier, qu'avec l'intention d'être héritier.

*Tunc pro hærede geri dicendum esse, ait, quoties accepit quod citrà nomen et jus hæredis accipere non poterat. L. pro hærede 20 , ff. de acq. vel omitt. hær.*

19. L'héritier présomptif fait-il, dans tous les cas, acte d'héritier, lorsqu'il acquitte, de ses propres deniers, les dettes ou les charges de la succession, en totalité ou en partie ?

1° S'il acquitte, de ses propres deniers, une dette pour laquelle il était obligé solidairement avec le defunt, ou dont il était caution, il ne doit pas être considéré comme ayant fait acte d'héritier, puisqu'il avait une autre qualité pour faire le paiement, savoir, celle de codébiteur, ou de caution. On doit présumer qu'il a payé pour arrêter ou prévenir les poursuites qui étaient ou pouvaient être dirigées contre lui. Il conserve son recours contre la succession, et ce qu'il a fait, ne suppose pas nécessairement son intention d'accepter la qualité d'héritier.

De même, s'il était obligé avec le défunt, mais non pas solidairement, et s'il acquitte, de ses propres deniers, ou la portion entière dont il est personnellement tenu dans la dette commune, ou une moindre part qu'il déclare imputer sur ce qu'il doit personnellement, il ne fait pas acte d'héritier, puisqu'il n'acquitte que sa propre dette et non pas celle de la succession.

Mais s'il acquitte, même de ses propres deniers, la totalité de ce qui était dû, sans solidarité par lui et par le défunt, il fait acte d'héritier, puisqu'il acquitte la dette de la succession, à moins qu'il ne paye *custodiæ causâ*, comme je vais bientôt l'expliquer.

2° Si, en acquittant, de ses propres deniers, une dette de la succession, il s'est fait expressément subroger aux droits du créancier, il n'a pas fait acte d'héritier : car la subrogation qu'il s'est fait consentir, annonce clairement qu'il n'a pas entendu libérer la succession, mais que seulement il a voulu acquérir une créance contre l'hérédité. Il n'a pas acquitté la dette, puisqu'elle se trouve toujours à la charge de la succession, et il a pu en devenir le créancier, sans avoir l'intention d'être héritier.

3º L'héritier qui est appelé à succéder *ab intestat*, et qui se trouve en même temps, héritier institué à titre universel, ou à titre particulier, soit par un acte entre-vifs, soit par un testament, *à titre de préciput*, ne fait pas acte d'héritier *ab intestat*, en payant, de ses propres deniers, *la portion virile* dont il est tenu, comme institué, dans les dettes ou les charges de la succession, ou ce qu'il a été spécialement chargé, par le titre d'institution, de payer à des tiers.

Puisqu'il a, pour faire le paiement, une autre qualité que celle d'héritier *ab intestat*, puisqu'il acquitte ce qu'il doit en qualité d'institué, on ne peut pas dire, d'après la disposition de l'art. 778 du Code civil, qu'il ait fait une acceptation tacite de la succession *ab intestat*.

Vainement on opposerait que, dans l'acte qui constate le paiement, il n'a pas pris la qualité d'héritier institué : nous avons déjà prouvé, au nº 8, que cela n'est pas nécessaire.

Vainement encore on opposerait à l'héritier institué par testament, qu'il a fait le paiement, avant d'avoir demandé ou obtenu la délivrance des choses qui lui ont été léguées, et que, n'ayant pas la saisine légale des biens, il n'a aucune qualité pour acquitter les dettes de la succession.

Mais, quoique l'héritier institué par testament n'ait ni demandé ni obtenu la délivrance des choses qui lui ont été léguées, il n'en est pas moins propriétaire, dès l'instant même du décès du testateur, de tout ce qui a été légué (art. 1014); il est donc aussi débiteur de toutes les charges, à compter du décès, et conséquemment il peut les acquitter, quoiqu'il n'ait pas encore obtenu la possession des biens.

4° Lorsqu'il y a des poursuites exercées par un créancier de la succession, l'héritier présomptif peut, sans faire acte d'héritier, acquitter la dette, en payant de ses propres deniers; mais il faut qu'il déclare expressément, ou dans un procès-verbal, ou dans un autre acte authentique, qu'il n'entend pas agir comme héritier, et qu'il ne paye que pour arrêter les poursuites. Dans ce cas, il est censé n'avoir agi que dans les intérêts de la succession, pour en conserver les biens, et seulement *animo gerendi negocia hæreditatis.* (*Voyez*, au surplus, les observations sur l'art. 779.)

5.° Par les mêmes motifs, il faut également décider qu'il ne fait pas acte d'héritier, lorsqu'il paye, de ses propres deniers, le prix échu d'une vente qui avait été consentie au défunt, et qu'il déclare faire ce paiement, non pas en qualité d'héritier, mais pour prévenir la demande en révocation, dans les cas prévus par les art. 1654, 1655 et 1656 du Code civil.

Il en est encore de même, lorsqu'il paye, de ses propres deniers, les arrérages échus d'une rente constituée en perpétuel, avec déclaration que c'est uniquement pour prévenir la demande qui pourrait être formée en remboursement du capital, suivant l'art. 1912.

6° Si l'héritier présomptif acquitte, de ses propres deniers, et par honneur pour la mémoire du défunt, ou des dettes qu'on appelle *criardes*, ou des legs modiques faits à des domestiques, à titre de récompense, ou des legs qui ont pour objets de faire prier Dieu pour le défunt, il peut être considéré comme ayant agi plutôt *pietatis causâ*, qu'en qualité d'héritier.

Mais il faut qu'il déclare expressément, en faisant ces paiemens, qu'il n'entend pas faire acte d'adition d'hérédité. Sans cette déclaration, les tribunaux pourraient juger qu'il n'a payé qu'avec l'intention d'être héritier.

La loi 20. §. 1 , *ff. de acq. vel omitt. hœr.* , exigeait cette déclaration : *Et ideò solent testari liberi, qui de necessari existunt, non animo hœredis se genere quœ gerunt, sed aut pietatis aut custodiœ causâ...... Enim verò si pietatis causâ id fecit, non videtur pro hœrede gessisse.*

7° L'héritier présomptif ne fait pas acte d'héritier, en faisant enterrer le défunt, et en payant de ses deniers les frais funéraires. C'est un devoir pieux qu'il remplit, et en conséquence il est toujours considéré comme n'ayant agi que *pietatis causâ*, quoiqu'il n'en ait pas fait la déclaration expresse. La loi 14, §. 8. *ff. de relig. et sumpt. funerum*, dispensait de cette déclaration.

8° Dans tous les cas où l'héritier présomptif n'agit pas, *aut pro pietatis aut pro custodiœ causâ*, ou bien *pro suo*, c'est-à-dire, avec une autre qualité que celle d'héritier, s'il acquitte, quoiqu'avec ses propres deniers, des dettes ou des legs, ou d'autres charges de la succession, il fait acte d'héritier.

Il est évident, dit Pothier, qu'un tel fait suppose en lui la volonté d'être héritier : car ne pouvant être tenu des dettes ou des charges, qu'en qualité d'héritier, il manifeste clairement, en les acquittant, qu'il veut être héritier.

On pouvait induire des termes de la loi 2, au Code, *de jur. délib.*, et de la loi 8, au Code, *de inoff., test,* que l'héritier présomptif ne faisait acte d'héritier, en payant une dette, que lorsqu'il en payait la portion *juste* dont il devait être tenu, à raison de la part héréditaire qu'il devait avoir dans les biens, par l'événement du partage à faire entre lui et ses cohéritiers : on supposait que, dans ce cas, il avait l'intention de se libérer personnellement, comme héritier.

Mais, qu'il payât plus ou moins que sa portion juste, n'avait il pas l'intention de libérer la succession, et cette intention ne supposait-elle pas sa volonté d'être héritier, s'il n'était pas tenu de la dette, dans une autre qualité que celle d'héritier ?

Aussi l'on voit dans les anciens auteurs, et notamment dans Domat, liv. 1, tit. 3, sect. 1, que la distinction n'était pas suivie.

La coutume du Bourbonnais, art. 325, disait d'une manière générale : « Quand aucun, habile à succéder, paye créanciers, légats, ou fait autre acte d'héritier, il est réputé héritier et ne peut plus répudier. »

C'était là le droit commun dans les pays coutumiers : on n'y admettait, et l'on ne doit admettre encore sous le Code civil, d'autres exceptions que celles qui ont été précédemment établies, et qui se réduisent aux cas où l'héritier présomptif a payé, *aut pro pietatis aut pro custodiæ causâ*, ou qu'il a payé *pro suo*, c'est-à-dire, lorsqu'il avait, pour payer, une autre qualité que celle d'héritier.

20. L'héritier présomptif qui paye, *avec des deniers de la succession*, une dette, ou un legs, ou une autre charge quelconque de l'hérédité, fait évidemment acte d'héritier : car il dispose des biens de la succession ; il en dispose en maître, et il ne peut en disposer qu'en qualité d'héritier, qu'avec la volonté d'être héritier. Ainsi le décidaient la loi *cùm dubium* 2, *Cod. de jur. delib.*, et la loi 8, *Cod. de inoff. testam.*

Lorsqu'il y a des poursuites exercées par des créanciers de la succession, l'héritier présomptif doit se faire autoriser par la justice, ou à acquitter les dettes avec les deniers qui se trouvent dans l'hérédité, ou à vendre du mobilier, s'il n'y a pas de deniers suffisans.

21. L'héritier présomptif fait-il acte d'héritier, lorsqu'il continue une société qui existait entre lui et le défunt ?

Suivant la loi 42, §. 1, *ff. de acq. vel omitt. hær.*, l'héritier présomptif était censé avoir fait acte d'héritier, lorsqu'il avait continué une chose commencée en société avec le défunt : il en était autrement si, après la mort, il avait commencé une nouvelle opération indépendante de la première : *Si in societatem quam vivo patre inchoaverit, filius post mortem patris perseveraverit, Julianus rectè distinguit, interesse utrùm rem captam sub patre perfecit, an novam inchoavit; nam si quid novum in societatem inchoavit, non videri mis-cuisse hœreditati patris, scripsit.*

Cette règle cependant ne pourrait être admise aujourd'hui sans exception, sur-tout à l'égard des sociétés de commerce. Par exemple, si une opération commencée avant le décès de l'un des associés, était indivisible dans son exécution, ou si elle était de nature à ne pouvoir être interrompue à l'égard des tiers avec lesquels la société aurait contracté, ou enfin s'il était de l'intérêt commun qu'elle fût terminée, l'associé survivant pourrait, sans faire acte d'héritier de l'associé prédécédé, suivre et terminer l'opération commencée, pourvu d'ailleurs qu'en continuant cette opération il ne fît rien qui sortît des bornes d'une administration provisoire.

22. On verra, sur l'art. 792, que l'héritier présomptif qui divertit ou qui recèle des effets qu'il sait être dépendans de la succession, fait acte d'héritier, et qu'en conséquence la renonciation qu'il aurait faite postérieurement, pourrait être annullée, à la requête des parties intéressées.

23. Celui qui forme l'action en indignité contre l'héritier présomptif, fait acte d'héritier; car cette action a pour objet, non pas seulement de faire exclure de la succession l'héritier présomptif qui s'en est rendu indigne, mais encore de faire attribuer la succession à celui qui provoque l'indi-

gnité: aussi ne peut-elle être exercée que par les parens qui se trouvent appelés à succéder, après celui qui s'est rendu indigne; et dès-lors il est évident que les parens appelés à remplacer l'indigne, font acte d'héritier, en exerçant l'action en indignité, puisqu'ils font un acte qui suppose nécessairement leur intention de recueillir la succession, et qu'ils n'ont droit de faire qu'en qualité d'héritier.

24. L'ascendant fait aussi acte d'héritier, lorsqu'il réclame les choses qu'il avait données à son descendant, qui est décédé sans postérité; car il ne peut les réclamer qu'à titre successif, qu'en qualité d'héritier, ainsi que le décide expressément l'art. 747; et en les réclamant, il manifeste évidemment son intention d'être héritier.

25. Les héritiers présomptifs d'un absent ont-ils fait acte d'héritier, lorsqu'ils ont demandé et obtenu l'envoi en possession de ses biens? Peuvent-ils ensuite renoncer à sa succession, lorsqu'elle est ouverte, ou considérée comme étant ouverte?

Il faut distinguer l'envoi en possession *provisoire*, et l'envoi en possession *définitif*.

Aux termes des art. 125, 126 et 128, l'envoi en possession provisoire des biens d'un absent, n'est qu'un simple dépôt, qui ne confère à ceux qui l'obtiennent, que le droit d'administrer les biens, à la charge de faire inventaire et de rendre compte; les héritiers présomptifs peuvent donc en faire la demande, sans faire acte d'héritier, puisqu'ils ne demandent qu'une simple administration; et conséquemment, lorsqu'il est constaté, dans la suite, que l'absent est décédé, ils peuvent renoncer à sa succession.

Mais, il n'en est plus de même à l'égard des héritiers présomptifs qui ont demandé et obtenu l'envoi en possession définitif. Cet envoi n'est pas borné à une simple administration des biens; il en confère la pleine propriété, suivant les art. 129 et 132; il donne le droit d'en provoquer le partage, de les aliéner, et d'en disposer en maître, comme d'une succession dont l'ouverture serait constatée.

26. L'héritier présomptif ne fait pas acte d'héritier, lorsqu'il donne une procuration, non pas seulement pour accepter, mais pour accepter ou répudier, en son nom, une succession qui lui est échue.

Il est évident, en effet, que la procuration qu'il donne, ne suppose pas nécessairement son intention d'accepter, puisqu'elle contient le pouvoir de renoncer, comme celui d'accepter, et que pouvant se terminer par la renonciation, comme par l'acceptation, elle ne peut pas plus être interprétée en faveur de l'une, qu'en faveur de l'autre.

L'héritier présomptif ne donne ordinairement une telle procuration, que lorsqu'il n'est pas sur les lieux où se trouvent le siége et les biens de la succession, que lorsqu'il n'est pas en état de vérifier lui-même si la succession est bonne ou mauvaise. La faculté qu'il laisse à un tiers d'accepter ou de renoncer, prouve clairement qu'il n'est pas encore décidé à faire l'un plutôt que l'autre : elle prouve qu'il n'a d'autre intention que de confier à un mandataire le soin de prendre tous les renseignemens nécessaires sur l'état de la succession, et de faire ensuite pour lui, d'après ces renseignemens, l'option qu'il pourrait faire lui-même, s'il était mieux instruit des affaires de l'hérédité.

On ne peut pas dire qu'il ait fait son option, en donnant à un autre le droit de la faire pour lui ; il n'existe donc pas d'option consommée, tant qu'elle n'a pas été faite par le mandataire, et jusque-là l'héritier présomptif doit être considéré comme délibérant toujours, et prenant, soit par lui-même, soit par son mandataire, les renseignemens dont il a besoin pour consommer son choix.

Il en résulte encore que si, avant qu'il ait été fait usage de sa procuration, il la révoque et la fait cesser, ainsi que l'art. 2003 lui en donne le droit, il n'y a aucun acte d'acceptation, qui l'oblige, puisqu'il n'en a été fait aucun, ni par lui personnellement, ni par son mandataire, avant la révocation du mandat.

27. Mais l'héritier présomptif ne fait-il pas acte d'héritier, lorsque dans une procuration, bien

qu'il n'y prenne pas le titre ou la qualité d'héritier, il donne pouvoir, ou d'accepter pour lui la succession qui lui est échue, ou de faire certains actes qu'il n'aurait droit de faire lui-même qu'en qualité d'héritier définitif, comme, par exemple, de provoquer partage, ou d'exiger le paiement des dettes de la succession? Doit-il rester irrévocablement héritier, quoiqu'il révoque sa procuration, avant qu'il en ait été fait aucun usage?

Il faut distinguer les différens pouvoirs que peut contenir la procuration.

Si l'héritier présomptif n'a donné d'autre pouvoir, que celui d'accepter la succession à laquelle il est appelé, il n'a fait que manifester son intention d'être héritier; mais il n'a pas fait un acte qu'il n'avait droit de faire qu'en qualité d'héritier définitif.

Il n'y avait pas besoin d'autre qualité, que de celle d'héritier présomptif, pour donner le pouvoir d'accepter, en son nom, la succession qui lui était échue. Ce n'était même qu'en qualité d'héritier présomptif, et non pas en qualité d'héritier définitif, qu'il pouvait donner ce pouvoir : car s'il avait été héritier définitif, il aurait déjà accepté, puisqu'on ne devient héritier définitif que par l'acceptation ; et s'il avait déjà accepté, le pouvoir d'accepter aurait été sans objet. On ne donne pas à un tiers le pouvoir de faire pour soi, ce qu'on a déjà fait soi-même.

Il est donc évident que le pouvoir d'accepter une succession, n'étant qu'un acte d'héritier présomptif, ne suffit pas pour constituer une acceptation de l'hérédité, et qu'il n'y a d'acceptation réelle, que lorsque le pouvoir a été exécuté, c'est-à-dire, lorsque le mandataire a fait pour le mandant un acte d'héritier; d'où il suit que, si l'héritier présomptif révoque sa procuration, avant qu'il en ait été fait usage, il ne doit pas être réputé héritier, et qu'il peut encore renoncer à la succession.

Mais si l'héritier présomptif avait donné, dans sa procuration, le pouvoir *spécial* de faire certains actes relatifs à la succession, qu'il n'aurait droit de faire lui-même qu'en qualité d'héritier définitif, il aurait fait, par cela seul, acte d'héritier, et il ne pourrait en conséquence le révoquer, quoiqu'il révoquât la procuration, avant qu'il eût été fait usage du pouvoir.

Et, en effet, puisqu'il n'aurait pu faire lui-même qu'en qualité d'héritier définitif les actes qu'il a donné le pouvoir de faire pour lui, il est incontestable qu'il n'a pu qu'en qualité d'héritier définitif donner le pouvoir de les faire en son nom. On ne peut donner le pouvoir de faire une chose, que dans la même qualité en vertu de laquelle on pourrait la faire soi-même.

La différence qui existe entre ce cas et le cas précédent, est sensible.

Lorsque l'héritier présomptif ne donne que le pouvoir d'accepter la succession qui lui est échue, il n'agit encore que comme héritier présomptif, puisque, s'il entendait agir comme un héritier définitif, c'est-à-dire, comme un héritier qui a déjà accepté, il impliquerait qu'il donnât un pouvoir d'accepter : il témoigne bien son intention d'accepter ; mais il n'accepte pas encore *de fait*, puisqu'il donne seulement le pouvoir de faire l'acceptation.

Mais lorsque l'héritier présomptif donne un pouvoir spécial de faire certains actes qu'il n'aurait droit de faire lui-même qu'en qualité d'héritier définitif, il agit réellement dans cette qualité, puisque ce n'est qu'en cette qualité qu'il a le droit de conférer le pouvoir. Il accepte à l'instant même la succession, puisqu'à l'instant même il use des droits que lui donne la qualité d'héritier définitif : il accepte *de fait*, puisqu'il donne le pouvoir de faire pour lui, ce qui ne peut être fait que par un héritier définitif, puisqu'il confère un pouvoir qui ne peut être donné que par un héritier qui a accepté.

Peu importe que, dans la procuration, on ne lui ait pas donné la qualité pure et simple d'héritier. Il a pris réellement cette qualité, il l'a prise nécessairement, en donnant le pouvoir de faire ce qu'il ne pouvait faire lui-même qu'en qualité d'héritier définitif. Quoiqu'elle ne soit pas textuellement exprimée dans la procuration, elle n'en doit pas moins être réputée écrite, parce qu'elle résulte nécessairement de la nature et l'objet de l'acte, parce que l'acte ne peut avoir été fait qu'en cette qualité.

Ainsi, lorsqu'un héritier, appelé par la loi, donne procuration, ou de vendre un bien de la succession, ou de provoquer le partage contre ses cohéritiers, ou de poursuivre les débiteurs, il est évident qu'il agit et qu'il ne peut agir qu'en qualité d'héritier définitif, il est évident qu'il a accepté la qualité d'héritier, puisque ce n'est qu'en cette qualité qu'il peut, ou disposer lui-même, ou donner le pouvoir et le droit de disposer, en son nom, des choses qui dépendent de la succession.

Il ne peut donc ensuite, quoiqu'il révoque sa procuration, révoquer la qualité d'héritier qu'il a prise volontairement, parce que cette qualité, lorsqu'elle a été acceptée, est irrévocable.

Par la révocation de la procuration, les pouvoirs donnés au mandataire sont bien annulés mais la qualité d'héritier subsiste, parce qu'elle est indépendante du mandat.'

28. Lorsque, dans un acte relatif à la succession, l'héritier présomptif fait une déclaration ou protestation qu'il n'entend pas se porter héritier, cette déclaration ou protestation doit-elle suffire, dans tous les cas, pour que l'acte qui a été fait,

ne doive pas être considéré comme un acte
d'héritier ?

Si l'acte est nécessairement, par sa nature, un
acte d'héritier, si l'héritier présomptif n'a pu le
faire que comme propriétaire et maître de la succession, s'il n'a pu le faire qu'avec l'intention
d'être héritier, il est bien évident que la protestation contraire ne doit produire aucun effet.

Pothier, dans son *Traité des Successions*,
chap. 3, art. 1, §. 1, pose d'abord en principe,
que l'héritier qui se met en possession, comme
de chose à lui appartenante, d'héritages ou d'effets
qu'il sait être dépendans de la succession, ou qui
les vend, ou qui les donne, fait acte d'héritier :
car tous ces faits supposent qu'il se répute propriétaire, et par conséquent héritier du défunt,
puisqu'il ne peut se réputer propriétaire des choses qu'il sait dépendre de la succession, qu'en
se réputant héritier.

De suite, Pothier ajoute : « Cette décision a
lieu, quand même tels actes seraient accompa-
gnés de protestations qu'il n'entend pas par là
être héritier : *car ces protestations sont démenties
par la nature de l'acte qu'il fait.* Il ne peut pas,
quelque protestation qu'il fasse qu'il n'est pas héritier, agir en maître absolu des biens de la succession, vendre les héritages, abattre les bâtimens pour les changer de forme, abattre des

futaies, *où ce qu'il fait, est plus fort et l'em-*
*porte sur ce qu'il dit.* »

Lebrun disait aussi, dans son *Traité des Suc-*
*cessions*, liv. 3, chap. 8, sect. 2, que, si un héritier présomptif s'ingérait volontairement de payer
les dettes, ou d'acquitter les legs, il ne laisserait
pas, malgré sa protestation, d'être tenu envers les
créanciers de la succession, parce que la protestation étant contraire à la substance de l'acte,
doit passer pour non écrite, puisqu'elle ne peut
pas détruire un acte, dont il faudrait auparavant
qu'elle tirât toute sa force et vertu.

Il est certain, en effet, qu'on se ferait un jeu
des protestations, et qu'on pourrait faire impunément des actes d'héritier, sans s'obliger comme
héritier, s'il suffisait de déclarer, ou de protester, qu'on n'entend pas agir comme héritier,
qu'on n'entend pas faire acte d'acceptation, lorsqu'on ferait cependant des actes que réellement
on ne pourrait faire qu'en qualité d'héritier, et
qui, par leur nature et leur objet, manifesteraient
nécessairement la volonté d'accepter la succession. C'est bien ici le cas d'appliquer la règle de
droit : *contrà actum protestatio non valet.*

Les protestations ou déclarations qu'on n'entend pas être héritier, ne peuvent donc être utiles qu'à l'égard des actes qui sont relatifs, non
à la propriété des biens de l'hérédité, mais seulement à l'administration, qui peuvent être ou

n'être pas des actes d'héritier, suivant l'intention
qu'on a eue en les faisant, à l'égard desquels
l'intention de l'héritier présomptif pourrait être
douteuse, selon les circonstances.

Ainsi, par exemple, lorsque l'héritier présomptif fait à des bâtimens dépendant de la succession, de grosses réparations qui sont nécessaires et urgentes, lorsqu'il paye, de ses propres
deniers, des dettes de la succession, pour arrêter
des poursuites ruineuses, il doit prendre la précaution de constater, par des déclarations précises, qu'il n'entend pas se porter héritier, que
ce n'est point en qualité de propriétaire et de
maître qu'il fait ces actes, mais seulement comme
administrateur, seulement dans les intérêts de la
succession, *custodiæ causâ*. S'il ne prenait pas
cette précaution, il pourrait être jugé, d'après les
circonstances, que ces actes, qui, en général,
n'appartiennent qu'au propriétaire, et qui peuvent sortir des bornes d'une surveillance et d'une
administration provisoires, sont de véritables
actes d'héritier.

Suivant Lebrun, *loco citato*, la protestation
doit être faite avant l'acte, ou dans l'acte même,
ou incontinent après et sans aucun intervalle de
temps. Si elle n'était faite que postérieurement,
elle n'annoncerait plus avec certitude quelle a été
l'intention, au moment de l'acte.

# ARTICLE 779.

Les actes purement conservatoires, de surveillance et d'administration provisoire, ne sont pas des actes d'adition d'hérédité, si l'on n'a pas pris le titre ou la qualité d'héritier.

1. Si l'héritier présomptif n'avait pas le droit d'administrer la succession, pendant le délai qui lui est accordé pour faire inventaire et pour délibérer, les biens resteraient à l'abandon, ou il faudrait établir un administration *par interim*. C'est pour la conservation des biens et pour éviter les frais et les inconvéniens d'une administration étrangère, c'est dans l'intérêt de tous ceux qui peuvent avoir des droits sur la succession, soit comme légataires, soit comme héritiers, soit comme créanciers, qu'il a été permis, dans tous les temps, à l'héritier présomptif, qui déjà est saisi par la loi, de faire les actes purement conservatoires, de surveillance et d'administration provisoires, sans qu'on puisse induire contre lui de ces actes une acceptation tacite de la succession. *Si quid custodiœ causâ fecit, apparet non videri pro hœrede gessisse.* Loi 20, *ff. de acq. hœred.*

2. Ainsi, l'héritier présomptif peut prendre les

clefs de la maison, et même l'habiter, pour veiller à la conservation de ce qui s'y trouve.

Il peut faire des saisies-arrêt sur les débiteurs de la succession, prendre des inscriptions hypothécaires, former demandes en interruption de prescription, arrêter les dégradations qui se commettent sur les biens, s'opposer au déménagement des locataires qui n'ont pas payé les loyers, faire les réparations qui sont indispensables et urgentes, et généralement tout ce qui peut être nécessaire pour la conservation et l'entretien des biens de l'hérédité, tout ce qui ne tient qu'à la surveillance et à l'administration provisoire.

3. Mais s'il se permettait, sous prétexte de cette administration, d'autres actes qu'un administrateur étranger, n'aurait pas le droit de faire, ou qui n'appartiendraient réellement qu'au propriétaire, il serait réputé avoir agi comme héritier.

Ainsi, par exemple, quoiqu'il fût nécessaire de vendre des meubles de la succession, pour en empêcher la détérioration ou la perte, l'héritier présomptif ne pourrait le vendre, ni les faire vendre, sans y avoir été préalablement autorisé par justice, conformément à l'art. 796 du Code civil.

Il ne pourrait, sans faire acte d'héritier, ni traiter sur des affaires de la succession, ni contraindre les débiteurs à payer ni à recevoir ce qui est dû, ni acquitter les legs, ni payer les dettes, sur les deniers de l'hérédité.

4. Lorsque l'héritier présomptif craint de se compromettre, en faisant un acte qu'il croit nécessaire et urgent pour la conservation des biens, mais que l'on pourrait prétendre n'être pas un acte de simple administration provisoire, il peut s'y faire autoriser par la justice, pour se mettre à l'abri de toute recherche, et je crois qu'il est prudent de prendre cette précaution, lorsqu'il s'agit de consentir des baux à ferme ou à loyer, ou de renouveler des baux qui expirent.

5. L'héritier présomptif pourrait encore expliquer son intention dans l'acte, et protester qu'il n'entend pas le faire en qualité d'héritier, mais seulement comme administrateur.

Par exemple, s'il acquittait, *de ses propres deniers*, une dette de la succession, dont le paiement serait poursuivi, et qu'il déclarât ne payer que pour arrêter les poursuites, que pour empêcher de nouveaux frais, il devrait être considéré comme n'ayant agi que *custodiæ causâ et animo gerendi negotia hæreditatis*.

Mais déjà l'on a vu dans le dernier numéro des observations sur l'article précédent, que, s'il faisait des actes tels qu'évidemment ils sortissent des bornes d'une simple administration, toutes ses protestations seraient inutiles et nulles, parce qu'elles seraient démenties par la nature même des actes; il n'en serait pas moins considéré comme ayant agi en qualité d'héritier.

## ARTICLE 780.

La donation, vente ou transport que fait de ses droits successifs un des cohéritiers, soit à un étranger, soit à tous ses cohéritiers, soit à quelques-uns d'eux, emporte de sa part acceptation de la succession.

Il en est de même, 1° de la renonciation, même gratuite, que fait un des héritiers au profit d'un ou de plusieurs de ses cohéritiers;

2° De la renonciation qu'il fait, même au profit de tous ses cohéritiers indistinctement, lorsqu'il reçoit le prix de sa renonciation.

1. Il est incontestable que celui qui, par un titre quelconque translatif de propriété, *dispose* des biens d'une succession, en totalité, ou en partie, fait acte d'héritier, puisqu'il ne peut disposer que des choses dont il est propriétaire, et qu'il ne peut être propriétaire des biens de la succession, s'il n'est pas héritier.

C'est donc accepter réellement une succession, que de consentir donation, vente ou transport de ses droits successifs.

Peu importe que la disposition soit faite, ou en faveur d'un étranger, ou de tous les cohéritiers, ou de quelques-uns d'eux seulement. Ce n'est pas la personne de l'acquéreur qu'il faut considérer, c'est uniquement le fait du vendeur. Il suffit qu'il y ait eu une disposition quelconque de la succession, pour que celui qui a disposé, ait fait acte de propriétaire et conséquemment acte d'héritier.

Peu importe encore que la disposition ait été faite *à titre gratuit*. Celui qui donne, ne fait pas moins acte de propriétaire, que celui qui vend.

Et qu'on ne dise pas qu'au moins la *donation* que fait de ses droits successifs un des héritiers *à tous ses cohéritiers*, n'aurait pas dû être considérée comme un acte d'adition d'hérédite, parce qu'elle n'est, dans la réalité, qu'une renonciation pure et simple, et qu'elle ne produit pas d'autres effets. Mais cette donation n'est-elle donc pas sujette au retranchement, s'il y a lieu, pour la légitime des enfans du donateur? Ne donne-t-elle pas au donateur le droit de réclamer des alimens contre les donataires? N'est-elle pas encore sujette à la révocation, soit pour cause d'ingratitude, soit par survenance d'enfans? Elle confère donc ou peut conférer des droits, soit au donateur, soit à ses enfans, et conséquemment on ne peut l'assimiler à une renonciation pure et simple.

2. Les motifs énoncés dans le numéro précé-

dent; s'appliquent également au cas où l'un des héritiers présomptifs a renoncé, même gratuitement, *mais seulement en faveur d'un ou de plusieurs de ses cohéritiers.*

Il est évident, en effet, qu'en ne renonçant qu'au profit d'un ou de plusieurs de ses cohéritiers, *et non pas au profit de tous*, c'est un véritable don qu'il veut faire à ceux au profit desquels il renonce, de sa part dans la succession, et l'on a vu qu'il ne peut donner aucun bien de la succession, sans être héritier.

S'il avait renoncé purement et simplement, sa part aurait appartenu à tous ses cohéritiers, d'après l'art. 785; il veut donc en priver ceux au profit desquels il ne renonce pas; il veut accroître la portion des autres au profit desquels il renonce et conséquemment il dispose.

S'il ne voulait pas être héritier, il devait demeurer étranger à tout ce qui concerne la succession, et renoncer purement et simplement mais lorsqu'il restreint sa renonciation; de manière à ce que tous les cohéritiers n'en profitent pas également, il se mêle de la succession, puisqu'il en retranche ce qu'il donne aux uns, pour en priver les autres.

Il est aisé, d'ailleurs, de prévoir que ces renonciations seraient presque toujours achetées par ceux au profit de qui elles seraient faites, et qu'ainsi ce serait un moyen frauduleux de vendre sa part dans une succession, sans être héritier, ce qui n'est pas tolérable.

3. Une renonciation faite au profit de tous ses cohéritiers indistinctement, *mais moyennant un certain prix*, est une véritable vente de ses droits successifs; c'est une disposition et conséquemment un acte d'héritier.

Il répugne qu'on puisse vendre ses droits dans une succession à laquelle on est appelé par la loi, qu'on puisse en retirer un prix, et cependant n'être pas héritier.

Quand on ne veut pas être héritier, on ne doit rien prendre dans la succession, on ne doit en retirer aucun profit, on ne doit disposer, d'aucune manière, des biens qui en dépendent. Il faut, ou accepter, ou répudier franchement.

## ARTICLE 781.

Lorsque celui à qui une succession est échue, est décédé sans l'avoir répudiée, ou sans l'avoir acceptée expressément ou tacitement, ses héritiers peuvent l'accepter ou la répudier de son chef.

1. Lorsqu'un héritier a recueilli une succession et qu'ensuite il meurt, il est sans difficulté

qu'il transmet, c'est-à-dire, fait passer cette succession à ses propres héritiers, de même que ses autres biens avec lesquels elle s'est confondue par l'adition qu'il en a faite.

Mais s'il était mort, avant d'avoir accepté ou répudié la succession, la transmettrait-il également à ses héritiers ?

Dès le moment où la succession s'est ouverte, l'héritier en a été saisi par la disposition de la loi, et sans qu'il ait été besoin d'aucun acte de sa volonté ; il en a été saisi, avec le droit d'accepter ou de répudier. Lors donc qu'il meurt, avant d'avoir consommé son choix, il meurt saisi et de la succession et du droit d'accepter ou de répudier, et conséquemment il les transmet à ses héritiers.

Ses héritiers sont donc saisis de la succession, comme il l'était lui-même ; comme lui, ils ont le droit de l'accepter ou de la répudier.

Aussi, c'était un principe généralement reçu en France, même en pays de droit écrit, que la règle, *le mort saisit le vif*, conférait à l'héritier appelé par la loi, un droit tellement certain, qu'encore bien qu'il vînt à mourir avant d'avoir exercé ce droit, et même avant de l'avoir connu, il le transmettait à ses propres héritiers, avec la faculté qu'il avait lui-même de l'accepter ou de le répudier.

Ce principe a été maintenu par l'art. 781 du Code civil.

2. Mais il faut remarquer que les héritiers de celui à qui était échue la succession, et qui est mort, avant de l'avoir acceptée ou répudiée, ne peuvent l'accepter à sa place, qu'autant qu'ils acceptent sa propre succession ; car s'ils renoncent à sa succession, ils ne sont plus ses héritiers, et conséquemment, en ce cas, la disposition de l'art. 781, qui porte que *ses héritiers* peuvent accepter ou répudier, *de son chef*, la succession qui lui était échue avant sa mort, ne peut leur être appliquée.

3. Toutefois, comme la succession qui était échue à celui qui est mort, sans l'avoir acceptée, ne s'était pas encore confondue avec ses propres biens, ses héritiers peuvent accepter sa succession, sans accepter celle qui lui était échue ; comme à lui, l'art. 781 leur confère le droit de la répudier.

## ARTICLE 782.

Si ces héritiers ne sont pas d'accord pour accepter ou pour répudier la succession, elle doit être acceptée sous bénéfice d'inventaire.

1. Lorsque l'héritier légitime est décédé, avant d'avoir accepté ou répudié la succession qui lui

etait échue, il pourrait être plus avantageux à quelques-uns de ses propres héritiers, qu'il eût accepté, et aux autres, qu'il eût renoncé.

Il pourait être dans l'intention des uns d'accepter, et dans l'intention des autres de répudier.

Ils pourraient encore varier sur l'acceptation pure et simple, ou sur l'acceptation par bénéfice d'inventaire.

Dans le cas de ce conffit, l'ancienne jurisprudence ne permettait pas que les héritiers qui représentaient collectivement le défunt, agissent chacun diversement; mais elle se réglait sur le *quid utilius* du défunt, et forçait tous les héritiers, quels que fussent leurs intérêts divers, à prendre conjointement le parti qui eût été le plus avantageux à celui qu'ils représentaient.

L'art. 782 veut aussi que les héritiers, dans le cas prévu par l'article précédent, ne puissent pas agir diversement; mais il ne règle pas, comme l'ancienne jurisprudence, leurs droits respectifs par l'intérêt du défunt.

Il ordonne que, s'ils ne sont pas tous d'accord pour accepter ou pour répudier la succession échue à celui qu'ils représentent, cette succession sera acceptée par tous sous bénéfice d'inventaire.

Les uns ne peuvent donc accepter, et les autres renoncer.

Les uns ne peuvent accepter sous bénéfice d'inventaire, et les autres purement et simplement.

Il faut qu'ils se mettent tous d'accord, ou pour renoncer, ou pour accepter purement et simplement.

Si un seul d'entr'eux ne consent pas à prendre le même parti que les autres, alors la succession doit être nécessairement acceptée par tous, sous bénéfice d'inventaire.

Ce dernier moyen est plus simple et moins sujet à contestations, que celui qui avait été adopté par l'ancienne jurisprudence. Il pouvait y avoir, en effet, de longs débats pour savoir ce qui eût été le plus avantageux au défunt. On en trouve divers exemples dans le nouveau Denizart, *verbo aditi on*, §. 4, et surtout *verbo héritier*, §. 10.

On ne nuit d'ailleurs à aucun des héritiers, en les forçant tous à n'accepter que sous bénéfice d'inventaire, s'ils ne sont pas tous d'accord sur le parti à prendre.

2. Mais il est essentiel de faire observer que la disposition de l'art. 782 ne peut s'appliquer qu'aux héritiers de celui à qui la succession était échue, et qui est mort avant de l'avoir acceptée ou répudiée. Les mots qui commencent l'article, *Si ces héritiers*, prouvent évidemment qu'il ne se rapporte qu'au cas prévu par l'article précédent.

On verra bientôt qu'il n'en est pas de même à

l'égard de divers héritiers auxquels *personnellement* est échue une succession, et qu'ils ne sont pas tous obligés de prendre le même parti.

## ARTICLE 783.

Le majeur ne peut attaquer l'acceptation expresse ou tacite qu'il a faite d'une succession, que dans le cas où cette acceptation aurait été la suite d'un dol pratiqué envers lui; il ne peut jamais réclamer sous prétexte de lésion, excepté seulement dans le cas où la succession se trouverait absorbée ou diminuée de plus de moitié, par la découverte d'un testament inconnu au moment de l'acceptation.

1. Il faut remarquer d'abord que l'article ne parle qu'à l'égard du majeur, de la restitution contre l'acceptation.

En effet, l'héritier mineur ne peut accepter, ou l'on ne peut accepter pour lui valablement, que sous bénéfice d'inventaire, la succession qui lui est échue, et comme il ne peut être jamais lésé par cette acceptation, puisqu'elle ne l'oblige aux dettes que jusqu'à concurrence des biens, et que tous les actes qui tendraient à l'engager *ultrà*, seraient absolument nuls à son égard, il en résulte qu'il ne peut jamais avoir besoin du secours de la restitution contre l'acceptation qu'il a faite ou qui a été faite pour lui.

Mais l'héritier majeur peut accepter purement et simplement, parce qu'il a le droit de s'engager d'une manière indéfinie, et il peut être lésé par cette acceptation, puisqu'elle l'oblige à acquitter toutes les dettes et charges de la succession, même *ultrà vires ;* la voie de la restitution lui serait donc souvent très-utile.

En règle générale, l'acceptation faite par un héritier majeur, est irrévocable et lui imprime pour toujours la qualité d'héritier : *Qui semel hœres, semper hœres.*

Cependant l'art. 783 apporte à cette règle deux exceptions qu'il s'agit d'examiner.

2. La première exception est pour le cas où l'acceptation a été la suite d'un *dol* pratiqué envers l'héritier.

Il est, en effet, dans les principes de l'équité, que l'héritier soit admis à rétracter une acceptation qui lui a été surprise par dol. D'ailleurs, en ce cas, suivant l'art. 1109 du Code, il n'y a pas eu de consentement valable : or, suivant l'art. 1108, le consentement de la partie qui s'oblige, est une des conditions essentielles pour la validité de l'obligation.

3. Les mêmes motifs s'appliquent évidemment au cas où l'acceptation a été extorquée *par violence*, puisqu'en ce cas, comme dans le précédent, il n'y a pas de consentement valable. Peu importe donc que l'art. 783 n'ait pas énoncé ce cas particulièrement; il suffit qu'il n'ait pas dérogé à la règle établie par l'art. 1111, que la violence exercée contre celui qui a contracté l'obligation, est une cause de nullité.

Dans tous les temps, la violence, comme le dol, fut un moyen de faire rétracter et annuller les acceptations de successions. La loi 85, *ff. de acq vel omitt. hœr.*, en contenait une disposition formelle.

4. Le dol ne se présume point, il doit être prouvé, et c'est à celui qui s'en plaint à le prouver. Ainsi, dans l'espèce, l'héritier doit fournir la preuve que les manœuvres pratiquées contre lui pour l'induire en erreur et l'amener à accepter, ont été telles qu'il n'a pu découvrir la vérité, soit en examinant les papiers de la succession, soit en prenant tous les autres renseignemens qu'il lui était possible de recueillir.

Les tribunaux apprécieront les faits et les circonstances. A cet égard, on ne peut que s'en rapporter à leur sagesse. Il n'est pas possible d'établir des règles générales sur les caractères du dol, puisqu'il prend mille formes diverses qu'on ne saurait prévoir dans une loi.

Il en est de même à l'égard de la violence ; elle doit être également prouvée par l'héritier qui s'en plaint, et pour savoir dans quels cas elle peut faire.annuller l'acceptation, il faut consulter les art. 1111, 1112, 1113, 1114 et 1115 du Code civil.

5. Pour que le dol soit un moyen de faire rétracter l'acceptation, il faut qu'il ait été pratiqué par des créanciers de la succession, ou par des légataires du défunt; car ce n'est qu'à leur égard que l'héritier contracte et s'oblige, en acceptant la succession, et l'art. 1116 dit expressément que, pour que le dol soit une cause de nullité de la convention, il faut que les manœuvres aient été pratiquées *par l'une des parties.*

Il en résulte que, si le dol avait été pratiqué par toute autre personne, l'héritier ne pourrait faire rétracter son acceptation, ni à l'égard des créanciers, ni à l'égard des légataires, puisqu'il n'aurait été trompé par aucune des parties envers lesquelles il se serait obligé, en acceptant. Il n'aurait, en ce cas, qu'une simple action en dommages et intérêts contre l'auteur du dol.

Mais il n'est pas nécessaire que le dol ait été partiqué par tous les créanciers et légataires. Aux termes de l'art. 1116, il suffit que le dol ait été pratiqué par l'une des parties.

Et, en effet, quoiqu'il n'y ait eu de dol que de la part d'une seule des parties, ce n'en est pas moins ce dol qui a fait que l'héritier s'est obligé, envers tous les autres, et d'ailleurs son acceptation est indivisible.

Quant à la violence, il n'est pas nécessaire, pour qu'elle soit un moyen de faire rétracter l'acceptation, qu'elle ait été exercée par un créancier de la succession, ou par un légataire du défunt. L'art. 111, du Code civil dit expressément que la violence exercée contre celui qui a contracté l'obligation, est une cause de nullité, encore qu'elle ait été exercée par un tiers, *autre que celui au profit duquel la convention a été faite.*

6. La seconde exception admise par l'art. 783, à la règle de l'irrévocabilité de l'acceptation, n'est pas moins équitable que la première. Lorsque, postérieurement à l'acceptation, on découvre un testament fait par le défunt, qui absorbe ou diminue de moitié la valeur de la succession, n'est-il pas évident encore que l'héritier a été induit en erreur; et sans avoir eu de moyen pour la reconnaître, sur-tout, lorsque le testament est olographe?

Mais il est important de remarquer que cette seconde exception est soumise à deux conditions dont la réunion est nécessaire.

Il faut, 1° que le testament absorbe entièrement, ou au moins, diminue *de plus de moitié* la valeur de la succession. Le législateur n'a pas voulu qu'un legs moins considérable pût dégager l'héritier qui a accepté; ce n'est que dans le cas d'une lésion grave, d'une lésion d'outre-moitié, qu'il a voulu venir à son secours.

Il faut, 2° que le testament qui a été découvert, fût inconnu au moment de l'acceptation; car si son existence avait été alors connue, et lors même qu'on n'aurait pas su ce qu'il contenait, l'héritier se serait volontairement exposé à tous les risques, en acceptant. Pouvant prévoir que le testament absorberait plus que la moitié de la succession, il n'a pas été induit en erreur. S'il ne voulait pas renoncer, il pouvait n'accepter que sous bénéfice d'inventaire.

7. L'exception prononcée par l'art 783, pour le cas de la découverte d'un testament inconnu, n'est-elle pas applicable au cas où la succession se trouverait absorbée ou diminuée de plus de moité, par la découverte d'une *dette* inconnue au moment de l'acceptation ?

On peut dire pour l'affirmative, qu'il y a dans les deux cas mêmes motifs de raison et d'équité, pour faire admettre l'exception; qu'en effet dans l'un et l'autre cas, il y a eu même erreur, que la lésion serait la même, et qu'ainsi le même remède doit être employé pour empêcher la ruine d'un héritier qui était de bonne foi; qu'il ne faut donc pas s'attacher judaïquement aux termes de l'article, mais qu'il faut les interpréter équitablement, dans l'esprit du législateur, et d'après les motifs qui ont dirigé sa disposition.

Cette opinion, quelque raisonnable qu'elle paraisse, est formellement repoussée, soit par le texte, soit par l'esprit de la loi.

L'art. 783 dispose expressément que, hors le cas de dol, l'héritier majeur, qui a accepté expressément ou tacitement, ne peut réclamer *sous prétexte de lésion*, que dans le cas seulement où la succession se trouverait absorbée ou diminuée de plus de moitié, par la découverte d'un testament inconnu au moment de l'acceptation.

Or, ce ne serait que pour cause de lésion, que l'héritier pourrait réclamer contre son acceptation pure et simple, dans le cas où des dettes inconnues, au moment de cette acceptation, absorberaient entièrement ou diminueraient de plus de moitié la valeur de l'hérédité.

Mais l'exception résultante de la lésion, n'a été prononcée que pour le seul cas de la découverte d'un testament; et afin qu'il fût bien constant qu'elle n'était admise que pour ce seul cas, l'article a été rédigé dans les termes les plus prohibitifs et les plus absolus. « Le majeur... ne peut *jamais*, dit l'article, réclamer *sous prétexte de lésion, excepté* SEULEMENT dans le cas... de la découverte d'un testament. »

Il n'est donc pas permis d'étendre à un autre cas l'exception résultante de la lésion.

Il n'est donc pas permis de l'appliquer au cas où des créances, inconnues lors de l'acceptation, diminueraient de plus de moitié la valeur de la succession.

Ce cas reste donc dans la règle générale de l'irrévocabilité de l'acceptation.

Au surplus, la volonté du législateur à cet égard, n'est pas moins évidente et décisive que le texte même de l'article, et pour en être convaincu, il suffit de lire le procès-verbal de la discution au conseil d'état, sur le projet du Code civil, séance du 9 nivôse an 11, tome II, page 272.

On y voit qu'en effet il fut proposé par le conseiller d'état Réal, que l'héritier pût aussi revenir sur son acceptation, lorsqu'il apparaîtrait une créance qui n'aurait pas été connue au moment de l'acceptation et qui absorberait ou diminuerait de plus de moitié la succession.

« La créance, disait-il, produit, dans l'hypothèse, le même mal que le testament, et l'exception de *non-connaissance* est d'une application plus favorable et plus naturelle, lorsqu'il s'agit d'une créance, que d'un testament. Presque toujours, le testament se trouve dans les papiers que laisse le défunt, et s'il a été reçu par un notaire, c'est presque toujours par le notaire qui a sa confiance, qui conserve la minute des autres actes qu'il a passés, et qui est le plus souvent le notaire de son dernier domicile, et ce notaire sera presque toujours celui qui fera l'inventaire; ainsi il est présumable que le testament sera toujours ou presque toujours connu. Cependant on juge nécessaire de présenter une exception pour le cas où il serait inconnu. A plus forte raison, cette exception doit-elle être accordée à l'héritier, lorsqu'une créance ignorée absorbe une succession. Le créancier peut-être très-éloigné; il peut n'avoir d'autre titre qu'un titre privé, et en supposant le titre authentique, il peut avoir été reçu par un notaire qui demeure à cent lieues du dernier domicile de celui qui l'aura souscrit. Enfin le créancier qui voudra trouver dans la personne et la fortune personnelle de l'héritier, une nouvelle garantie, gardera un profond silence pendant plusieurs années. Le légataire n'a pas cet intérêt. Il faut donc faire pour la créance, au moins autant que l'on fait pour le testament. »

Il fut répondu par M. Tronchet, que la faveur réclamée par les créances, embarrasserait trop la marche des affaires et que le remède contre l'inconvénient dont il venait d'être parlé, était l'acceptation sous bénéfice d'inventaire.

D'après cette observation, la proposition faite par M. Réal, fut rejetée, et en conséquence l'article 783 fut maintenu, tel qu'il avait été présenté par la section de législation, tel qu'il se trouve consigné dans le Code, c'est-à-dire, avec la seule exception pour le testament.

La volonté formelle du législateur se réunit donc à la disposition textuelle, pour empêcher que l'exception soit étendue aux créances.

Ainsi, c'est un point démontré que l'*erreur* et la *lésion*, qui sont en général des vices résolutoires des contrats, n'ont été admises comme moyens de restitution, en matière d'adition d'hérédité, que pour le fait seul du testament qui était inconnu au moment de l'acceptation ; que *dans aucun autre cas*, elles ne peuvent être utilement invoquées, et qu'en conséquence, quelle que soit la lésion qu'éprouve l'héritier qui a accepté purement et simplement, quelle que soit l'étendue des dettes et des charges de la succession, et lors mêmes qu'elles n'auraient été ni pu être connues lors de l'acceptation, l'héritier n'est pas admis à se rétracter, et que son engagement envers les créanciers reste irrévocable. Comme l'a très-bien fait observer M. Tronchet, l'héritier avait le moyen de prévenir cet inconvénient et de se garantir contre toute erreur, contre toute lésion, en n'acceptant que sous bénéfice d'inventaire.

8. La solution qui vient d'être expliquée dans le numéro précédent, fait naître la question de savoir si, dans le cas où la succession se trouve absorbée ou diminuée de plus de moitié, par la découverte d'un testament inconnu au moment

de l'acceptation, l'héritier, qui avait accepté, ne peut réclamer, pour cause de lésion, que contre les légataires institués par ce testament mais non pas contre les créanciers de la succession ; si en conséquence son acceptation pure et simple n'est révoquée ou modifiée qu'à l'égard des légataires et non pas à l'égard des créanciers ; si enfin il n'est dispensé que d'acquitter les legs, et reste toujours obligé envers les créanciers.

Voilà ce qu'on dit pour l'affirmative : il est certain, 1° que l'art. 783 n'accorde point la restitution, pour raison de la découverte de créances inconnues au moment de l'acceptation ; 2° que la découverte d'un testament est une chose tout-à-fait indifférente pour les créanciers, puisque, dans le concours du créancier et du légataire, le premier est toujours préféré. Or, comme le nombre des créanciers, quel qu'il soit, et quelle que soit la quotité de leurs créances, ne peut jamais être une cause de rescision de l'acceptation, comment l'héritier pourrait-il leur opposer une restitution qui ne peut jamais être obtenue contre eux, et qui ne peut conséquemment avoir d'autre objet que de le soustraire, lui héritier, à l'action de légataires ? Qu'importe aux créanciers qu'il y ait un testament, qu'il y ait, ou non, des légataires, puisqu'ils doivent toujours être payés avant eux, et qu'encore une fois la découverte du testament est pour eux, une chose tout-à fait étrangère, et qui ne peut, sous aucun rapport, leur préjudicier?

Il me semble que cette opinion va beaucoup trop loin, et qu'on ne pourrait la concilier, ni avec le texte, ni avec l'esprit de la loi.

En effet, s'il n'est pas permis d'étendre à un autre cas que celui qui est exprimé par la loi, la faculté de réclamer, pour cause de lésion, contre une acceptation d'hérédité, il ne peut être non plus permis de soumettre l'exercice et les effets de cette réclamation, dans le cas où elle est spécialement autorisée, à une restriction que la loi elle-même ne prononce pas.

Or, l'art. 783 dit purement et simplement que l'héritier qui aura accepté, pourra réclamer, pour cause de lésion, dans le cas de la découverte d'un testament. Il ne dit pas que cette réclamation ne pourra être faite que contre les légataires, et non contre les créanciers; il l'autorise en termes généraux, sans aucune exception, sans aucune restriction.

La première partie du même article, dit que l'acceptation peut être révoquée, lorsqu'elle aura été la suite d'un dol pratiqué envers l'héritier; et, dans le sens de l'opinion que je combats, on pourrait dire également que l'acceptation ne serait révoquée que contre le créancier, ou le légataire, qui aurait pratiqué le dol; cependant l'auteur de cette opinion est convenu lui-même que l'acceptation demeurait révoquée à l'égard de tous les créanciers et de tous les légataires, quoique le dol ne fût l'ouvrage que d'un seul, parce qu'en effet l'art. 783 ne fait aucune distinction à cet égard, parce que l'indivisibilité de la révocation est fondée sur la nature même des choses, parce qu'enfin, s'il n'y avait pas eu de dol pratiqué par l'un des légataires ou des créanciers, l'héritier ne se serait pas obligé envers les autres par l'acceptation qui lui a été surprise.

Or, tous ces motifs se réunissent pour que la seconde partie de l'art. 783 soit également appliquée, sans division et sans restriction.

Quel est, d'ailleurs, l'effet de la réclamation, pour cause de lésion, dans le cas de la découverte d'un testament? C'est de faire révoquer l'acceptation de l'hérédité : autrement, la réclamation serait sans objet et sans résultat.

Mais si l'acceptation est révoquée, elle n'oblige plus : si elle n'oblige plus, l'héritier qui l'a faite, peut renoncer à la succession, dans la forme prescrite par l'art. 784, et dès-lors il n'est plus héritier: il est même censé n'avoir jamais été héritier (art. 785); il n'est donc plus tenu d'acquitter, ni les dettes, ni les charges de la succession.

Dira-t-on que la révocation de l'acceptation doit être divisée, qu'elle ne peut valoir que contre les légataires, et qu'elle reste sans effet à l'égard des créanciers ?

· Mais il est incontestable que l'acceptation d'une succession est indivisible; que l'engagement qui en résulte, est également indivible, c'est à-dire, que l'héritier ne peut être admis à n'accepter que pour une partie des biens, et non pour l'autre; qu'il ne peut, en acceptant la succession, être admis à ne s'obliger que pour une partie des dettes et des charges, ou pour les charges seulement, et non pour les dettes. Cela est fondé sur ce que l'héritier, qui accepte, prend entièrement la place du défunt, et le représente entièrement, soit pour le passif, soit pour l'actif.

Or, par les mêmes raisons la révocation d'une acceptation est nécessairement indivisible; il ne peut pas se faire que l'acceptation soit révoquée à l'égard des legs, et qu'elle subsiste à l'égard des dettes. Il ne peut pas se faire que l'héritier qui a fait cette acceptation, reste obligé envers les créanciers, et qu'il ne le soit plus envers les légataires; en un mot, il ne peut pas se faire qu'il reste héritier à l'égard des uns et qu'il ne le soit plus à l'égard des autres; c'est-à-dire, que tout à la fois il soit et ne soit pas héritier, qu'il ne représente qu'en partie le défunt, et qu'il soit tenu d'acquitter une partie du passif, lorsqu'il n'est plus tenu d'acquitter l'autre. Cela répugne trop ouvertement aux principes qui ont été admis,

dans toutes les législations, sur l'indivisibilité de
la qualité d'héritier, et les termes que l'on veut
allier ensemble se repoussent mutuellement.

9. Lorsque l'un des héritiers s'est fait restituer
contre son acceptation, ou à cause de la découverte d'un testament inconnu, ou pour cause de
dol ou de violence, la portion qu'il avait dans la
succession, accroît-elle, de plein droit, aux
autres cohéritiers, et malgré eux, quoiqu'ils
puissent en éprouver du préjudice, si la masse
des dettes et des charges excède la valeur des
biens?

Si la restitution a eu lieu à cause de la découverte d'un testament inconnu, les autres cohéritiers peuvent user du même bénéfice. S'ils se
font également restituer, il n'y a pas de question,
puisqu'en renonçant ils sont considérés comme
s'ils n'avaient pas été héritiers et qu'en conséquence ils ne sont plus tenus, ni des dettes, ni des
charges de la succession.

Mais, s'ils ne réclament pas contre leur acceptation, après que leur cohéritier a fait révoquer
la sienne, évidemment ils *consentent* à être héritiers pour le tout, puisque leur cohéritier a cessé
de l'être en renonçant, et conséquemment ils
sont chargés de toutes les dettes et de toutes
les charges, de même qu'ils ont tous les biens.

Lorsque la restitution a eu lieu pour cause de
dol et de violence, il faut distinguer entre ceux

des cohéritiers, qui n'ont accepté la succession, *qu'après* l'acceptation déjà faite par celui qui ensuite s'est fait restituer, ou qui n'ont accepté que *simultanément* avec lui, et ceux qui ont accepté *avant* lui.

A l'égard des premiers, il me semble qu'ils sont bien fondés à dire qu'ils n'ont accepté, que parce que leur cohéritier avait déjà accepté avant eux, ou acceptait en même temps qu'eux; qu'ils n'ont entendu accepter que la portion de biens, qui restait, et ne se soumettre qu'à une portion correspondante des dettes et des charges; qu'ils ne savaient pas que l'acceptation, faite par leur cohéritier, n'avait eu lieu que par dol ou violence; qu'ils ne pouvaient pas prévoir qu'il se ferait restituer, et qu'en conséquence ils ne doivent pas souffrir de sa restitution.

Quant aux seconds, ils n'ont pas les mêmes motifs à faire valoir. En acceptant les premiers, ils se sont soumis à toutes les conséquences de cette acceptation qui embrassait la succession entière, et de même que, si leur cohéritier avait ensuite renoncé, ils auraient été incontestablement héritier pour le tout, de même ils doivent l'être, lorsque ce cohéritier qui n'a accepté qu'après eux, a été ensuite autorisé à renoncer, en faisant révoquer son acceptation.

Pothier et Lebrun n'avaient pas fait cette distinction; ils disaient généralement que la por-

tion du restitué n'accroissait pas aux cohéritiers ;
mais ils se fondaient sur ce que l'héritier restitué
demeurait toujours, *selon la subtilité du droit*,
héritier, d'après la règle, *qui semel hœres, sem-*
*per hœres*. Or, je ne pense pas que cette subtilité
puisse encore être admise aujourd'hui. L'art. 783,
en autorisant à faire révoquer l'acceptation, dans
les cas qu'il a prévus, établit, pour ces cas, une
exception réelle à la règle, *qui semel hœres,*
*semper hœres*. L'héritier, qui a fait révoquer son
acceptation, se trouve dans le même état que s'il
n'avait pas accepté ; il peut donc renoncer, et
par un effet nécessaire de sa renonciation, il est
censé n'avoir jamais été héritier.

Je pense même que l'héritier, qui a fait révoquer son acceptation pure et simple, pourrait
encore accepter sous bénéfice d'inventaire.

Lorsqu'il renonce, ses cohéritiers peuvent,
sans doute, prendre sa portion, en se chargeant de
toutes les dettes et charges de la succession ; mais
je ne crois pas qu'on eût le droit et qu'il fût juste
de les y contraindre, lorsqu'ils en éprouveraient
du préjudice, et que d'ailleurs ils n'auraient accepté la succession qu'après ou qu'avec lui.

## SECTION II.

*De la Renonciation aux Successions.*

# ARTICLE 784.

La renonciation à une succession ne se présume : elle ne peut plus être faite qu'au greffe du tribunal de première instance, dans l'arrondissement duquel la succession s'est ouverte, sur un registre particulier tenu à cet effet.

1. Quelques coutumes, notamment celles de Poitou et de Normandie, disaient expressément que celui qui ne voulait pas être héritier, n'était pas tenu de renoncer.

Au contraire, dans les coutumes d'Auvergne et de la Marche, on était réputé héritier, tant qu'on n'avait pas renoncé formellement à la succession.

La jurisprudence variait, à cet égard, dans les autres provinces, et cependant on y admettait plus généralement que, pour n'être pas considéré comme héritier, soit en ligne directe, soit en ligne collatérale, il suffisait de s'être abstenu, c'est-à-dire, de n'avoir pas fait acte d'héritier.

Mais il en résultait cet inconvénient, que, pendant long-temps, les véritables héritiers pouvaient n'être pas connus, que pendant long-temps les créanciers de la succession ne savaient à qui s'adresser, et se trouvaient souvent exposés à diriger des demandes frustatoires contre des héritiers présomptifs.

Le Code civil a consacré l'opinion contraire : il dispose, par l'art. 784, que la renonciation à une succession, ne se présume pas.

En effet, il est naturel que celui qui est appelé par la loi à une succession, soit présumé héritier, jusqu'à ce qu'il ait fait connaître son intention de ne pas l'être; et d'ailleurs puisqu'il est saisi de la succession, dès l'instant qu'elle est ouverte, il faut bien qu'il manifeste sa volonté d'y renoncer, s'il ne veut pas jouir du droit dont il se trouve déjà investi par la loi.

2. La renonciation devant être expresse et formelle, il en résulte que, si l'héritier présomptif garde le silence après l'expiration des délais qui lui sont accordés pour faire inventaire et pour délibérer, il pourra être poursuivi, comme héritier présumé, par les créanciers de la succession, et suivant l'art. 799, il devra supporter personnellement les frais des poursuites, dans le cas où il voudrait ensuite renoncer, à moins qu'il ne prouve qu'il a ignoré l'ouverture de la succession, ou que les délais pour délibérer ont été insuffisans.

Hors ces deux cas, l'héritier présomptif aura donc intérêt à renoncer, aussitôt que le délai de délibérer sera expiré, et sa renonciation étant publique, les créanciers sauront qu'il n'y a plus de poursuites ni d'actions à exercer contre lui.

3. C'est pour que la renonciation soit publique et puisse être aisément connue de toutes les parties intéressées, qu'il a été ordonné qu'elle serait faite au greffe du tribunal de première instance, dans l'arrondissement duquel la succession s'est ouverte, et sur un registre tenu à cet effet.

Ainsi, l'on ne pourra plus, comme dans l'ancien droit, renoncer aux successions, par des actes devant notaires, et les créanciers qui, le plus souvent, ignoraient ces actes, n'auront maintenant qu'à vérifier au greffe du tribunal dans l'arrondissement duquel la succession se sera ouverte, pour savoir s'il y a des renonciations. Les greffiers ne peuvent refuser la communication des registres.

4. L'art. 784 ne dit pas que la renonciation doive être reçue par un juge, ni qu'elle doive être faite avec serment; ces deux formalités, usitées autrefois, ne sont donc plus nécessaires. Il suffit que l'héritier se présente au greffe, qu'il fasse insérer sur le registre sa déclaration de renoncer à la succession, et qu'il la signe avec le greffier, ou qu'il soit fait mention qu'il ne sait pas signer.

La renonciation peut être faite par un fondé

de procuration ; mais il faut que la procuration soit authentique et spéciale, et qu'elle soit annexée au registre.

5. Presque toutes les observations qui ont été faites aux art. 774, 776 et 783, sur les époques auxquelles les acceptations peuvent être valables et obligatoires, sur la capacité d'accepter, et sur l'irrévocabilité des acceptations, s'appliquent également aux renonciations.

Ainsi, 1° pour que la renonciation soit valable et obligatoire, il faut qu'elle ne soit faite qu'après l'ouverture de la succession ; il faut que celui qui la fait, sache que la succession est ouverte ; il faut qu'il soit actuellement appelé à succéder ;

2° La renonciation est indivisible, comme l'acceptation ; c'est-à-dire, qu'elle ne peut être restreinte à une partie seulement de la succession, mais qu'elle doit être faite à la succession toute entière ;

3° La renonciation à une succession est une aliénation réelle des biens meubles et immeubles dépendant de la succession qu'on a droit de recueillir ; elle ne peut donc être valablement faite que par les personnes qui ont la capacité d'aliéner ; elle ne peut être faite qu'avec les autorisations que la loi a exigées pour la validité des aliénations.

La femme mariée, même non commune ou séparée de biens, ne peut donc, aux termes des art. 217 et 218 du Code civil, renoncer, sans l'autorisation de son mari ou de la justice, à une succession qui lui est échue.

Aux termes des art. 461 et 509, un tuteur ne peut, sans une autorisation préalable du conseil de famille, renoncer à une succession échue au mineur ou à l'interdit, dont il a l'administration.

Aux termes des art. 461 et 484, un mineur émancipé ne peut également, sans l'autorisation d'un conseil de famille, répudier une succession qui lui est échue.

Aux termes des art. 409 et 513, l'individu qui a été pourvu d'un conseil judiciaire, ne peut, sans le consentement et l'assistance de ce conseil, répudier une succession à laquelle il est appelé.

6. En règle générale, la renonciation est irrévocable.

Cependant il y a trois exceptions :

La première est pour le cas où la renonciation a été faite par suite d'un dol pratiqué de la part d'une personne qui avait intérêt à ce que la renonciation eût lieu ; par exemple, de la part d'un cohéritier qui, voulant avoir seul la succession, a employé des manœuvres pour déterminer son cohéritier à renoncer ;

La deuxième est pour le cas où la renonciation a été faite par suite d'une violence exercée, même de la part de tout autre qu'un cohéritier ;

La troisième est pour le cas où la succession

répudiée par un héritier, n'a encore été acceptée par aucun héritier; c'est ce qu'on verra sur l'article 790.

Dans aucun autre cas, et sous aucun prétexte, l'héritier qui était appelé par la loi, ne peut être restitué contre sa renonciation, quelle que soit la lésion qu'il éprouve, et quand même il n'aurait renoncé que par une erreur de fait.

Ainsi, lorsqu'après la renonciation il aurait été découvert des créances actives qui augmenteraient considérablement la valeur de la succession, et dont il n'y aurait pas eu d'indices dans les papiers compris dans l'inventaire, quoique l'héritier renonçant fût bien autorisé à dire qu'il y a eu de sa part ignorance de fait, il ne serait cependant pas admis à revenir contre sa renonciation.

On a vu, sur l'art. 783, que le législateur n'a pas voulu admettre la restitution contre l'acceptation, lorsqu'il se découvre postérieurement des dettes qui peuvent absorber la succession entière; il serait donc contradictoire d'admettre la restitution contre la renonciation, lorsqu'il est découvert postérieurement des créances qui, si elles avaient été connues, auraient déterminé l'héritier à accepter.

L'ancienne jurisprudence avait admis la restitution contre la renonciation, 1° lorsque l'héritier avait renoncé par erreur de fait, par exemple, s'il avait paru un testament faux, qui aurait absorbé, s'il eût été valable, la totalité ou la plus grande partie de la succession ; 2° lorsque la renonciation avait été faite à cause d'un testament qui n'avait pas été vu par le renonçant.

Mais le Code civil n'a point admis ces moyens de restitution, parce qu'en effet, au premier cas, l'héritier peut, avant de renoncer, examiner et vérifier si le testament est vrai, et qu'au second cas il peut demander la représentation du testament. Il a le droit de former toutes actions à cet égard, soit comme héritier présomptif, sans prendre aucune qualité définitive, soit au moins comme héritier sous bénéfice d'inventaire.

7. La renonciation faite par un héritier présomptif, peut être contestée par tous ceux à qui elle peut nuire; ainsi elle peut l'être par les cohéritiers, par les créanciers de la succession, par les légataires; elle peut l'être, soit parce qu'elle n'aurait pas été valablement faite, soit parce que le renonçant aurait fait précédemment acte d'héritier, ou diverti ou recélé des effets de la succession.

## ARTICLE 785.

L'héritier qui renonce, est censé n'avoir jamais été héritier.

1. On n'est pas héritier, si l'on ne veut pas l'être, et l'on ne peut avoir été héritier et cesser de l'être, si ce n'est dans les cas expliqués sur l'art. 784.

De ces deux principes résulte la conséquence nécessaire, que la renonciation au titre d'héritier, à quelque époque qu'elle soit faite, remonte toujours au moment même où le droit a commencé, c'est-à-dire, à l'instant où la succession s'est ouverte, et qu'ainsi l'héritier présomptif, qui rénonce à la succession, est censé n'avoir jamais été héritier.

La loi l'appelait, il est vrai, à la succession, et l'appelait comme héritier ; mais n'ayant pas accepté le droit et la qualité que la loi lui déférait, il ne les a eus réellement en aucun temps, puisqu'il ne pouvait les avoir sans son consentement.

2. L'héritier présomptif qui renonce, étant censé n'avoir jamais été héritier, il est hors de doute qu'il n'a pas le droit de réclamer les revenus de la succession qui sont échus depuis le décès jusqu'à la renonciation. Puisqu'il n'est pas héritier, il ne peut rien prendre, à ce titre, dans l'hérédité, et de même il n'est tenu d'aucune dette, d'aucune charge de la succession. C'est là l'objet spécial pour lequel a été faite la disposition de l'art. 785.

3. L'héritier présomptif a été saisi des biens de la succession, jusqu'au moment où il a renoncé ; mais il n'en a été saisi que par la seule disposition de la loi, et non par aucun acte constatant sa volonté d'être héritier : car s'il avait fait un acte semblable, il aurait accepté, et n'aurait pu ensuite renoncer valablement ; la saisine qu'il

ne tient que du fait de la loi, ne peut donc l'obliger aucunement.

Et, lois même qu'en vertu de la saisine, il aurait provisoirement administré les biens de la succession, conformement à l'art. 779, il ne serait pas encore oblige; ce ne serait que comme héritier presomptif qu'il aurait administré, et non pas comme héritier définitif. Après sa renonciation, il ne serait consideré que comme un administrateur étranger qui aurait géré une chose qui ne lui appartenait pas, et, en cette qualité, il serait tenu, comme tout autre administrateur, de rendre compte aux héritiers qui auraient accepté la succession.

## ARTICLE 786.

La part du renonçant accroît à ses cohéritiers; s'il est seul, elle est dévolue au dégré subséquent.

1. Il fallait régler à qui appartiendrait la succession qui a été répudiée par un héritier présomptif. L'art. 786 contient à cet égard deux dispositions; l'une est pour le cas où l'héritier renonçant avait des cohéritiers, et dans ce cas il ne s'agit que de savoir à qui appartiendra la part qu'il aurait eue sans sa renonciation; l'autre est pour le cas où le renonçant n'avait pas de cohè-

ritiers, et dans ce cas il s'agit de savoir à qui la
succession entière sera déférée.

Si le renonçant avait des cohéritiers, c'est-à-
dire, s'il y avait d'autres parens qui fussent appelés, comme lui, à succéder, il faut distinguer
encore, 1° s'il s'agit d'une succession échue à
des descendans, ou s'il s'agit d'une succession
échue à des ascendans ou à des collatéraux; 2° si,
dans ce dernier cas, les cohéritiers du renonçant
sont de la même ligne, paternelle ou maternelle,
que lui, ou s'ils sont d'une ligne différente.

Ces cas divers ne doivent pas être confondus,
s'il faut les examiner séparement pour bien comprendre la disposition de l'art. 786, pour voir
bien clairement comme elle se concilie avec les
dispositions des art. 733, 740, 741, 742 et 744.

2. S'il s'agit d'une succession échue à des descendans, et que l'héritier qui a renoncé eût des
cohéritiers, dans ce cas la portion qu'il aurait
eue dans sa renonciation, est déférée, par voie
*d'accroissement*, à ses cohéritiers, c'est-à-dire,
qu'elle est réunie aux parts que ses cohéritiers sont
personnellement appelés a recueillir, ou, en d'autres termes, que les parts de ces cohéritiers sont
*accrues* de la portion qu'aurait eue le renonçant.

Ainsi, par exemple, lorsque le défunt a laissé
trois enfans, dont l'un a répudié et les deux autres
ont accepté la succession, les deux tiers de l'hérédité, qui appartiennent aux deux acceptans,

se trouvent accrus de l'autre tiers qui était échu au renonçant ; en sorte que les deux acceptans se trouvent seuls héritiers pour le tout, comme si le renonçant n'avait pas existé.

Il en est de même, lorsque l'un des enfans, étant prédécédé, avait laissé des descendans. En vertu de la représentation, ces descendans se trouvaient cohéritiers de leur oncle ou grand-oncle, dans la succession de l'auteur commun, et conséquemment, lorsque leur oncle ou grand-oncle a renoncé, l'accroissement a lieu en leur faveur, comme en faveur de l'enfant qui a survécu au défunt.

3. S'il s'agit d'une succession échue à des ascendans, la part de celui qui renonce, accroît à ceux de ses cohéritiers, qui sont de la même ligne que lui, *paternelle* ou *maternelle;* mais elle n'accroît pas aux autres cohéritiers qui sont d'une autre ligne. En effet, on a vu, dans l'art. 733, que toute succession échue à des ascendans, se divise en deux parts égales, l'une pour les parens de la ligne paternelle, l'autre pour les parens de la ligne maternelle, et qu'il ne se fait aucune dévolution d'une ligne à une autre, que lorsqu'il ne se trouve aucun ascendant ni collatéral, de l'une des deux lignes.

Ainsi, par exemple, lorsque le défunt, n'ayant ni postérité, ni frères ou sœurs, ou descendans d'eux, a laissé un aïeul et une aïeule *paternels,* et

un aïeul et une aïeule *maternels*, si l'aïeul paternel renonce à la succession, sa part accroît à
l'aïeule *paternelle*, qui, en conséquence, a droit
à la moitié des biens : elle n'accroît pas à l'aïeul
et à l'aïeule maternels, parce que ceux-ci n'e-
taient pas cohéritiers du renonçant, dans la même
ligne.

Si, en effet, l'aïeul paternel n'avait pas existé,
l'aïeule dans la même ligne aurait eu la moitié des
biens, en vertu des art. 733 et 746. Or, l'aïeul
paternel est censé n'avoir pas existé relativement
à la succession, dès le moment qu'il y a renoncé.

Par le même motif, à défaut d'aïeule paternelle, la part de l'aïeul paternel renonçant, serait
*dévolue*, d'après l'art. 753 et la seconde disposition de l'art. 786, à tout autre parent, soit ascendant, soit collatéral, de la ligne paternelle, et
ce ne serait qu'à défaut de parens successibles
dans cette ligne, que la dévolution aurait lieu au
profit de l'aïeul et de l'aïeule maternels, conformément à l'art. 733.

4. La même règle doit être suivie, mais avec
une exception, lorsqu'il s'agit d'une succession
échue à des frères ou sœurs du défunt.

Dans ce cas, la portion du renonçant accroît
bien toujours aux cohéritiers dans la même ligne,
s'il y en a, et n'accroît pas aux autres cohéritiers
dans une ligne différente ; mais si le renonçant n'a
pas de cohéritiers dans sa ligne, sa part n'est pas

dévolue aux autres parens dans la même ligne, comme dans les cas prévus au n° 3 ; elle accroît aux cohéritiers de l'autre ligne, en vertu de l'article 750.

C'est ce qu'il faut expliquer par des exemples.

Ainsi, lorsque le défunt a laissé deux frères consanguins et un frère utérin, et que l'un des frères consanguins renonce à la succession, sa part, qui aurait été, d'après l'art. 733, un quart de l'hérédité entière, n'accroît qu'à celui des frères consanguins, qui a accepté ; elle n'accroît pas au frère utérin.

Mais, lorsque le défunt a laissé un frère utérin et un frère consanguin, si le frère utérin renonce, la part qu'il aurait eue n'est pas dévolue aux autres parens de la ligne *maternelle;* elle accroît au frère consanguin. En effet, on a vu, dans les observations sur l'art. 750, que la division entre la ligne paternelle et la ligne maternelle, ne peut pas être opposée aux frères ou sœurs du défunt, par d'autres parens en ligne ascendante ou collatérale, et que la succession du défunt appartient toute entière à ses frères ou sœurs, *même d'un seul côté,* à l'exclusion des parens de l'autre ligne.

Si le frère utérin n'avait pas existé, la succession aurait appartenu toute entière au frère consanguin, en vertu de l'art. 750 ; et il en doit être de même, lorsque le frère utérin a renoncé, puisqu'en ce cas il est censé n'avoir pas existé relativement à la succession.

Les descendans de l'enfant consanguin auraient le même droit que lui, lors même qu'ils seraient privés du bénéfice de la représentation. (*Voyez* les nos 5 et 6 des observations sur l'article 750.)

5. Lorsqu'il s'agit d'une succession échue conjointement au père, à la mère, et aux frères ou sœurs du défunt, si le père ou la mère renonce, celui d'entr'eux qui accepte, ne profite aucunement de la part du renonçant ; elle n'accroît qu'en faveur des frères ou sœurs, lors même qu'ils seraient d'une autre ligne que le renonçant, et le même droit appartient aux descendans des frères ou sœurs. (*Voyez* les observations sur l'art. 752.)

6. Lorsqu'il s'agit d'une succession échue à des ascendans et à des collatéraux, autres que des frères ou sœurs du défunt, ou des descendans de frères ou de sœurs, toujours la portion de celui qui renonce, appartient à ses cohéritiers dans la même ligne, à l'exclusion de ses cohéritiers dans une ligne différente ; jamais elle n'est dévolue aux cohéritiers dans une ligne différente, que lorsqu'il ne se trouve aucun parent successible dans la même ligne que le renonçant. Tel est le résultat nécessaire des art. 733 et 753.

Ainsi, lorsque le défunt a laissé pour héritiers un ascendant paternel et deux cousins maternels,

34.

si l'un des deux cousins renonce, c'est à l'autre cousin maternel que sa portion accroît, et l'ascendant paternel n'en profite aucunement.

Si la renonciation est faite par l'ascendant paternel, sa part n'accroît pas aux deux cousins, qui sont, il est vrai, ses cohéritiers, mais non dans la même ligne : elle est dévolue aux autres parens de la ligne paternelle, qui sont dans le degré le plus proche pour succéder, après l'ascendant qui a renoncé.

7. Il en est absolument de même, lorsqu'il s'agit d'une succession échue à des collatéraux, autres que des frères ou sœurs du défunt, ou des descendans de frères ou sœurs ; c'est toujours une conséquence nécessaire de la division entre les deux lignes paternelle et maternelle, établie par l'art. 733 ; toujours, chaque ligne doit avoir la moitié de la succession, lorsqu'il s'y trouve des parens successibles.

8. J'arrive enfin au cas où l'héritier présomptif qui a renoncé, était seul appelé à succéder. Dans ce cas, son degré se trouvant vacant, il est dans l'ordre de la nature et dans l'ordre établi par la loi, que la succession soit dévolue aux autres parens qui se trouvent dans le degré subséquent, et qui auraient été eux-mêmes les héritiers, si le renonçant n'avait pas existé. Encore une fois, il faut répéter que sa renonciation doit le faire consi-

dérer comme n'ayant jamais existé relativement à la succession.

Mais ce n'est qu'en vertu de la règle de la proximité des degrés, ce n'est que de leur chef, *jure proprio*, que les parens qui se trouvent au degré subséquent sont appelés à la succession ; ils ne peuvent pas y venir, en vertu du droit de représentation. On a vu dans l'art. 744, et l'on va voir encore, dans l'art. 787, que jamais on ne peut représenter un héritier qui a renoncé.

Il faut remarquer encore qu'il n'y a qu'un descendant du défunt, ou un frère, ou une sœur, ou un descendant d'un frère ou d'une sœur, qui puisse se trouver appelé à succéder, *seul et sans cohéritiers.* A l'égard de tous les autres collatéraux et des ascendans, un seul ne peut être appelé à succéder, puisqu'à leur égard a toujours lieu la division entre les deux lignes, à moins que, dans l'une des deux lignes, il n'y ait pas de parens successibles, ou que, par suite d'alliances entre deux familles, il ne se trouve un parent qui soit tout à la fois le plus proche et dans la ligne paternelle et dans la ligne maternelle.

Tout cela a été précédemment expliqué, et je ne le rappelle ainsi très-succinctement, sur la matière des renonciations, que pour prévenir toutes erreurs.

9. Les cohéritiers du renonçant ne peuvent refuser la part qu'il abandonne, pour s'en tenir

aux portions qui leur sont personnellement échues. Lorsqu'ils ont accepté la succession, avant que leur cohéritier présomptif eût fait son option, ils ont dû prévoir qu'il pourrait renoncer, et qu'en conséquence ils se trouveraient héritiers pour le tout. Leur acceptation est indivisible.

Mais les parens du degré subséquent, qui sont appelés par la loi à prendre la part du renonçant, peuvent la refuser, en renonçant aussi à la succession; c'est de leur chef qu'ils sont appelés à succéder, à la place du renonçant, c'est de leur chef qu'ils peuvent être héritiers; ils peuvent donc aussi refuser cette qualité et renoncer à la succession.

10. Lorsque, dans une succession échue à des ascendans, ou à des collatéraux autres que des frères ou sœurs du défunt, ou des descendans de frères ou de sœurs, l'un des héritiers présomptifs, paternel ou maternel, a renoncé à la succession, pour s'en tenir à un don ou à un legs, qui lui avait été fait par le défunt, la part qu'il aurait eue comme héritier, ne doit-elle pas accroître à ses cohéritiers dans la même ligne, ou bien être dévolue aux parens de la même ligne, qui se trouvent au degré subséquent? Les parens de l'autre ligne ne sont-ils pas fondés à soutenir, au contraire, que celui qui a renoncé, pour s'en tenir à ce qu'il avait reçu du défunt, prend ainsi une part de l'hérédité, qu'il doit être regardé comme héritier, et qu'en conséquence, si la chose

donnée et retenue par l'héritier renonçant, est
égale à la portion de biens qu'il aurait eue en
acceptant la succession, il ne doit y avoir lieu, ni
à accroissement, ni à dévolution en faveur des
parens de la ligne du renonçant, puisqu'autrement la succession ne se trouverait plus divisée
par moitié entre la ligne paternelle et la ligne
maternelle ?

La cour royale de Paris a adopté la première
de ces deux opinions, par un arrêt du 1er juillet 1811, et je pense qu'elle a jugé d'une manière
absolument conforme au texte et à l'esprit de la
loi.

Lorsqu'un héritier présomptif renonce à la succession, pour s'en tenir à un don ou à un legs
qui lui avait été fait par le défunt, il use d'un droit
que lui confère l'art. 845 du Code civil. La qualité
de donataire, ou de légataire, et celle d'héritier
étant incompatibles, lorsqu'il n'y a pas eu de dispense de rapport, il refuse la qualité d'héritier,
pour s'en tenir à la qualité de donataire ou de légataire; ce n'est donc alors qu'en qualité de donataire
ou de légataire, qu'il prend dans la succession ;
mais il n'y prend rien, et ne peut rien y prendre,
en qualité d'héritier, puisqu'en renonçant à la succession, il a répudié cette qualité, puisque sa renonciation fait qu'il est censé n'avoir jamais été
héritier, puisqu'il est devenu, en renonçant, absolument étranger à la succession légitime. Pour-

quoi donc, en ce cas, les parens de sa ligne ne
devraient-ils pas être appelés à la succession, *de
même* que si le don ou le legs avait été fait à un
étranger ?

L'art. 733 du Code civil n'ordonnant la division
par moitié entre les deux lignes paternelle et
maternelle, que pour ce qui se trouve dans la
succession *ab intestat*, on ne peut l'appliquer
aux biens dont le défunt avait disposé valablement. Il n'est donc pas vrai de dire, dans l'espèce,
que la succession ne se trouve pas divisée par
moitié entre les deux lignes, puisqu'en effet tout
ce qui compose la succession, réglée par l'art. 733,
se divise réellement par moitié, en appelant également les deux lignes à partager ce qui reste dans
la succession *ab intestat*, et qu'au contraire la disposition de l'art. 733 serait évidemment violée, si
l'on n'appelait à cette succession que les parens
d'une seule ligne.

## ARTICLE 787.

On ne vient jamais par représentation
d'un héritier qui a renoncé : si le renonçant est seul héritier de son degré, ou
si tous ses cohéritiers renoncent, les
enfans viennent de leur chef, et succèdent par tête.

Déjà cet article se trouve expliqué par les diverses observations qui ont été faites sur les articles 743, 744, 745 et 750.

Il suffira donc de faire remarquer,

1° Que la première partie de l'art. 787, qui dispose qu'on ne vient jamais par représentation d'un héritier qui a renoncé, n'est qu'une répétition de la seconde partie de l'art. 744;

2° Que la seconde partie de l'art. 787 embrasse deux cas, celui où le renonçant est seul héritier de son degré, et celui où les cohéritiers du renonçant renoncent aussi à la succession, et que, pour l'un et l'autre cas, il statue que les enfans des renonçans viennent de leur chef à la succession, et succèdent par tête.

Ils viennent de leur chef, puisqu'ils ne peuvent représenter leurs pères ou mères, qui ont renoncé.

Ils succèdent par tête, puisqu'aux termes de l'art. 743, il n'y a lieu au partage par souches, que dans les cas où la représentation est admise.

Ainsi, lorsque deux frères ont renoncé, si l'un a quatre enfans et que l'autre n'en ait qu'un seul, la succession se divise en cinq portions égales entre les cinq enfans, parce qu'ils viennent tous de leur chef, et que l'enfant unique de l'un des deux frères, ne pouvant représenter son père, n'a pas le droit de réclamer toute la part que son père aurait eue, en succédant lui-même.

## ARTICLE 788.

Les créanciers de celui qui renonce, au préjudice de leurs droits, peuvent se faire autoriser en justice à accepter la succession, du chef de leur débiteur, en son lieu et place.

Dans ce cas, la renonciation n'est annullée qu'en faveur des créanciers, et jusqu'à concurrence seulement de leurs créances ; elle ne l'est pas au profit de l'héritier qui a renoncé.

1. Il ne faut pas qu'un débiteur ait le pouvoir de frustrer ses créanciers, en renonçant à une succession qui lui est échue, et sur laquelle ils pourraient utilement exercer leurs droits. Il peut avoir renoncé, ou par malice, ou parce qu'il aura pris des arrangemens secrets avec ses cohéritiers, ou par insouciance ; et quand même il n'aurait renoncé, que parce qu'il croyait que la succession n'était pas avantageuse, dans tous les cas, il est juste que ses créanciers ne soient pas privés, par son fait, des ressources que peut leur offrir la succession.

Cependant le droit romain en disposait autrement, parce qu'il ne considérait pas le débiteur comme ayant agi en fraude des droits des créanciers, lorsqu'il avait omis *d'acquérir*, mais seulement lorsqu'il aliénait un droit acquis, lorsqu'il diminuait son patrimoine. *L.* 6, §. 2, *ff. de his quæ in fraud. credit.*

Mais, sans s'arrêter à cette distinction, l'ancienne jurisprudence admettait généralement les créanciers à se faire subroger aux droits de leur débiteur qui avait renoncé à une succession.

L'art. 788 va plus loin encore, puisqu'il admet les créanciers à accepter la succession, du chef de leur débiteur, et en son lieu et place.

2. Il faut cependant que les créanciers se fassent autoriser par la justice à accepter, au lieu de leur débiteur; et il est vraisemblable que, si le législateur a prescrit cette autorisation, c'est qu'il a voulu que, dans le cas où il serait constaté que la succession est mauvaise, les tribunaux eussent le droit de ne pas admettre les créanciers de l'héritier renonçant, à faire une acceptation, qui ne produirait d'autres résultats que de rendre plus difficile et plus dispendieuse la liquidation de l'hérédité, au préjudice des autres héritiers, ainsi que des créanciers de la succession.

3. Il paraît que l'autorisation peut être accordée aux créanciers, par un simple jugement sur requête, puisque la loi ne prescrit pas de former une action à cet égard; mais le débiteur qui a renoncé, ou ses cohéritiers, ou ceux qui ont

accepté à son défaut, peuvent s'opposer, s'il y a lieu, à ce que l'autorisation soit accordée, ou en empêcher l'effet, en acquittant les créances.

4. Il n'est pas nécessaire que tous les créanciers de l'héritier renonçant, se réunissent pour demander l'autorisation d'accepter à sa place ; l'art. 788 n'exige pas cette réunion. Il dit seulement que les créanciers peuvent demander l'autorisation, et cette disposition s'applique évidemment à chacun d'eux; un seul peut donc user du bénéfice, et il serait injuste qu'il en fût privé, parce que les autres ne voudraient pas se réunir à lui.

Mais, en ce cas, l'acceptation ne peut profiter qu'à lui seul.

5. Il n'y a que les créanciers dont les titres sont authentiques, ou ont une date certaine antérieure à la renonciation faite par le débiteur, qui puissent être autorisés à accepter en son lieu et place. Autrement l'héritier pourrait, en contractant des dettes simulées, et en faisant accepter la succession par des créanciers supposés, revenir ainsi, d'une manière indirecte, contre sa renonciation.

6. Lorsque des créanciers ont accepté, à la place de l'héritier qui avait renoncé, ce n'est qu'en leur faveur que la renonciation se trouve annullée; elle subsiste toujours à l'égard de l'héritier, parce qu'à son égard elle est irrévocable.

Elle n'est même annullée en faveur des créanciers acceptans, que jusqu'à concurrence seulement du montant de leurs créances.

Ainsi, quand ils n'absorbent pas la portion des biens qu'aurait eue dans la succession liquidée l'héritier renonçant, ce qui reste n'appartient, ni à cet héritier qui a perdu tous ses droits par la renonciation, ni aux créanciers qui ne peuvent exercer de droits au-delà de ce qui leur est dû; les autres héritiers profitent seuls de l'excédant.

7. De ces dispositions, il résulte que les créanciers qui ont usé du bénéfice accordé par l'article 788, ne sont pas de véritables héritiers, quoiqu'ils aient accepté la succession, au lieu et place d'un héritier, et de son chef; qu'ils ne sont pas tenus *personnellement* des dettes et charges de la succession, ainsi que le serait un héritier, et qu'en conséquence ils ne confondent pas leurs biens personnels avec les biens de l'hérédité.

Comme ils n'ont pas tous les droits d'un héritier, comme ils ne peuvent prendre sur la succession que jusqu'à concurrence de ce qui leur est dû par l'héritier qui a renoncé, mais non pas toute la part que cet héritier aurait pu avoir, ils ne peuvent être soumis aux mêmes charges qu'un héritier.

Cependant, s'ils étaient mis en possession, ou de la totalité de la succession, ou de la part qui revenait à leur débiteur, sans avoir fait procéder valablement à un inventaire des effets mobiliers, ils se trouveraient obligés, même personnellement, à acquitter toutes les dettes et charges de la succession; mais ce serait uniquement par le motif que, n'ayant pas fait constater régulièrement la valeur de ce qu'ils auraient pris, ils ne seraient jamais recevables à dire que cette valeur serait moins considérable que les dettes et les charges réclamées. Ils subiraient, à cet égard, le même sort qu'un légataire à titre universel, qui, bien qu'il ne soit pas héritier, est tenu d'acquitter sa quote part de toutes les dettes et charges de la succession, lorsqu'il n'a pas fait constater par un inventaire la valeur des effets mobiliers qu'il a eus pour son legs.

Peut-être même serait-on fondé à soutenir que les créanciers ayant le droit d'accepter, du chef de leur débiteur, comme il aurait pu le faire lui-même, devraient n'accepter que sous bénéfice d'inventaire, lorsqu'ils ne voudraient pas courir les risques d'une acceptation pure et simple.

8. Au reste, comme les créanciers tiennent la place, et exercent les droits de l'héritier du chef duquel ils ont accepté, il doit être procédé avec eux à toutes les opérations qui concernent le partage et la liquidation de la succession.

On peut même diriger contre eux toutes les actions relatives, soit au partage des biens, soit au paiement des dettes et des charges, et ils peuvent aussi former toutes les actions relatives à l'hérédité.

Mais, à leur égard, tout se réduit, en définitif, à ce que, si, après que toutes les dettes et les charges de la succession ont été acquittées, il reste des biens libres, ils prennent dans ces biens la part que leur débiteur y aurait eue, s'il n'avait pas renoncé, mais seulement jusqu'à concurrence de ce qui leur est dû.

## ARTICLE 789.

La faculté d'accepter ou de répudier une succession, se prescrit par le laps de temps requis pour la prescription la plus longue des droits immobiliers.

1. Il s'est élevé des doutes sur le véritable sens de cette disposition, et il peut en résulter trois opinions diverses, que je vais exposer successivement.

*Première opinion.* D'après la disposition générale de l'art. 789, la faculté d'accepter une succession et la faculté d'y renoncer, sont également prescriptibles l'une et l'autre, et dans tous les cas, par le laps de temps requis pour la prescription la plus longue des droits immobiliers, c'est-à-dire, par le laps de trente ans, aux termes de l'art. 2262 du Code civil.

Mais, sera-ce la faculté d'accepter qui se trouvera prescrite, lorsque l'héritier aura laissé passer trente ans, sans prendre de qualité, ou bien sera-ce la faculté de renoncer? en d'autres termes, l'héritier sera-t-il présumé acceptant, ou sera-t-il présumé renonçant?

Ou bien encore, la faculté d'accepter et la faculté de renoncer seront-elles prescrites conjointement l'une et l'autre, lorsque l'héritier présomptif n'aura accepté, ni renoncé, pendant les trente ans, en sorte qu'il ne pourra plus ni accepter, ni renoncer, ce qui le rendrait passible des dettes de la succession, sans qu'il pût avoir les biens?

On répond qu'après les trente ans, l'héritier sera présumé acceptant ou renonçant, suivant l'intérêt de celui qu'il attaquera, ou par qui il sera attaqué.

Il sera présumé acceptant, à défaut de renonciation pendant les trente ans, s'il est attaqué par un créancier de la succession.

Il sera présumé renonçant, s'il forme action en pétition d'hérédité contre un parent appelé, *en second ordre*, à la succession, qui, à son défaut, aurait accepté dans les trente ans.

Mais ne peut-on pas dire contre cette opinion, qu'il en résulterait que, si, après les trente ans, l'héritier, premier appelé, qui serait poursuivi par les créanciers de la succession, voulait réclamer, contre le second appelé, la restitution des biens de l'hérédité, il se trouverait, *tout à la fois*, présumé acceptant, à l'égard des créanciers, et présumé renonçant, à l'égard du second appelé ; qu'il serait donc, en même temps, héritier et non héritier ; qu'il serait héritier à l'égard des créanciers, puisqu'il serait tenu de payer les dettes de l'hérédité, et qu'il ne serait pas héritier, à l'égard du second appelé, puisqu'il ne pourrait lui demander les biens de l'hérédité, quoique le second appelé n'eût pas joui des biens pendant trente ans, et n'eût pas acquis par prescription ; mais que la qualité d'héritier est indivisible, et qu'on ne peut être héritier à l'égard des uns, sans l'être à l'égard des autres ; que l'acceptation et la renonciation étant inconciliables, il s'ensuit que, lorsque l'héritier a laissé prescrire la faculté d'accepter, il doit être présumé renonçant ; que, lorsqu'il a laissé prescrire la faculté de renoncer, il doit être présumé acceptant ; qu'ainsi l'art. 789 ne peut pas être entendu dans ce sens, que la faculté d'accepter et la faculté de renoncer se prescrivent *conjointement*.

*Deuxième opinion.* L'art. 789 n'est applicable qu'au cas où la succession est occupée par un autre que l'héritier appelé en premier ordre ; et son objet est de régler que, nonobstant cette occupation, le premier appelé a la faculté d'accepter ou de répudier, pendant trente ans.

De là il suit que, si le premier appelé n'a pas accepté dans les trente ans, le second appelé peut, dès que ce temps est passé, accepter lui-même, et n'a plus à craindre d'être dessaisi par le premier appelé qui a perdu le droit d'accepter.

Il s'ensuit encore que, si le second appelé avait accepté dans les trente ans, il pourrait, pendant le cours de ces trente années, être évincé par le premier appelé, mais qu'il ne pourrait plus l'être après que les trente ans seraient révolus.

Cependant il n'en serait pas de même à l'égard de l'étranger qui, pendant les trente ans, se serait emparé de la succession. Jusqu'à ce qu'il fût garanti par une possession trentenaire, il pourrait être évincé par le premier appelé, parce qu'il serait sans titre et sans possession suffisante pour s'approprier la succession, au lieu que l'héritier aurait pour lui son titre légitime et la saisine légale.

Vouloir trouver dans l'art. 789 deux prescriptions distinctes, l'une du droit d'accepter, l'autre du droit de renoncer, c'est diviser ce qui est indivisible. Si l'héritier perd le droit d'accepter, il perd celui de renoncer ; car on ne renonce pas à ce qu'on n'a plus. Respectivement, si l'héritier perd le droit de renoncer, ce ne peut être que parce qu'il a perdu celui d'accepter.

Et d'ailleurs, vouloir induire de l'art. 789, que l'héritier qui n'a pas renoncé dans les trente ans, n'est plus libre de le faire à l'égard des créanciers, c'est faire dire à l'article ce qu'il ne dit pas; c'est lui faire régler un cas déjà réglé, dans un sens tout contraire, par l'art. 775, qui porte que nul n'est héritier qui ne veut.

Mais ne peut-on pas répondre à cette opinion,

1º Qu'elle limite à un cas particulier la disposition de l'art. 789, et que cependant cette disposition ne contient, dans ses termes, aucune limitation; qu'elle dit, d'une manière générale, que la faculté d'accepter ou de répudier, se prescrit;

2º Qu'il résulterait de cette opinion, d'une part, que le premier appelé, qui pendant les trente ans n'aurait pas pris de qualité, serait présumé renonçant, à l'égard du second appelé, qui aurait accepté; et d'autre part, qu'il ne serait pas présumé renonçant, à l'égard de l'étranger qui, dans les trente ans, se serait emparé de la succession, mais qui n'en aurait pas encore joui pendant trente ans;

Qu'il en résulterait encore qu'après les trente ans depuis l'ouverture de l'hérédité, l'héritier ne serait pas présumé renonçant, à l'égard des créanciers de la succession, puisqu'il pourrait encore invoquer la maxime, *n'est héritier qui ne veut;*

Mais que ces distinctions ne se trouvent pas dans l'art. 789; qu'il dispose, au contraire, sans aucune distinction, sans aucune exception, que la faculté d'accepter ou de renoncer se prescrit après le laps de trente ans, et qu'il ne limite pas

35.

en faveur de certaines personnes les effets de la prescription ?

*Troisième opinion.* L'art. 789 ne dit pas que la faculté d'accepter *et* la faculté de répudier se prescrivent; il dit que la faculté d'accepter *ou* de répudier se prescrit; ce qui signifie qu'après le délai de trente ans, la faculté que l'héritier présomptif tenait de la loi, *ou* d'accepter la succession qui lui était déférée, *ou* de la répudier, se trouvent éteinte par la prescription, et qu'ainsi, lorsque l'héritier a laissé passer trente ans, sans avoir fait son option, il se trouve, à défaut de renonciation expresse, héritier définitif, héritier obligé, quoiqu'il n'ait fait aucun acte d'héritier.

En effet, si, d'une part, l'art. 775 dispose que nul n'est tenu d'accepter une succession qui lui est échue, d'autre part, l'art. 724 veut que l'héritier présomptif soit saisi de la succession par la seule disposition de la loi; d'autre part encore, l'art. 784 porte, en termes formels, que la renonciation à une succession ne se présume pas; et enfin, suivant l'art. 797, l'héritier présomptif peut être poursuivi comme héritier, lorsqu'après les délais pour faire inventaire et pour délibérer, il n'a pas fait une renonciation expresse, dans la forme prescrite par la loi.

Or, il résulte évidemment de la combinaison de ces quatre articles, que l'héritier qui est appelé par la loi, qui, par elle, est saisi de la suc-

cession, sans qu'il soit besoin à cet égard d'aucun
acte de sa volonté, peut bien, en manifestant une
volonté contraire, n'être pas héritier et faire cesser la saisine; mais que, s'il ne manifeste pas une
volonté contraire, en renonçant expressément,
et dans la forme prescrite, il est *présumé* accepter
le titre et les droits d'héritier, que la loi lui a
conférés.

Cependant cet état de simple présomption ne
devait pas durer toujours, parce qu'il laisse des
incertitudes, et c'est pour le rendre *définitif,* que
le législateur a voulu qu'après un laps de trente
ans depuis l'ouverture de la succession, sans que
l'héritier ait manifesté une volonté contraire, la
faculté qu'avait cet héritier ou de répudier ou
d'accepter la succession, se trouve éteinte par la
prescription, et qu'en conséquence il soit définitivement héritier, conformément à la disposition
de la loi qui l'a appelé et saisi.

Mais, de ce qu'il se trouve déchu, par son fait,
de la faculté de renoncer, il ne s'ensuit pas qu'il
soit également déchu de la faculté d'accepter,
et, tout au contraire, puisqu'il n'est déchu de la
faculté de renoncer, que parce que son silence,
pendant trente ans, fait légalement présumer qu'il a
voulu accepter le titre et les droits qui lui avaient
été conférés par la loi, que parce que le défaut
de renonciation de sa part, dans l'intervalle de
trente ans, fait justement présumer qu'il a voulu

être héritier, ilserait évidemment contradictoire
que cependant il ne fût pas considéré comme héritier, et qu'il fût aussi déchu de la faculté d'accepter la succession.

N'ayant plus la faculté de renoncer, il se trouve
nécessairement héritier; il se trouve même héritier par sa propre volonté, puisqu'il pouvait ne
pas l'être, en renonçant; et dès-lors ne serait-il
pas inconciliable que cependant il ne pût être
héritier, quoiqu'il ait voulu l'être; qu'il fût privé
de la faculté d'accepter, quoiqu'au contraire il
se soit laissé volontairement déchoir de la faculté
de renoncer, et qu'enfin il fût, en même temps,
héritier puisqu'il ne pourrait renoncer, et non
héritier, puisqu'il ne pourrait accepter ?

Et d'ailleurs, comme ce ne peut être qu'à raison de ce que son acceptation est *légalement présumée*, qu'après trente ans la loi ne l'admet plus
à renoncer, son acceptation, au moins *tacite*, est
donc certaine aux yeux de la loi; il ne s'agit donc
plus de savoir si *désormais* il a le droit d'accepter, puisque, pendant les trente ans, il est présumé légalement avoir accepté, en n'usant pas,
pendant cette longue période de trente ans, de
la faculté qu'il avait de renoncer.

On conçoit bien que, lorsque l'héritier présomptif a renoncé dans les trente ans, le droit
qu'il aurait encore d'accepter la succession, dans
les cas prévus par l'art. 790, se trouve prescrit

après l'expiration des trente années depuis l'ouverture de la succession, et qu'en conséquence il ne puisse revenir contre sa renonciation, ainsi que l'explique formellement l'art. 790. Ne pouvant être présumé avoir voulu, pendant les trente ans, user de son droit d'accepter, puisqu'au contraire il y a renoncé, ce droit doit être, comme tous les autres droits réels, soumis à la prescription, et il n'en résulte aucun des inconvéniens qui ont été précédemment signalés ; car l'héritier demeure *en état de renonciation*, puisqu'il a usé, pendant les trente ans, de la faculté de renoncer, et qu'il n'a pas usé de la faculté d'accepter; il ne sera donc pas, tout à la fois, renonçant et acceptant.

Mais on ne conçoit pas que le droit d'accepter se trouve également prescrit contre l'héritier qui a laissé prescrire le droit de renoncer, et qui n'est plus admis à renoncer, par la raison qu'il est légalement présumé avoir accepté tacitement, et avoir voulu être héritier, en ne renonçant pas.

Il faut donc conclure que la prescription du droit de renoncer, rend *définitive* la qualité d'héritier sur la tête de l'héritier présomptif, et qu'ainsi elle est nécessairement exclusive de la prescription *simultanée* du droit d'être héritier.

De ces explications, il résulte que la disposition de l'art. 789 doit être entendue et appliquée distributivement, en ce sens, 1° que la prescription de la faculté de renoncer, est acquise contre l'héritier présomptif qui, pendant trente ans, n'a pas manifesté, par une renonciation expresse, sa volonté de n'être pas héritier, qu'il est censé avoir accepté tacitement, et qu'il est définitivement héritier ; 2° qu'à l'égard de la faculté d'accepter, elle n'est prescrite, après les trente ans, que contre l'héritier qui, dans cet intervalle, a renoncé, et qu'en conséquence cet héritier ne peut plus user du bénéfice accordé par l'art. 790.

Il est vrai qu'à l'égard des tiers qui, pendant trente ans, auraient possédé les biens de la succession, l'héritier ne serait pas recevable à exercer l'action en revendication ; mais ce ne serait pas parce qu'il serait déchu, après trente ans depuis l'ouverture de la succession, de la faculté d'accepter, ni parce qu'il ne serait pas héritier ; ce serait, parce que l'action en pétition d'hérédité, ou en revendication des biens de la succession, contre les tiers détenteurs, se prescrit, comme toutes les actions réelles, par le laps de trente ans.

Aussi, même après les trente ans depuis l'ouverture de la succession, l'héritier pourrait exercer l'action en revendication, si les tiers détenteurs n'avaient pas encore possédé pendant trente ans, parce qu'il est certain qu'à quelque époque que sa qualité d'héritier soit devenue définitive, il a été héritier dès le moment du décès, propriétaire de la succession dès l'instant où elle s'est ouverte ; qu'en vertu de la saisine légale, il a eu la possession des biens jusqu'au moment où cette possession a été prise de fait par des tiers, et qu'en conséquence il ne peut avoir perdu la propriété, que par une possession trentenaire, dans les mains de ces tiers.

Cette dernière opinion est la mienne. Il me semble que c'est celle qui se concilie le mieux avec les divers articles que j'ai cités, et d'ailleurs elle ne présente pas ce résultat, qui me paraît inadmissible, qu'après les trente ans l'héritier puisse être tout à la fois, considéré comme acceptant et comme renonçant.

Au reste, la disposition de l'art. 789 est si vague, qu'elle peut aisément se prêter aux deux premières opinions ; mais puisqu'on est forcé de l'interpréter, je préfère l'interprétation qui me semble se rapprocher le plus des principes de la matière.

2. Dans tous les cas, je regarde comme certain que l'héritier présomptif qui, dans les trente ans de l'ouverture de la succession, n'a pas renoncé, se trouve nécessairement obligé au paiement des dettes de l'hérédité.

S'il était vrai, comme on le dit, que cet héritier pût encore renoncer, à l'égard des créanciers de la succession, que signifierait donc cette disposition de l'art. 789, qui porte que la faculté de renoncer à une succession, se prescrit par le laps de trente ans? On ne peut plus exercer un droit ou une faculté qu'on a laissé prescrire; et lorsque la loi prononce la prescription, d'une manière générale, il ne peut être permis d'en restreindre les effets, ou à certains cas, ou à l'égard de certaines personnes seulement.

Sans doute, nul n'est héritier qui neveut; mais l'héritier présomptif est légalement présumé avoir voulu être héritier, lorsque, pendant trente ans, il n'a pas usé de la faculté de renoncer : il faut un terme à tout. Dans ce cas, l'héritier ne peut imputer qu'à sa propre négligence le préjudice qu'il éprouve.

Cependant si l'on admet, conformément à mon opinion, que la prescription dela faculté de renoncer, est exclusive de la prescription simultanée de la faculté d'accepter, il s'ensuivra que l'héritier présomptif pourra, même après les trente ans, se porter encore héritier bénéficiaire, et cela me paraît juste; car il ne résulte pas de ce que l'héritier n'a pas renoncé, qu'il ait voulu accepter purement et simplement.

Mais il ne pourrait plus se porter héritier bénéficiaire, dans le sens de l'opinion qui suppose que la faculté d'accepter se trouve également prescrite après les trente ans.

Et vainement, pour adoucir aussi, dans le sens de cette opinion, l'effet de la dis position de l'article 789, on dirait que la loi n'ayant pas distingué entre les deux espèces d'acceptation, rien n'empêchera que l'héritier qui aura laissé prescrire la faculté de répudier, accepte ensuite sous bénéfice d'inventaire, et se libère, par là, de l'obligation d'acquitter les dettes de la succession sur ses biens personnels.

C'est précisément parce que l'art. 789 n'a pas distingué entre les deux espèces d'acceptation, c'est précisément parce qu'il a dit, d'une manière générale et sans distinction, que la faculté d'accepter se prescrit par le laps de trente ans, qu'il faudrait conclure que, si la faculté d'accepter se prescrivait en même temps que la faculté de renoncer, la faculté d'accepter sous bénéfice d'inventaire se trouverait prescrite après les trente ans, comme la faculté d'accepter purement et simplement. Le mot *accepter*, employé sans restriction, s'applique également aux deux espèces d'acceptation. Une succession, dit l'art. 774, peut être acceptée, ou purement et simplement, ou sous bénéfice d'inventaire.

## ARTICLE 790.

Tant que la prescription du droit d'accepter n'est pas acquise contre les héritiers qui ont renoncé, ils ont la faculté d'accepter encore la succession si

elle n'a pas déjà été acceptée par d'autres
héritiers, sans préjudice néanmoins des
droits qui peuvent être acquis à des tiers
sur les biens de la succession, soit par
perscription, soit par actes valablement
faits avec le curateur à la succession vacante.

1. On a vu précédemment qu'il est de règle
générale, que l'héritier présomptif qui a renoncé
à la succession, n'est plus admis ensuite à l'accepter, et que cependant il y a exception, lorsque la renonciation a été la suite d'un dol pratiqué contre l'héritier, ou qu'elle lui a été extorquée par violence.

L'art. 790 contient encore une autre exception
à cet égard ; mais, pour qu'elle ait lieu, il faut
la réunion de deux conditions : la première, que
la prescription du droit d'accepter ne soit pas
acquise contre l'héritier qui a renoncé à la succession, et qui veut la reprendre ; la seconde,
que la succession n'ait pas encore été acceptée
par d'autres héritiers.

La première de ces conditions a déjà été expliquée dans les observations sur l'article précédent; on y a vu comment, par quel laps de temps
et au profit de qui, la prescription du droit d'accepter est acquise.

La seconde condition est très-équitable, puisqu'elle a pour objet de maintenir les droits que d'autres héritiers peuvent avoir acquis depuis la renonciation.

Lorsqu'un héritier présomptif renonce, il est censé n'avoir jamais été héritier; sa part accroît à ses cohéritiers dans la même ligne, et, s'il est seul, elle est dévolue au degré subséquent, ainsi qu'il a été expliqué sur l'art. 786. Il est donc à l'instant, remplacé par d'autres héritiers que la loi appelle à son défaut; et si ces héritiers acceptent la succession qu'il a abandonnée, ils y acquièrent tous les droits qu'il aurait eus lui-même; ils sont même censés avoir été les seuls héritiers, depuis le moment de l'ouverture de la succession; or, il ne serait pas juste que l'héritier qui a volontairement renoncé, pût les dépouiller des droits qui leur sont légalement acquis. C'est déjà une assez grande faveur, que de l'avoir admis, malgré sa renonciation, à reprendre la succession qui se trouve encore vacante; on ne devait pas, sans doute, étendre la faveur jusqu'à l'admettre à reprendre ce qui était déjà légalement acquis à des tiers. Il a eu des délais assez longs pour délibérer; il pouvait aussi n'accepter que sous bénéfice d'inventaire, et lorsqu'il s'est décidé à renoncer, sans qu'il y ait eu contre lui dol ni violence, il ne peut être fondé à se plaindre des effets qu'a produits sa renonciation.

2. De là, il résulte,

1º Que, si l'héritier présomptif qui a renoncé, avait dans sa ligne, paternelle ou maternelle, des cohéritiers qui eussent accepté la succession, il ne pourrait pas revenir contre sa renonciation, lors même que ces cohéritiers auraient accepté avant qu'il renonçât, parceque leur acceptation est indivisible, et qu'ils ne peuvent en conséquence refuser la part du renonçant, laquelle leur est déférée par voie d'accroissement; (*voyez* le nº 9 des observations sur l'art. 786);

2º Que, si la part du renonçant avait été dévolue, à défaut de cohéritiers dans la même ligne à des parens du degré subséquent, le renonçant ne serait plus admis à réclamer, dès le moment où ces parens auraient accepté la succession qu'il a répudiée;

3º Que, si deux cohéritiers présomptifs dans la même ligne avaient renoncé à la succession; et qu'elle n'eût pas été acceptée par d'autres, le premier des deux qui révoquerait sa renonciation, empêcherait l'autre d'accepter; celui-ci trouvant la succession déjà acceptée, ne pourrait plus jouir du bénéfice accordé par l'art. 790.

3. Il suffit que la succession ait été acceptée sous bénéfice d'inventaire, pour que l'héritier qui a renoncé, ne soit plus admis à accepter, lors même qu'il voudrait accepter purement et simplement.

L'art. 790 dit généralement que l'héritier qui a renoncé, pourra accepter encore la succession, *si elle n'a pas été déjà acceptée par d'autres héritiers ;* et comme il ne distingue pas entre l'acceptation sous bénéfice d'inventaire et l'acceptation pure et simple, la distinction ne doit pas être admise.

D'ailleurs, on a déjà fait remarquer qu'il n'y a dans le Code civil aucune disposition d'après laquelle l'héritier pur et simple doive être préféré à l'héritier bénéficiaire.

4. L'héritier qui a renoncé, conserve-t il encore la faculté d'accepter, lorsque la succession a passé, non pas à des héritiers légitimes, mais à des successeurs irréguliers qui en ont obtenu l'envoi en possession ?

J'avais adopté d'abord l'affirmative, et je m'étais fondé sur ce que l'héritier qui a renoncé, ne perd, suivant les termes même de l'art. 790, la faculté d'accepter encore, que lorsque la succession a été acceptée *par d'autres héritiers*, et que le Code civil refuse formellement aux successeurs irréguliers le titre et les droits *d'héritiers.*

Mais on a eu raison de critiquer cette opinion; et je reconnais que l'opinion contraire est plus conforme à l'esprit de la loi, qui a eu pour objet de maintenir les droits acquis à des tiers par l'effet de la renonciation de l'héritier; plus conforme même au texte de l'art. 790, puisque cet article, en relevant l'héritier de sa renonciation, ne maintient que les actes valablement faits avec le curateur à la succession vacante, et qu'il aurait dû maintenir également les actes valablement faits avec les successeurs irréguliers, s'il avait été dans son intention que, lors même que l'hérédité aurait été recueillie par ces successeurs, l'héritier qui l'avait précédemment répudiée, pût encore l'accepter et la reprendre.

Il faut donc décider, d'une manière générale, que l'héritier ne peut révoquer sa renonciation pour accepter la succession, que lorsque la succession est demeurée vacante.

5. L'héritier renonçant, qui se trouve admis à accepter encore la succession, a le droit de demander compte au curateur, s'il en a été nommé à la succession vacante, ou à tous autres qui auraient administré les biens; il a le droit de se faire restituer les fruits et les jouissances.

Mais aussi il est tenu d'exécuter les actes que le curateur a pu faire en sa qualité, si ces actes ont été faits valablement, et il ne peut, d'ailleurs, porter atteinte aux droits qui, depuis sa renonciation, et même depuis l'ouverture de la succession, ont été acquis à des tiers, sur les biens de l'hérédité, soit par prescription, soit de toute autre manière légale.

## ARTICLE 791.

On ne peut, même par contrat de mariage, renoncer à la succession d'un homme vivant, ni aliéner les droits éventuels qu'on peut avoir à cette succession.

Telle était la disposition du droit romain. Par la loi dernière, ff. *de suis et legit. hœred.*, et par la loi *pactum dotali 5*, cod. *de collationibus*, il avait formellement prohibé toute espèce de renonciations aux successions non échues.

Mais, en France, ces renonciations avaient été admises, dans les contrats de mariage, par le plus grand nombre des coutumes; la jurisprudence les avait mêmes introduites dans les pays de droit écrit, et l'on sait combien d'injustices elles consacraient.

Il était bien rare qu'on permît aux filles de se marier, sans exiger qu'elles renonçassent, au profit des mâles, aux successions de leurs père et mère, et même de tous leurs parens, soit en ligne directe, soit en ligne collatérale.

Les auteurs du Code civil ont pensé qu'il suffisait, pour maintenir l'autorité paternelle et pour les intérêts des familles, de laisser aux pères et

mères la faculté de disposer librement d'une
portion de leurs biens, en faveur d'un ou de
plusieurs de leurs enfans; mais que les renonciations à des successions futures, étant de véritables exhérédations, puisqu'elles n'étaient jamais
volontaires, étant d'ailleurs hors du droit commun, puisqu'on ne peut disposer que des choses
dont on est propriétaire, et n'ayant enfin que trop
souvent établi de longues dissentions dans les familles, ne devaient plus être autorisées.

Ainsi, d'après la disposition de l'art. 791, il
n'est plus permis, soit de renoncer à la succession
d'un homme vivant, soit d'aliéner la totalité ou
une partie des droits éventuels qu'on peut avoir
sur cette succession.

Et comme la mauvaise foi aurait pu inventer
d'autres stipulations, pour éluder la disposition
de cet article, le législateur a cru devoir, dans
la suite du Code, exprimer, d'une manière encore plus générale, la prohibition qu'il avait prononcée. Après avoir répété, dans l'art. 1130,
qu'on ne peut renoncer à une succession non ouverte, il a ajouté : *ni faire aucune stipulation sur
une pareille succession, même avec le consentement de celui de la succession duquel il s'agit.*

Il en résulte que tous traités, toutes conventions, sur une succession non échue, quels que
soient leur objet et leurs termes, sont essentiellement nuls.

## ARTICLE 792.

Les héritiers qui auraient diverti ou recélé des effets d'une succession, sont déchus de la faculté d'y renoncer: ils demeurent héritiers purs et simples, nonobstant leur renonciation, sans pouvoir prétendre aucune part dans les objets divertis ou recélés.

1. Lorsqu'un héritier présomptif prend des effets de la succession, et lors même qu'il les prend, sans intention de les divertir, c'est-à-dire, d'en frustrer ses cohéritiers ou les créanciers de la succession, mais seulement pour en jouir, pour en disposer, il fait acte d'héritier, puisque ce n'est qu'en qualité d'héritier qu'il a eu le droit de prendre ces effets, et il n'en faut pas davantage pour qu'il soit déchu de la faculté de renoncer; il en doit donc être de même, à plus forte raison, à l'égard de l'héritier présomptif qui divertit ou recèle des effets de la succession; car la fraude qu'il a pratiquée, en prenant les effets, pour en frustrer ses cohéritiers et les créanciers de la succession, ne peut, sans doute, le faire traiter plus favorablement que celui qui a pris de bonne foi et publiquement.

Lors même qu'ensuite il renoncerait, il n'en
36.

demeurerait pas moins héritier pur et simple, puisqu'on ne peut pas renoncer valablement, après avoir fait acte d'héritier.

Il est juste encore qu'il soit puni de la fraude qu'il a voulu pratiquer, au préjudice de ses cohéritiers et des créanciers ; la loi le punit, en disposant qu'il ne pourra, quoique héritier, prendre aucune part dans les objets divertis ou recélés ; qu'il sera tenu de rapporter à la masse de la succession.

2. Il est évident que la disposition de l'art. 792, n'a été faite qu'en faveur des créanciers de la succession et des cohéritiers de celui qui a diverti ou recélé les effets. Les créanciers et les cohéritiers pourraient donc ne pas user de cette faveur, et se borner à réclamer la restitution des effets divertis ou recélés, sans être tenus de faire annuller la renonciation que l'auteur du larcin aurait faite sans exiger qu'il fût déclaré héritier. Il ne serait pas recevable, sans doute, à se prévaloir de sa fraude, pour devenir héritier, malgré eux après avoir renoncé.

Mais les créanciers pourraient, sans le concours des autres héritiers, faire déclarer héritier pur et simple celui qui aurait diverti ou recélé, parce qu'ils peuvent avoir intérêt à ce qu'il soit tenu, personnellement et sur ses propres biens, du paiement des dettes ; et néanmoins, je pense que, dans ce cas, les autres héritiers pourraient, en désintéressant les créanciers, s'opposer à la révocation de la renonciation.

3. Lorsqu'un héritier n'a diverti ou recélé des effets de la succession, *qu'après avoir renoncé* avec les formalités prescrites par la loi, peut-on lui appliquer la disposition de l'art. 792, et le faire en conséquence déclarer héritier pur et simple ?

Il me semble résulter clairement des termes de l'article, que sa disposition n'est point applicable à ce cas.

En effet, l'article dit, d'abord, que les héritiers qui auraient diverti ou recélé des effets d'une succession, sont déchus de la faculté d'y renoncer : or, ces termes, *qui AURAIENT diverti ou recélé... sont déchus*, ne peuvent évidemment s'appliquer qu'à des héritiers qui ont diverti ou recélé, avant d'avoir pris qualité, et qui, à raison de ce fait, sont déchus de la faculté de renoncer, c'est-à-dire, qui ont perdu la faculté de renoncer, que, sans ce fait, ils auraient eue.

L'article ajoute ensuite qu'ils demeurent héritiers purs et simples, nonobstant leur renonciation : or, ces mots, *DEMEURENT héritiers purs et simples*, ne peuvent s'appliquer qu'à des héritiers présomptifs qui, en divertissant ou recelant des effets de la succession, avaient déjà fait acte d'héritier, avant de renoncer, et qui, nonobstant la renonciation qu'ils font ensuite, *d meurent*, c'est-à-dire, *restent* héritiers purs et simples.

C'est ainsi que l'article a été entendu et interprété par presque tous les commentateurs.

Et d'ailleurs, puisqu'aux termes de l'art. 785, l'héritier qui a renoncé, est censé n'avoir jamais été héritier, il est donc devenu, par sa renonciation, absolument étranger à la succession, de même que s'il n'y avait pas été appelé; il ne peut donc plus faire un acte d'héritier, puisque, par sa renonciation, il a perdu irrévocablement le titre et la qualité d'héritier.

Le droit romain disait expressément que l'héritier sien, le seul qui, par le recélé, était censé faire acte d'héritier, n'était pas considéré comme héritier réel, et pouvait seulement être poursuivi comme coupable de vol, s'il avait recélé des effets de la succession, aprés avoir renoncé. Loi 12, § 9, *d. de acquirendâ vel omittendâ hæreditate.*

Telle était aussi la jurisprudence constante, soit dans les pays de droit écrit, soit dans les pays coutumiers, ainsi que l'attestent Domat et Lebrun.

En conséquence, tous les auteurs professaient conformément à la loi précitée, qu'il fallait distinguer si l'héritier avait diverti ou recélé des effets de la succession, avant ou après sa renonciation; que, s'il n'avait diverti ou recélé qu'après avoir renoncé, il devait être, ainsi que tout autre étranger à la succession, poursuivi par action criminelle, comme coupable du vol de la chose d'autrui; mais que, s'il avait diverti ou recélé avant d'avoir renoncé, on ne pouvait diriger contre lui qu'une action civile tendante à le faire condamner à la restitution des objets divertis ou recélés, et à le faire, en outre, déclarer héritier pur et simple.

Cette doctrine, fondée sur les véritables principes de la matière, loin d'avoir été abrogée par le Code civil, me paraît, au contraire, formellement consacrée par les termes des articles 785 et 792, et je pense qu'elle doit être toujours suivie.

4. Cependant il peut y avoir exception dans le cas où l'héritier a diverti ou recélé des effets de la succession, après avoir renoncé, mais avant que cette succession eût été acceptée par d'autres héritiers. Comme l'héritier qui a renoncé, a le droit, suivant l'art. 790, d'accepter encore la succession, tant qu'elle n'a pas été acceptée par d'autres héritiers, on est fondé à dire que, si, avant qu'elle fût acceptée par d'autres héritiers, il y a pris des effets, c'est qu'il a voulu revenir sur sa renonciation, et faire acte d'adition d'hérédité.

Vainement on opposerait que telle n'a pas été son intention, lorsqu'il a diverti ou recélé des effets. Les actes doivent toujours être interprétés de la manière la moins défavorable pour leurs auteurs, et il serait plus défavorable de supposer que l'héritier renonçant a voulu commettre un vol, que de supposer qu'il a voulu reprendre la succession.

D'ailleurs, puisque le fait d'avoir diverti des objets de la succession, est un acte d'héritier, lorsqu'il a eu lieu avant la renonciation, pourquoi ne serait-il pas également un acte d'héritier, lorsqu'il a lieu dans un temps où le renonçant peut encore accepter la succession et être héritier?

5. L'art. 792 n'est point applicable aux mineurs, même émancipés, dans la partie de sa disposition, qui porte que l'héritier qui a diverti ou recélé des effets de la succession, est héritier pur et simple. En effet, suivant les art. 461, 484 et 776, les mineurs, même émancipés, ne peuvent jamais être héritiers que sous bénéfice d'inventaire; ils n'ont pas la capacité d'accepter purement et simplement; et conséquemment, par aucun fait, par aucun acte, ils ne peuvent se rendre héritiers purs et simples.

L'art 792 n'est pas non plus applicable à ces mineurs, en ce qu'il porte que l'héritier qui a diverti ou recélé, est déchu de la faculté de renoncer a la succession. Puisque les mineurs ne peuvent, sans une autorisation expresse d'un conseil de famille, et sans l'assistance de leurs tuteurs ou curateurs, ni accepter une succession, ni la répudier, il en résulte que, par aucun fait, par aucun acte, qui leur soit personnel, ils ne peuvent être déchus, ni de la faculté de renoncer, ni de la faculté d'accepter.

Mais il y aurait lieu, dans tous les cas, soit contre les mineurs, soit contre leurs tuteurs ou curateurs, à une action en restitution des objets divertis ou recélés. (*Voyez* les n$^{os}$ 2 et 4 des observations sur l'art. 801.)

## SECTION III.

*Du bénéfice d'inventaire, de ses effets, et des obligations de l'héritier bénéficiaire.*

## ARTICLE 793.

La déclaration d'un héritier, qu'il entend ne prendre cette qualité que sous bénéfice d'inventaire, doit être faite au greffe du tribunal civil de première instance dans l'arrondissement duquel la succession s'est ouverte : elle doit être inscrite sur le registre destiné à recevoir les actes de renonciation.

1. Ce n'est qu'après avoir essayé de divers moyens pour venir au secours des héritiers, que

le droit romain a établi le mode d'acceptation sous bénéfice d'inventaire.

Dans le principe, le droit de délibérer avait été introduit en faveur des héritiers étrangers, parce qu'ils étaient les seuls qui eussent la faculté de répudier ; mais, lorsque le préteur eut accordé aux héritiers siens la faculté de s'abstenir, il dut leur accorder également le droit de délibérer. *L.* 8, *ff. de jure deliberandi.*

Pendant la durée du délai, on devait communiquer à l'héritier tous les titres et papiers du défunt, afin qu'il pût les examiner et faire son option en connaissance de cause. *L.* 5, *ff. eod.*

Mais si, après l'expiration du délai, il ne répudiait pas, il demeurait héritier pur et simple, quoiqu'il n'eût fait aucun acte d'héritier, et il était obligé à toutes les dettes et charges de la succession, même au-delà de l'émolument. *L.* 22, §. 14, *Cod. de jur. delib.*

On reconnut que ce droit de délibérer était insuffisant ; car il arrivait souvent que l'héritier malgré toutes les précautions qu'il avait pu prendre pour s'assurer des forces de la succession, dans le delai qui lui était accordé, se trouvait obéré tout-à-coup par l'apparition soudaine de créanciers qui jusqu'alors ne s'étaient pas fait connaître.

Adrien voulant faire cesser cet inconvénient grave, établit que l'héritier aurait la faculté, dans

le cas qui vient d'être énoncé, de se faire restituer en entier contre son acceptation.

L'empereur Gordien accorda un droit à peu
près semblable aux soldats, §. 5, *inst. de hœred.
qualitate.* Ce privilége, qui leur fut conservé par
le §. 5 de la loi 22, au Code, *de jure deliberandi,*
consistait, non-seulement dans la faculté qui leur
était donnée de se faire restituer en entier contre
l'acceptation qu'ils auraient faite d'une succession onéreuse, mais encore dans l'avantage de
n'être tenus des dettes, que jusqu'à concurrence
des biens, quoiqu'ils ne fissent pas d'inventaire,
ou qu'ils en fissent un irrégulier. (*Voyez* Cujas
et Godefroy sur le §. 5 précité.)

Mais ces expédiens entraînaient aussi de nom-
breux et graves inconvéniens.

Enfin Justinien introduisit, par la loi *scimus,*
au Code, *de jure deliberandi,* un droit tout nouveau, en organisant ce qu'on appelle le *bénéfice
d'inventaire.*

Ce bénéfice, qui fut admis par nos coutumes,
et que le Code civil a conservé, est, comme on
l'a dit précédemment, un privilége accordé
*par la loi* à l'héritier présomptif, pour accepter
la succession, sans être tenu des dettes et des
charges au delà de la valeur des biens qui composent l'hérédité, sans que ces biens personnels
soient engagés, et sans qu'il perde le droit de
réclamer le paiement des créances qu'il pourrait

avoir contre le défunt; au lieu que l'héritier qui a accepté purement et simplement, est tenu indéfiniment de toutes les dettes et charges *ultrà vires*, confond ses biens personnels avec ceux de la succession, et ne peut réclamer le paiement de ses propres créances qu'après l'acquit de toutes les dettes et de toutes les charges de l'hérédité.

On expliquera plus amplement sur l'art. 802, quels sont les effets du privilége de l'acceptation sous bénéfice d'inventaire.

2. Mais si la loi s'est occupée des intérêts des héritiers, elle a pris aussi toutes les mesures convenables pour que le privilége du bénéfice d'inventaire ne pût porter aucune atteinte aux droits et au gage des créanciers de la succession. On verra dans les articles suivans, quelles sont les obligations qu'elle a imposées à cet égard aux héritiers bénéficiaires.

3. Il était d'usage dans les pays coutumiers, que celui qui voulait n'accepter que sous bénéfice d'inventaire, devait obtenir du roi, en chancellerie, des lettres dites *de bénéfice d'inventaire*, qui, avant d'être mises à exécution, devaient être entérinées par le juge du lieu de l'ouverture de la succession.

Ces formalités furent abrogées par l'art. 21 de la loi du 7 septembre 1790.

Suivant la disposition de l'art. 793 du Code civil, il suffit que l'héritier présomptif fasse au greffe du tribunal de première instance, dans l'arrondissement duquel la succession s'est ouverte, la déclaration qu'il n'entend prendre la qualité d'héritier, que sous bénéfice d'inventaire.

Cette déclaration doit être inscrite sur les registres qui sont établis par l'art. 784, pour recevoir les renonciations.

Il n'est pas nécessaire qu'elle soit faite en présence d'un juge; l'art. 793 ne l'exige ps.

4. La déclaration peut être faite par un fondé de procuration ; mais il faut que la procuration soit authentique et spécial, et qu'elle soit annexée au registre dans lequel est insérée la déclaration.

5. C'est pour que la déclaration soit publique et puisse être connue de toutes les parties intéressées, qu'il a été ordonné qu'elle serait faite au greffe du tribunal de première instance, dans l'arrondissement duquel la succession s'est ouverte; elle ne serait donc pas valable, si elle était faite, où à un autre greffe, ou devant un notaire, puisque les parties intéressées à la connaître, ne sauraient où elles pourraient la trouver, et seraient souvent exposées à en ignorer l'existence, au lieu qu'elles n'ont, d'après la disposition de l'art. 793, qu'à vérifier si elle existe au greffe du tribunal dans le ressort duquel la succession s'est ouverte.

6. On a vu dans les observations sur l'art. 774, quelles sont les personnes qui ont le droit d'accepter sous bénéfice d'inventaire, et que l'accep-

tation ne peut être valable et obligatoire, que lorsqu'elle a été faite après l'ouverture de la succession.

7. Il est incontestable que l'héritier majeur, qui aurait déjà fait acte d'héritier pur et simple, ne serait plus recevable à déclarer qu'il n'entend accepter la succession que sous bénéfice d'inventaire, à moins qu'il n'eût fait révoquer son acceptation pure et simple, dans les cas prévus par les art. 783 et 1111.

On examinera sur l'art. 800, si l'héritier contre lequel aurait été rendu un jugement, passé en force de chose jugée, qui le condamnerait en qualité d'héritier pur et simple, serait encore recevable à déclarer qu'il n'entend accepter que sous bénéfice d'inventaire.

## ARTICLE 794.

Cette déclaration n'a d'effet qu'autant qu'elle est précédée ou suivie d'un inventaire fidèle et exact des biens de la succession, dans les formes réglées par les lois sur la procédure, et dans les délais qui seront ci-après déterminés.

1. L'héritier bénéficiaire n'étant tenu des dettes et des charges de la succession, que jusqu'à concurrence des biens dont elle se compose, il est

nécessaire que cet héritier fasse constater, par un inventaire exact et régulier, la consistance et la valeur des biens, afin qu'on ne lui demande pas plus qu'il n'a trouvé dans la succession, et que lui-même n'ait pas la possibilité de soustraire aux créanciers et aux légataires une partie de ce qu'il a recueilli.

Ainsi, la déclaration de l'héritier qu'il n'entend accepter la succession que sous bénéfice d'inventaire, ne suffit pas. Pour donner effet à cette déclaration, il faut que l'héritier fasse procéder à l'inventaire sous bénéfice duquel il veut être admis à accepter; sinon, sa déclaration est considérée comme non avenue. C'est un dessein resté sans exécution.

2. L'art. 794 exige un inventaire *des biens de la succession;* ce n'est donc qu'après l'ouverture de la succession, que doit être fait cet inventaire, et conséquemment tout autre inventaire antérieur, fait par un autre héritier présomptif qui aurait renoncé, ou par un curateur à la succession vacante, ou par le défunt lui-même, ne pourrait pas dispenser l'héritier bénéficiaire d'en faire un nouveau. C'est à lui personnellement que l'obligation est imposée, parce qu'il doit être responsable, s'il y a des infidélités ou des inexactitudes; et d'ailleurs, depuis l'inventaire fait par un tiers, il peut avoir été acquis ou découvert de nouveaux effets qui dépendent de la succession.

Cependant, s'il existait un précédent inventaire fait régulièrement et récemment, il suffirait
que l'héritier bénéficiaire fît procéder à un procès verbal de récolement, dans lequel il aurait
soin, 1° de faire comprendre tout ce qui aurait
été omis, et tout ce qui aurait été acquis ou découvert depuis l'inventaire ; 2° de faire ajouter
l'estimation des effets, si elle n'avait pas eu lieu
dans l'inventaire; 3° de faire distraire les objets
inventoriés qui ne se retrouveraient plus dans la
succession.

3. S'il y avait plusieurs héritiers bénéficiaires,
et que l'un deux eût fait procéder à un inventaire
régulier, cet inventaire servirait aux autres héritiers ; cependant s'il était infidèle ou inexact,
ceux qui s'en serviraient, sans en avoir fait réparer les vices, partageraient la responsabilité
de l'héritier qui en serait l'auteur, et, comme
lui, ils pourraient être déchus du bénéfice d'inventaire, aux termes de l'art. 801, à moins qu'ils
ne prouvassent qu'ils en ont ignoré les vices et
qu'ils n'ont pas agi de mauvaise foi.

4. Il est indifférent que l'inventaire soit fait avant
ou après la déclaration exigée par l'art. 793,
puisqu'il est dit dans l'art. 794, que cette déclaration doit être *précédée* ou *suivie* d'un inventaire.

5. Un inventaire ne mériterait aucune confiance, s'il n'était pas fait avec toutes les formalités qui sont propres à en constater la date et

l'exactitude, aussi l'art. 794 a formellement ordonné que cet inventaire serait fait dans les formes réglées par les lois sur la procédure.

Ces formes ont été déterminées par l'art. 943 du Code de procédure civile.

L'inobservation des formalités prescrites par cet article, rendrait l'inventaire irrégulier et ferait déchoir l'héritier du bénéfice d'inventaire.

Parmi ces formalités, on remarquera celle qui exige que l'inventaire soit fait par un notaire, et celle qui exige que tous les effets soient décrits et estimés.

L'art. 942 du même Code, indique les personnes en présence desquelles doit être fait l'inventaire.

6. Il ne suffit pas que l'inventaire soit régulier, il faut encore qu'il soit exact et fidèle, c'est-à-dire, qu'il comprenne la description de tous les meubles et effets mobiliers de la succession, la déclaration de tous les titres actifs et passifs, la désignation de tous les papiers et documens relatifs aux biens de l'hérédité.

Lorsqu'il y a des dettes actives dont il n'existe aucun acte par écrit, ou dont les actes ne se trouvent pas dans les papiers du défunt, l'héritier qui en a connaissance, doit les déclarer dans l'inventaire.

Il doit également déclarer les dettes passives dont il a connaissance.

En un mot, il doit apporter à l'inventaire le

plus grand soin et la plus grande bonne foi ; car
s'il se rend coupable de recélé, ou s'il omet ,
sciemment et de mauvaise foi , de faire comprendre dans l'inventaire des effets de la succession ,
il demeure déchu du bénéfice d'inventaire, ainsi
qu'on le verra sur l'art. 801 , et il reste héritier
pur et simple , sans pouvoir même prendre aucune part dans les objets divertis ou recélés ,
ainsi qu'on l'a vu sur l'art. 792.

7. En règle générale, il n'est pas nécessaire
que l'inventaire soit précédé d'une apposition de
scellés sur les meubles et effets de la succession.
L'art. 810 , qui se trouve dans la section où sont
déterminées les obligations de l'héritier bénéficiaire, dit que les frais de scellés, s'il en a été
apposé, seront à la charge de la succession, et
l'on doit conclure de ces expressions, *s'il en a été
apposé*, que l'apposition des scellés n'est pas exigée dans tous les cas.

Il faut suivre la distinction établie à cet égard
par l'art. 819.

Cet article dispose que, si tous les héritiers sont
présens et majeurs, l'apposition de scellés sur les
effets de la succession n'est pas nécessaire ; puis
il ajoute que, si tous les héritiers ne sont pas présens, ou s'il y a parmi eux des mineurs ou des
interdits ; le scellé *doit être apposé* dans le plus
bref délai, soit à la requête des héritiers, soit à la
diligence du procureur du roi, etc.

Ainsi, dans le second cas prévu par cet article,

celui des cohéritiers, qui veut n'accepter que sous bénéfice d'inventaire, est tenu de faire apposer les scellés, avant de faire procéder à l'inventaire, et quoique, dans le premier cas, il n'y soit pas obligé, il a cependant la faculté de les faire apposer, avant ou après sa déclaration.

Il est même de la prudence que, lorsqu'il est seul héritier, il les fasse apposer, pour ne pas s'exposer à des reproches ou à des soupçons de soustraction, ou d'infidélité.

8. L'héritier bénéficiaire ne peut se dispenser de faire inventaire, lors même que le défunt l'en aurait formellement dispensé par son testament, et lui aurait permis de se porter héritier bénéficiaire, sans observer cette formalité. La raison est, que c'est la loi qui accorde le bénéfice d'inventaire, qu'ainsi à elle seule appartient le droit de le régler, de le régir, et qu'en conséquence l'homme ne peut substituer, dans cette matière, sa volonté personnelle à la volonté de la loi.

Comment d'ailleurs pourrait-il être permis au testateur de donner à son héritier un moyen de frustrer ses créanciers, en l'autorisant à ne pas faire inventaire ?

Et comment l'héritier prouverait-il, à défaut d'inventaire, que les biens qu'il a recueillis, sont absorbés par les dettes et les charges qu'il a déjà acquittées ?

37.

Que de procès s'élèveraient sur les preuves à faire, soit de la consistence, soit de la valeur des biens !

## ARTICLE 795.

L'héritier a trois mois pour faire inventaire, à compter du jour de l'ouverture de la succession.

Il a de plus, pour délibérer sur son acceptation ou sa renonciation, un délai de quarante jours qui commencent à courir du jour de l'expiration des trois mois donnés pour l'inventaire, ou du jour de la clôture de l'inventaire, s'il a été terminé avant les trois mois.

1. Cet article et les quatre qui suivent, ne s'appliquent pas seulement aux héritiers qui ne veulent accepter que sous bénéfice d'inventaire; ils s'appliquent à tous les héritiers présomptifs qui, avant de se déterminer, ou à accepter purement et simplement, ou à accepter sous bénéfice d'inventaire, ou à renoncer, veulent prendre des renseignemens sur l'état de la succession qui leur est échue; On va voir quels délais leur sont accordés à cet égard ce qu'ils peuvent faire pendant ces délais, et ce qu'on peut faire contre eux.

Ensuite, et à compter de l'art. 800, on revient

à ce qui est particulièrement relatif aux héritiers bénificiaires.

2. Il est juste que l'héritier présomptif, à qui la loi laisse la faculté de répudier la succession qu'elle lui défère, ou de l'accepter de deux manières différentes, ait un délai pour s'instruire des forces et des charges de l'hérédité, et pour délibérer, avec connaissance de cause, sur le parti qu'il lui est le plus avantageux de prendre.

L'inventaire est le moyen le plus propre à lui procurer les renseignemens dont il a besoin. En procédant à cet inventaire, dans les formes qui sont prescrites, il voit quelle est la quotité des effets mobiliers, et quelle en est la valeur; il voit les dettes actives et les dettes passives; il voit, par l'inspection des titres et des papiers, quels sont les immeubles dépendant de la succession.

Cependant, même après cet inventaire, il peut encore avoir besoin de prendre d'autres renseignemens, ou sur des choses qui ne sont pas indiquées par les papiers, ou sur la valeur des immeubles, ou sur d'autres objets à l'égard desquels il n'a pas de connaissances suffisantes.

Deux délais lui sont donc nécessaires, l'un pour faire inventaire, l'autre pour délibérer sur les résultats que cet inventaire peut présenter, d'après les nouveaux renseignemens qu'il tâche de se procurer.

L'art. 1er du titre VII de l'ordonnance de 1667,

accordait à l'héritier trois mois pour faire inventaire, et quarante jours pour délibérer ; et cette
disposition se trouve textuellement maintenue par
l'art. 795 du Code civil.

Mais il faut bien remarquer quelle est l'époque
à laquelle commence à courir chacun de ces délais ; quelle est l'époque à laquelle il finit.

3. Le délai pour faire inventaire, commence
à compter du jour de l'ouverture de la succession ; et comme il n'est que de trois mois, on pourrait en conclure qu'après les trois mois depuis
l'ouverture de la succession, l'héritier ne pourrait
plus faire inventaire, ni même continuer celui
qu'il aurait commencé.

Cependant, il est hors de doute qu'il peut après
trois mois, et pendant les quarante jours qui lui
sont accordés pour délibérer, continuer et même
commencer l'inventaire.

Et en effet, puisque, d'après l'art. 797, il ne peut
être contraint à prendre qualité, qu'après l'expiration des deux délais de quatre mois et dix
jours, qui lui sont accordés pour faire inventaire et pour délibérer, il est évident qu'il a le
droit de faire, pendant ces deux délais, tout ce
qui peut lui procurer des renseignemens sur la
succession ; et d'ailleurs les créanciers n'ont pas
d'intérêt à ce que, s'il n'a pas fait et terminé l'inventaire dans les trois mois, il soit privé de la faculté de le faire dans les quarante jours qui sui

yent, puisque ce n'est toujours qu'après ces quarante jours qu'ils peuvent agir contre lui.

L'art. 800 dispose même expressément, comme on le verra bientôt, qu'après l'expiration des deux délais, l'héritier peut encore faire inventaire; et seulement, dans ce cas, l'héritier supporte personnellement, aux termes de l'art. 799, les frais frustratoires que son retard peut avoir occasionnés.

5. Pour savoir à quelles époques commence et finit le délai pour délibérer, il faut distinguer deux cas.

Lorsque l'inventaire a été clos avant l'expiration des trois mois depuis l'ouverture de la succession, c'est à compter de la clôture de l'inventaire, que commence à courir le délai pour délibérer, l'héritier pouvant *commencer* sa délibération, dès que l'inventaire est fait, puisqu'il y trouve déjà beaucoup de renseignemens sur l'état de la succession.

Lorsque l'héritier a négligé de faire l'inventaire, ou de le terminer, dans les trois mois depuis l'ouverture de la succession, ce n'en est pas moins à l'expiration de ces trois mois que commence à courir le délai de quarante jours pour délibérer. Il ne dépend pas de la volonté de l'héritier de se procurer, au préjudice des créanciers de la succession, des délais plus longs que ceux qui lui sont accordés par la loi. Après les quarante jours, qu'il ait fait ou non inventaire, il peut être contraint à prendre qualité.

Cependant on verra, dans l'art. 798, que la justice peut lui accorder de nouveaux délais, si d'après les circonstances ils sont jugés nécessaires.

6. Lorsque l'héritier meurt pendant les délais pour faire inventaire et pour délibérer, sans avoir fait son option, la succession qui lui était échue, est transmise, suivant l'art. 781, à ses propres héritiers, qui ont, comme lui, le droit de l'accepter ou de la répudier, de son chef; mais ils ne peuvent recueillir, à sa place, la succession qui lui était échue, qu'en acceptant sa propre succession, puisqu'ils ne peuvent recueillir, que comme ses héritiers, l'hérédité que la loi lui avait déférée, et comme, avant d'être tenus d'acccepter ou de répudier sa propre succession, ils ont, en vertu de l'art. 795, un délai de trois mois pour faire inventaire, et un délai de quarante jours pour délibérer, il s'ensuit que, *pendant ces délais,* ils ne peuvent être encore tenus de prendre qualité sur la succession échue à celui dont ils se trouvent héritiers présomptifs. Si, en effet, parce qu'il se serait écoulé déjà trois mois depuis l'ouverture de cette succession, ils étaient obligés de faire leur option dans les quarante jours qui suivent, il en résulterait qu'ils n'auraient en tout qu'un délai de quarante jours pour faire leur option sur la seconde succession, puisqu'ils ne pourraient accepter l'une, sans accepter en même temps l'autre,

# ARTICLE 796.

Si cependant il existe, dans la succession, des objets susceptibles de dépérir ou dispendieux à conserver, l'héritier peut, en sa qualité d'habile à succéder, et sans qu'on puisse en induire de sa part une acceptation, se faire autoriser par justice à procéder à la vente de ces effets.

Cette vente doit être faite par officier public, après les affiches et publications réglées par les lois sur la procédure.

1. On a vu, sur l'art. 779, que l'héritier présomptif peut faire, en cette qualité, les actes conservatoires, de surveillance et d'administration provisoires, sans qu'on puisse en induire de sa part aucune acceptation de l'hérédité.

C'est par les mêmes motifs, pour les intérêts de la succession, que l'art. 796 permet, en outre, à l'héritier présomptif, de faire vendre, en sa seule qualité d'habile à succéder, les objets qui sont susceptibles de dépérir, par exemple, des grains, des fourrages, des boissons, et les objets qui sont dispendieux à conserver, comme des chevaux de main ou de carrosse.

2. Mais, pour que l'héritier présomptif puisse vendre ces objets mobiliers, sans qu'on puisse en induire de sa part une acceptation de la succession, il faut qu'il fasse procéder a la vente, avec les formalités prescrites par l'art. 796 du Code civil, et par l'art. 986 du Code de procédure civile.

Il doit donc, d'abord, présenter au président du tribunal de première instance dans le ressort duquel la succession est ouverte, une requête dans laquelle il expose la nécessité ou l'utilité de faire vendre les objets mobiliers par lui indiqués, et s'il est rendu par le tribunal une ordonnance qui lui permette de vendre, il doit faire procéder à la vente, par un officier public, après les affiches et publications prescrites pour la vente du mobilier, au titre *des Saisies-exécutions*, par le Code de procédure civile.

Aucun prétexte quelconque, même celui d'urgence, ne peut dispenser l'héritier présomptif d'observer ces formalités, et s'il ne les remplissait pas toutes, ce ne serait plus comme simple héritier présomptif, mais comme héritier pur et simple, qu'il serait censé avoir fait procéder à la vente ; il aurait fait réellement acte d'héritier, puisqu'il aurait disposé des objets de la succession, comme s'il en avait été le maître, et qu'il aurait volontairement négligé les formes que la loi lui prescrivait pour le cas où il ne voulait vendre, que comme héritier présomptif, qu'en sa seule qualité d'habile à succéder.

3. De là il résulte que la vente du mobilier, consentie par l'héritier, sans les formalités ci-dessus indiquées, serait valable au profit des acquéreurs : car rien n'a empêché l'héritier présomptif de faire acte d'héritier pur et simple, et de disposer des objets de la succession ; et comme, en vendant sans les formalités prescrites, il a fait acte d'héritier pur et simple, il a eu incontestablement le droit de vendre, ainsi qu'il lui a convenu, les objets de la succession qu'il a acceptée. (*Voyez* le n° 2 des observations sur l'art. 805.)

## ARTICLE 797.

Pendant la durée des délais pour faire inventaire et pour délibérer, l'héritier ne peut être contraint à prendre qualité, et il ne peut être obtenu contre lui de condamnation : s'il renonce lorsque les délais sont expirés, ou avant, les frais par lui faits légitimement jusqu'à cette époque, sont à la charge de la succession.

1. Il serait contradictoire que l'héritier présomptif à qui la loi accorde des délais pour faire inventaire et pour délibérer, pût être cependant contraint, avant l'expiration de ces délais, à prendre qualité, c'est-à-dire, à accepter ou à renoncer.

Il ne serait pas moins contradictoire et injuste qu'avant l'expiration de ces délais il pût être obtenu contre lui, en qualité d'héritier, des jugemens de condamnation, et qu'en vertu de ces jugemens il pût être forcé à payer les dettes de la succession, quoiqu'il n'ait pas encore pris la qualité d'héritier, quoiqu'il ait le droit de ne pas la prendre, et que, s'il y renonce, il est censé n'avoir jamais été héritier.

Sans doute, l'héritier présomptif ne doit pas avoir, au préjudice des créanciers de la succession, un temps illimité, pour opter entre l'acceptation et la renonciation, et aussi l'on verra bientôt que, lorsqu'il n'a pas pris qualité pendant la durée des délais qui lui sont à cet égard accordés par la loi, les créanciers et même les légataires peuvent agir contre lui, le faire condamner et le poursuivre comme héritier ; mais tant que les délais ne sont pas expirés, il n'est pas en retard, et il ne peut être passible d'aucune condamnation, dans une qualité qui est encore incertaine.

2. Cependant il est essentiel de remarquer que

l'art. 797 ne dit pas que, pendant la durée des délais pour faire inventaire et pour délibérer, aucun acte ne pourra être fait, aucune action ne pourra être exercée contre l'héritier; mais qu'il se borne à dire que, pendant la durée de ces délais, il ne pourra être obtenu de *condamnation* contre l'héritier.

Et ce n'est pas sans dessein que le législateur a employé ces dernières expressions. Il faut bien que, pendant les trois mois pour faire inventaire et les quarante jours pour délibérer, les créanciers de la succession aient des moyens de conserver leurs droits; cela est d'autant plus nécessaire, que l'art. 2259 du Code civil a disposé formellement que la *prescription court* pendant les trois mois pour faire inventaire et les quarante jours pour délibérer; et comme l'héritier présomptif est saisi de la succession, dès le moment où elle est ouverte, comme il en a l'administration provisoire, ce n'est que contre lui que les créanciers peuvent agir pour la conservation de leurs droits.

En un mot, l'article 797 se bornant à interdire qu'il soit obtenu des condamnations contre l'héritier, pendant la durée des délais pour faire inventaire et pour délibérer, permet par-là même de faire et de diriger contre l'héritier, pendant ces délais, tous les actes et toutes les actions qui peuvent être dans les intérêts des créanciers et autres personnes qui ont des droits sur la succession.

Ainsi, non-seulement tous les ayant droit peuvent, pendant les délais pour faire inventaire et pour délibérer, faire contre l'héritier présomptif les actes nécessaires pour interrompre le cours des prescriptions; non-seulement ils peuvent faire protester au domicile de l'héritier les lettres de change ou billets à ordre, qui avaient été tirés sur le défunt; non-seulement ils peuvent, s'ils ont des titres qui étaient exécutoires contre le défunt, faire procéder à des saisies mobilières et même immobilières sur les biens de l'hérédité; mais ils peuvent encore former contre l'héritier présomptif toutes demandes tendantes à obtenir la délivrance de leurs droits sur la succession et le paiement de ce qui leur est dû.

A la vérité, l'héritier peut arrêter l'effet de ces demandes, en opposant, aux termes de l'article 174 du Code de procédure civile, l'exception dilatoire résultante de ce qu'il est encore dans les délais pour délibérer, et en conséquence il ne peut être rendu contre lui jusqu'après l'expiration de ces délais, aucun jugement de condamnation; mais toujours est-il certain que les demandes ne sont pas nulles, quoiqu'elles aient été formées pendant la durée des délais.

De même, les légataires peuvent, s'ils y ont intérêt, former demande contre l'héritier présomptif, en délivrance des choses léguées par le défunt. Les légataires particuliers y ont un intérêt certain, puisqu'aux termes de l'art. 1014 du Code civil, les fruits ou intérêts ne leur appartiennent qu'à compter du jour de la demande en délivrance, si le testament n'en a pas autrement disposé; mais ils ne pourraient, avant l'expiration des délais pour faire inventaire et pour délibérer, obtenir de jugemens qui condamneraient l'héritier à leur délivrer les choses léguées.

N'est-il pas juste enfin, puisque l'héritier présomptif a le droit, pendant les délais pour faire inventaire et pour délibérer, de faire les actes conservatoires pour la succession, les actes de surveillance et d'administration provisoires, qu'on puisse également agir contre lui, dans les mêmes délais, pour conserver les droits qu'on a sur la succession et en former les demandes ?

.Les frais que l'héritier présomptif a faits *légitimement* pendant ces mêmes délais, soit pour agir ainsi qu'il vient d'être expliqué, soit sur les actions dirigées contre lui, ne doivent pas être à sa charge, puisqu'il ne les a faits que pour les intérêts de l'hérédité; suivant l'art. 797, ils sont à la charge de la succession.

Ainsi, lorsqu'ensuite l'héritier présomptif renonce, il a le droit de répéter ces frais contre la succession, et il a le même droit, lorsqu'il n'accepte que sous bénéfice d'inventaire.

3. Mais, de ce que l'art. 797 ne met à la charge de la succession, que les frais qui ont été faits pendant les délais fixés par l'art. 795, il s'ensuit que l'héritier doit supporter *personnellement* tous les frais des poursuites dirigées contre lui, après ces délais, et jusqu'au moment de sa renonciation.

Si, en effet, il avait renoncé immédiatement après l'expiration des délais fixés par l'art. 775, ou avant, il n'aurait pu être dirigé contre lui de poursuites, et comme celles qui ont eu lieu, n'ont été autorisées que par sa négligence à satisfaire à la loi, il est juste qu'il en supporte les frais.

Cependant il y a exception dans les cas prévus par l'art. 799, ainsi qu'on le verra sur cet article.

## ARTICLE 798.

Après l'expiration des délais ci-dessus, l'héritier, en cas de poursuite dirigée contre lui, peut demander un nouveau délai que le tribunal saisi de la contestation accorde ou refuse suivant les circonstances.

1. L'art. 795 a fixé des délais qu'il a jugés suffisans pour les cas ordinaires; mais il peut arriver

que, par des circonstances extraordinaires, ces délais se trouvent trop courts, et alors il est juste que l'héritier auquel ils n'ont pas suffi pour se procurer tous les renseignemens nécessaires, puisse obtenir de la justice une prorogation.

2. L'héritier ne peut avoir besoin de demander cette prorogation, que lorsqu'il est poursuivi à raison des affaires de la succession; tant qu'il n'est pas poursuivi, rien ne l'oblige à prendre qualité, et il peut toujours accepter ou répudier la succession, pourvu qu'il ne laisse pas prescrire son droit.

3. La prorogation doit être demandée au tribunal qui se trouve saisi de la contestation élevée contre l'héritier; car cette demande est une véritable exception dilatoire contre la demande principale qui est l'objet de la contestation.

S'il y avait des poursuites extrajudiciaires exercées contre l'héritier, en vertu d'un titre authentique et exécutoire que le défunt aurait souscrit, l'héritier devrait former opposition à ces poursuites, en annonçant qu'il veut demander une prorogation de délai; et après qu'il aurait été assigné sur cette opposition devant le tribunal compétent, ce serait à ce tribunal qui se trouverait alors saisi de la contestation, que la prorogation devrait ête demandée par voie d'exception.

4. La loi ne pouvait prévoir tous les cas où un

nouveau délai pourrait être nécessaire; elle a donc laissé au tribunal saisi de la contestation, le droit d'accorder ou de refuser un nouveau délai, suivant les circonstances particulières de l'affaire.

5. L'art. 798 semble ne donner au tribunal que le droit d'accorder un seul délai, puisqu'il se borne à dire que l'héritier peut demander *un nouveau délai;* mais il est évident que ces dernières expressions ne doivent pas être entendues d'une manière restrictive et absolue. Si, à l'expiration du délai donné par le tribunal, les circonstances qui l'avaient fait accorder, subsistent encore et rendent un nouveau délai nécessaire, si même il est survenu d'autres circonstances qui n'aient pas permis à l'héritier de faire inventaire ou de prendre tous les renseignemens dont il peut avoir besoin, la justice exige que le délai soit prolongé. Il ne peut avoir été dans l'intention de la loi de contraindre l'héritier à prendre qualité, avant qu'il lui ait été possible de se procurer tous les renseignemens nécessaires pour qu'il soit en état de délibérer; ainsi l'a jugé la cour d'appel de Paris, par un arrêt du 11 fructidor an 13.

## ARTICLE 799.

Les frais de poursuite, dans le cas

de l'artilce précédent, sont à la charge de la succession, si l'héritier justifie, ou qu'il n'avait pas eu connaissance du décès, ou que les délais ont été insuffisans, soit à raison de la situation des biens, soit à raison des contestations survenues : s'il n'en justifie pas, les frais restent à sa charge personnelle.

1. On a vu, dans le n° 4 des observations sur l'art. 797, qu'en règle générale, l'héritier qui n'a pas renoncé immédiatement après l'expiration des délais fixés par l'art. 795, ou avant, doit supporter personnellement les frais des poursuites dirigées contre lui après ces délais.

L'art. 799 établit cependant une exception à cet égard; mais il ne l'établit que pour le cas de l'art. 798, c'est-à-dire, pour le cas où l'héritier a obtenu de la justice un nouveau délai pour faire inventaire ou pour délibérer.

Ainsi, hors ce cas, les frais de poursuite sont toujours à la charge de l'héritier, depuis l'expiration des délais fixés par l'art. 795, jusqu'à la renonciation.

2. L'art. 799 ne prononce pas même, en cas de nouveau délai accordé par la justice; une exception absolue pour les frais des poursuites faites

38.

après les délais fixés par l'art. 795. Il fait une distinction qu'il faut bien remarquer.

Si l'héritier justifie, ou qu'il n'avait pas eu de connaissance du décès de la personne à laquelle il était appelé à succéder, ou que les délais, fixés par l'art. 795, ont été insuffisans, soit à raison de ce que les biens étant situés dans des pays éloignés, il n'aurait pu acquérir des connaissances assez précises sur leur quotité et leur valeur, soit à raison de contestations survenues relativement à la succession et dont l'événement pourrait diminuer considérablement l'actif; dans tous ces cas, comme il est certain que l'héritier n'a pas été en état de délibérer, avec connaissance de cause, pendant la durée des délais fixés par l'art. 795, et que le nouveau délai accordé par la justice lui était absolument nécessaire, il serait injuste que les frais des poursuites dirigées contre lui, soit après les délais fixés par l'art. 795, soit pendant le nouveau délai accordé par la justice, fussent à sa charge personnelle, et l'art. 799 dispose qu'ils seront à la charge de la succession.

Mais il dispose aussi formellement que, hors les cas qui viennent d'être énoncés; et quoique l'héritier ait obtenu de la justice un nouveau délai, les frais des poursuites postérieures à l'expiration des délais fixés par l'art. 795, ce qui comprend nécessairement les frais des poursuites faites pendant le nouveau délai accordé par la justice, sont à la charge personnelle de l'héritier.

3. Il résulte donc de la distinction établie par l'art. 799, qu'il est permis aux tribunaux d'accorder de nouveaux délais, pour d'autres cas que ceux énoncés dans l'art. 796; mais aussi que le législateur n'a pas voulu que, dans ces autres cas, l'héritier obtînt la même faveur que dans ceux qu'il a spécialisés par l'art. 799, et dût être également dispensé d'acquitter les frais de poursuite. Prévoyant, sans doute, que les tribunaux pourraient accorder des délais, dans des circonstances favorables, quoique la nécessité n'en fût pas rigoureusement prouvée, il a voulu que du moins la crainte de supporter les frais de poursuite, empêchât les héritiers de recourir, sans une nécessité réelle, à des voies dilatoires, qui sont toujours très-préjudiciables aux intérêts des créanciers.

## ARTICLE 800.

L'héritier conserve néanmoins, après l'expiration des délais accordés par l'article 795, même de ceux donnés par le juge conformément à l'art. 798, la faculté de faire encore inventaire et de se porter héritier bénéficiaire, s'il n'a pas fait d'ailleurs acte d'héritier, ou s'il n'existe pas contre lui de jugement passé en force de chose jugée, qui le condamne en qualité d'héritier pur et simple.

1. Cette expression *néanmoins*, qui se trouve au commencement de l'art. 800, prouve que l'article contient une modification des dispositions qui précèdent; mais pour savoir comment cette modification doit être entendue et appliquée, il faut se reporter aux art. 789 et 797.

D'après l'art. 789, la faculté d'accepter ou de répudier une succession, ne se prescrit que par le laps de trente ans, et il résulte nécessairement de cet article, qu'après l'expiration des délais accordés par l'art. 795, et même de ceux donnés par le juge conformément à l'art. 798, l'héritier présomptif a encore la faculté, soit d'accepter purement et simplement, soit d'accepter sous bénéfice d'inventaire, soit de renoncer, puisque la prescription, fixée par l'art. 789, est encore bien loin d'être acquise.

Cela ne peut faire aucune difficulté à l'égard des cohéritiers *entr'eux*, puisque ce n'est point à leur égard, mais uniquement en faveur des créanciers de la succession et des légataires, qu'ont été prescrits les délais fixés par l'art. 795.

Ainsi, quoique de plusieurs héritiers présomptifs un seul soit en retard de faire son option, il peut encore accepter, même sous bénéfice d'inventaire ; mais il est tenu d'exécuter ce qui a été fait légitimement par les autres héritiers qui ont accepté, et il ne peut revendiquer sa part des biens contre les tiers détenteurs qui ont acquis légalement et de bonne foi.

Mais, à l'égard des créanciers de la succession, quel sera l'effet de l'acceptation sous bénéfice d'inventaire, qui n'aura été faite qu'après l'expiration des délais fixés par l'art. 795 ?

Faut-il décider que, malgré cette acceptation, les créanciers ont le droit de poursuivre l'héritier qui n'a pas pris qualité dans les délais, qu'ils ont même le droit d'obtenir contre lui des jugemens de condamnation, et d'exécuter ces jugemens sur ses biens personnels, parce qu'en effet il est en retard, parce qu'en effet les dispositions des art. 795 et 797, desquelles il résulte évidemment qu'après les délais fixés par le premier de ces articles, il peut être obtenu des condamnations contre l'héritier qui n'a pas renoncé, ne se trouvent pas abrogées par la disposition de l'article 800 ?

Mais, s'il était vrai que, malgré la déclaration légalement faite par l'héritier qu'il n'entend accepter que sous bénéfice d'inventaire, et quoiqu'il eût commencé l'inventaire prescrit par la loi, il pût être cependant condamné et contraint comme héritier pur et simple, à quoi lui servirait donc, à l'égard des créanciers, la faculté qui lui est accordée par l'art. 800, de faire encore inventaire et de se porter héritier bénéficiaire, même après les délais fixés par l'art. 795 ?

D'autre part cependant, s'il suffisait que, même plusieurs années après l'expiration de ces délais, l'héritier déclarât accepter sous bénéfice d'inventaire, pour arrêter les poursuites dirigées contre lui par les créanciers de la succession, les dispositions des art. 795 et 797 ne seraient-elles pas absolument illusoires, puisque l'héritier pourrait impunément se soustraire, pendant trente ans, à ce qu'elles prescrivent?

Il me semble que, pour concilier ces divers articles, il faut entendre et appliquer l'art. 800; dans ce sens,

1° Que son objet principal a été que les créanciers de la succession ne pussent opposer à l'héritier, qui voudrait faire inventaire et se porter héritier bénéficiaire, après les délais fixés par l'art. 795, qu'il n'en a plus la faculté, pour ne l'avoir pas exercée dans ces délais ;

2° Qu'il n'empêche pas que les créanciers puissent commencer ou continuer des poursuites contre l'héritier, malgré la déclaration qu'il a faite, et quoiqu'il ait commencé l'inventaire, et que l'art. 800 ne déroge pas, non plus, aux articles 798 et 799, qui mettent les frais de ces poursuites à la charge personnelle de l'héritier;

3º Mais aussi, que d'après son intention et l'objet qu'il s'est proposé, les tribunaux ont le droit, suivant les circonstances, de surseoir, pendant de courts délais, soit à la continuation des poursuites, soit à prononcer des jugemens définitifs de condamnation contre les héritiers qui ont légalement déclaré vouloir ne se porter qu'héritiers bénéficiaires, et qui ont commencé l'inventaire.

2. Il y a cependant deux cas où l'héritier ne peut plus se porter héritier bénéficiaire.

Le premier cas est celui où il a déjà fait acte d'héritier pur et simple. Ayant consommé l'option qui lui était déférée, d'accepter purement ou simplement, ou d'accepter sous bénéfice d'inventaire, il ne peut plus revenir contre l'espèce d'acceptation pour laquelle il s'est déterminé, si ce n'est dans les circonstances prévues par l'art. 783.

Le second cas est celui où il existe contre lui un jugement, passé en force de chose jugée, qui le condamne comme héritier pur et simple, à défaut par lui d'avoir renoncé ou d'avoir fait inventaire, dans les délais prescrits.

On entend par jugemens passés en force de chose jugée, tous les jugemens soit contradictoires, soit même par défaut, contre lesquels on ne peut plus se pourvoir, ou par opposition, ou

par appel, ou par requête civile, ou par recours
en cassation.

3. Sur le second cas, il se présente une question importante.

Lorsqu'il existe contre l'héritier un jugement
passé en force de chose jugée, qui le condamne
comme héritier pur et simple, n'est-ce qu'à l'é-
gard du créancier qui a obtenu le jugement,
qu'il se trouve privé de la faculté de se porter
héritier bénéficiaire ; ou bien en est-il également
privé à l'égard de tous les autres créanciers, à
l'égard des légataires, à l'égard de ses cohéritiers?

On peut également demander si ce n'est qu'à
l'égard du créancier qui a obtenu le jugement,
que l'héritier condamné comme héritier pur et
simple, se trouve privé de la faculté de *renoncer,*
ou bien s'il en est privé d'une manière absolue et
à l'égard de toutes les personnes intéressées à ce
qu'il soit héritier pur et simple.

Ces deux questions sont très-controversées depuis l'émission du Code civil, et les difficultés
naissent des termes généraux et illimités dans lesquels l'art. 800 semble avoir prohibé l'acceptation
sous bénéfice d'inventaire, lorsqu'il existe contre
l'héritier un jugement passé en force de chose
jugée, qui l'a condamné comme héritier pur et
simple.

Avant le Code civil, il paraît que les auteurs
étaient assez généralement d'accord que les effets

du jugement étaient restreints en faveur du créancier qui l'avait obtenu. Voici comment s'expliquait à cet égard Pothier, dans son *Traité des Successions*, chap. III, sect, V : « Un créancier ainsi condamné en qualité d'héritier, envers un créancier ou un légataire, par un jugement souverain ou en dernier ressort, est bien obligé, à cause de l'autorité de la chose jugée, à payer les sommes auxquelles il est condamné ; mais il ne devient pas héritier pour cela : car il ne peut être héritier sans avoir voulu l'être, selon notre règle du droit coutumier, *n'est héritier qui ne veut.* C'est pourquoi cette condamnation n'empêchera pas cet héritier de renoncer valablement à la succession par la suite, vis-à-vis des autres créanciers et légataires, qui ne pourront pas lui opposer l'arrêt de condamnation qui a été rendu contre lui en qualité d'héritier, parce qu'ils n'etaient point parties en cet arrêt, et que c'est un principe de droit, qu'un jugement ne fait loi qu'entre les parties entre lesquelles il a été rendu : *Res inter alios judicata, aliis nec prodest nec nocet.* »

On peut, sous le Code civil, tirer les mêmes argumens de la disposition de l'art. 1351, ainsi conçu : « L'autorité de la chose jugée n'a lieu qu'à l'égard de ce qui a fait l'objet du jugement : il faut que la chose demandée soit la même ; que la demande soit fondée sur la même cause ; que la demande soit entre les mêmes parties, et formée par elles et contre elles en la même qualité. »

Mais la disposition de l'art. 800 ne contient-elle pas, pour le cas spécial qu'elle a traité, une exception réelle à la règle générale établie par l'art. 1351 ? Tel est le véritable point de la difficulté.

Recherchons d'abord quelle peut avoir été l'intention des législateurs à cet égard. La question leur a été soumise, lors de la rédaction de la loi ; ils l'ont discutée, et l'on doit trouver dans le procès-verbal de leurs conférences, comment ils ont entendu là décider, dans quel sens ils ont arrêté la disposition de l'art. 800.

Les rédacteurs du premier projet du Code civil, avaient proposé un article qui portait que, quoique les délais pour faire inventaire et pour délibérer fussent expirés, l'héritier conservait la faculté de faire inventaire, et de se porter héritier bénéficiaire, pourvu qu'il n'eût pas fait acte d'héritier, ou qu'il ne fût pas intervenu de jugement *contradictoire* et passé en force de chose jugée, qui l'eût condamné en qualité d'héritier pur et simple.

Les rédacteurs voulaient, par cette disposition, ainsi qu'ils s'en sont eux-mêmes expliqué, qu'un héritier condamné comme héritier pur et simple, par un jugement contradictoire, fût déchu, à l'égard de toutes personnes, de la faculté de se porter héritier bénéficiaire, mais qu'il ne

fût pas privé de cette faculté par un simple jugement par défaut.

La section de législation du conseil d'état eut
une autre opinion, et proposa un autre article
dont voici les termes : Celui contre lequel un
créancier de la succession a obtenu un jugement,
*même contradictoire*, passé en force de chose jugée, qui le condamne comme héritier, n'est réputé héritier en vertu de ce jugement, qu'à l'égard
seulement du créancier qui l'a obtenu. »

\* Mais, sur cet article, il s'éleva dans le conseil
d'état, à la séance du 9 nivôse an 11, une longue
discussion, que je crois devoir rapporter toute
entière, parce qu'elle est très-importante pour la
décision des questions que j'examine en ce moment. Je copie le procès-verbal.

« Le C. Tronchet dit que, dans le projet
de Code civil, on avait fait une distinction entre
les jugemens contradictoires et les jugemens par
défaut. Ces derniers ne profitaient qu'aux demandeurs ; mais quand la qualité contestée par l'héritier, avait été jugée *contradictoirement avec lui*,
elle était constatée à l'égard de tous.

« Le C. Treilhard dit que la section n'a pas
cru devoir admettre la distinction. En principe
général, les jugemens contradictoires, ou par
défaut, ne profitent qu'à ceux qui les obtiennent,
et il est possible, d'ailleurs, que le condamné ait

été mal défendu, qu'il ait été trahi par ses défenseurs, et qu'on n'ait point allégué tous ses moyens.

« Le C. Defermon objecte qu'il est possible aussi que le condamné traite avec sa partie adverse, retire les pièces et les supprime.

« Le C. Theilhard répond que, si l'on s'arrête aux prévarications possibles, aucune loi ne peut être bonne. Au surplus, l'existence des pièces est constatée par le premier jugement.

« Le C. Boulay objecte que la vérité est une, et qu'on ne peut avoir, à l'égard de l'un, une qualité qu'on n'ait point à l'égard d'un autre.

« Le C. Muraire dit qu'il serait difficile de ne pas regarder comme ayant accepté l'hérédité, celui qui a laissé passer en force de chose jugée, le jugement qui le déclare héritier; par son silence, il a évidemment manifesté sa volonté; cette preuve est même plus forte que celle qu'on peut tirer d'un acte sous seing privé.

« Le C. Emmery dit que cet argument n'a de force que dans le cas d'un jugement contradictoire. A l'égard des jugemens par défaut, ils sont souvent obtenus à l'insu de celui qu'ils frappent. On objectera qu'ils sont susceptibles d'opposition; mais les déboutés d'opposition s'obtiennent d'une manière aussi cachée que les jugemens par défaut; et quand on considère que la négligence d'un avoué, ou d'un domestique, peut compromettre la fortune d'un citoyen, on est

disposé à donner moins d'importance à ces sortes
de condamnations.

« Le C. Malleville dit que, si celui qui a
fait acte d'héritier, est par cela seul réputé, à
l'égard de tous, avoir accepté la succession, à
plus forte raison doit il en être ainsi de celui dont
la qualité a été jugée d'après une plaidoirie contradictoire. Pour faire adopter l'opinion contraire
on dit qu'un jugement n'a de force qu'à l'égard
de celui contre lequel il est rendu, et qu'il est
étranger à tous les autres ; mais on pourrait faire
la même observation vis-à-vis du successible qui
a payé volontairement un seul des créanciers de
la succession, ou qui poursuit en revendication
l'usurpateur de quelque fonds de cette succession,
cependant, dans ce cas on convient que le successible a fait irrévocablement un acte d'héritier,
et qu'il est tenu comme tel, vis-à-vis de tout le
monde ; on n'invoque point la règle, *res inter
alios acta.* Mais pourquoi, dans la même matière,
cette règle aurait-elle plus d'effet contre un jugement solennel qui déclare positivement que tel
est l'héritier de tel ?

« Le C. Treilhard dit qu'il y a entre ces
deux cas cette différence que, dans le premier,
l'appelé a manifesté la volonté d'être héritier ; que
dans le second, au contraire, il a désavoué cette
qualité.

« Le C. Bigot-Préameneu dit qu'il serait

bizarre d'obliger chaque créancier à faire juger de nouveau la qualité d'héritier. A la vérité, les jugemens n'ont d'effet que pour le même fait, entre les mêmes personnes; mais ce n'est que lorsqu'il s'agit du réglement de droits particuliers. S'agit-il d'une qualité universelle, le jugement qui la déclare, profite, en toute occasion, à celui à qui elle est donnée, comme elle profite contre lui à tous les intéressés.

« Le C. Regnault de Saint-Jean-d'Angely dit que la qualité d'héritier est un fait positif qui ne peut tout à la fois exister et ne peut exister. Si donc un jugement décide qu'elle existe, et qu'un autre décide qu'elle n'existe pas, ils ne pourront subsister ensemble. Mais alors auquel des deux devra-t-on croire? Il faudra donc que le tribunal de cassation intervienne pour départager?

« Le C. Treilhard dit que les deux jugemens peuvent subsister, parce qu'ils ne sont pas rendus entre les mêmes personnes.

« Le C. Jollivet observe que souvent un parent paye les dettes du défunt seulement par honneur et sans néanmoins vouloir se porter héritier, et que, d'après ce motif d'honneur, il n'exige pas de cession, et se contente d'une simple quittance. Cet exemple prouve qu'il ne faut pas regarder comme adition d'hérédité tous les actes indifféremment, ni par conséquent tout acquiescement apparent aux condamnations qu'on a subies?

« Le C. Tronchet dit que l'intérêt de la société repousse une disposition qui multiplierait les procès, en forçant une foule de créanciers à faire juger de nouveau un fait déjà jugé. Quelquefois même, à l'époque où les créanciers formeraient leur action, les preuves auraient disparu, et la succession, dilapidée dans l'intervalle, n'offrirait plus de prise à leurs droits. Une qualité universelle, déclarée par les tribunaux, doit être certaine à l'égard de tous ceux qui ont intérêt à la faire valoir.

« Le C. Berlier pense, comme le C. Treilhard, que l'article est juste, et que la proposition contraire ne s'accorde pas avec l'adage trivial, que les jugemens sont bons pour ceux qui les obtiennent.

« Pour étendre les dispositions du jugement dont l'article s'occupe, à d'autres qu'à ceux qui y sont parties, on dit que l'acte d'adition, qualifié par un jugement en dernier ressort, devient une vérité constante envers la société entière. Ainsi l'on voudrait que ce jugement liât tous les autres tribunaux, et ne leur permît plus, s'ils étaient saisis par une nouvelle instance avec d'autres parties, d'examiner les faits qui étaient la matière des premiers jugemens, et de les apprécier! N'est-ce pas trop circonscrire le ministère des juges, et ressusciter la jurisprudence des arrêts, avec plus d'intensité qu'elle n'en eut jamais?

« Eh quoi! si un individu attaqué par un créancier de la succession, et mal défendu, a été condamné vis-à-vis de lui, il faudra qu'il le soit vis-à-vis de tous les autres!

« Vainement allègue-t-on le besoin de fixer les qualités et d'éloigner les procès; car celui qui aura été condamné une fois, aura, dans le cas où il plaiderait, à lutter contre un préjugé très-fort, s'il est traduit devant un tribunal autre que celui qui a prononcé la première fois, et bien plus fort encore, si c'est devant le même tribunal : cette crainte suffira pour éloigner les mauvaises difficultés. Il est bon que le premier jugement serve comme préjugé, et cela est dans la nature des choses ; mais ce serait trop faire que de lui imprimer un caractère aussi irréfragable que celui de la loi.

« Est-ce avec fondement qu'on redoute les dilapidations intermédiaires ? Mais, pour dilapider il faut s'immiscer, et celui qui s'est immiscé, ne se présente pas avec avantage pour dénier ensuite la qualité d'héritier; de sorte que la difficulté bien entendue, se réduit à quelques faits équivoques d'adition, qui auront été accueillis par un jugement; mais est-ce le cas alors de déroger à la règle commune?

« Le C. Berlier lit alors l'art. 243, titre *des*

*Conventions*, du projet de Code civil, (qui est devenu le 1351<sup>e</sup> du Code.)

« L'opinant conclut en faveur de l'article en discussion, et avoue cependant que, si l'article qu'il vient de citer, passe, comme il y a lieu de l'espérer, celui qu'on discute pourrait être supprimé comme inutile, attendu que le principe général recevrait son application à cette espèce, comme à toutes les autres.

« Le C. Réal observe qu'un individu déclaré héritier par un jugement, peut être ensuite exclu par le véritable héritier; sa qualité n'est donc pas irrévocablement certaine, et dès-lors elle peut être soumise au jugement de plusieurs tribunaux. »

Le procès-verbal, immédiatement après avoir rapporté cette discussion, se termine par ces mots : *l'article est retranché*, et ne dit rien de plus.

Est-ce donc par les motifs qu'avaient développés messieurs Tronchet, Malleville et Bigot-Préameneu, que l'article a été retranché, ou, au contraire, a-t-il été retranché par les motifs qu'avaient présentés messieur Treilhard et Berlier? Le procès-verbal ne s'expliquant point à cet égard, un champ plus vaste encore est ouvert à la controverse; dans chaque opinion, chacun invoque, pour son avis, le résultat de la discussion.

Qu'a dit sur ce point M. de Malleville, qui était l'un des rédacteurs du premier projet de

Code civil et qui a pris part à la discussion du conseil d'état, dans la séance du 9 nivôse an 11 ?

Après avoir rapporté les diverses observations faites, de part et d'autre, lors de la discussion, il ajoute : « Sur ces observations, l'article fut retranché, et le 1351e auquel on faisait allusion, a été depuis adopté ; de manière que ce dernier article portant que la chose jugée n'a d'autorité, que pour les parties entre lesquelles le jugement a été rendu, et n'étant restreint par aucune exception sur le cas actuel, c'est au principe qu'il pose, qu'il *paraîtrait* qu'on doit se tenir.

« Cependant l'art. 800 porte, en termes formels, que l'héritier pourra toujours se porter sous bénéfice d'inventaire, s'il n'existe pas contre lui de jugement passé en force de chose jugée, qui le condamne en qualité d'héritier pur et simple.

« Il y a même cette circonstance remarquable, que, fidèles à notre principe, nous n'avions attribué cet effet qu'au jugement *contradictoire*, et qu'on a retranché ce mot dans l'art. 800.

« Comment se gouverner en pareille occurrence ? Le parti le plus sage me paraît être d'exécuter l'art. 800, *dans son cas*, et l'art. 1351, *dans tous les autres*, jusqu'à ce que le législateur se soit mieux expliqué. »

Ainsi M. Malleville n'explique pas non plus, d'une manière précise, par quels motifs a été retranché l'article proposé par la section de législation, puisqu'après avoir dit qu'il paraîtrait résulter de la délibération, qu'on doit s'en tenir à l'art. 1351, il ajoute cependant que l'art. 800 contient une exception dans son cas.

Si donc il y a incertitude sur l'intention qu'a eue le législateur, il faut se borner à examiner quel est le sens qui résulte naturellement des termes de la loi ; mais encore sur ce point on est bien loin d'être d'accord.

D'une part, on soutient que la disposition de l'art. 800, qui porte que l'héritier ne conserve la faculté de se porter héritier bénéficiaire, que lorsqu'il n'existe pas contre lui de jugement passé en force de chose jugée, qui le condamne en qualité d'héritier pur et simple, est rédigée d'une manière générale et absolue, et ne contient aucune distinction, aucune exception ; que, s'il avait été dans l'intention du législateur, que l'héritier ne perdît la faculté de se porter héritier bénéficiaire, qu'à l'égard du créancier qui aurait obtenu le jugement, et qu'il la conservât à l'égard de tous les autres créanciers, on n'aurait pas manqué de l'expliquer dans l'art. même qui réglerait cette faculté, et que cette explication était même absolument nécessaire d'après la discussion qui avait eu lieu au conseil d'état; qu'enfin il ne peut être permis de restreindre à un cas isolé et particulier, une disposition de loi, qui, par la généralité de ses expressions, doit s'appliquer à tous les cas.

D'autre part, on soutient que lorsqu'une disposition précise a établi une règle générale, cette règle doit s'appliquer à tous les cas pour lesquels il n'y a pas une dérogation formelle et spéciale, et qu'ainsi l'art, 800 ne contenant aucune espèce de dérogation à la règle générale établie par l'article 1351, cette règle embrasse nécessairement le cas prévu dans l'art. 800.

On en vient ensuite à examiner ce que le législateur a dû faire, à discuter les principes de la matière, et, suivant l'opinion qu'on embrasse, on adopte ou l'on critique les motifs divers développés au conseil d'état.

On y ajoute même des observations nouvelles que je crois devoir encore faire connaître, pour que toutes les difficultés que la question peut présenter, soient bien connues.

S'il était vrai que l'héritier ne fût déchu de la faculté de se porter héritier bénéficiaire, ou de renoncer à la succession, qu'à l'égard du créancier qui l'aurait fait condamner comme héritier pur et simple, il en résulterait, disent les adversaires de cette opinion, que le même individu pourrait être tout à la fois, dans la même succession, héritier pur et simple et héritier bénéficiaire, et même héritier et non héritier.

Il serait héritier pur et simple à l'égard du créancier qui l'aurait fait condamner comme tel, quoiqu'il eût fait, soit avant, soit après le jugement de condamnation, la déclaration légale qu'il n'entend accepter que sous bénéfice d'inventaire ; mais à l'égard des autres créanciers qui ne pourraient se prévaloir du jugement qui l'a déclaré héritier pur et simple, il ne serait qu'un héritier bénéficiaire. Envers le créancier qui aurait obtenu le jugement, il serait tenu de la dette, même *ultrà vires*, même sur ses biens personnels, et cependant à l'égard des autres créanciers de la même succession, il ne serait obligé au paiement des dettes, que jusqu'à concurrence des biens de l'hérédité ; il n'en serait aucunement tenu sur ses biens propres.

Si, au lieu d'avoir fait la déclaration d'être héritier bénéficiaire, il avait renoncé à la succession, soit avant, soit après le jugement de condamnation, il serait héritier à l'égard du créancier seulement qui aurait obtenu le jugement ; mais il ne le serait à l'égard d'aucun des autres créanciers, à l'égard d'aucun des autres héritiers appelés comme lui. Il serait héritier, pour payer une partie des dettes de la succession, et ne le serait pas pour payer l'autre partie ; il serait héritier, pour supporter, en cette qualité, une portion du *passif* de l'hérédité, et cependant il ne le serait pas, pour réclamer une portion de l'*actif*.

Tout cela est évidemment inconciliable, et en effet il a été reconnu, dans tous les temps, que la qualité d'héritier pur et simple est tellement indivisible de sa nature, qu'on ne peut être héritier, ni pour une partie des biens, ni pour une partie des dettes, ni à l'égard de certaines personnes seulement, mais qu'on est héritier pour le tout et à l'égard de toutes les parties intéressées.

C'est encore un principe, qui a été reconnu dans tous les temps, que l'héritier présomptif qui a fait volontairement un acte d'héritier pur et simple, est et demeure héritier pur et simple, et à l'égard de tous ses cohéritiers, et à l'égard de tous les légataires, et à l'égard de tous les créanciers de la succession, sans aucune distinction. Or, lorsqu'un héritier présomptif a été condamné comme héritier pur et simple, même sur la poursuite d'un seul créancier, comme la justice ne peut l'avoir condamné comme héritier pur et simple, *que parce qu'elle a reconnu et co. c.it qu'il avoit fait un acte d'héritier pur et simple*, il en résulte nécessairement, puisque l'acte d'héritier, reconnu et déclaré par la justice, doit demeurer pour constant, que l'héritier se trouve, par l'effet seul de cet acte, héritier pur et simple à l'égard de toutes les personnes intéressées à la succession.

Vainement on oppose, pour le cas où le jugement de condamnation a été contradictoire, qu'il est possible que le condamné ait été mal défendu, qu'il ait été trahi par ses défenseurs et qu'on n'ait pas allégué tous ses moyens.

De semblables prétextes ne sont pas admis par la loi, et s'ils pouvaient l'être, ce ne serait que pour faire réformer les jugemens mêmes qui auraient prononcé les condamnations. La négligence d'une partie à défendre ses intérêts, ne peut jamais la soustraire aux suites des condamnations définitivement prononcées contre elle. Si les personnes à qui elle avait donné sa confiance, en ont abusé, ou ne l'ont pas suffisamment défendue, elle n'a qu'une action en dommages et intérêts à exercer contre ses mandataires.

A l'égard des jugemens de condamnation, qui étaient par défaut, et qui ont passé en force de chose jugée, ne doit-on pas présumer que, si l'héritier condamné n'y a pas formé opposition, s'il ne les a attaqués par aucune voie légale, s'il les a laissé passer en force de chose jugée, c'est qu'il reconnaissait lui-même n'avoir aucun moyen de les faire rétracter ? Son silence n'est-il pas une véritable approbation ?

M. le conseiller Emmery opposait à cet égard, dans la discussion au conseil d'état, que les jugemens par défaut étaient souvent obtenus à l'insu de celui qu'ils frappaient, et que les déboutés d'opposition s'obtiennent d'une manière aussi cachée que les jugemens par défaut; mais cette objection qui pouvait être alors fondée jusqu'à un certain point, ne l'est plus aujourd'hui d'après toutes les précautions qu'a prises sur cette matière le Code de procédure civile.

Il n'est pas moins facile de répondre à cette autre objection faite par M. Berlier, qu'il serait déraisonnable de vouloir établir en principe que le jugement de condamnation, rendu par un tribunal, lie tous les autres tribunaux, et ne leur permet plus, s'ils sont saisis par une nouvelle instance avec d'autres parties, d'examiner les faits qui étaient la matière du premier jugement.

Ce principe est au contraire rigoureusement nécessaire, dans les matières indivisibles, pour qu'il n'y ait pas une foule de contradictions choquantes; et, pour ne citer qu'un seul exemple, sans sortir de la matière, supposons que l'un des héritiers présomptifs ayant fait une déclaration légale de ne vouloir se porter qu'héritier bénéficiaire, ou ayant renoncé, les autres héritiers attaquent sa déclaration ou sa renonciation, en soutenant qu'il avait fait précédemment acte d'héritier, et que, d'après les preuves fournies à cet égard, il soit intervenu un jugement contradictoire qui, en annullant la déclaration ou la renonciation, ait décidé que le déclarant ou le renonçant est héritier pur et simple.

Pourrait-on aller jusqu'à dire que, dans ce cas, la qualité jugée entre tous les héritiers, ne le serait pas à l'égard des créanciers et des légataires; que l'héritier condamné pourrait encoré opposer aux créanciers et aux légataires sa déclaration de ne vouloir être qu'héritier bénéficiaire, ou sa renonciation, sous le prétexte qu'à leur égard le jugement intervenu entre les héritiers, serait *res inter alios acta ;* et qu'ainsi sa qualité devrait être jugée avec chacun des créanciers et des légataires *successivement*, en sorte qu'elle pourrait être la matière de cinquante procès ?

On ne peut pas supposer que telle ait été l'intention du législateur.

En un mot, lorsqu'il s'agit d'une qualité universelle, d'une qualité indivisible, il répugne à sa nature et à son essence, que, lorsqu'elle a été reconnue et constatée par un jugement passée en force de chose jugée, elle puisse être encore contestée et soumise à nouveau jugement.

Pour l'opinion contraire, voici les observations nouvelles.

L'art. 800 exige formellement, pour que l'héritier soit réputé héritier pur et simple, que le jugement qui le condamne en cette qualité soit passé en force de chose jugée. Or l'art. 1351 décide que jamais un jugement ne peut acquérir la force de chose jugée, à l'égard d'autres personnes que celles qui y ont été parties ; donc la condition exigée par l'art. 800, ne peut jamais se réaliser qu'à l'égard de celui-là seul qui a obtenu le jugement de condamnation.

Quant à l'argument tiré de l'indivisibilité de la qualité, il n'a rien de solide. Il est certain, en effet, que, dans le cas où un individu a laissé plusieurs héritiers, qui sont assignés par un créancier de la succession, chacun pour sa part, il peut arriver que le créancier fasse juger, à l'égard de l'un d'eux, que la dette existe, et qu'il soit jugé à l'égard de l'autre qu'elle n'existe pas; d'où il résultera que la même personne sera jugée tout à la fois être et n'être créancière de la même dette; que même, sans sortir de la matière dont il s'agit, il peut arriver que, par un premier jugement, il soit décidé contre un créancier qu'une personne n'a pas fait acte d'héritier, et qu'il soit jugé le contraire avec un autre; que bien certainement, dans ce cas; le second jugement ne pourra anéantir l'effet du premier, ni être anéanti par lui; d'où il arrivera que les deux jugemens pourront subsister tout à la fois, et que la même personne sera héritière à l'égard de l'un et ne le sera pas à l'égard de l'autre.

On invoque à l'appui de cette opinion quatre arrêts de la cour de cassation, des 1er nivôse an 9, 8 frimaire an 11, 23 brumaire, an 12 et 24 mars 1812.

Mais il a été répondu que les deux premiers sont antérieurs à la publication du titre du Code civil, *sur les Successions*, et qu'ainsi ils ne peuvent avoir fixé le sens de l'art. 800 du Code.

Que l'arrêt du 23 brumaire an 12, a été rendu sur le pourvoi contre un jugement du 13 pluviôse an 10, et que ce jugement étant antérieur à la publication du titre *des Successions*, il n'a pu être statué sur le pourvoi, que conformément aux anciens principes et non d'après la règle établie par l'art. 800 du Code;

Que l'arrêt, du 24 mars 1812, a jugé seulement, ainsi que l'avaient jugé les deux premiers que, lorsque la question relative à la qualité d'héritier, n'a été agitée qu'*incidemment*, lorsqu'elle n'a été proposée que pour défense à l'action principale dont l'intérêt n'excédait point la compétence attribuée par la loi au tribunal de première instance ce tribunal avait pu statuer sur le tout en dernier ressort;

Mais que la cour de cassation avait, au contraire, décidé, par l'arrêt du 23 brumaire an 12, qu'un tribunal de première instance ne pouvait statuer en dernier ressort, lorsque la qualité d'héritier était principalement en contestation et qu'elle était l'objet direct de l'action principale. Voici les motifs de l'arrêt: « Attendu que la question engagée entre le sieur Cazeneuve et la régie du domaine national, consistait uniquement à savoir si le sieur Cazeneuve était seul héritier de son père, au moyen de ce que sa répudiation de l'hérédité avait été rétractée, ou si la régie n'était pas copropriétaire avec lui, comme représentant un enfant émigré; que le tribunal de Pamiers n'a pas jugé d'autre question par le jugement attaqué; que la contrainte décernée par la régie, n'était autre chose qu'une action en pétition d'hérédité, action indéterminée de sa nature, quoique restreinte alors à une partie de l'universalité de la succession, que cette espèce est absolument différente de celle d'un créancier qui dirige son action contre un prétendu héritier et à l'égard duquel cette qualité est jugée d'une manière incidente et particulière; mais que, dans la cause actuelle, la qualité d'héritier étant principalement en contestation entre les deux parties qui la réclament respectivement, et devant s'appliquer à l'hérédité entière, le tribunal de Pamiers n'a pu, sans excès de pouvoir, prononcer en premier et dernier ressort sur des objets indéterminés de leur nature.

Ainsi, ajoute-t-on, ces arrêts n'ont statué que sur une question de pure compétence. Déterminés par le principe que tout juge compétent pour prononcer sur la demande *principale*, est, par là même, compétent pour statuer sur l'exception opposée à la demande, puisque cette exception ne présente à décider qu'une question *incidente*, ils ont jugé que, si la question sur la qualité d'héritier, n'était agitée que par exception, qu'accessoirement et incidemment à la demande principale, elle pouvait être, comme la demande, décidée en dernier ressort par un tribunal de première instance ; mais ils n'ont rien prononcé sur la manière dont il faut entendre et appliquer la disposition de l'art. 800, et il ne resulte, ni de leurs motifs, ni de leur dispositifs, aucun préjugé que le jugement qui a statué, même incidemment, sur la qualité d'héritier, ne puisse pas être opposé, sous ce rapport, à d'autres personnes qu'à celle qui a obtenu le jugement.

Mais à cette dernière observation, on réplique, avec beaucoup de force, que, si un tribunal de première instance a le droit de statuer en dernier ressort, sur une question relative à la qualité d'héritier, lorsqu'elle est présentée incidemment, ce ne peut être que parce que sa décision sur la qualité d'héritier, doit être restreinte, *dans ces effets*, au seul objet de la demande principale, c'est-à-dire, qu'elle ne doit s'appliquer qu'à une somme qui n'excède pas mille francs ; mais qu'il serait contre tous les principes qu'elle pût être rendue, en dernier ressort, par un tribunal de première instance, si elle pouvait profiter à tous les créanciers de la succession, puisqu'il en résulterait que l'héritier se trouverait définitivement condamné par cette décision, à payer toutes les dettes de l'hérédité, qui pourraient s'élever à plus de cent mille francs.

En définitif, on voit que tous les doutes proviennent de la mauvaise rédaction de l'art. 800, qui, en effet, aurait pu et aurait dû même expliquer, d'une manière moins équivoque, la volonté du législateur.

Dans mon premier ouvrage, je m'étais attaché au texte de l'article, et comme il dit formellement, d'une manière générale et sans aucune restriction, que l'héritier ne peut se porter héritier bénéficiaire, lorsqu'il existe contre lui un jugement, passé en force de chose jugée, qui l'a condamné comme héritier pur et simple, d'où il suit, à plus forte raison, qu'il ne peut pas renoncer, j'en avais conclu, argumentant d'ailleurs de l'indivisibilité de la qualité d'héritier, qu'un seul jugement suffisait pour que l'héritier fût pleinement déchu, à l'égard de toutes personnes, soit de la faculté de se porter héritier bénéficiaire, soit de renoncer.

Mais, après avoir examiné de nouveau la question, éclairé d'ailleurs par les motifs qu'on a donnés pour l'opinion contraire, c'est à cette dernière opinion que je me range définitivement. Lorsqu'on reconnaît que l'on s'est trompé, il faut en convenir de bonne foi et ne pas chercher à faire prévaloir son amour propre, aux dépens de la vérité.

Deux motifs m'ont principalement déterminé.

Le premier, c'est qu'il est incontestable que l'art. 1351 du code a établi en règle générale, que l'autorité de la chose jugée n'a lieu qu'en faveur de la partie qui a obtenu le jugement ; mais qu'il n'est pas également certain que l'art. 800 contienne réellement une exception à cette règle, puisque, sans rien changer à ses termes, le cas qu'il a prévu peut être soumis à la règle générale et que d'ailleurs il est au moins très-vraisemblable que, lorsqu'on a rédigé l'art. 1351, on y aurait rappelé l'exception convenue pour l'art. 800, si réellement cette exception avait été convenue ;

Le deuxième, c'est qu'il résulte des termes du procès-verbal de la discussion au conseil d'état, que l'article proposé par la section de législation, n'a pas été rejeté, parce qu'on l'aurait jugé mauvais, mais a été seulement retranché, parce qu'on l'a jugé inutile. On voit, en effet, dans le procès-verbal, qu'il est dit, non que l'article est *rejeté*, mais qu'il est *retranché*, et l'on y voit encore que l'article a été retranché, immédiatement après l'observation faite par M. Berlier, que, si l'article 1351 passait, comme il y avait lieu de l'espérer, ce que la section de législation proposait pour l'art. 800, pourrait être *supprimé comme inutile*, attendu que le principe général recevrait son application à cette espèce, comme à toutes les autres. Il paraît donc certain que tel a été le motif de la suppression ; M. de Malleville lui-même n'en disconvient pas, et lorsqu'on voit enfin que l'art. 1351 a été adopté, sans aucune exception, sans aucune observation quelconque, on doit rester convaincu qu'il n'a pas été réellement dans l'intention du législateur, d'insérer une exception dans l'art. 800.

FIN DU SECOND VOLUME.

www.ingramcontent.com/pod-product-compliance
Lightning Source LLC
Chambersburg PA
CBHW060838220326
41599CB00017B/2329